Die Transformation des polnischen Arbeitsrechts und die Gewerkschaften

SCHRIFTEN ZUM DEUTSCHEN UND EUROPÄISCHEN ARBEITS- UND SOZIALRECHT

Herausgegeben von Ulrich Preis

Band 8

PETER LANG
Frankfurt am Main · Berlin · Bern · Bruxelles · New York · Oxford · Wien

Patrizia Chwalisz

Die Transformation des polnischen Arbeitsrechts und die Gewerkschaften

Eine Analyse aus dem Blickwinkel des Arbeitsrechts der ehemaligen Deutschen Demokratischen Republik und der Bundesrepublik Deutschland

PETER LANG
Internationaler Verlag der Wissenschaften

Bibliografische Information der Deutschen Nationalbibliothek
Die Deutsche Nationalbibliothek verzeichnet diese Publikation in der Deutschen Nationalbibliografie; detaillierte bibliografische Daten sind im Internet über <http://www.d-nb.de> abrufbar.

Zugl.: Münster (Westfalen), Univ., Diss., 2007

Umschlagabbildung:
Siegel der rechtswissenschaftlichen Fakultät
der Universität zu Köln.
Abdruck mit freundlicher Genehmigung
der Universität zu Köln.

D 6
ISSN 1861-4582
ISBN 978-3-631-56518-6

www.peterlang.de

Vorwort

Die vorliegende Arbeit wurde im Sommersemester 2006 von der juristischen Fakultät der Westfälischen Wilhelms-Universität Münster als Dissertation angenommen. Die rechtliche Entwicklung und Literatur ist bis zum September 2005, also bis zu dem Zeitpunkt eines erneuten Regierungswechsels in Polen, berücksichtigt.

Meinem Doktorvater, Herrn Prof. Dr. Heinz-Dietrich Steinmeyer, danke ich sehr für die Betreuung und Förderung der Arbeit und seine wertvollen Anregungen. Bei Frau Privatdozentin Dr. Christiane Brors bedanke ich mich für die Erstellung des Zweitgutachtens. Herrn Prof. Dr. Ulrich Preis danke ich für die Aufnahme dieser Arbeit in seine Reihe „Schriften zum deutschen und europäischen Arbeits- und Sozialrecht".

Mein besonderer Dank gilt Frau Frauke Dobler, die dem Manuskript bei seiner Fertigstellung erst eine druckreife Form gegeben hat. Ferner bedanke ich mich herzlich bei Frau Katharina Knüppel, Familie Kwiatkowski, Herrn Dr. Marcus Michels, Herrn Prof. Dr. Stefan Nägele, Frau Dagmara Skrzywanek, Herrn Dr. Johannes Schlichte, Herrn Felipe Temming und den Mitarbeitern des parlamentarischen Amtes des Komitees für die europäische Integration in Warschau, die mich bei der Arbeit sehr unterstützt und geduldig darin bestärkt haben, an meinem Vorhaben festzuhalten.

Mein ganz besonderer Dank gebührt meinen Eltern, die mich während des Studiums und des Promotionsvorhabens stets liebevoll gefördert und ermutigt haben. Meiner Familie ist dieses Buch gewidmet.

Patrizia Chwalisz
Stuttgart, im Juni 2007

Inhaltsübersicht

Abkürzungsverzeichnis

Abs.	Absatz
a.F.	alte Fassung
AFL-CIO	American Federation of Labor and Congress of Industrial Organizations = Amerikanischer Verband für Arbeit und Kongress für Industrieorganisationen
AGB	Arbeitsgesetzbuch der Deutschen Demokratischen Republik
AIB	Arbeit im Betrieb
Anm.	Anmerkung
ArbNErfG	Arbeitnehmererfindungsgesetz
ArbGG	Arbeitsgerichtsgesetz
ArbGOG	polnisches Gesetz über Arbeitgeberorganisationen
ArbSchG	Arbeitsschutzgesetz
ArbZG	Arbeitszeitgesetz
Art.	Artikel
ASiG	Arbeitssicherheitsgesetz
ATG	Altersteilzeitgesetz
AWRPS	Agencja Własności Rolnej Skarbu Państwa = Agentur für das landwirtschaftliches Eigentum im Staatsvermögen
BAG	Bundesarbeitsgericht
BCC	Business Center Club = Club des Wirtschaftszentrums
BDA	Bundesvereinigung der Deutschen Arbeitgeberverbände
Beil.	Beilage
BetrVG	Betriebsverfassungsgesetz
BGB	Bürgerliches Gesetzbuch
BGBl.	Bundesgesetzblatt
bhp	bezpieczeństwo i higiena pracy = Arbeitssicherheit und betrieblicher Gesundheitsschutz
BPersVG	Bundespersonalvertretungsgesetz
bspw.	beispielsweise

Bull.EG	Bulletin der Europäischen Gemeinschaften
BVerfG	Bundesverfassungsgericht
BVG	Besonderes Verhandlungsgremium (beim Europäischen Betriebsrat)
bzw.	beziehungsweise
CBOS	Centrum Badania Opinii Społecznej = Zentrum zur Untersuchung der öffentlichen Meinung
CEEP	Europäischer Arbeitgerverband
CGB	Christlicher Gewerkschaftsbund
CRZZ	Centralna Rada Związków Zawodowych = Zentralrat der Gewerkschaften
DBB	Deutscher Beamtenbund
DDR	Deutsche Demokratische Republik
DGB	Deutscher Gewerkschaftsbund
d.h.	das heißt
Dok.	Dokument
Drucks.	Drucksache
Dz. U.	Dziennik Ustaw = Bundesgesetzblatt
EBRG	Europäisches Betriebsratsgesetz der Republik Polen
EG	Europäische Gemeinschaft; Vertrag zur Gründung der Europäischen Gemeinschaft
EGB / ETUC	Europäischer Gewerkschaftsbund / European Trade Union Confederation
EU	Europäische Union; Vertrag zur Gründung der Europäischen Union
EWG	Europäische Wirtschaftsgemeinschaft
f.	folgender
FDGB	Freier Deutscher Gewerkschaftsbund
ff.	folgende
FS	Festschrift
FZZ	Forum Związków Zawodowych = Gewerkschaftsforum
GBA	Arbeitsgesetzbuch der DDR
GdA	Gesetz der Arbeit der DDR

GeschOBR	Geschäftsordnung des Bundesrates
GeschOBT	Geschäftsordnung des Bundestages
GewerkG	polnisches Gewerkschaftsgesetz
GGG	Gesetz über die gesellschaftlichen Gerichte
HGB	Handelsgesetzbuch
KC	Kodeks cywilny = Zivilgesetzbuch
KKO	Verordnung über die Tätigkeit der Konfliktkommissionen
KolStrG	polnisches Gesetz über die Beilegung von Kollektivstreitigkeiten
KP	Kodeks Pracy = Arbeitsgesetzbuch
KPC	Kodeks Postępowania Cywilnego = Zivilprozessordnung
KPP	Konfederacja Pracodawców Polskich = Vereinigung polnischer Arbeitgeber
KSchG	Kündigungsschutzgesetz
ISP	Instytut Spraw Publicznych = Institut für Öffentlichkeitsangelegenheiten
i.V.m.	in Verbindung mit
m.w.Ä.	mit weiteren Änderungen
m.w.N.	mit weiteren Nachweisen
MOE	Mittel- und Osteuropa
MOP	Międzynarodowa Organizacja Pracy = Internationale Organisation für Arbeit
n.F.	neue Fassung
NPPC	Narodowy Program Przygotowania do Członkostwa = Nationales Programm zur Vorbereitung auf die EU-Mitgliedschaft
Nr.	Nummer
NSZZ Solidarność	Niezależny Samorządny Związek Zawodowy Solidarność = Unabhängige Selbstverwaltende Gewerkschaft Solidarität
n.v.	nicht veröffentlicht
NZA	Neue Zeitschrift für Arbeitsrecht
OBOP	Ośrodek Badania Opinii Publicznej = Zentrum zur Untersuchung der öffentlichen Meinung
OPZZ	Ogólnopolskie Porozumienie Związków Zawodowych = Gesamtpolnische Verständigung der Gewerkschaften

OSN CP	Orzecznictwo Sądu Najwyższego – Cywilne i Pracy = Rspr. des Obersten Gerichtshofs – Kammer für Arbeit und Sozialversicherung
OSNAPiUS	Orzecznictwo Sądu Najwyższego – Izba Administracyjna, Pracy i Ubezpieczeń Społecznych
OSNP	Orzecznictwo Sądu Najwyższego
OSP	Orzecznictwo Sądów Polskich = Rechtsprechung polnischer Gerichte (Fachzeitschrift)
PGR	Państwowe Przedsiębiorstwa Gospodarki Rolnej = Staatliche Landwirtschaftsgenossenschaften
PIP	Państwowa Inspekcja Pracy = staatliche Arbeitsinspektion
PiP	Państwo i Prawo = Staat und Recht (Fachzeitschrift)
PIPU	Ustawa o Państwowej Inspekcji Pracy = Gesetz über die staatliche Arbeitsinspektion
PiZS	Praca i zabezpieczenie społeczne = Arbeit und Sozialversicherung (Fachzeitschrift)
Pkt.	Punkt
PKPP	Polska Konfederacja Pracodawców Prywatnych = Polnische Vereinigung privater Arbeitgeber
Pos.	Position
PSL	Polskie Stronnictwo Ludowe = Polnische Volkspartei
PZPR	Polska Zjednoczona Partia Robocza = Polnische Vereinigte Arbeiterpartei
Rn.	Randnummer
S.	Seite
SED	Sozialistische Einheitspartei Deutschlands
SGB	Sozialgesetzbuch
SLD	Sojusz Lewicy Demokratychnej = vereinigte demokratische Linke
Slg.	Sammlung der Rechtsprechung des Gerichtshofs der Europäischen Gemeinschaften
SN	Sąd Najwyższy = Höchstes Zivilgericht
sog.	sogenannt
TVG	Tarifvertragsgesetz
TzBfG	Teilzeit- und Befristungsgesetz

u.ä.	und ähnliches
UKIE	Urząd Komitetu Integracji Europejskiej = Amt des Komitees für die Europäische Integration
UmwVO	Verordnung zur Umwandlung von volkseigenen Kombinaten, Betrieben und Einrichtungen in Kapitalgesellschaften
UNICE	Union des Industries des pays de la Communauté européenne = Industrieunion der Länder der Europäischen Gemeinschaft
usw.	und so weiter
Verf.	Verfassung
vgl.	vergleiche
VO	Verordnung
VOG	Verordnung über die Gründung und Tätigkeit von Unternehmen mit ausländischer Beteiligung in der DDR
WRV	Weimarer Reichsverfassung
z.B.	zum Beispiel
ZFŚS	Zakładowy Fundusz Świadczeń Socjalnych = Betrieblicher Sozialfond
ZIAS	Zeitschrift für ausländisches und internationales Arbeits- und Sozialrecht
ZK	Zentralkomitee
Zł	Złoty = Polnischer Złoty (polnische Währung)
ZNKU	Ustawa o zwalczaniu nieuczciwej konkurencji = Gesetz über die Bekämpfung von unlauterem Wettbewerb
ZPR	Związek Rzemiosła Polskiego = Vereinigung polnischer Handwerker
ZUS	Zakład Ubezpieczeń Społecznych = Sozialversicherungsanstalt

Literaturverzeichnis

Adomeit, Klaus: Arbeitsrechtliche Probleme unserer Wiedervereinigung, NZA 1993, 433

Autorenkollektiv (Leitung Joachim Michas): Arbeitsrecht der DDR, 2. Aufl., Berlin 1984

Bauer, Jobst-Hubertus / Preis, Ulrich / Schunder, Achim: Das Gesetz zu Reformen am Arbeitsmarkt – Reform oder nur Reförmchen?, NZA 2004, 195

Bauer, Jobst-Hubertus / Krieger, Steffen / Powietzka, Arnim: Geänderte Voraussetzungen für Massenentlassungen nach der „Junk"-Entscheidung des EuGH?, DB 2005, 445

Dies.: Erstes BAG-Urteil nach der „Junk"-Entscheidung des EuGH, DB 2005, 1570

Becker, Ulrich: EU-Erweiterung und differenzierte Integration, Baden-Baden 1999

Berg, Detlef: Die Konfliktkommissionen im Arbeitsrecht der DDR, NZA 1990, 19

Ders.: Arbeitslose – nun auch in der DDR?, NZA 1990, 260

Bergmann, Jan: Die Osterweiterung der Europäischen Union, ZRP 2001, 18

Blanpain, Richard / Matey, Maria: Europejskie prawo pracy w polskiej perspektywie (Der Europäische Arbeitsrecht aus der polnischen Perspektive), Warschau 1993

Braun, Steffen / Prusak, Maciej: Möglichkeit der Flexibilisierung der Arbeitszeit in Polen, WiRO 2004, 38

Bundesministerium für Arbeit und Sozialordnung: EU-Erweiterung und Arbeitskräftemigration, Forschungsbericht 286, ifo Institut für Wirtschaftsforschung, München 2000

Bundesministerium für Wirtschaft und Arbeit: Tarifvertragliche Arbeitsbedingungen im Jahr 2004 (Tarifregister), Bonn, 2005

Carley, Marc: European Foundation for the Improvement of Living and Working Conditions, Eironline 2002, Industrial Relations in the EU Member States and candiate countries (Industriebeziehungen in den EU-Mitgliedsstaaten und den Kandidatenländern), Dok. TN0207104f

Carley,Marc / Baradel, Annalisa / Welz, Christian: European Foundation for the Improvement of Living and Working Conditions, EIRO Thematic Features, Works councils, workplace representation and participation structures (Betriebsräte, Betriebsvertretung und Beteiligungsstrukturen), 2003

CBOS: Opinie o związkach zawodowych (Meinungen zu Gewerkschaften), Warschau 1999

Dass.: Związki zawodowe: liczebność, skład, postawy (Gewerkschaften: Zahlen, Zusammensetzung, Einstellung), Warschau 2003

Ciborski, Piotr: Kodeks Pracy – Nowelizacja unijna Komentarz (Arbeitsgesetzbuch – Gemeinschaftsrechtliche Novellierung, Kommentar), Danzig 2004

Cudowski, B.: Spory zbiorowe w polskim prawie pracy (Der Kollektivstreit im polnischen Arbeitsrecht), Bialystok 1998

Czarzasty, Jan: European Foundation for the Improvement of Living and Working Conditions, Eironline 2002, Collective agreements in focus (Tarifverträge im Fokus), PL0210108f

Ders.: European Foundation for the Improvement of Living and Working Conditions, Eironline 2004, Trade unions in agriculture examined (Untersuchung der Gewerkschaften in der Landwirtschaft), Dok. PL0407104f

Däubler, Wolfgang: Rechtsexport – Die Einführung des bundesdeutschen Arbeitsrechts im Gebiet der früheren DDR, Recht der Arbeit und der sozialen Sicherheit, Band 9, Frankfurt a.M. 1996

Däubler, Wolfgang / Kittner, Michael / Klebe, Thomas: Betriebsverfassungsgesetz mit Wahlordnung, Kommentar, 9. Aufl., Frankfurt a.M. 2004

Deinert, Olaf: Der europäische Kollektivvertrag, Baden-Baden 1999

Dieterich, Thomas / Müller-Glöge, Rudi / Preis, Ulrich / Schaub, Günter: Erfurter Kommentar zum Arbeitsrecht, 6. Aufl., München 2006

Diller, Martin: Das neue Gesetz zur Absicherung flexibler Arbeitszeitregelungen ("Flexi-Gesetz"), NZA 1998, 792

Dorau, Christoph: Die Öffnung der Europäischen Union für europäische Staaten, EuR 1999, 736

Drobnig, Ulrich / Ramm, Thilo: Arbeits- und Sozialrecht im vereinigten Deutschland gestern, heute und morgen, Aufsatzsammlung, Berlin 1996

Egerer, Jürgen: Die Grundzüge des polnischen Arbeitsrechts, AE (= Arbeitsrechtliche Entscheidungen), April 2000, 1

Eironline: European Foundation for the Improvement of Living and Working Conditions, 2002, Tripartite commission discusses amendments to labour court (Die Dreiparteienkommission berät über Änderungen des Arbeitsgesetzbuchs), Dok. PL0206101n

Dass.: European Foundation for the Improvement of Living and Working Conditions, 2003, Collective bargaining in 2002 examined (Analyse der Tarifverhandlungen in 2002), Dok. PL0308104n

*Dass.: European Foundation for the Improvement of Li*ving and Working Conditions, 2004, Trade union membership 1993 - 2003 (Mitgliedschaft in Gewerkschaften 1993 - 2003), Dok. TN0403105u

Ellguth, Peter / Kohaut, Susanne: Tarifbindung und betriebliche Interessenvertretung: Aktuelle Ergebnisse aus dem IAB-Betriebspanel, WSI-Mitteilungen 58, 2005, 389

Europäische Kommission: Information note, The free movement of workers in the context of enlargement (Information, Arbeitnehmerfreizügigkeit im Zusammenhang mit der Erweiterung), 06.03.2001

Falkenberg, Rolf-Dieter: Die Chance für eine Kodifizierung des Arbeitsrechts: Artikel 30 des Einigungsvertrages, 83, Festschrift für Dieter Gaul, Neuwied 1992

Fedtke, Eberhard / Fedtke, Braga / Fedtke, Jorg: Arbeitnehmermitbestimmung - Für Europa ein Muster ohne Wert?, ZIAS 2005, 304

Fjaiłkowski, Tadeusz: Kodeks Pracy, Ustawy, Komentarz itd.(Arbeitsgesetzbuch, Gesetze, Kommetar usw.), Warschau 2004

Florek, Ludwik: Rokowania i układy zbiorowe pracy (Verhandlungen und Tarifverträge), PiP 1994, 7

Ders.: Żródła prawa pracy (Quellen des Arbeitsrechts), Warschau 2000

Florek, Ludwik / Zieliński, Tadeusz: Prawo Pracy (Arbeitsrecht), 6. Aufl., Warschau 2004

Franzen, Martin: EU-Erweiterung und Europäische Betriebsräte, BB 2004, 938

Gardawski, Juliusz / Gaciarz, Barbara / Mokryszewski, Andrzej / Pankow, Włodzimierz: Rozpad Bastionu? – Związki zawodowe w gospodarce prywatyzowanej (Auseinanderbrechen einer Bastion? – Gewerkschaften in einer privatisierten Wirtschaft), Warschau 1999

Gardawski, Juliusz / Towalski , Rafał / Czarzasty, Jan: European Foundation for the Improvement of Living and Working Conditions, Eironline 2003, 2002 Annual Review for Poland (Jahresbericht 2002 für Polen), Dok. PL0301104f

Gardawski, Juliusz: European Foundation for the Improvement of Living and Working Conditions, Eironline 2002, The development of the national Tripartite Commission (Die Entwicklung der nationalen Dreiparteienkommission), Dok. PL0210106f

Ders.: European Foundation for the Improvement of Living and Working Conditions, Eironline 2002, Industrial relations in SMEs examined (Industrielle Beziehungen in kleinen und mittelgroßen Unternehmen), Dok. PL0206102F

Ders.: European Foundation for the Improvement of Living and Working Conditions, Eironline 2002, Declining trade union density examined (Untersuchung der abnehmenden Gewerkschaftsdichte), Dok. PL0208105F

Ders.: European Foundation for the Improvement of Living and Working Conditions, Eironline 2002, More flexible Labour Code comes into force (Flexibleres Arbeitsgesetzbuch tritt in Kraft), Dok. PL0212108F

Ders.: European Foundation for the Improvement of Living and Working Conditions, Eironline 2002, New nationwide trade union centre established (Begründung eines neuen, landesweiten Gewerkschaftsbundes), Dok. PL0212109F

Ders.: European Foundation for the Improvement of Living and Working Conditions, Eironline 2003, Problems facing the trade union movement analysed (Analyse der Probleme der Gewerkschaftsbewegung), Dok. PL0308106f

Ders.: European Foundation for the Improvement of Living and Working Conditions, Eironline 2004, 2003 Annual Review for Poland (Jahresbericht 2003 für Polen), Dok. PL0401104F

Ders.: European Foundation for the Improvement of Living and Working Conditions, Eironline 2004, Industrial action in 2003 (Arbeitskampf in 2003), Dok. PL0410105F

*Gilejko, Leszek Związki zawodowe a restrukturyzacja: (Gewerk*schaften und Restrukturierung), Warschau 2003

GK: Gemeinschaftskommentar zum Betriebsverfassungsgesetz, 2 Bände, 8. Aufl., Neuwied 2005

Goździewicz, Grzegorz: Szczególne właściwości norm prawa pracy (Besonderheiten von Arbeitsrechtsnormen), Toruń 1988

Ders.: Układy zbiorowe pracy (Tarifverträge), Bydgoszcz 1996

Ders.: Wpływ działań zwbiorowych na indiwidualne stosunki pracy (Einfluss kollektivrechtlicher Handlungen auf die individualrechtlichen Arbeitsverhältnisse), S. 93, in Lewandowski, Aufsatzsammlung, Warschau 1997

Gralla, Erhardt: Rechtsentwicklung und Marktwirtschaft in Polen, Aufsatz im Rahmen des Seminars „Rechtsentwicklung und Rechtskultur in Polen vor dem Beitritt zur EU", Ost-West Kolleg der Bundeszentrale für Politische Bildung 20. – 25.02.2000

Griese, Thomas: Ein Arbeitsvertragsgesetzbuch: Chance und Herausforderung!, Mitteilung des Ministeriums für Arbeit, Gesundheit und Soziales des Landes NRW, NZA 1995, 300

Hall, Mark: European Foundation for the Improvement of Living and Working Conditions, Eironline 2002, Final approval given to consultation Directive (Zustimmung zur Konsultationsrichtlinie erteilt), Dok. EU0204207F

Ders. / Marginson, Paul: European Foundation for the Improvement of Living and Working Conditions, Eironline 2004, Developments in European Works Councils (Entwicklungen der Europäischen Betriebsräte), Dok. TN0411101S

Hanau,Peter / Steinmeyer, Heinz-Dietrich / Wank, Ralf: Handbuch des Europäischen Arbeits- und Sozialrechts, München 2002

Hailbronner, Kay: Völker- und europarechtliche Fragen der deutschen Wiedervereinigung, JZ 1990, 449

Ders.: Das vereinte Deutschland in der Europäischen Gemeinschaft, DTZ 1991, 321

Hans-Böckler-Stiftung: Übersichtstabelle Streiks und Aussperrungen in West- und Ostdeutschland, 2003

Heilmann, Joachim: Das Arbeitsrecht der sowjetischen Besatzungszone (1945 – 49) – Beitrag zur Entstehungsgeschichte der DDR, Berlin 1973

Henssler, Martin / Braun, Axel: Arbeitsrecht in Europa, Köln 2003

Henssler, Martin / Willemsen, Heinz Josef / Kalb, Heinz-Jürgen: Arbeitsrecht Kommentar, Köln 2004

Herrnfeld, Hans-Holger: Recht europäisch – Rechtsreform und Rechtsangleichung in den Visegrad-Staaten, Gütersloh 1995

Herschel, Wilhelm: Kollektives Arbeitsrecht, 4. Aufl., 1930

Hromadka, Wolfgang: Ein Arbeitsvertragsgesetz für Deutschland, Festschrift für Dieter Gaul, 357, Neuwied 1992

Ders.: Zukunft des Arbeitsrechts, NZA 1998, 1

Husmann, Manfred: Ost-Erweiterung der EU und Arbeitnehmerfreizügigkeit, ZIAS 1999, 419

Iwulski, J. / Jaśkowski, K.: Zwolnienia grupowe (Gruppenentlassungen), Praktischer Kommentar, Warschau 1995

Johannes Paul II.: On Human Work (Über die menschliche Arbeit), Washington, U.S. Conference, 1981

Jończyk, J.: Zbiorowe stosunki pracy (Kollektivrechtliche Arbeitsverhältnisse), PiP 1981, Nr. 8

Ders.: Prawo pracy (Arbeitsrecht), Warschau 1995

Kania, Thomas / Klemm, Claudia: Möglichkeiten und Grenzen der Schaffung anderer Arbeitnehmervertretungsstrukturen nach § 3 Abs. 1 Nr. 3 BetrVG, RdA 2006, 22

Kempen, Otto Ernst / Zachert, Ulrich: Tarifvertragsgesetz, 4. Aufl., Frankfurt a. M. 2006.

Kissel, Otto Rudolf: Arbeitsrecht und Staatsvertrag, NZA 1990, 545

Ders.: Ein Jahr gesamtdeutsches Arbeitsrecht, NZA 1992, 1

Kobert, Reinhard: Arbeitsgesetzbuch und andere Rechtsvorschriften, Berlin 1983

Koenig, Christian / Haratsch, Andreas: Europarecht, 3. Aufl., Tübingen 2000

Kość, Antoni: Recht und Sittlichkeit im sozialistischen Staat, dargestellt am Beispiel Polens, Freiburg 1982

Kröger, Michael: Clements Wunderwaffe bleibt Stumpf, Spiegel Online v. 08.04.2005

KSPW - Kommission für die Erforschung des sozialen und politischen Wandels in den neuen Bundesländern e. V.: Die Umwandlung der Arbeits- und Sozialordnung, Bericht 6, Opladen 1996

Kunz, Frithjof: Arbeitsrecht und Vereinigung beider deutscher Staaten, WSI-Mitteilungen 1990, 308

Lado, Maria: European Foundation for the Improvement of Living and Working Conditions, Eironline 2002, Industrial relations in the candidate countries (Industrielle Beziehungen in den Kandidatenstaaten), Dok. TN0207102F

Lansnicker, Frank / Schwirtzek, Thomas: Höchstrichterliche Entscheidungen zu ausgewählten arbeitsrechtlichen Problem im Beitrittsgebiet, VIZ 2000, 132

Lewandowski, Henryk: Polskie prawo pracy w okresie transformacji w oświetleniu prawa wspolnotowego (Polnisches Arbeitsrecht in der Umwandlung im Lichte des Gemeinschaftsrechts), Aufsatzsammlung, Warschau 1997

Ders.: Nowelizacja prawa o układach zbiorowych pracy (Neufassung des Rechts der Kollektivvereinbarungen), Praca i Zabezpieczenie Społeczne (Arbeit und Sozialabsicherung) 1/2001, 7

Lörcher, Klaus: Die Ratifizierung der Europäischen Sozialcharta durch die Republik Polen – Zu den Auswirkungen auf die Bundesrepublik Deutschland und die EG, in: Recht und soziale Arbeitsumwelt - Festschrift für Wolfgang Däubler, Frankfurt a. M., 1999

Ders.: Der Europäische Gewerkschaftsbund (EGB) und seine Beteiligung am europäischen Arbeitsrecht, NZA 2003, 184

Löw, Hans-Peter: Das Arbeitsrecht der DDR nach der Sozialunion, BB 1990, Beil. 23, 29

Löwisch, Manfred / Rieble, Volker: Tarifvertragsgesetz, 2. Aufl., München 2004

Lohmann, Ulrich: Das Arbeitsrecht der DDR, Berlin 1987

Łopatka, A.: Państwo socialistyczne a związki zawodowe (der sozialistische Staat und die Gewerkschaften), Posen 1962

Lopian, Arthur: Übergangsregime für Mitgliedstaaten der Europäischen Gemeinschaften, Baden-Baden 1994

Lorenz, Martin: Die arbeitsrechtlichen Regelungen im Einigungsvertrag, DB 1990, 3118

Maschmann, Frank: Arbeitsrecht im werdenden Europa – 16. Arbeitsrechtssymposium an der Universität Passau, NZA 2003, 206

Matey, Maria: Nowy ląd pracy w Polsce i w Europie (Neue Arbeitsperspektiven in Polen und Europa) Aufsatzsammlung, Warschau 1997

Matey-Tyrowicz, Maria: Prawo Pracy (Arbeitsrecht), Teil 1, Harmonizacja Prawa Polskiego z Prawem Wspólnoty Europejskich (Angleichung des polnischen Arbeitsrechts an das Recht der Europäischen Gemeinschaften) Band 9, UKIE, Beitragssammlung, Warschau 1998

Maydell, Bernd, Baron von / Wank, Rolf: Die Umwandlung der Arbeits- und Sozialordnung - Transformation der Arbeitsrechtsordnung in den neuen Bundesländern, Aufsatzsammlung, Opladen 1996

Mitrus, Leszek: Dostosowanie polskiego prawa pracy do norm prawa Wspólnoty Europejskiej dotyczacych swobody przemieszczania sie pracownikow (Anpassung des polnischen Arbeitsrechts an das Gemeinschaftsrecht im Hinblick auf die Arbeitnehmerfreizügigkeit), PiZS 2001, 9

Müller, Gerhard: Tarifautonomie und gesetzliche Reglung des Arbeitskampfrechts, DB 1992, 269

Murrell, Peter: Evolutionary and Radical Approaches to Economic Reform, Economics of Planning, 1992, S. 79

Nägele, Stefan: Grundzüge des Arbeitsrechts in der DDR, BB 1990, Beil. 9, 1

Ders.: Streikrecht und Aussperrung in der DDR, BB 1990, Beil. 16, 16

Ders.: Das Arbeitsgesetzbuch der DDR nach dem Staatsvertrag, BB 1990, Beil. 26, 26

Neef, Klaus: Die Neuregelung des Interessenausgleichs und ihre praktischen Folgen, NZA 1997, 65

Neumann, Dirk: Festschrift für Eugen Stahlhacke, Neuwied1995

Ders.: Arbeitsvertragsgesetz – eine endlose Geschichte, in: Arbeitsrecht und Sozialpartnerschaft – Festschrift für Peter Hanau, Köln 1999

Nicolai, Andrea: Neue Regeln für Massenentlassungen, NZA 2005, 206

Nowak, Arkadiusz: Z Problematyki Prawa Pracy i Polytiki Socialnej (Probleme des Arbeits- und Sozialrechts), Band 15, Kattowitz 2002

Oetker, Hartmut: Das Arbeitsgesetzbuch zwischen rechtshistorischem Relikt und Vorbildfunktion für den gesamtdeutschen Gesetzgeber, NJ 1991, 147

Ders. / Preis, Ulrich: Europäisches Arbeits- und Sozialrecht, Loseblattsammlung

Państwowa Inspekcja Pracy (PIP): Sprawozdanie GIP z działalności PIP za 2001r (Bericht der Hauptarbeitsinspektion über die Tätigkeiten der PIP 2001), Warschau 2002

Dies.: Sprawozdanie GIP z działalności PIP za 2002r (Bericht der Hauptarbeitsinspektion über die Tätigkeiten der PIP 2002), Warschau 2003

Dies.: Sprawozdanie GIP z działalności PIP za 2003r (Bericht der Hauptarbeitsinspektion über die Tätigkeiten der PIP 2003), Warschau 2004

Patulski, Andrzej: Kodeks pracy, Komentarz dla praktyków (Arbeitsgesetzbuch, Praktiker Kommentar) 9. Aufl., Danzig 2005

Pleyer/Lieser-Triebnigg: Funktion und Entwicklung des Arbeitsrechts in der DDR, RdA 1971, 65

Pörnbacher, Karl: Reform des polnischen Arbeitsrechts – erste Schritte der Liberalisierung, WiRO 2003, 99

Preis, Urich: Ist die Kodifikation des Arbeitsverhältnisses im Zuge der deutsch-deutschen und europäischen Rechtsangleichung erforderlich?, ZRP 1990, 311

Ders.: Grundfragen der Vertragsgestaltung im Arbeitsrecht, Habilitationsschrift, Köln 1993

Ders.: Arbeitsrecht, Praxislehrbuch zum Individualarbeitsrecht, 2. Aufl., Köln 2003

Ders.: Neuorientierung in der arbeitsrechtlichen Gesetzgebung, NZA 2000, 9

Quaisser, Wolfgang: Strategieansätze und Ergebnisse des Übergangs der mittel- und osteuropäischen Länder zur Marktwirtschaft, Aus Politik und Zeitgeschichte, B 44 – 45/97, S. 3

Rączka, K.: Uczęstnictwo pracownikow w zarządzaniu przedsiębiorstwami państwowymi w Polsce (Arbeitnehmerbeteiligung in der Leitung staatlicher Betriebe in Polen), Warschau 1994

Rademacher, Annett: Regelungen zur Mitbestimmung im Unternehmen, BB 1990, Beil. 23, 33

Ramm, Thilo: Die "Regelung der Arbeit" (1942), das "Volksgesetz" und der Arbeitsrechtsausschuss der Akademie des Deutschen Rechts, ZfA 1990, 407

Rauschnig, Dietrich / Hach, Renate: Geltung des Rechts der Europäischen Gemeinschaften im Gebiet der DDR nach der Wiedervereinigung, EuZW 1990, 344

Rengeling, Hans-Werner: Das vereinte Deutschland in der Europäischen Gemeinschaft - Grundlagen der Geltung des Gemeinschaftsrechts, DVBl 1990, 1307

Republic of Poland: Questionnaire Poland, Information requested for the preparation of the opinion (AVIS) on the application for membership of the European Union,1997

Richardi, Reinhard: Betriebsverfassungsgesetz mit Wahlordnung, 10. Aufl., München 2006

Ders. / Wlotzke, Otfried: Münchener Handbuch Arbeitsrecht, Band 1 - 3, Individualarbeitsrecht I, 2. Aufl., München 2000

Rittweger, Stephan / Petri, Ulrich / Schweikert, Franz-Josef: Altersteilzeitgesetz, 2. Aufl., München 2002

Salwa, Zbigniew: Kodeks Pracy (Arbeitsgesetzbuch), Kommentar, 4. Aufl., Bydgoszcz/ Warschau 2004

Sander, Peter: Interessenvertretung der Arbeitnehmer im Betrieb, Opladen 1997

Sanetra, Walerian: Prawo pracy w aktualnych zagadnień (Aktuelle Fragen des Arbeitsrechts), Unterlagen der Konferenz in Tykocin, 8 – 10 Mai 1998, Aufsatzsammlung, Bialystok 1999

Schaub, Günter: Arbeitsrecht-Handbuch, 11. Aufl., München 2005

Scherer, Joachim: EG und DDR: Auf dem Weg zur Integration, BB 1990, Beilage 16, 11

Ders.: Das Handels- und Kooperationsabkommen der EG mit der DDR, EuZW 1990, 241

Schübel, Dirk: Die EU-Erweiterung – eine Bestandsaufnahme mit Hinblick auf die Vorbeitrittsstrategien der EU, EuZW 2001, 641

Schuster, Gunnar: Rechtsfragen der Maastrichter Vereinbarung zur Sozialpolitik, EuZW 1992, 178

Schwarze, Roland: Legitimation kraft virtueller Repräsentation – eine gemeinschaftsrechtliches Prinzip? – zur Legitimation der Koalitionsfreiheit gegenüber Nichtmitgliedern, RdA 2001, 208

Schwedes, Rolf: Arbeitsgesetzbuch der DDR und seine Neufassung 1990, Entwicklungen im Arbeitsrecht - Festschrift für Otfried Wlotzke, 145, München 1996

Senser, Robert A.: How Poland's Solidarity won freedom of association, Monthly Labour Review 09/1989, 35

Seweryński, Michał: Polskie prawo pracy i zbiorowe stosunki pracy w okresie transformacji (Das polnische Arbeitsrecht und die kollektiven Arbeitsverhältnisse in der Transformation), Aufsatzsammlung, Warschau 1995

Sieg, Rainer: Polens Wirtschaft auf dem Weg in die EU, NZA 2003, 198

Ders. / Prujszczyk, Marek: Arbeitsrecht in Polen, München 1996

Sobótka, E.: Rola Trójstronnej Komisij do spraw Społeczno-Gospodarczych w rozwoju zbirowych stosunków pracy w Polsce (Die Rolle der Dreiparteienkommission in sozial-wirtschaftlichen Angelegenheiten in der Entsicklung der kollektivrechtlichen Arbeitsverhältnisse in Polen), in Seweryński, Polskie prawo pracy i zbiorowe stosunki pracy w okresie transformacji (Das polnische Arbeitsrecht und kollektivrechtliche Verhältnisse in der Transformationsphase), Warschau, 1991

Sprenglewska, Mirosława: Kodeks Pracy - Wstęp (Arbeitsgesetzbuch – Einführung), Bydgoszcz 1996

Sroka, Jacek: European Foundation for the Improvement of Living and Working Conditions, Eironline 2004, Impact of European Works Councils examined (Bedeutung von Europäischen Betriebsräten), Dok. PL0407105F

Ders.: European Foundation for the Improvement of Living and Working Conditions, Eironline 2005, Business Centre Club airs views on social dialogue (Auffassung des Business Centre Clubs zum Sozialdialog), Dok. PL0505102F

Steinmeyer, Heinz-Dietrich / Jürging, Axel: Überlegungen zu einer gesamtdeutschen Kodifikation des Arbeitsvertragsgesetzes, NZA 1992, 777

Steinmeyer, Heinz-Dietrich / Waltermann, Raimund: Casebook Arbeitsrecht, 2. Aufl., München 2000

Stępińska, Aniela: Kodeks Pracy (Arbeitsgesetzbuch), Warschau 1996

Sula, Piotr: European Foundation for the Improvement of Living and Working Conditions, Eironline 2005, Government drive to tackle unemployment (Staatliche Bemühungen zur Bewältigung von Arbeitslosigkeit), Dok. PL0511105F

Światkowski, Andrzej: Strikes and Lockouts in Polish Society, Heading Towards Industrialized Market Economy (Streiks und Aussperrungen in der polnischen Gesellschaft, auf dem Weg zur industrialisierten Marktwirtschaft), Yearbook of Polish Labour Law and Social Policy, 1993, Band 3, 161

Szprenglewska, Miroslawa: Kodeks Pracy (Arbeitsgesetzbuch), Bydgoszcz, 1996

Szubert, Wacław: Kierunki rozwoju zbiorowego prawa pracy (Entwicklungsrichtungen des kollektiven Arbeitsrechts), PiP 1981, Nr. 6

Ders.: Zarys parwa pracy (Grundriss des Arbeitsrechts), Warschau 1976

Tatur, Melanie: Solidarność als Modernisierungsbewegung – sozialstruktur und Konflikt in Polen, Frankfurt a.M. / New York 1989

Thiel, Wera: Arbeitsrecht der DDR, Opladen 1997

Touraine, A. / Dubet, F. / Wiewiórka, M. / Strzelecki: Solidarity. The Analysis of a Social Movement (Solidarität: Analyse einer sozialen Bewegung), Cambridge 1983

Towalski, Rafał: European Foundation for the Improvement of Living and Working Conditions, Eironline 2002, Privatisation and Industrial Relations – Poland (Privatisierung und Industriebeziehungen – Polen), Dok. PL0209103FPL

Ders.: European Foundation for the Improvement of Living and Working Conditions, Eironline 2002, Employer's organisations examined (Untersuchung der Arbeitgeberorganisationen), Dok. PL0209104f

Ders.: European Foundation for the Improvement of Living and Working Conditions, Eironline 2003, Tripartite Commission negotiates employment and development issues (Dreiparteienkommission verhandelt über Beschäftigungs und Entwicklungsthemen), Dok. PL0307104F

Ders.: European Foundation for the Improvement of Living and Working Conditions, Eironline 2003, Unemployment in 2002 examined (Untersuchung der Arbeitslosigkeit in 2002), Dok. PL0307107F

Ders.: European Foundation for the Improvement of Living and Working Conditions, Eironline 2003, Operation of tripartite sector teams examined (Untersuchung der Tätigkeit von Drei-Parteien-Sektorengruppen), Dok. PL0308101F

Ders.: European Foundation for the Improvement of Living and Working Conditions, Eironline 2004, Government proposes introduction of employee councils (Regierungsentwurf zur Einführung von Betriebsräten), Dok. 0400102F

Ders.: European Foundation for the Improvement of Living and Working Conditions, Eironline 2004, Single-establishment bargaining in 2003 examined (Untersuchung der Verhandlungen zu Betriebstarifverträgen in 2003), Dok. PL0411105F

Ders.: European Foundation for the Improvement of Living and Working Conditions, Eironline 2005, 2004 Annual Review for Poland (Jahresbericht 2004 für Polen), Dok. PL0501104F

Ders.: European Foundation for the Improvement of Living and Working Conditions, Eironline 2005, New Labour Code proposed (Vorschlag für ein neues Arbeitsgesetz), Dok. PL0510105F

Ders.: European Foundation for the Improvement of Living and Working Conditions, Eironline 2005, Collective agreements in 2004 examined (Untersuchung von Tarifverträgen in 2004), Dok. PL0508106F

Ders.: European Foundation for the Improvement of Living and Working Conditions, Eironline 2005, Entreprise-level social dialogue in 2005 assessed (Beurteilung des sozialen Dialogs auf Unternehmensebene im Jahr 2005), Dok. PL0512104F

Turner, George / Pflicke, Gerhard: DDR-Recht im Umbruch, NJW 1990, 1637

Tschöpe, Ulrich: Anwaltshandbuch Arbeitsrecht, 4. Aufl., Köln 2004

Wank, Rolf: Das Arbeits- und Sozialrecht nach dem Einigungsvertrag, RdA 1991, 1

Wagner, B.: Kilka uwag w sprawie rokowań kolektywnych (Einige Anmerkungen zu Kollektivstreitigkeiten), ZNUJ, Prace Prawnicze (Rechtliche Arbeiten) 1991, Nr. 138, S. 30

Wałęsa, Lech: Lech Wałęsa: A way of Hope, 1988

Werding, Martin: Erweiterung der Europäischen Union und Auswirkungen auf den deutschen Arbeitsmarkt, NZA 2003, 194

Wiedemann, Herbert: Tarifvertragsgesetz, 6. Aufl., München 1999

Wlotzke, Otfried / Lorenz, Martin: Arbeitsrecht und Arbeitsschutzrecht im deutsch-deutschen Einigungsprozess, BB 1990, Beil. 35, 1

Wolter, Henner: Der Prozess der deutschen Einigung, dargestellt am Beispiel des Arbeitsrechts, BB 1990, Beil. 28, 37

Ders.: Wende im Recht der Massenentlassungen?, AuR 2005, 135

Worzalla, Michael: Arbeitsrecht in den neuen Bundesländern – Sonderregelungen und ausgewählte Probleme, DtZ 1992, 306

Wratny, Jerzy: Tarifverträge in Polen seit 1994 – Bemerkungen zu dem Tarifgegenstand, in: Recht und soziale Arbeitsumwelt - Festschrift für Wolfgang Däubler, Frankfurt a. M., 1999

Zachert, Ulrich: Bedeutung der Tarifverträge und Tendenz ihrer Dezentralisierung, AiB 2006, 166

Zieliński, Tadeusz: Idea zbiorowego prawa pracy w socjalistycznym porządku prawnym (Die Idee des kollektiven Arbeitsrechts in der sozialistischen Rechtsordnung), PiP 1980, Nr. 10

Ders.: Prawo Pracy, Zarys Systemu (Arbeitsrecht, Grundzüge), Allgemeiner Teil, Warschau, Krakau 1986

Ders.: Ustrój społeczny w przyszłej konstytucji RP w ocenie Rzecznika Praw Oywatelskich (Die Gesellschaftsordnung in der künftigen Verfassung der Republik Polen nach Einschätzung des Beauftragten für Bürgerrechte), RPEiS 1995, S. 81

Ziembiński, Zygmunt: Wartości konstytucyjne (Verfassungswerte), Warschau 1993

Ziemer, Klaus: Politischer Systemwandel und gesamteuropäische Perspektive in Polen, Vortrag im Rahmen des Seminars „Rechtsentwicklung und Rechtskultur in Polen vor dem Beitritt zur EU“, Ost-West Kolleg der Bundeszentrale für Politische Bildung 20. – 25.02.2000

Erstes Kapitel: Einleitung und Aufbau

A. Einleitung in die Thematik

Mit dem Ende des Kalten Krieges und dem politischen Zusammenbruch des Ostblocks endete auch die Jahrzehnte dauernde Trennung und separate Entwicklung zweier Rechtssysteme, des bürgerlich-demokratisch geprägten Systems in Westeuropa und des sozialistischen Rechtssystems in einigen mittel- und osteuropäischen Staaten. Fast alle Staaten Mittel- und Osteuropas haben sich nunmehr der Demokratie und der sozialen Marktwirtschaft zugewandt und sind enge Verbindungen mit den westlichen Staaten und Organisationen eingegangen[1]. Seit mehr als 15 Jahren bemühen sich diese Staaten darum, gesellschaftliche Umwälzungen zu bewältigen sowie neben politischen und wirtschaftlichen Reformen auch ihre Rechtssysteme demokratischen und rechtsstaatlichen Prinzipien entsprechend anzupassen.

Die folgende Arbeit untersucht die **Entwicklungen im Arbeitsrecht** zweier vormals sozialistischer Staaten, der ehemaligen Deutschen Demokratischen Republik und der Republik Polen, als Beispiel für zwei rechtliche Transformationsprozesse, die sehr unterschiedlich verlaufen sind. Der **Schwerpunkt** der Darstellung und Analyse liegt auf der Entwicklung der **Republik Polen**. Es ist der mit Abstand flächengrößte und bevölkerungsstärkste Staat der zehn Beitrittsländer Mittel- und Osteuropas[2]. Die Arbeit beleuchtet den **Transformationsprozess bis zum September 2005** und schließt mit den Auswirkungen des Beitritts Polens zur EU am 01.05.2004, die bis zur Parlamentswahl am 26.09.2005 sichtbar wurden.

Die Transformation des jeweiligen Arbeitsrechts auf beiden Gebieten unterscheidet sich vorrangig in zweierlei Hinsicht: Anders als Polen bestand die DDR nur kurze Zeit nach dem Mauerfall, der die politische Wende symbolisiert, als souveräner

---

[1] Bereits 1988 wurden bilaterale Beziehungen zwischen der Europäischen Gemeinschaft und einzelnen Staaten Mittel- und Osteuropas aufgenommen. Es folgten Handels- und Kooperationsabkommen mit Ungarn (ABl. 1988, Nr. L 327, 2), Polen (ABl. 1989, Nr. L 339, 2), der UdSSR (ABl. 1990, L 68, 3), Bulgarien (ABl. 1990, Nr. L 291, 2), der Tschechoslowakei (ABl. 1990, L 291, 29) und Rumänien (ABl. 1991, Nr. L 79, 13). Auf der Sondertagung des Europäischen Rates vom 28.04.1990 in Dublin vereinbarten die Staats- und Regierungschefs der Mitgliedsstaaten, Assoziierungsabkommen mit den Staaten Mittel- und Osteuropas abzuschließen (EArch 1990 11, D 284). Diese sogenannten Europaabkommen, wurden mit Polen (1991), Ungarn, Tschechien, der Slowakei, Bulgarien, Rumänien, Slowenien sowie den drei baltischen Staaten, Estland, Lettland und Litauen, geschlossen.

Ebenso erfolgte die militärische Integration einiger Mittel- und Osteuropäischer Staaten an den Westen durch den Beitritt zur NATO, deren Mitglied Polen seit 1999 ist, ebenso wie seit 1995 der WTO und seit 1996 der OECD. Außerdem hat Polen 1997 die Europäische Sozialrechtscharta ratifiziert, vgl. FS-Däubler - Lörcher, S. 917. Zu der Entwicklung in der DDR: vgl. Turner/Pflicke, NJW 1990, 1637.

[2] Die Fläche beträgt 312.677 qkm (zum Vgl.: Bundesrepublik Deutschland 356.723 qkm). Polen zählt 38,64 Mio. Einwohner, also etwa die Hälfte der rund 75 Mio. neuen Unionsbürger aus den Beitrittsstaaten. Vgl.: EU, Ein ständiger Erweiterungsprozess, S. 6.

Staat fort[3]. Während in den fünf östlichen Bundesländern und Ost-Berlin laut Einigungsvertrag[4] seit der deutschen Wiedervereinigung am 3. Oktober 1990 dem Grundsatz nach bundesdeutsches Arbeitsrecht gilt[5], vollzieht sich in **Polen ein Umwandlungsprozess** ausgehend von den bereits im Sozialismus geltenden arbeitsrechtlichen Bestimmungen, hauptsächlich dem *kodeks pracy*[6] (KP), dem polnischen Arbeitsgesetzbuch, und einer größeren Anzahl von zum Teil alten, zum Teil veränderten oder neu geschaffenen Spezialgesetzen. Zum zweiten wurden die Bundesländer der ehemaligen DDR mit der Wiedervereinigung Teil der drei Europäischen Gemeinschaften[7], später der Europäischen Union (EU), mit der Konsequenz, dass auch die gemeinschaftsrechtlichen Bestimmungen zum Arbeitsrecht auf diesem Gebiet anwendbar sind[8]. Polen war zwar seit dem am 1. Februar 1994 in Kraft getretenen Europaabkommen zwischen der EU und ihren Mitgliedstaaten einerseits und der Republik Polen andererseits mit der EU assoziiert[9] und mit Beginn der formellen Beitrittsverhandlungen am 30. März 1998[10] als Beitrittskandidat für die Erweiterung der EU verpflichtet, den 31 Kapitel umfassenden sog. *Acquis Communautaire*[11], den gemeinschaftlichen Besitzstand, und damit auch die arbeitsrechtlichen Regelungen zu übernehmen. Hierbei handelt es sich aber um einen Prozess[12], der dem Grundsatz nach erst zum Beitrittszeitpunkt beendet wurde, sofern nicht in dem Beitrittsabkommen nach Art. 49 EU für einzelne Bereiche Übergangsvorschriften vereinbart worden waren.

---

[3] Art. 1 Einigungsvertrag; MüHdB ArbR - Richardi, § 5, Rn. 18.

[4] Staatsvertrag über die Herstellung der Einheit Deutschlands vom 31.08.1990, BGBl. II, 889.

[5] Art. 8 Einigungsvertrag; vgl. Darstellungen im MüHdB ArbR - Richardi, § 5, Rn. 18 f., § 9, Rn. 22 f.; Lorenz, DB 1990, Beil. 38, 3118; ders./Wlotzke, BB 1990, Beil. 35, 1; Nägele, BB 1990, Beil. 26, 26; Tschöpe - Leuchten, Teil 1 A, Rn. 3; Däubler bezeichnet dies als Rechtsexport „in toto", Rechtsexport, 16.

[6] Gesetz vom 26.06.1974, Dz. U. Nr. 24, Pos. 141.

[7] Lopian, S. 172.

[8] Art. 10 Einigungsvertrag bestimmt, dass mit dem 03.10.1990 die Verträge über die Europäischen Gemeinschaften nebst Änderungen und Ergänzungen, internationalen Vereinbarungen, Verträgen und Beschlüssen auch in den neuen Bundesländern gelten. Allerdings bestehen Sonderbestimmungen für die Gebiete der Bundesrepublik Deutschland, die von der Teilung betroffen waren, Art. 82 EG.

[9] ABl. 1993, Nr. L 348, 2.

[10] Polen hatte bereits im Aril 1994 einen Antrag auf Beitritt zur EU gestellt.

(Vgl. hierzu Hanau/Steinmeyer/Wank - Wank, § 11 Rn. 108). Die Aufnahme formeller Beitrittsverhandlungen wurde auf dem Europäischen Rat in Luxemburg im Dezember 1997 beschlossen auf Grundlage der Kommissionsempfehlung in der Agenda 2000 (Bulletin der EU 1997, Beil. 5). Daher werden die Staaten, mit denen Verhandlungen seit diesem Zeitpunkt geführt werden (Estland, Polen, Slowenien, Tschechien, Ungarn plus Zypern), als Luxemburg-Gruppe bezeichnet. Darüber hinaus begannen im Frühjahr 2000 formelle Beitrittsverhandlungen mit weiteren sechs Staaten, der sogenannten Helsinki-Gruppe (Bulgarien, Lettland, Litauen, Malta, Rumänien und der Slowakei).

[11] Bergmann, ZRP 2001, 18.

[12] Polen begann bereits parallel zu den Verhandlungen über den Abschluss des Europaabkommens mit dem Prozess der Übernahme des acquis communautaire (Questionnaire Poland, S. 4).

Die Fokussierung dieser Arbeit auf das Arbeitsrecht gründet sich auf der besonders starken Abhängigkeit dieses Rechtsgebiets von der geltenden Wirtschafts- und Staatsordnung eines Staates[13]. Da sich diese in der BRD und der DDR bzw. Polen konträr darstellten, dürfte die Transformation eines Rechtsgebiets, in dem die Systemgegensätze zwischen Ost und West sichtbar hervortreten, zur Darstellung und Analyse des seit 1989 voranschreitenden Transformationsprozesses in der DDR und in Polen besonders geeignet sein.

Untersucht wird die **Funktion der Gewerkschaften** in dem Transformationsprozess. Die freien Gewerkschaften hatten einen herausragenden politischen Anteil an der Herbeiführung der Wende in Polen. Diese Arbeit beleuchtet vorrangig die Rolle der Gewerkschaften bei der rechtlichen Umgestaltung der arbeitsrechtlichen Beziehungen seit 1989. Dies betrifft zum einen ihre Einflussnahme auf die Gestaltung des Arbeitsrechts und des Transformationsprozesses als politische Kraft. Zum anderen wird ihre Funktion als kollektivrechtliche Partei auf betrieblicher und überbetrieblicher Ebene untersucht.

B. Gang der Darstellung

Ausgehend von den angesprochenen strukturellen Unterschieden bei der Transformation des sozialistischen Arbeitsrechts soll die Rolle der Gewerkschaften in dem Umwandlungsprozess zu einem demokratischen Grundsätzen entsprechenden Arbeitsrecht analysiert werden. Der Schwerpunkt der Untersuchungen liegt auf der Transformation auf nationaler Ebene. Mit dem zunehmenden Einfluss des Gemeinschaftsrechts auf die nationale Rechtsordnung der Mitgliedsstaaten der EU bedarf es aber auch einer Analyse der gewerkschaftlichen Tätigkeit im Hinblick auf die Umsetzung des europäischen Arbeitsrechts in die nationale Rechtsordnung sowie die Gestaltungsmöglichkeiten für die Gewerkschaften auf der Gemeinschaftsebene.

Ausgangspunkt der Untersuchung ist die These, dass - trotz der unterschiedlichen Vorgehensweise - Polen ebenso wie die neuen deutschen Bundesländer ein **vergleichbares Niveau** im Hinblick auf die Anforderungen an ein demokratisches und rechtsstaatliches System des Arbeitsrechts gestellt werden, erreicht hat. Zu analysieren ist die Rolle der Gewerkschaften in dem Transformationsprozess. Ziel der Untersuchung ist es, festzustellen, ob die **Gewerkschaften** ihre herausragende politische Stellung, die zum Umsturz des sozialistischen Systems in Polen geführt hat, nutzen konnten, um **auf die rechtliche Neugestaltung Einfluss nehmen** zu können und sich **als freie Kollektivpartei zu etablieren**.

Vor diesem Hintergrund ist allerdings zunächst zu ermitteln, ob und inwieweit von einer vergleichbaren Ausgangslage des Arbeitsrechts der DDR und des polnischen Arbeitsrechts im Jahre 1989 auszugehen ist und welche Rechte und Pflichten

---

[13] Heilmann, 3. Teil, S. 326; Drobnig/Ramm - Kunz, S. 35, 52; Pleyer/Lieser-Triebnigg, RdA 1971, 65; zur Abhängigkeit des Arbeitsrechts vom Wirtschaftssystem vgl. Schaub, § 2, Rn. 1; zur sozialistischen Sichtweise: Autorenkollektiv, S. 1-44.

den Gewerkschaften zukamen. Das **zweite Kapitel enthält** daher eine zusammenfassende Darstellung und Analyse des **sozialistischen Arbeitsrechts** sowie der **gewerkschaftlichen Organisation** und ihrer rechtlichen Situation in beiden Staaten **vor der politische Wende** in den Jahren 1989/90.

Das **dritte Kapitel** behandelt den jeweiligen Transformationsprozess in beiden postkommunistischen Staaten auf der nationalen Rechtsebene. Schwerpunkt ist die Rolle, welche die Gewerkschaften hierbei eingenommen haben. Anhand der Analyse der polnischen Vorgehensweise und der gewerkschaftlichen Beteiligung an dem Transformationsprozess sollen die notwendigen Schritte der Veränderung und Anpassung aber auch die erhaltenswerten – u. U. sogar gegenüber dem bundesdeutschen Arbeitsrecht fortschrittlicheren[14] – Regelungen dargestellt und untersucht werden. In diesem Zusammenhang und aufgrund des Umfangs der zu untersuchenden Materie wird vorrangig die Entwicklung des **kollektiven Arbeitsrechts** untersucht. Auf Aspekte des individuellen Arbeitsrechts wird nur eingegangen, soweit ein unmittelbarer Zusammenhang mit der Gewerkschaftstätigkeit besteht, um auf diese Weise eine Gesamtbetrachtung und -bewertung ihrer Beteiligung an dem Transformationsprozess zu ermöglichen. Es wird untersucht, welche Voraussetzungen ein demokratisches, rechtstaatliches und an den praktischen Erfordernissen einer funktionierenden Marktwirtschaft orientiertes Arbeitsrecht zu erfüllen hat und – nicht zuletzt – welchen Rechtsquellen diese Voraussetzungen zu entnehmen sind. Neben den inhaltlichen Erfordernissen an die Transformation ehemals sozialistischen Arbeitsrechts stellt sich auch die Frage nach der Umsetzungsform. Unter diesem Gesichtspunkt wird auch auf den Nutzen eines einheitlichen Gesetzbuchs zur Regelung des Arbeitsrechts[15] eingegangen.

Im **vierten Kapitel** dieser Arbeit sollen die gemeinschaftsrechtlichen Vorgaben an die arbeitsrechtliche Transformation ehemals sozialistischer Staaten in Europa identifiziert und untersucht werden. Während die politischen und gesellschaftlichen Aspekte der Annäherung Polens an die EU auf der Hand liegen[16], bedarf die tatsächliche Umsetzung gemeinschaftsrechtlicher Vorgaben für das Arbeitsrecht umfangreicher, gesetzgeberischer Mühen. Dargestellt werden auch arbeitsrechtlich relevante Übergangsregelungen sowie – zur Gegenüberstellung – die Vorgehensweise der ostdeutschen Bundesländer zur **Übernahme des Gemeinschaftsrechts**. Schwerpunkt der Analyse ist die Umsetzung des Gemeinschaftsrechts, das Rechte und Pflichten der **Kollektivvertretung der Arbeitnehmer** regelt. Hierdurch sollen die Wechselwirkungen des Gemeinschaftsrechts und der Entwicklung des polnischen Gewerkschaftsrechts aufgedeckt werden.

---

[14] Vergleiche zu dieser Frage auch: KSPW-Wank, Band 16, 11.

[15] Vgl. hierzu FS-Gaul - Falkenberg, S. 83; Mitteilung des Ministeriums für Arbeit, Gesundheit und Soziales des Landes NRW, NZA 1995, 303; zu der Historie eines Arbeitsvertragsgesetzbuchs und seiner Notwendigkeit: Steinmeyer, NZA 1992, 777; ausführlich: Ramm, Entwürfe zu einem Deutschen Arbeitsvertragsgesetz, 1992.

[16] Vgl. beispielsweise die Stellungnahme des Auswärtigen Amtes zur Erweiterung der Europäischen Union auf seiner offiziellen Homepage (Stichwort Europa-Erweiterung).

Die aus dieser Untersuchung gewonnenen Einsichten werden im **fünften Kapitel** als Ergebnis dieser Arbeit zusammengefasst.

Zweites Kapitel: Grundlagen des sozialistischen Arbeitsrechts

Grundlage der Untersuchung von Transformationsprozessen ist der Ausgangszustand, auf den Veränderungen und Anpassungen aufbauen müssen. Nichts anderes gilt für die Analyse des Arbeitsrechts sowie der Rechte und Pflichten der Gewerkschaften in der ehemaligen DDR und in Polen zum Zeitpunkt der Wende Ende der achtziger Jahre. Um Rückschlüsse auf die Systematik und die mit ihr verbundenen Probleme bei der Transformation eines Rechtsgebiets innerhalb zweier verschiedener Staatsordnungen ziehen zu können, sind die Ausgangssituationen in der DDR und in Polen miteinander zu vergleichen. Auf dieser Grundlage, dem **status quo des Arbeits- und Gewerkschaftsrechts in dem Jahr 1989**, werden die Vor- und Nachteile der unterschiedlichen Vorgehensweisen in den neuen Bundesländern und in Polen sowie die hinter den Transformationsprozessen stehende Systematik ermittelt und beurteilt.

A. Kodifizierung und sozialistische Grundsätze des Arbeitsrechts

Das Arbeitsrecht der ehemaligen DDR und der Republik Polen war im Wesentlichen kodifiziert. Die wichtigsten Gesetze und rechtlichen Grundsätze werden nachfolgend dargestellt.

I. Kodifizierung des Arbeitsrechts in der DDR

Bereits die Verfassung der DDR enthielt eine Reihe von Grundrechten, die sich auf die Rechte der Arbeitnehmer bezogen[17]. Das grundlegende Regelungswerk für das Arbeitsrecht der DDR war aber das Arbeitsgesetzbuch (AGB) vom 16. Juni 1977[18], welches das Gesetz der Arbeit (GBA) von 1961 ersetzt hatte[19]. Bei dem AGB handelte es sich um ein in sich geschlossenes Gesetzbuch, das alle individual- und kollektivrechtlichen Bereiche des Arbeitsrechts umfasste. Es regelte neben den Grundsätzen des sozialistischen Arbeitsrechts in §§ 1 bis 17 (1. Kapitel), Vorschriften zur Leitung und Mitbestimmung im Betrieb (2. Kapitel, §§ 18 – 37) und zum Arbeitsvertrag (3. Kapitel, §§ 38 – 70), den Arbeitnehmerschutz (4. bis 12. Kapitel) sowie die arbeitsrechtliche Haftung von Arbeitnehmern und Betrieb (13. und 14. Kapitel). Gegenstand der Kapitel 15 bis 17 waren die Sozialversicherung, ihre Einhaltung sowie die Einhaltung des Arbeitsrechts in der DDR.

---

[17] So gewährt z.B. Art. 24 DDR Verf. ein Recht auf Arbeit und auf einen Arbeitsplatz entsprechend den gesellschaftlichen Erfordernissen. Vgl. hierzu Kissel, NZA 1990, 545.

[18] Gesetz v. 16.06.1977, GBl. I Nr. 18, 1977, 185.

[19] Gesetz v. 12.04.1961, GBl. I 1961, 27, 41; Steinmeyer, NZA 1992, 777 m.w.N. Das GBA geht wiederum zurück auf das erste in eigener Kompetenz der DDR erlassene Gesetz der Arbeit (GdA) vom 19.04.1950, GBl. 1950, S. 349.

Zusätzlich existierten eine Reihe von Verordnungen, welche die Regelungen des AGB ausfüllten[20] sowie gemeinsame Beschlüsse des Zentralkomitees (ZK) der SED, des Bundesvorstands des Freien Deutschen Gewerkschaftsbundes (FDGB) und des Ministerrates zur Verbesserung der Arbeits- und Lebensbedingungen[21]. Formell handelte es sich demnach um ein weitgehend **kodifiziertes, zentral durch ein Gesetzbuch geregeltes Rechtsgebiet**[22]. Dieses unterscheidet sich folglich bereits in seiner normativen Ausgestaltung von dem bundesdeutschen Arbeitsrecht mit seiner Vielzahl von Einzelgesetzen und einer umfangreichen Rechtsprechung der Arbeitsgerichtsbarkeit.

II. Sozialistische Grundsätze des AGB

Als Konsequenz der sozialistischen Ideologie, der zufolge die Arbeiterklasse das Ideal und damit die herrschende Gesellschaftsklasse darstellte[23], war das Arbeitsrecht in der DDR in hohem Maße politisiert und die Arbeitsrechtsordnung Spiegelbild der sozialistischen Idee, der mit ihr verbundenen Wirtschaftsordnung, der Planwirtschaft, und der auf diesen Grundlagen organisierten Gesellschaft. So brachte bereits folgender Auszug der Präambel des AGB die hohe Durchdringung des Arbeitsrechts in der DDR mit der sozialistischen Idee zum Ausdruck:

> *„Das Arbeitsgesetzbuch ist die grundlegende, in sich geschlossene Regelung des sozialistischen Arbeitsrechts. Es bringt die großen Errungenschaften der Arbeiterklasse zum Ausdruck und gewährleistet hohe Rechtssicherheit. Es legt die für alle Werktätigen und Betriebe einheitlich geltenden Rechte und Pflichten fest. Mit ihm werden die verfassungsmäßig garantierten Rechte der Gewerkschaften als der umfassendsten Klassenorganisation der Arbeiterklasse zur Wahrnehmung der Interessen der Werktätigen in Staat, Wirtschaft und Gesellschaft weiter ausgestaltet."*

§ 1 AGB wiederholte die bereits in der Verfassung garantierten Grundrechte der Arbeitnehmer. Hierzu gehörten das Recht auf Arbeit, auf Mitbestimmung und Mitgestaltung, auf Lohn nach Qualität und Quantität, auf Bildung, auf Freizeit und Erholung, auf Schutz der Gesundheit und der Arbeitskraft, auf Teilnahme am kulturellen Leben, auf Fürsorge im Alter und bei Invalidität sowie auf materielle Sicherheit bei Krankheit und Unfällen.

In den §§ 3 bis 5 AGB wurden Sonderrechte für bestimmte Personengruppen festgelegt: Neben der dem westlichen Arbeitsrecht ebenso geläufigen Bestimmung

---

[20] So z.B. die Verordnung über den Erholungsurlaub, 28.09.1978, GBl. I Nr. 33, 365, und die Arbeitsschutzverordnung, 01.12.1977, GBl. I Nr. 36, 405.

[21] KSPW - Pawelzig, Bericht 6, 17.

[22] KSPW - Pawelzig, Bericht 6, 16.

[23] Autorenkollektiv, 18 f.; Die Führung durch die Arbeiterklasse und die marxistisch-leninistische Partei war in Art. 1 Abs. 1 S. 2 DDR Verf. festgelegt. Vgl. hierzu auch Turner/Pflicke, NJW 1990, 1637.

der Gleichberechtigung von Frauen sowie der Förderung der Jugend[24] enthielt § 5 AGB einen nur in einigen Landesgesetzen der Bundesrepublik[25] ähnlich enthaltenen Schutzauftrag[26]:

> *„Kämpfer gegen den Faschismus und Verfolgte des Faschismus, ehemalige Angehörige der bewaffneten Organe der Deutschen Demokratischen Republik, Werktätige im höheren Lebensalter und Werktätige, deren Arbeitsfähigkeit gemindert ist, werden bei der Aufnahme und Ausübung einer Tätigkeit besonders gefördert und geschützt. Altersrentnern ist die weitere berufliche Tätigkeit nach ihren Fähigkeiten und Wünschen zu sichern."*

Die ersten Paragraphen des AGB verdeutlichen den besonderen Schutz, unter den die Arbeitnehmer durch das AGB gestellt werden sollten, sowie die Rechte der Arbeitnehmer zumindest in der Theorie. Auffällig ist, dass Schutz und Rechte der Arbeitgeberseite nicht geregelt wurden. Das Ziel des bundesdeutschen Arbeitsrechts, ein Gleichgewicht zwischen Arbeitgeber- und Arbeitnehmerinteressen und der zwischen diesen bestehenden persönlichen und wirtschaftlichen Abhängigkeit zu gewährleisten[27], war dem AGB fremd. Grund hierfür ist die sozialistischen Ideologie, wonach an allen Produktionsmitteln staatliches Eigentum bestand[28] und laut DDR-Verfassung dem Staat die sozialistische Leitung und Planung des gesellschaftlichen Produktionsprozesses zukam[29]. Konsequenterweise waren die Betriebe in staatlicher Hand. Der Staat fungierte als Arbeitgeber, obschon ein „Arbeitgeber" im bundesdeutschen Sinne in der sozialistischen Staatswirtschaft nicht existierte[30]. Ein direkter Konflikt zwischen den Arbeitsvertragsparteien oder gar das Bedürfnis, dass Kräfteverhältnis zwischen Betriebsführung und Arbeitnehmer durch arbeitsrechtliche Regelungen ausgleichen zu müssen, bestand aufgrund der nach der sozialistischen Staatslehre **identischen Interessenlage[31] zwischen Staat und Arbeitnehmern** nicht. Obwohl nach diesem ideologischen Ansatz die Schutzfunktion des Arbeitsrechts als überflüssig erachtet wurde[32], mangelte es im AGB – wie beschrieben – nicht an Schutzvorschriften zugunsten der Werktätigen.

Außerdem bestanden in den Staatsbetrieben trotz der Eigentümerfunktion des Staates durchaus hierarchische Ebenen. Nach § 82 AGB stand einem Betrieb eine Betriebsleitung vor[33], die gegenüber allen im Betrieb Beschäftigten weisungsbefugt

---

[24] MüHdB ArbR - Richardi, § 7, Rn. 20; Schaub, § 2, Rn. 5 f.; vgl. hierzu auch die Regelungen im 2., 7., 12.Kapitel des AGB.

[25] Lorenz, DB 1990, 3118 .

[26] So sieht z. B. § 58 AGB einen Sonderkündigungsschutz für Kämpfer gegen und Verfolgte des Faschismus vor.

[27] Pleyer/Lieser-Triebnigg, RdA 1971, 65; Schaub, § 2, Rn. 5 f.

[28] Pleyer/Lieser-Triebnigg, RdA 1971, 65; KSPW - Pawelzig, Bericht 6, S. 23.

[29] vgl. Art 24 Abs. 3 DDR Verf.; Autorenkollektiv, 22 ff.

[30] Löw, BB 1990, Beil. 23, 29.

[31] Steinmeyer, NZA 1992, 777.

[32] Pleyer/Lieser-Triebnigg, RdA 1971, 66.

[33] Vergleiche zur Verantwortung und Aufgaben der Betriebsleitung: Autorenkollektiv, 47 ff.

war. Leitende Angestellte übten das Weisungsrecht gegenüber den ihnen unterstellten Werktätigen aus.

III. Sozialistische Grundlagen des polnischen Arbeitsgesetzbuchs (*kodeks pracy*)

Auch das polnische Arbeitsrecht folgte bis zur politischen Wende 1989 sozialistischen Grundsätzen[34]. Es bestand ebenfalls eine enge Verflechtung zwischen gesellschaftlich-wirtschaftlicher Staatsordnung und politischer Ideologie auf der einen Seite und der polnischen Arbeitsordnung andererseits[35]. Das Arbeitsverhältnis nahm eine zentrale Rolle im sozialistischen Gesellschaftsverständnis ein. Jedem polnischen Bürger garantierte die Verfassung der polnischen Volksrepublik[36] das **Recht auf Arbeit**. Dieses sollte durch das sozialistische Wirtschaftssystem, die planmäßige Entwicklung der Produktionskräfte, die ständige Einführung wissenschaftlich-technischen Fortschritts, das Bildungs- und Qualifikationssystem und das sozialistische Arbeitsrecht gesichert werden, Art. 68 Verf. 1952, Art. 10 KP[37]. Spiegelbildlich zum Recht auf Arbeit bestand die **Pflicht** des Bürgers **zur Arbeit**, Art. 19 Verf. 1952. Gerade in der Sorge nicht nur um das persönliche Wohl eines jeden, sondern um die Interessen der ganzen Gesellschaft sollte sich das sozialistische Verhältnis zur Arbeit zeigen. Arbeit sollte dazu dienen, die Macht des polnischen Staates zu vergrößern, den Wohlstand des Volkes zu sichern und die vollständige Umsetzung des sozialistischen Systems zu verwirklichen, Art. 19 Nr. 1 Verf. 1952.

Kernstück der arbeitsrechtlichen Regelungen war und ist das KP[38], das polnische Arbeitsgesetzbuch, das alle grundsätzlichen individual- und kollektivrechtlichen Bereiche abdeckte. Ergänzt wurde das KP durch eine Vielzahl von Spezialgesetzen[39]. Der erste Abschnitt des KP enthielt die grundlegenden Definitionen. Demnach galt als **Arbeitnehmer**, wer aufgrund eines Arbeitsvertrages, durch Berufung, Wahl oder Ernennung oder aufgrund genossenschaftlichen Vertrages angestellt ist, Art. 2 KP. **Arbeitgeber** konnte im sozialistischen Arbeitsrecht nur eine Organisationseinheit, der Betrieb, jedoch **keine natürliche Person** sein, Art. 3 KP. Dies ergibt sich aus der dargestellten sozialistischen Programmatik, wonach die Betriebe fast ausnahmslos in staatlichem Eigentum standen, an dem die Werktätigen partizipieren konnten und der sich in einer ideologisch begründeten Interessenidentität mit der Gesellschaft befand. Wie das Arbeitsrecht der DDR war demnach auch die polnische **sozialistische Arbeitsrechtsordnung** nicht an einer potentiellen Kollision von

---

[34] Matey - Zieliński, S. 10.

[35] Kość, S. 181.

[36] Verfassung der Polnischen Volksrepublik vom 22.07.1952, Dz. U. 1976, Nr. 7, Pos. 36.

[37] Kość, S. 182.

[38] Gesetz v. 26.06.1974, Dz. U. Nr. 24, Pos. 141.

[39] z. B. Gesetz v. 12.06.1975 über Arbeitsunfälle und Berufskrankheiten, Dz. U. 1983, Nr. 30, Pos. 144; Gesetz v. 06.03.1981 über die Staatliche Arbeitsinspektion, Dz. U. 1985, Nr. 54, Pos. 276; Gesetz v. 25.09.1981 über die Selbstverwaltung in staatlichen Unternehmen, Dz. U. 1981, Nr. 24, Pos. 123.

betrieblichen Interessen und solchen der Werktätigen ausgerichtet, sondern sie ging von einem **planmäßigen Zusammenwirken** aus[40].

Parteien des Arbeitsrechtsverhältnisses waren der Werktätige und der Betrieb, in dem Ersterer angestellt war. Da der Betrieb im Staatseigentum stand, war der Staat Arbeitgeber. Damit disponierte der Staat faktisch über das Arbeitspotential seiner Bürger und bestimmte Entgelt und Arbeitsbedingungen[41]. Auf dieser Grundlage konnten die Arbeitsrechtsverhältnisse in die sozialistische Planwirtschaft integrieren werden: Der Faktor Arbeit konnte nach den hoheitlich gesetzten, wirtschaftspolitischen Werten zentral reguliert werden, ebenso wie sämtliche Entscheidungen im wirtschaftlichen Produktions-, Investitions- und Verteilungsprozess, einschließlich der Preis- und Geldpolitik[42]. Die Betriebsleitung wurde von einem Betriebsleiter übernommen, der den Betrieb gegenüber den Werktätigen repräsentierte und der im Namen des Betriebs tätig wurde[43] (Art. 4 KP). Insoweit ergeben sich keine Unterschiede zum Verständnis der Arbeitsparteien der DDR.

Der zweite Abschnitt des KP enthielt Grundsätze zu Rechten und Pflichten der Werktätigen. Dem durch Verfassung und KP geschützten Recht auf Arbeit stand die Verpflichtung des Werktätigen, seine Arbeitspflichten zu erfüllen, Arbeitsdisziplin zu wahren und seine Arbeitskraft durch Eigeninitiative zur Erzielung bestmöglicher Arbeitsergebnisse zum Wohle des Betriebs einzusetzen, gegenüber, Art. 12 KP. Hierfür hatte der Werktätige einen Anspruch auf eine seinen Arbeitsleistungen entsprechende Vergütung, auf Freizeit und Erholungsurlaub, ein sicheres und hygienisches Arbeitsumfeld sowie auf seine Weiterqualifizierung durch den Betrieb, Art. 13 –17 KP. Außerdem sollte der Betrieb dafür Sorge tragen, dass auch die gesellschaftlichen, sozialen und kulturellen Bedürfnisse der Werktätigen befriedigt wurden. Besonderen Schutz sah das KP für berufstätige Frauen und Minderjährige vor (8. und 9. Abschnitt). Die grundsätzlichen Rechte der polnischen Werktätigen und Pflichten der Betriebe entsprachen demnach den in § 1 AGB garantierten Rechten der Werktätigen in der DDR.

IV. Bewertung

Zusammenfassend ist festzustellen, dass sich das Arbeitsrecht Polens und der DDR hinsichtlich der **Grundsätze**, auf denen das arbeitsrechtliche Zusammenwirken basierte, im Wesentlichen **glichen**. Bemerkenswert ist die weit reichende Kodifizierung in einem Gesetzbuch und in der jeweiligen Verfassung, insbesondere das garantierte Recht auf Arbeit. Die Rechtsgestaltung beider Staaten zeichnete sich durch eine hohe Ideologisierung in Form von sozialistischen Grundsätzen aus. Dementsprechend verfolgten beide Arbeitsgesetzbücher einen anderen Regelungsansatz als das bundesdeutsche Arbeitsrecht: im Wesentlichen regulierten sie die Rechte und

---

[40] Florek/Zieliński, Rn. 17.
[41] Matey - Zieliński, S. 11.
[42] Gralla, S. 2.
[43] Matey - Zieliński, S. 10.

Pflichten des Arbeitnehmers, während der Staat als Arbeitgeber nicht in den Schutzbereich des Arbeitsrechts einbezogen war. Aus diesem Grunde kann man von einem **einseitigen Regulierungsinhalt** sprechen. Andererseits ging der sachliche Regelungsbereich des Arbeitsrechts durch die Einbeziehung gesellschaftlicher, sozialer und kultureller Bedürfnisse über den des bundesdeutschen Arbeitsrechts hinaus.

B. Funktion der Gewerkschaften im sozialistischen Arbeitsrecht

I. Gewerkschaftsrechte und -pflichten im AGB

Zu den Grundsätzen des Arbeitsrechts in der DDR gehörten die in § 6 AGB gewährleistete **Koalitionsfreiheit und die Rechte der Gewerkschaften.**

1. Historie

Bereits 1945 erlaubte die sowjetische Militäradministration die Bildung von Gewerkschaften[44] und ermöglichte damit die Gründung des Freien Deutschen Gewerkschaftsbundes (FDGB). Anders als in der Theorie von Marx, wonach die Gewerkschaften unabhängig von jeder politischen Partei sein sollten, wurde durch die sowjetische Besatzungsmacht der DDR das stalinistische Modell aufoktroyiert, wonach die Partei als politische Partei der Arbeiterklasse auch die gewerkschaftliche Arbeit bestimmt[45]. Der FDGB bekannte sich eindeutig zur Staatspartei, der SED, und war dieser vollkommen untergeordnet[46]. Der betrieblichen Gewerkschaftsleitung kam nach sozialistischem Verständnis die Aufgabe zu, „die Werktätigen zu einem hohen sozialistischen Bewusstsein und damit zur Einsicht in die Übereinstimmung ihrer Interessen mit den der Allgemeinheit zu erziehen.“[47]

2. Aufbau

Gewerkschaften existierten überbetrieblich in Form des FDGB sowie auf Betriebsebene. Auf letzterer erfolgte die Vertretung der Mitarbeiter durch verschiedene gewerkschaftliche Organe: die Mitgliederversammlung bzw. in größeren Betrieben die Vertrauensleutevollversammlung, die betriebliche Gewerkschaftsleitung und ihr Vorsitzender, gewerkschaftliche Organisationen, Gewerkschaftsgruppen und ihre Funktionäre. Formal war die Mitgliederversammlung bzw. die Vertrauensleutevoll-

---

[44] Befehl Nr. 2, 10.06.1945, VOBl. der Provinz Sachsen 1945, S. 1, 12.

[45] KSPW - Pawelzig, Bericht 6, S. 149.

[46] KSPW - Pawelzig, Bericht 6, S. 149.

[47] § 12 GBA.

versammlung das höchste Organ der gewerkschaftlichen Organisation auf Betriebsebene[48]. Besondere Kompetenzen gegenüber den anderen Organen oder der Betriebsleitung kamen ihr dadurch aber nicht zu. Die wesentlichen Beteiligungsrechte nach den Vorschriften des AGB nahm vielmehr die betriebliche Gewerkschaftsleitung wahr, die von der Mitgliederversammlung gewählt wurde. In größeren Betrieben existierten darüber hinaus auch Abteilungsgewerkschaftsleitungen. Soweit in solchen Betrieben Mitbestimmungsrechte der „Gewerkschaftsleitung" zugewiesen waren, war damit die zuständige Abteilungsgewerkschaft gemeint[49]. Außerdem existierten Ortsgewerkschaften, die als übergeordnete Gewerkschaften fungierten bzw. Gewerkschaftsaufgaben wahrnahmen, sofern in einem Betrieb ausnahmsweise keine Gewerkschaft existierte.

Betriebsräte - wie sie im bundesdeutschen Arbeitsrecht eine tragende Rolle spielen – kannte das Arbeitsrecht der DDR hingegen nicht. Die Möglichkeit, in einem Betrieb Betriebsräte zu wählen, wurde erst mit der Novelle zum Arbeitsrecht 1990 eingeführt[50]. Entsprechendes gilt für Arbeitgeberverbände[51], für die es vor der Wende mangels Privatisierung der Staatsbetriebe keinen Raum gab.

3. Aufgaben

Die Hauptaufgabe der Betriebsgewerkschaftsorganisationen bestand gemäß § 22 Abs. 1 AGB darin, die **Interessen der Werktätigen im Betrieb** zu vertreten. Damit war nicht nur die Vertretung der Gewerkschaftsmitglieder, sondern aller Werktätigen eines Betriebes gemeint[52]. Soweit keine Betriebsgewerkschaften bestand, wurde die Vertretung der Werktätigen von der Ortsgewerkschaftsleitung übernommen. Demokratisch legitimiert wurde diese umfassende Kompetenzzuweisung durch die Tatsache, dass im Durchschnitt **über 90 % der Werktätigen gewerkschaftlich organisiert** waren[53].

Zur Wahrnehmung ihrer Aufgaben standen den Gewerkschaften eine Reihe von Kontroll-, Mitbestimmungs- und Mitwirkungsrechten zu, die in § 22 Abs. 2 AGB nicht abschließend aufgezählt waren. Unter anderem hatten sie „die Mitglieder der Arbeitskollektive", d.h. die Arbeitnehmer, so zu organisieren, dass diese „hohe Leistungen" erbrachten und die „volkswirtschaftlichen Aufgaben" erfüllten. Des weiteren war es Aufgabe der Gewerkschaften, auf die Verbesserung der Arbeits- und Lebensbedingungen der Beschäftigten hinzuwirken, diese „bei der politischen und sachlichen Weiterbildung" zu unterstützen und „ein reges geistiges, kulturelles und sportliches Leben" zu fördern, § 22 Abs. 2 AGB.

Mitwirkungs- und Mitbestimmungsrechte hatten die Gewerkschaften auch im Hinblick auf Personalangelegenheiten und den Abschluss von Arbeitsverträgen in-

---

[48] Satzung des FDGB, Abschnit V / 36.
[49] KSPW - Pawelzig, Bericht 6, S. 139.
[50] Nägele, BB 1990, Beil. 9, 1; Zu den Einzelheiten vgl. das 5. Kapitel.
[51] Löw, BB 1990, Beil. 23, 29.
[52] Hantsche/Wolf, S. 36.
[53] KSPW - Pawelzig, Bericht 6, S. 138.

ne. Die Beendigung eines Arbeitsverhältnisses durch Kündigung bzw. Entlassung bedurfte der vorherigen Zustimmung der betrieblichen Gewerkschaftsleitung, § 24 Abs. 3 AGB. Wurde diese verweigert, kam der übergeordneten Gewerkschaftsleitung, also der Betriebsgewerkschaftsleitung oder dem übergeordneten Vorstand, die endgültige Entscheidungsgewalt zu, § 57 AGB. Dieser war es somit formalrechtlich möglich, Kündigungen gänzlich zu verhindern.

Der FDGB kontrollierte darüber hinaus den Gesundheits- und Arbeitsschutz in den Betrieben sowie die Sozialversicherung der Beschäftigten und befasste sich mit der betrieblichen Kontrolle der Einhaltung des Arbeitsrechts in den Betrieben[54]. Außerdem hatte der Vorsitzende der betrieblichen Gewerkschaftsleitung das Recht, an Arbeitsberatung teilzunehmen, § 24 Abs. 2 AGB. Nach § 23 AGB konnte die Mitgliederversammlung bzw. in größeren Betrieben die Vertrauensleutevollversammlung zu grundlegenden Fragen der betrieblichen Entwicklung und der Arbeits- und Lebensbedingungen der Werktätigen Stellung nehmen und von der Betriebsleitung Informationen sowie Rechenschaft verlangen.

4. Kollektivverträge

Neben dem den Gewerkschaften eingeräumten Vorschlagsrecht zu Gesetzen konnten sie, wie in Art. 45 der Verfassung der DDR[55] garantiert, gemäß § 10 AGB mit den Ministern und Leitern anderer zentraler Staatsorgane Kollektivverträge aushandeln[56]. Diese konnten nach § 14 AGB **Vereinbarungen über die Arbeitsvergütung, die Arbeitszeit** und den Erholungsurlaub sowie **weitere Arbeitsbedingungen**, insbesondere im Zusammenhang mit der Intensivierung der Produktion, wie Prämienformen, enthalten[57]. Diese Regelungen begründeten subjektive Rechtsansprüche der Werktätigen, die gerichtlich durchsetzbar waren[58].

Hinter diesem Mitbestimmungsrecht stand der ideologische Gedanke, „über Vereinbarungen wichtige Leitungsfragen des Betriebs unter maßgeblicher Einflussnahme der befugten Gewerkschaftsleitungen normativ zu regeln"[59], um auf diese Weise kollektive Regelungen durch die Repräsentanten der Werktätigen zu legitimieren. Betriebskollektivvereinbarungen mussten aber dem staatlichen, jährlichen Haushaltsplan für die betreffende Wirtschaftseinheit und den Richtlinien des FDGB entsprechen[60], die wiederum von der SED kontrolliert wurden. Zusätzliche Beschränkungen ergaben sich aus einer Vielzahl von ergänzenden Verordnungen bspw. zur Vergütungsgestaltung und zum Erholungsurlaub[61], die den **sachlichen Regelungs-**

[54] Vgl. hierzu das 10., 15. und 16. Kapitel AGB.

[55] Vom 06.04.1968 und 07.10.1974.

[56] So bereits in § 16 GdA i.V.m. der VO über Kollektivverträge vom 28. Juni 1950, GBl. 1950, S. 493.

[57] KSPW - Pawelzig, Bericht 6, S. 18; Löw, BB 1990, Beil. 23, 29.

[58] KSPW - Pawelzig, Bericht 6, S. 18.

[59] KSPW - Pawelzig, Bericht 6, S. 140; Thiel, S. 107.

[60] § 7 GdA, § 10 der VO über Kollektivverträge.

[61] VO vom 17.08.1950, GBl. 1950, S. 893 , VO vom 20.051952, GBl. 1950, S. 377; VO vom 07.06.1951, GBl. 1951, 547.

bereich von Kollektivvereinbarungen **eingrenzten**. Betriebskollektivverträge wurden im Rahmen der inhaltlichen Beschränkungen zunächst als Entwurf der Mitglieder- bzw. Vertrauensleutevollversammlung zur Beratung und Beschlussfassung vorgelegt. Anschließend konnte die Gewerkschaftsleitung den Kollektivvertrag gem. § 24 AGB mit der Betriebsleitung abschließen.

5. Kollektivstreit

Dem Arbeitsrecht der DDR **unbekannt** waren hingegen Regelungen zum **Arbeitskampfrecht** zur Durchsetzung kollektivrechtlicher Vereinbarungen durch die Gewerkschaften und die Werktätigen. Insbesondere war ein Streikrecht nicht vorgesehen[62]. Bis zur Wende wurde im FDGB die Möglichkeit eines Streiks nicht einmal diskutiert[63].

Gesetzlich geregelt war einzig der Fall von Streitigkeiten über arbeitsrechtliche Ansprüche aus Rahmen- und Betriebskollektivverträgen. Soweit es zu Streitigkeiten über Ansprüche aus Kollektivverträgen, insbesondere wegen Entlohnung und Prämienansprüchen kam, sollte hierüber durch die sog. **Konfliktkommissionen**[64] entschieden werden. Grundlage des gebührenfreien Verfahrens vor einer Konfliktkommissionen waren das Gesetz über die gesellschaftlichen Gerichte der DDR (GGG)[65] und der Staatsratbeschluss vom 25.03.1982 über die Tätigkeit der Konfliktkommissionen (KKO)[66]. Gemäß § 4 Abs. 1 GGG waren Konfliktkommissionen als einem Gerichtsverfahren vorgeschaltete Schlichtungsstellen in allen Betrieben, Behörden und sonstigen gesellschaftlichen Organisationen mit mehr als 50 Mitarbeitern verbindlich vorgeschrieben[67]. Gegen die Entscheidungen der Konfliktkommission konnte Klage zum Kreisgericht erhoben werden.

Von dem Regelungsbereich der Konfliktkommissionen wurde der Fall von Streitigkeiten über den Abschluss von Kollektivverträgen nicht erfasst, wie der Rückschluss aus § 18 KKO verdeutlicht. Denn die Konfliktkommissionen konnten sich nur mit Streitfällen über Ansprüche aus bereits bestehenden Rechtsnormen und Kollektivverträgen befassen, demnach lediglich mit individualrechtlichen Ansprüchen aus dem Arbeitsverhältnis und nicht mit den Streitigkeiten um die Vereinbarung eines Kollektivvertrages. Darüber hinaus waren die Betriebsgewerkschaften mit Ausnahme des Streits um Ansprüche der sog. Kasse der gegenseitigen Hilfe auf Darlehensrückzahlung nicht dazu berechtigt, das Verfahren vor der Konfliktkommission zu beantragen, vgl. § 19 KKO. Hieraus ergibt sich, das ein Verfahren vor der Konfliktkommission kein Rechtsinstitut zur Lösung von Kollektivstreitigkeiten und erst recht kein Mittel zur Erzwingung von Verhandlungen oder dem Abschluss von Kollektivverträgen war.

---

[62] von Maydell - Neumann, 2.2.2.2, S. 152; Nägele, BB 1990, Beilage 16, 16.

[63] Lohmann, S. 23.

[64] Hierzu ausführlich: Kobert, AGB, S. 263 ff.

[65] GBl. I 1982, 269.

[66] GBl. I 1982, 274, aktualisiert durch den Änderungsbeschluss vom 03.03.1989, GBl. I 1989, 117.

[67] Drobnig/Ramm - Kunz, 35, 52.

6. Beurteilung der Gewerkschaftsrechte in der DDR

Den Gewerkschaften wurden formal-rechtlich nicht unbedeutende Mitbestimmungsrechte eingeräumt. Dennoch kann man die Bewertung sozialistischer Literatur zum Arbeitsrecht, wonach „den Gewerkschaften weitreichende Aufgaben und Rechte innerhalb der sozialistischen Arbeitsstrukturen zukamen“[68], aus Sicht des bundesdeutschen Arbeitsrechts nicht teilen. Der Regelungsbereich von Kollektivvereinbarungen war – wie dargestellt – durch den jährlichen Haushaltsplan abgeriegelt. Die Interessenvertretung der Werktätigen durch die Gewerkschaften fand ihre Grenzen in den gesetzlichen Vorgaben zur Planerfüllung und den Richtlinien des FDGB. Letztere wurden wiederum ebenso wie die Gewerkschaftsleitung von der SED kontrolliert. Dementsprechend wurde auch der Kollektivvertrag als „Mittel zur Planerfüllung“ verstanden[69]. Ein **autonomer Regelungsbereich** des Arbeitsrechts **konnte sich nicht herausbilden**[70]. Daraus wird ersichtlich, dass die Gewerkschaft als Vertragspartei entgegen § 22 Abs. 1 AGB nicht als Interessensvertretung der Werktätigen, sondern zur Unterstützung des Staates in den Betrieben diente[71].

Zwar konnten die Organe der Betriebsgewerkschaften, insbesondere die Betriebs- bzw. die Abteilungsgewerkschaftsleitung, die beschriebenen Mitbestimmungsrechte formal wahrnehmen. Eine gegenüber den staatlichen Vorgaben autonome gewerkschaftliche Meinungs- und Willensbildung konnte sich aber aufgrund der in allen staatlichen Betrieben etablierten realen Macht- und Führungsstrukturen[72] nicht oder nur in sehr eingeschränkten Umfang herausbilden. Die **Wahl freier Gewerkschaften** war bis zur politischen Wende 1989 **nicht zugelassen**. Ebenso wenig bestand mangels Arbeitskampfrechts die rechtliche Möglichkeit, den Abschluss von Kollektivverträgen zu erzwingen. Ein solches Recht wäre mit der sozialistischen Ideologie, insbesondere der „Theorie der Konfliktlosigkeit“, und dem einvernehmlichen Zusammenwirken zwischen Staat und Gewerkschaft nicht in Einklang zu bringen und für das Zusammenwirken der Arbeitsparteien nicht erforderlich. Das **Streikrecht** wurde vielmehr nur in Verbindung mit der kapitalistischen Wirtschaftsordnung diskutiert[73] und als „eine der wichtigsten Formen des außerparlamentarischen Kampfs der Arbeiterklasse der kapitalistischen Länder zur Realisierung ihrer politischen, ökonomischen und sozialen Interessen“ gesehen[74].

Ebenso wenig bestand ein **Mitbestimmungsrecht der Arbeitnehmer** in Großbetrieben, wie sie das bundesdeutsche Mitbestimmungsgesetz und das Betriebsverfassungsgesetz 1952 vorsehen. Zwar sicherten § 1 und §§ 22 f. AGB den Werktätigen das Recht auf Mitbestimmung und Mitgestaltung zu. Diese Mitwirkungsrechte wur-

---

[68] Autorenkollektiv, S. 28 ff.
[69] VO über den Neuabschluss von Kollektivverträgen vom 15.02.1951, GBl. 1951, S. 117.
[70] Pleyer/Lieser-Triebnigg, RdA 1971, 67.
[71] Pleyer/Lieser-Triebnigg, RdA 1971, 67.
[72] Vgl. hierzu KSPW - Pawelzig, Bericht 6, S. 20ff.
[73] Nägele, BB 1990, Beilage 16, 16.
[74] Autorenkollektiv, S. 514.

den aber in der oben dargestellten Form durch die Gewerkschaften auf Betriebsebene wahrgenommen und waren eher konsultativer bzw. förmlicher Art[75].

Auch die Mitbestimmungsrechte der Gewerkschaften in **Personalangelegenheiten**, insbesondere bei Kündigung bzw. Entlassung, waren lediglich formaler Natur. Dies wird an einem Beispiel, das *von Maydell / Wank*[76] beschreiben, deutlich: Stellte bspw. ein DDR-Bürger einen Ausreiseantrag, was rechtlich zulässig war, erhielt die Betriebsleitung häufig die Anweisung, den Werktätigen zu kündigen. Der Ausreiseantrag durfte als Grund für die Kündigung nicht genannt werden, so dass auch dies bezüglich die Betriebsleitung angewiesen wurde, Stillschweigen über den Kündigungsgrund zu wahren. Ebenso existierten nicht öffentlich gemachte Erlasse, die das Gericht im Falle einer Klage des Werktätigen anwiesen, auf den wahren Grund für die Kündigung nicht einzugehen und die Kündigung aufgrund der Scheinbegründung für wirksam zu erklären. Gleiche Pflichten oblagen den staatlich kontrollierten Gewerkschaften. Eine tatsächliche Möglichkeit, die Zustimmung zur Kündigung in dem beschriebenen Fall zu verweigern, bestand aufgrund der staatlichen Einflussmöglichkeiten auf die Tätigkeiten der Gewerkschaften nicht.

II. Rechte der polnischen Gewerkschaften und betriebliche Mitbestimmung

1. Historie des kollektiven Arbeitsrechts und der Gewerkschaften im Sozialismus

a) 1946 - 1956

Gewerkschaftsrechte und Selbstverwaltung sowie sonstige kollektivrechtliche Regelungen waren im sozialistischen Arbeitsrecht Polens nicht von vornherein von Bedeutung. Denn mit Einführung des realen Sozialismus in Polen nach Beendigung des Zweiten Weltkrieges galt in der Arbeitsrechtslehre die „Theorie der Konfliktlosigkeit“[77] zwischen den staatlichen Betrieben und ihren Werktätigen. Diese gründete sich auf der Annahme, dass die Werktätigen im übertragenen Sinne gleichzeitig Arbeitgeber waren, da die Betriebe im Eigentum des Staates und damit im Eigentum jedes Einzelnen standen. Nach dieser Theorie waren die Interessen der Werktätigen und die der Betriebe identisch. Kollektive Regelungen zur Lösung von Streitigkeiten und von Interessenskollisionen zwischen Betriebsleitung und Belegschaft waren nach diesem Verständnis überflüssig[78].

---

[75] Rademacher, BB 1990, Beilage 23, 35.

[76] In von Maydell, S. 8.

[77] Florek/Zieliński, Rn. 17, 437; Matey - Zieliński, S. 13; Gardawski/Gąciarz/Mokryszewski /Pańków - Pańków, S. 164.

[78] Matey - Zieliński, S. 15.

Das Verhältnis von Arbeit und zentralistischer Verwaltung der Wirtschaft wurde als derart harmonisch erachtet, dass auch die Gewerkschaften in ihren Dienst gestellt wurden[79]. Nach dem Vorbild der Gewerkschaftsorganisation der UdSSR entstand in der Volksrepublik Polen eine **staatliche Gewerkschaftsorganisation**[80]. Ihre Aufgabe war es „die Kommunistische Partei in die Massen zu tragen"[81] und ein Forum für die Werktätigen zur Bildung der sozialistischen Gesellschaft Polens zu bieten, Art. 85 Verf. 1952. Im Gegensatz zu dem Verständnis von den Aufgaben der Gewerkschaften, das in der Marktwirtschaft besteht, oblag diesem nicht der Schutz und die Ausübung von Arbeitnehmerrechten gegenüber dem Arbeitgeber bzw. Betrieb[82], sondern sie stellten im Interesse des Betriebs die Werktätigen zu gesteigerter Arbeitsleistung und Produktivität animieren. Sie wurden demnach als **Mittler staatlicher Interessen** und nicht der Interessen der Werktätigen verstanden[83]. Um dies umsetzen zu können, waren die Gewerkschaften nach dem Vorbild der UdSSR zentralistisch von der Regierung in Warschau aus organisiert. Sie wurden in über 20 Industriesektoren aufgeteilt[84], so dass beispielsweise eine Gewerkschaft für die Metallindustrie und eine Bahngewerkschaft existiert[85]. Alle Gewerkschaften wurden in einem Gewerkschaftsbund zusammengefasst, der CRZZ (*Centralna Rada Związków Zawodowych* = Zentralrat der Gewerkschaften). Die Gewerkschaften und der Gewerkschaftsbund waren der Führungsebene der staatlichen Gewerkschaftsorganisation unterstellt, die von der kommunistischen Partei PZPR nominiert und kontrolliert wurde[86]. Sie dienten daher über die ihnen als Gewerkschaften zukommenden Aufgaben hinaus als politisches Sprachrohr, um die sozialistischen Thesen der Öffentlichkeit, insbesondere der Arbeitnehmerschaft, zu kommunizieren[87].

b) 1956 - 1980

Das zentralistische Verständnis veränderte sich graduell in den folgenden zwei Dekaden nach dem Ende des Stalinismus (1956). Zum einen wurde in mehreren Schritten die **betriebliche Mitbestimmung** der Werktätigen neu geregelt und damit die alleinige Leitung des Betriebs durch den Betriebsleiter formal aufgehoben[88]. Des weiteren wurde das staatliche Monopol zur Regelung aller Arbeitsbedingungen zugunsten **kollektiver Vereinbarungen**[89] aufgebrochen, wenn auch nicht beseitigt. Die Werktätigen erhielten einen gewissen Einfluss bei der Bestimmung ihrer Ar-

[79] Gardawski/Gąciarz/Mokryszewski/Pańków - Pańków, S. 164.
[80] Senser, Monthly Labor Review, 09/89, 35.
[81] Łopatka, S. 64; Matey - Zieliński, S. 13
[82] So aber das Verständnis der Gewerkschaftsaufgaben in den westeuropäischen Staaten; Gardawski/Gąciarz/Mokryszewski/Pańków - Pańków, S. 163.
[83] Gardawski/Gąciarz/Mokryszewski/Pańków - Pańków, S. 165.
[84] Gardawski, Eironline 2002, Dok. PL0208105f.
[85] Senser, Monthly Labor Review, 09/89, 35.
[86] Senser, Monthly Labor Review, 09/89, 35.
[87] Gardawski/Gąciarz/Mokryszewski/Pańków - Pańków, S. 9.
[88] Diese erfolgt durch Gesetze von 1956, 1958 und 1981; Rączka, 1. Abschnitt; Zieliński, S. 14.
[89] Die Rahmenbedingungen für Kollektivvereinbarungen wurden im 11. Abschnitt des KP geregelt. Zu Einzelheiten vgl. 3. Kapitel B III. 4.

beitsbedingungen, ohne dass diesen Letztentscheidungsgewalt zugekommen wäre. Diese verblieb bei dem Gesetzgeber. Ferner nahmen die Gewerkschaften zunehmend soziale Funktionen war, in dem sie beispielsweise Erholung und Urlaube für die Werktätigen organisierten[90].

c) 1980 - 1989

Erst aufgrund des Drucks der Werktätigen wurden kollektive Rechte zu Beginn der achtziger Jahre im KP und ergänzenden Gesetzen geregelt[91]. Hintergrund dessen waren die damaligen gesellschaftspolitischen Entwicklungen: Die Werktätigen wandten sich gegen die Funktionsschwächen des sozialistischen Systems, Desorganisation und wirtschaftliche Krisen[92]. Schlechte Arbeitsbedingungen, die Arbeitsbelastung sowie die Sinnlosigkeit vieler Tätigkeiten förderten Unzufriedenheit und den Wunsch nach einem würdevollen Leben und Arbeiten[93]. Im August 1980 begann eine Streikwelle, insbesondere in den Werften, die zur Unterzeichnung der Verträge von Danzig und Stettin führten, in denen die Regierung den Werktätigen das Recht garantierte, freie Gewerkschaften zu gründen. Daraufhin schlossen sich 35 regionale Wahlvorstände zur Gründung der ersten von Partei und Verwaltung unabhängigen Gewerkschaft NSZZ Solidarność zusammen, die am 10. November 1980 offiziell registriert wurde[94] und über sieben Millionen Mitglieder zählte (über 60 % aller Werktätigen)[95]. Dem war allerdings ein Rechtsstreit um die Registrierung vorweg gegangen. Der zuständige Richter hatte die Registrierung der NSZZ Solidarność unter die Bedingung gestellt, dass die Bestimmungen der Gewerkschaftsverfassung den Führungsanspruch der Sozialistischen Arbeiterpartei (PZPR) garantierten[96]. Nachdem die Gewerkschaftsleitung daraufhin mit der Durchführung eines landesweiten Generalstreiks gedroht hatte, einigte man sich darauf, die Führungsrolle der PZPR lediglich in dem Anhang zu der Gewerkschaftsverfassung zu erwähnen. Unterstützung und damit moralisches Prestige erhielt die neue gewerkschaftliche Bewegung vom Vatikan: Zum Zeitpunkt, in dem Solidarność den ersten nationalen Kongress abhielt (August 1981), wurde der enzyklische Brief des aus Polen stammenden Papstes Johannes Paul II. veröffentlicht, in dem er das moralische Recht von Gewerkschaften bekräftigte und zu einer „neuen Bewegung der Solidarität der Arbeiter und mit den Arbeitern" aufrief[97].

Neben der NSZZ Solidarność existierten nach Auflösung der CRZZ Branchengewerkschaften, die loyal zur Staatsmacht standen. Diese zählten etwa eine Million Mitglieder, die hauptsächlich den Betriebsleitungen und der sozialistischen Partei

---

[90] Gardawski, Eironline 2002, Dok. PL0208105f.

[91] Florek/Zieliński, Rn. 17.

[92] Ausführlich hierzu Tatur, Kapitel 5 und 6, S. 123 ff.

[93] Hierzu ausführlich Touraine u.a.; auch Tatur, S.123 ff.

[94] Senser, Monthly Labor Review, 09/89, 35; vgl. hierzu auch Sieg, NZA 1995, 508.

[95] Gardawski, Eironline 2002, Dok. PL0208105f.

[96] Wałensa, S. 162

[97] Johannes Paul II., S. 19; in seinem Brief sprach der Papst zwar nicht ausdrücklich von der Gewerkschaft Solidarność (Solidarität), verwandte das Wort Solidarität aber zehnmal.

angehörten. Darüber hinaus wurden noch einige selbständige Gewerkschaften gegründet, welche eine neutrale politische Auffassung vertraten, allerdings nur einige tausend Mitglieder zählten[98]. Unabhängig davon rief der damalige polnische Prämieminister Jaruzelski auf Druck der UdSSR eine Woche nach einer Konferenz der Mitgliedsstaaten des Warschauer Paktes am 13. Dezember 1981 den Kriegszustand aus. Anstatt des polnischen Zivilrechts galt das Kriegsrecht[99]. Alle bestehenden Gewerkschaften, also auch die NSZZ Solidarność, wurden formell aufgelöst. Im Oktober 1982 bestätigte das Polnische Parlament die Auflösung der NSZZ Solidarność als rechtmäßig und erließ ein Gesetz zur Enteignung des Gewerkschaftseigentums[100]. Zur politischen Rechtfertigung dieser Maßnahme wurde die NSZZ Solidarność in den Medien als radikale Bedrohung für die Bevölkerung dargestellt. Um Unruhen in der Bevölkerung zu verhindern und das politische Ansehen nach außen wieder herzustellen, wurden in den folgenden Jahren zahlreiche Zugeständnisse an die Werktätigen gemacht, die unter anderem auch die Arbeitsbedingungen betrafen: Die Presse- und Meinungsfreiheit wurde graduell erweitert, die Ausreisebedingungen in den Westen erleichtert, in einigen ausgewählten Produktionszweigen wurden Privatbetriebe zugelassen. Die Arbeitslöhne und Sozialleistungen wurden angehoben. Dennoch gab es auch nach Auflösung der NSZZ Solidarność neue Gruppierungen von Arbeitnehmern, die **Forderungen nach mehr Mitbestimmung und verbesserten Arbeitsbedingungen** erhoben. Folglich hatten die faktischen Verhältnisse die Theorie der Konfliktlosigkeit im sozialistischen Arbeitsverhältnis widerlegt[101]. Die Interessenidentität zwischen Werktätigen und Staatsbetrieben bestand nur nach der sozialistischen Lehre. Sie ließ sich jedoch nicht in der Realität nachweisen. Der Gesetzgeber musste den tatsächlichen Verhältnissen zumindest formal Rechnung tragen: Neben der Mitbestimmung der Arbeitnehmer auf Betriebs- und Unternehmensebene wurden auch **Rechte freier Gewerkschaften gesetzlich geregelt**. Dies erfolgte durch das Gewerkschaftsgesetz[102] (GewerkG) von 1982 und das Selbstverwaltungsgesetz[103].

2. Gewerkschaftsrecht

Art. 84 und 85 Verf. 1952 garantierten den polnischen Werktätigen die **Koalitionsfreiheit**. Ebenso wie in der DDR war dieses Recht auch auf einfachgesetzlicher Ebene normiert (3. Abschnitt, Art. 19 KP). Demnach hatten die Werktätigen das Recht, Gewerkschaften zu gründen und sich in diesen zusammenzuschließen. Die

[98] Gardawski, Eironline 2002, Dok. PL0208105f.

[99] Senser, Monthly Labor Review, 09/89, 36.

[100] Wałensa, S. 12

[101] Matey - Zieliński, S. 15

[102] Dz. U. Nr. 54 1985, Pos. 277; zuvor existierten verschiedene Regelungen einer eingeschränkten Koalitionsfreiheit, z. B. Gewerkschaftsgesetz vom 01.07.1949, Dz. U. 1949 Nr. 41, Pos. 293, Gesetz über die Registrierung von Gewerkschaftsverbänden vom 06.05.1981, Dz. U. 1981 Nr. 11, Pos. 52, Gesetz über die Koalitionsfreiheit unabhängiger Bauern vom 06.05.1981, Dz. U. 1981 Nr. 11, Pos. 50.

[103] Dz. U. 1981, Nr. 24, Pos. 123.

Rechte der Gewerkschaften waren teils im KP, teils im Gewerkschaftsgesetz von 1982 geregelt.

a) Regelungen im KP

Das KP regelte den Inhalt und die verfahrenstechnische Umsetzung der **Mitwirkungs- und Mitbestimmungsrechte der Gewerkschaften** punktuell im jeweiligen Sachzusammenhang. Wie im Arbeitsrecht der DDR setzte jede betriebsseitige Kündigung (Art. 38 § 2 KP) bzw. fristlose Entlassung (Art. 52 § 3 KP) nicht nur die Mitteilung an die zuständige Gewerkschaftsleitung, sondern auch deren Zustimmung voraus. Beratungsrechte hatten die Gewerkschaften bei der Festlegung von Arbeitszeit, -dauer und Verteilung von freien Tagen, des Arbeitsentgelts sowie der Arbeitsbedingungen von Auszubildenden[104]. Des weiteren hatte die betriebliche Gewerkschaftsvertretung in sozialen und kulturellen Angelegenheiten des Betriebs, bei der Qualifizierung der Werktätigen und beim Abschluss von Kollektivvereinbarungen mitzuwirken.

b) Gewerkschaftsgesetz 1982

Nach welchen Grundsätzen Gewerkschaften tätig werden durften und welche Ziele ihrer Tätigkeit zugrunde lagen, bestimmte jedoch nicht das KP, sondern das Gewerkschaftsgesetz 1982. Es regelte auch das Verfahren zur Gründung von Gewerkschaften sowie die **allgemeinen Rechte und Pflichten der Gewerkschaften** samt den Voraussetzungen des **Streikrechts**. Den Gewerkschaften wurde die formelle Unabhängigkeit von der Staats- und Wirtschaftsverwaltung und damit das Recht zur Selbstverwaltung ebenso garantiert wie die rechtliche Gleichbehandlung aller Gewerkschaften, Art. 1 und 2 GewerkG 1982. Das Gesetz normierte sowohl die positive als auch die negative Koalitionsfreiheit. Aus der Mitgliedschaft in einer Gewerkschaft oder der Entscheidung, keiner Gewerkschaft beizutreten, durfte dem Werktätigen kein Nachteil erwachsen. Insbesondere durfte dies weder Voraussetzung für Einstellung, Fortbestand des Arbeitsverhältnisses noch für eine Beförderung sein, soweit die Mitgliedschaft in einer Gewerkschaft für eine bestimmte Arbeitstätigkeit bzw. für eine bestimmte Position im Betrieb nicht durch gesetzliche Regelung verboten war, Art. 4 Abs. 1 GewerkG 1982. Die Koalitionsfreiheit galt beispielsweise nicht für alle Berufe im militärischen und polizeilichen Bereich. Für Werktätige in Verwaltung, Gerichtswesen, Staatsanwaltschaft und sonstigen staatlichen Kontrollorganen bestand sie lediglich eingeschränkt, Art. 13 bis 18 GewerkG 1982.

Vorstandsmitglieder einer Gewerkschaft genossen besonderen Kündigungsschutz und konnten weder während ihrer Amtszeit noch ein Jahr nach deren Ablauf ordentlich gekündigt werden, Art. 39 Abs. 1 und 5 GewerkG 1982.

Die Hauptaufgabe der Gewerkschaften bestand darin, die Interessen der Werktätigen gegenüber Betriebsleitung und staatlichen Organen wahrzunehmen, Art. 5, 6 GewerkG 1982. Die überbetrieblich wirkenden Gewerkschaften sollten diese Aufgabe hauptsächlich durch die Mitwirkung in dem das Arbeitsverhältnis betreffenden

---

[104] Vgl. hierzu den 6. Abschnitt des KP, Art. 128 ff. und Art. 191 KP.

Gesetzgebungsprozess ausüben, Art. 22 ff. GewerkG 1982. Das Mitwirkungsrecht richtete sich in diesem Zusammenhang auf Beratung und Abgabe von Stellungnahmen zu Gesetzesvorschlägen. Eine direkte Einflussnahme auf die verabschiedete Regelung war hingegen nicht möglich. Zu dem Aufgabenbereich der Gewerkschaften gehörten neben der Beratung zu Regelungen über Rechte und Pflichten aus dem Arbeitsverhältnis auch die Zusammenarbeit mit dem Gesetzgeber in „Randbereichen" eines Arbeitsverhältnisses wie Arbeitssicherheit und –hygiene, Sozialversicherung, Gesundheitsschutz, Kultur und Sport oder kurios anmutenden Bereichen wie der Verbreitung von Schrebergärten für Werktätige[105]. Zu den bedeutenden Aufgaben gehörte der Abschluss von Kollektivvereinbarungen[106].

Gewerkschaften, die innerhalb eines Betriebs gegründet wurden und dort ihre Tätigkeit ausübten, kamen auf dieser Ebene weitreichende **Mitwirkungsrechte** zu. Primär sollte die Gewerkschaft alle individual-rechtlichen Belange eines Werktätigen und die Interessen der gesamten Belegschaft gegenüber der Betriebsleitung vertreten. Als Werkzeug hierfür diente hauptsächlich der Abschluss kollektivrechtlicher Vereinbarungen auf Betriebsebene. In einigen Bereichen bedurfte es über die Mitwirkung der Gewerkschaft hinaus auch deren Zustimmung, z.B. bei der Festlegung der Verteilungsgrundsätze des betrieblichen Sozial- und Wohnungsfonds, Art. 36 GewerkG 1982.

c) Streikrecht

Bis zu dem Scheitern der Theorie der Konfliktlosigkeit zwischen den Arbeitsparteien in den achtziger Jahren war kein Streikrecht der Arbeitnehmer vorgesehen, weil für ein solches Recht nach sozialistischer Ideologie kein Erfordernis bestand: Betriebe und sämtliche Arbeitsmittel standen im Staatseigentum und somit im Eigentum jedes Werktätigen. Demnach konnte sich ein Werktätiger nicht im Interessenskonflikt mit sich selbst befinden und daraus folgend auch nicht gegen sich selbst einen Arbeitskampf führen[107].

Nachdem der Gesetzgeber faktisch den „Bankrott"[108] dieser Theorie anerkennen musste, wurde mit dem Inkrafttreten des Gewerkschaftsgesetzes erstmals das **Streikrecht der Gewerkschaften gesetzlich normiert**. Da sich bis zu diesem Zeitpunkt aufgrund der ideologischen Vorgaben kein eigenständiges polnisches Streikrecht entwickeln konnte, orientierte sich der Gesetzgeber an westlichen Vorgaben[109]: Zu einem Streik als Arbeitskampfmittel durfte nur als *ultima ratio* gegriffen werden[110], wenn das in Art. 40 ff. GewerkG 1982 vorgesehene Verfahren zur Streitbeilegung zwischen der durch Gewerkschaften vertretenen Belegschaft und der Betriebsleitung scheiterte. Dieses Verfahren war mehrstufig: Es sah zum einen formlo-

[105] 3. Abschnitt des Gewerkschaftsgesetzes.

[106] Vgl. hierzu 3. Kapitel B III. 4.

[107] Matey - Zieliński, S. 15.

[108] Matey - Zieliński, S. 15.

[109] Florek/Zieliński, Rn. 500.

[110] Das Gewerkschaftsgesetz spricht von „środek ostateczny", d.h. vom Streik als äußerstes Mittel, Art. 44 Abs. 1.

se Schlichtungsverhandlungen, zum anderen ein Streitschlichtungsverfahren durch eine paritätisch besetzte sechsköpfige Kommission aus Mitgliedern von Gewerkschaft und Betriebsleitung vor. Im Fall des Scheiterns waren die Parteien verpflichtet, die Streitigkeit dem öffentlichen Schlichtungskollegium beim zuständigen Wojewodschaftsgericht (bei betriebsinternen Streitigkeiten) bzw. beim Obersten Gericht (SN) (bei betriebsübergreifenden Streitigkeiten) vorzutragen. Dieses entschied abschließend, wenn nicht eine der Parteien dem widersprochen hatte. Erst im Falle eines Widerspruchs konnten die Gewerkschaften einen Streik durchführen. Voraussetzung hierfür war, dass sich nach Ablauf von sieben Tagen nach Ankündigung der Maßnahme die Mehrheit der Belegschaft hierfür ausgesprochen hatte, Art. 45 Pkt. 1 GewerkG 1982. Streikenden, die rechtmäßig einen Arbeitskampf organisierten oder an diesem teilnahmen, durfte hieraus kein rechtlicher Nachteil entstehen, Art. 51 GewerkG 1982. Insbesondere stellte die Mitwirkung an einem rechtmäßig durchgeführten Streik keine Arbeitspflichtverletzung dar.

3. Beurteilung des Gewerkschaftsrechts

Das Gewerkschaftsrecht war seit seiner Entwicklung im 19. Jahrhundert immer auch ein **politisches Kampfmittel**. Diese Funktion erfüllte es ebenfalls im realen Sozialismus Polens, wenn auch faktisch nicht zur Interessenswahrung der Werktätigen, sondern nach sozialistischem Verständnis als Vermittler von Staatsinteressen an die Werktätigen. In einem bereits veränderten politisch-gesellschaftlichen Kontext steht allerdings das Gewerkschaftsgesetz 1982. Die Ermöglichung der Gründung von Gewerkschaften, die formal von Staats- und Wirtschaftsverwaltung unabhängig waren, sowie die Legalisierung des Streikrechts waren wichtige Schritte auf dem Weg zur Demokratisierung der Werktätigenrechte. Diese Neuregelungen waren ein politisches Signal und die Antwort an die Bevölkerung auf die immer stärker aufkeimende Unruhe aufgrund von wirtschaftlicher Misere und des zwischen Dezember 1981 und Juli 1983 geltenden Kriegsrechts, das die Bürgerrechte stark einschränkte. Aus der Sicht des staatlichen Machtapparats sollte eine Übereinkunft zwischen Gesellschaft und Staat die staatlichen Institutionen auf eine **neue Legitimitätsgrundlage** stellen und dadurch ihre Funktionsfähigkeit zur gesellschaftlichen Integration und Steuerung gewährleisten[111]. Gleichzeitig kam den Gewerkschaftsrechten auch eine **außenpolitische Bedeutung** zu. Zu einem Zeitpunkt, in dem die Rechtsstaatlichkeit tatsächlich nicht gewährleistet war, symbolisierte die formale Ausweitung der Werktätigenrechte die Einhaltung von Recht und Ordnung nach außen. Tatsächlich wurde das Gewerkschaftsgesetz zwar 1982 verabschiedet. Vollständig trat es aber erst zum 31.12.1984 in Kraft, Art. 60 Pkt. 1 GewerkG. Während das Kriegsrecht galt, waren alle gewerkschaftlichen Aktivitäten verboten. Die bis dahin tätigen Gewerkschaftsorganisationen wurden aufgelöst[112]. Gewerkschaften, die auf Grund-

[111] Tatur, S. 123.

[112] Senser, Monthly Labor Review, 09/89, 35.

lage des Gewerkschaftsgesetzes 1982 neu geschaffen werden sollten, sollten durch die Vorgaben des Gewerkschaftsgesetzes unter staatlicher Kontrolle entstehen[113].

Bei der Beurteilung des polnischen Gewerkschaftsrechts ist neben dem gesellschaftspolitischen Hintergrund zudem zu berücksichtigen, dass diese unter dem Vorbehalt betrachtet werden müssen, dass die **tatsächliche Wahrnehmbarkeit und Umsetzung** der Rechte den gesetzlich eingeräumten Rechten bei weitem nicht entsprachen.

Betrachtet man das Gewerkschaftsrecht in KP und Gewerkschaftsgesetz 1982 im Einzelnen, zeigt sich, dass die dort gewährleisteten Rechte und Pflichten einem demokratischen Verständnis von Koalitionsfreiheit und kollektiven Rechten nicht entsprachen. Neben der mangelhaften Umsetzung der gewährten Rechte sind insbesondere die **ideologischen Einfallsklauseln** kritisch zu beurteilen. So gewährte das Gewerkschaftsgesetz die Koalitionsfreiheit ausdrücklich auf Grundlage der sozialistischen Verfassung von 1952, Art. 3 GewerkG 1982. Insbesondere waren der Grundsatz des Staatseigentums an allen Produktionsmitteln, der Führungsanspruch der Polnischen Vereinigten Arbeiterpartei (PZPR) sowie deren Vorgaben an die Außenpolitik zwingend zu beachten. Letzterer Aspekte wirkte sich insoweit aus, als es den polnischen Gewerkschaften erlaubt war, internationalen Gewerkschaftsverbänden beizutreten. Die in solchen Verbänden ausgeübten Aktivitäten hatten aber strikt nach sozialistischen Grundsätzen zu erfolgen, Art. 9 GewerkG 1982.

Erheblich wirkte sich auch die **Beschränkung des persönlichen Anwendungsbereichs** der Koalitionsfreiheit aus. Indem ganzen Berufsgruppen keine oder nur eine eingeschränkte Koalitionsfreiheit gewährt wurde, war ein nicht unbeträchtlicher Teil der Werktätigen trotz verfassungsrechtlicher Garantie der Koalitionsfreiheit in Art. 84 Verf. 1952 einfachgesetzlich von dieser ausgenommen. Über die von der Koalitionsfreiheit ausgenommenen bzw. in ihr beschränkten Berufsgruppen hinaus wurden Werktätige aus einer Vielzahl weiterer Berufszweige von dem Streikrecht ausschlossen. Hierzu gehörten unter anderem das gesamte lebensmittelerzeugende und –vertreibende Gewerbe, das Gesundheitswesen sowie die lehrenden und erzieherischen Berufe, Werktätige der Staatsverwaltung, von Banken, der Energieversorgung sowie des Telekommunikations- und Transportwesens, Art. 47 GewerkG 1982. Die polnische Verfassung sah hingegen nur dann ein Verbot der Mitgliedschaft in einer Gewerkschaft oder deren Gründung vor, wenn deren Zweck oder Aktivitäten das sozialpolitische System oder die Rechtsordnung bedrohten, Art. 84 Pkt. 3 Verf. 1952.

Ausdrücklich gestattete das Gewerkschaftsgesetz Gewerkschaften eine Pressetätigkeit in Form von eigenständiger Herausgabe oder von Beiträgen in öffentlich zugänglichen Publikationen, Art. 32 GewerkG 1982. Gleichzeitig wurden diese der Überprüfung durch staatliche Kontrollorgane unterworfen, so dass **Presse- und Meinungsfreiheit** gerade nicht gewährleistet waren.

Noch stärkeren Beschränkungen unterlag das Streikrecht der Gewerkschaften. Das **mehrstufige zwingende Streitschlichtungsverfahren**, das jedem Streik erfolglos vorweggegangen sein musste, rechtfertigt sich durch die hohen wirtschaftli-

[113] Sieg, NZA 1995, 508.

chen Belastungen für das betroffene Unternehmen, die jedem Streik inhärent sind. Es diente zur schnellstmöglichen Konfliktbeilegung zwischen den Arbeitsvertragsparteien und ist daher nachvollziehbar und sinnvoll. Allerdings ermöglicht es gleichzeitig eine Einflussnahme des Staates auf den Inhalt von Kollektivvereinbarungen und schränkt damit die **Koalitionsfreiheit** ein.

Darüber hinaus bediente sich der Gesetzgeber bei der Regelung des Streikrechts des häufig benutzten Mittels **ideologisch gefasster Generalklauseln**, die dazu genutzt werden konnten, das Streikrecht trotz Vorliegens aller formellen Voraussetzungen auszusetzen. So enthielt Art. 44 Abs. 5 GewerkG 1982 das Verbot jeglichen „Streiks mit politischem Charakter". Die Grenzen zwischen einem Arbeitskampf zur Verbesserung von Arbeitsbedingungen und zur Durchsetzung von Anforderungen an die Arbeitspolitik sind allerdings fließend. Der Begriff des „Streiks mit politischem Charakter" ist gänzlich unbestimmt. Folglich mussten Werktätige, die Streiks organisierten oder an diesen Teilnahmen, im Hinblick auf Art. 44 Abs. 5 GewerkG 1982 damit rechnen, sich rechtswidrig zu verhalten. Für Verstöße gegen Bestimmungen des Gewerkschaftsgesetzes sah Art. 54 GewerkG Strafen bis zu einem Jahr Freiheitsentzug vor. Die **Ausübung des Streikrechts** war für die Beteiligten demnach mit einer erheblichen **Rechtsunsicherheit** verbunden und schränkte angesichts des drohenden Strafmaßes dieses Recht unverhältnismäßig ein. Darüber hinaus wurde den zuständigen Militärorganen das Recht eingeräumt, gegenüber den Streikenden verbindliche Anordnungen zu treffen, die zur Aufrechterhaltung der Verteidigungsfähigkeit und Sicherheit des Staates notwendig erachtet wurden.

Abschließend bleibt festzustellen, dass sich das polnische Gewerkschaftsrecht trotz seiner zahlreichen Defizite gegenüber demokratischen Vorgaben seit Beginn der achtziger Jahre in einem Wandlungsprozess befand, der für das bis dato geltende Arbeitsrecht nach streng sozialistischen Vorgaben eine spürbaren Erosion bedeutete. Solange sich die arbeitsrechtlichen Verhältnisse aber noch auf dem Ein-Parteien-System gründeten und die Arbeitgeberseite sowie Arbeitsmittel verstaatlicht waren, konnte von einem freiheitlichen kollektiven Arbeitsrecht nach westlich-demokratischem Verständnis nicht gesprochen werden[114].

4. Tarifrecht

Tarifverträge (*układy zbiorowe*) konnten im sozialistischen Polen seit der Reform des KP 1974 im Rahmen der im 11. Abschnitt des KP und der vom Ministerrat festgelegten Bedingungen zwischen Betriebsleitung und Werktätigen geschlossen werden. Zu unterscheiden waren betriebsübergreifend (*ponadzakładowe*) wirkende Verträge und Tarifverträge auf Betriebsebene (*zakładowe*)[115].

---

[114] Zieliński, S. 1; Matey - Zieliński, S. 15.

[115] Czarzasty, Eironline 2002, Dok. PL0210108f.

a) Betriebsübergreifende Tarifverträge

(1) Allgemeines

Betriebsübergreifend handelte für die Werktätigen die zuständige **landesweit wirkende Gewerkschaft** (*ogólnokrajowa organizacja związkowa*). Die Betriebsseite wurde durch den zuständigen Minister bzw. das im jeweiligen Statut genossenschaftlicher Betriebe benannte Organ vertreten, Art. 241 2 § 2 KP. Das Initiativrecht zum Abschluss eines Tarifvertrages stand beiden Seiten zu, Art. 241 2 § 4 KP. Die Vereinbarung galt **für alle Werktätigen** eines von ihr erfassten **Betriebs**. Es bestand zusätzlich die Möglichkeit, dass auch Betriebe anderer als der erfassten Branchen einer Kollektivvereinbarung beitraten, wenn hierüber zwischen den Parteien Einvernehmen erzielt werden konnte. Ebenso kam eine Allgemeinverbindlichkeitserklärung des Ministers für Arbeit und Sozialpolitik in Betracht.

(2) Regelungsinhalte

Tarifverträge eigneten sich allerdings nicht zur Regulierung aller das Arbeitsverhältnis betreffender Inhalte. Eine weitgehende Kompetenzzuweisung, wie sie in § 1 TVG enthalten ist, sah das KP nicht vor. Inhaltlich waren Tarifvereinbarungen vielmehr mehrfach eingegrenzt[116]. Zum einen konnten sie lediglich für **folgende Bereiche** geschlossen werden, Art. 239 KP:

- Vergütung der Werktätigen und sonstige Leistungen aus dem Arbeitsverhältnis,
- Arbeitsbedingungen und Rechte der Werktätigen, die charakteristisch sind für den jeweiligen Berufszweig oder Beruf,
- Vorgaben für Arbeitsschutz und- hygiene,
- Soziales und Kultur und
- Regeln über die Anwendung des Tarifvertrags.

Zum zweiten legte der Ministerrat im voraus die Regeln für Bestimmungen über Vergütung und sonstige Leistungen aus dem Arbeitsverhältnis fest, um auf diese Weise die Vereinbarkeit kollektiver Regelungen mit dem zentral bestimmten nationalen Wirtschaftsplan gewährleisten zu können, Art. 240 § 2 KP. Es oblag ihm darüber hinaus festzulegen, für welche Berufe Tarifverträge geschlossen werden durften. Eine weitere inhaltliche Grenze stellte die Gesellschafts- und Wirtschaftspolitik dar. Widersprach eine Vereinbarung diesen politischen Vorgaben, die ihren Ausdruck in der jeweils aktuellen Fassung des nationalen Wirtschaftsplans fand, waren die Parteien der Vereinbarung verpflichtet, diese entsprechend anzupassen, Art. 241 4 § 4 KP.

Die vereinbarten Regelungen konnten zugunsten der Werktätigen über die Bestimmungen des KP hinausgehen, soweit dies im KP und sonstigen Gesetzen vorgesehen (Gesetzesvorbehalt) oder durch die besonderen Bedingungen der Arbeit oder eines Berufs gerechtfertigt war, Art. 240 § 3 KP.

---

[116] Lewandowski - Wratny, S. 43.

Betriebsübergreifende Tarifverträge konnten auf Zeit geschlossen, einvernehmlich aufgehoben oder mit Ablauf einer mindestens dreimonatigen Frist gekündigt werden. Soweit nicht ausgeschlossen, kam Tarifvereinbarungen aber **Nachwirkung** zu, bis eine neue Vereinbarung über den betroffenen Inhalt geschlossen wurde.

b) Betriebstarifverträge

Auf Betriebsebene wurden Kollektivvereinbarungen zwischen der im Betrieb tätigen Gewerkschaft und dem Betriebsleiter nach Zustimmung durch die betrieblichen Mitbestimmungsorgane geschlossen, Art. 241 12 § 1 KP. Nach Art. 241 11 § 1 KP kamen sie lediglich zur Regelung folgender Inhalte in Betracht:

- Realisierung der in Betriebsplänen festgelegten Ergebnisse,
- Umsetzung der betrieblichen Vergütungsregelung und
- Einzelheiten der Arbeitsbedingungen, die generell in überbetrieblichen Tarifvereinbarungen festgelegt waren.

Betriebsvereinbarungen als Mittel zur Umsetzung der Mitbestimmungsrecht des Betriebsrats, wie z.B. aus §§ 87, 88 BetrVG, waren dem KP hingegen **unbekannt**.

Für das Wirksamwerden eines Betriebstarifvertrages war seine förmliche Registrierung **konstitutiv**. Diese konnte nur dann erfolgen, wenn die Vereinbarung mit Gesetz und Betriebspolitik im Einklang stand und der zuständigen landesweit wirkenden Gewerkschaft vorgelegt wurde. Für die Beendigung und Verbindlichkeit galten die Bestimmungen für überbetriebliche Kollektivvereinbarungen, Art. 241 16 § 1 KP.

c) Beurteilung

Zusammenfassend ist festzustellen, dass das Tarifvertragssystem sowohl auf betrieblicher als auch auf überbetrieblicher Ebene starken Beschränkungen unterworfen war. Aufgrund der weit gehenden „Vorregulierung" durch ministerielle Vorgaben kam Tarifverträgen nicht die Bedeutung einer autonomen Rechtsquelle zu. Der Staat hatte nur vordergründig einen Teil seiner Regulierungsbefugnis für arbeitsrechtlicher Bestimmungen an die Arbeitsvertragsparteien abgetreten. Genau besehen, konnten durch kollektivrechtliche Vereinbarungen lediglich im begrenzten Rahmen staatlicher Vorgaben konkretisiert werden. Aus diesem Grund werden Tarifvereinbarungen aus dieser Zeit lediglich als **Fassade** beurteilt[117]. *Wratny*[118] fasst Tarifverträge im Sozialismus nicht als Waffe der Gewerkschaften im Kampf um die Arbeitnehmerrechte auf, sondern treffend als „ein bürokratisches Ergänzungsmittel der staatlichen Regelungen sowie als Mittel ihrer Anpassung an die Branchenspezifik und –tradition".

Durch kollektivrechtliche Vereinbarungen war es den Arbeitsvertragsparteien grundsätzlich auch nicht möglich, günstigere Arbeits- und Vergütungsbedingungen für die Beschäftigten festzulegen als diejenigen, die in KP und Beschlüssen des Ministerrates vorgesehen waren. Gemäß Art. 18 § 1 KP sollten die Bedingungen eines

---

[117] Czarzasty, Eironline 2002, Dok. PL0210108f.

[118] FS-Däubler - Wratny, 603.

Arbeitsverhältnisses den Regelungen des polnischen Arbeitsrechts entsprechen. Zwar waren nach dem Wortlaut des Art. 18 § 2 KP nur solche Bedingungen unwirksam, die ungünstiger waren als die gesetzlich vorgesehenen. Dennoch wurde es als Rechtsverletzung angesehen, wenn die Betriebsleitung mit den Werktätigen Vereinbarungen traf, die vorteilhaftere Arbeitsbedingungen als gesetzlich vorgesehen enthielten[119]. Hierfür konnte die Betriebsleitung disziplinarisch zur Verantwortung gezogen bzw. verpflichtet werden, Vereinbarung abzuändern. Das **Günstigkeitsprinzip**[120], also der Grundsatz, dass günstigere Regelungen unabhängig von ihrem Rangverhältnis vorgehen, galt demnach im sozialistischen Arbeitsrecht nicht. Er wäre mit den Grundsätzen der sozialistischen Planwirtschaft nicht in Einklang zu bringen gewesen.

5. Selbstverwaltung in Betrieb und Unternehmen

a) Entwicklung des Selbstverwaltungsrechts

Art. 20 KP gewährleistete den Werktätigen einen Anspruch auf Mitbestimmung in dem Staatsbetrieb, in dem sie beschäftigt waren. Betriebsleiter und Verwaltung waren verpflichtet, die hierfür notwendigen Voraussetzungen im Betrieb zu schaffen. Faktisch waren Werktätigenräte als autonome Organisationen durch deren **Unterordnung unter die staatlichen Gewerkschaften** und den Führungsanspruch der Partei hingegen nicht existent. Die formal bestehende *Konferenz der Arbeiterselbstverwaltung* diente als Fassade, so dass die Idee der Selbstverwaltung bei den Werktätigen in hohem Maße diskreditiert war[121].

Mit der Gewerkschaftsbewegung zu Beginn der achtziger Jahre wurde auch die Forderung **nach** einer echten Selbstverwaltung staatlicher Betriebe durch die Werktätigen wieder laut. Die staatliche Verwaltung sah in einem Entgegenkommen zu dieser Forderung eine Möglichkeit, die allgemeine Protestbewegung der Arbeiter in Selbstverwaltungsorganisationen zu kanalisieren und damit zu kontrollieren[122]. Aus einem Kompromiss zu dem ersten Gesetzesentwurf zur Arbeiterselbstverwaltung[123] und den Forderungen *des Netzes der Betriebsorganisationen der Solidarność der führenden Betriebe*[124], das 13 Thesen zum Gesetz über die Arbeiterselbstverwaltung formulierte, wurde am 25. September 1981 das **Gesetz über die Selbstverwaltung staatlicher Unternehmen**[125] (SVwG) verabschiedet.

---

[119] Lewandowski - Wratny, S. 46

[120] BAG, v. 15.12.1960, AP § 4 TVG Angleichungsrecht Nr. 2; zu der dogmatischen Ableitung: Schaub, § 204, Rn. 33; Tschöpe - Clemenz, 4 A, Rn. 525ff.

[121] Tatur, S. 163

[122] Tatur, S. 163

[123] Abdruck des Gesetzes in Kierunki reformy 1981, S. 93 ff.

[124] Darstellung in Tatur, S. 165 ff.

[125] Dz. U. 1981, Nr. 24, Pos. 123.

b) Selbstverwaltungsorgane und -rechte

Anders als in der DDR oblag und obliegt die Mitbestimmung in einem Staatsbetrieb den betrieblichen Selbstverwaltungsorganen[126]. Hierzu gehören die **Werktätigenversammlung** des Unternehmens, die Werktätigenversammlung der Betriebe sowie anderer Organisationseinheiten eines Unternehmens, **Unternehmensrat** und **Betriebsrat**, Art. 2 Abs. 1 SVwG. Allerdings ist zu beachten, dass der Betriebsrat[127] als Organ der Selbstverwaltung nicht inhaltsgleich mit dem deutschen Betriebsrat bzw. Personalrat ist. Die wesentlichen Aufgaben des Betriebsrats nach deutschem Verständnis (z.B. Vertretung der Arbeitnehmerinteressen, Beteiligung bei personellen Maßnahmen des Arbeitgebers, Mitbestimmungs- und Mitwirkungsrechte, Arbeitsschutz und Abschluss von Betriebsvereinbarungen) werden im polnischen Arbeitsrecht durch Betriebsgewerkschaften wahrgenommen. Ein Betriebsrat im Sinne des vierten Abschnitts des Selbstverwaltungsgesetzes kann vielmehr als Hilfsorgan des Unternehmensrates eingeordnet werden.

Die Selbstverwaltungsorgane üben **ihre** unabhängigen Beteiligungsrechte durch die Erteilung von Meinungen zu allen, das Staatsunternehmen betreffenden Angelegenheiten durch umfassende **Initiativ- und Antragsrechte** sowie durch **Kontrollrechte** aus, Art. 1 Abs. 2 SVwG. Für die Mitglieder von Unternehmens- und Betriebsrat gilt ein besonderer Kündigungsschutz, wonach deren Kündigung der Zustimmung des Unternehmensrats bedarf.

Zu den Aufgaben der **Werktätigenversammlung** gehört die Verabschiedung von Unternehmensvereinbarungen, Mehrjahresplänen des Unternehmens sowie der Entscheidung über die Verteilung der für die Werktätigen vorgesehenen Gewinnbeteiligungen. Ferner obliegt ihr die jährliche Beurteilung der Tätigkeiten von Unternehmensrat und Betriebsleitung, Art. 10 SVwG.

Unternehmensentscheidungen betreffende Mitwirkungsrechte übt der Unternehmensrat aus. Diese ähneln den Rechten eines Aufsichtsrats nach deutschem Mitbestimmungsrecht, da der Unternehmensrat unter anderem den Jahresplan des Unternehmens sowie Entscheidungen zu Investitionen, Unternehmensspaltung und -zusammenschlüssen zu verabschieden und die Jahresabschlussbilanz abzunehmen hat. Zudem verfügt er über Zustimmungsbefugnisse bei der Ein- und Absetzung der Unternehmensleitung, Art. 24, 25 SVwG. Aufgaben und Rechte kann der Unternehmensrat auf Grundlage der Satzung der Arbeitnehmerschaft auf einen Betriebsrat übertragen, Art. 33 Abs. 4 SVwG.

c) Stellungnahme

Formal stellte das Selbstverwaltungsgesetz eine einschneidende Änderung zugunsten der Rechte der Werktätigen dar. Die sozialistische Staats- und Unternehmensführung musste Teile ihres Führungsanspruchs auf Betriebs- und Unternehmensebene aus den Händen geben. Da während des realen Sozialismus fast alle Unterneh-

---

[126] Art. 20 KP i.V.m. dem Gesetz v. 25.09.1981 über die Selbstverwaltung der Werktätigen von Staatsunternehmen, Dz. U. Nr. 24, Pos. 123.

[127] Dieser wird auch als Belegschaftsrat bezeichnet.

men im Staatseigentum standen, bedeutete dies zumindest in der Theorie eine flächendeckende, unmittelbare Einflussnahme der Werktätigen. Die Selbstverwaltung gab deshalb im sozialistischen Polen die Form der Mitbestimmung der Werktätigen vor.

Um diesen Machtverlust zu kompensieren, bewahrte sich die Staatsführung die **Kontrollbefugnisse** bei der **Benennung des Direktors**. Denn das Selbstverwaltungsgesetz 1981 sah zwar in seiner ursprünglichen Fassung vor, dass dieser von der staatlichen Aufsichtsbehörde oder vom Betriebsrat ernannt werden sollte, wobei beiden Seiten ein Vetorecht zukam, Art. 34 SVwG. Allerdings wurden in einer gesonderten Liste diejenigen Unternehmen von „grundsätzlicher Bedeutung" benannt, in denen der Aufsichtsbehörde allein das Recht zur Ernennung des Direktors inne hatten. Die Ausnahmeregelung diente der Staatsmacht dazu, die Einflussmöglichkeiten der Werktätigen zu begrenzen und auf diese Weise die alte Ordnung möglichst wieder herzustellen[128].

Hinsichtlich der Beratung und des Abschlusses von Jahresplänen für die staatlichen **Unternehmen** ist zu bemerken, dass diese den staatlichen Haushaltsplänen und Verordnungen im planwirtschaftlichen System entsprechen mussten. Der Gestaltungsspielraum der Werktätigen in der Praxis blieb daher äußerst begrenzt.

III. Sonstige Beteiligungsrechte der Gewerkschaften

Neben dem Recht der Gewerkschaften zum Abschluss von Kollektivvereinbarungen sahen **das AGB und das KP Beteiligungsrechte der Gewerkschaften** im Rahmen des **individualrechtlichen Verhältnisses** zwischen Betriebsleitung und Werktätigem sowie bei der **Festlegung von Arbeitsbedingungen** vor. Diese wurden anders als im bundesdeutschen Arbeitsrecht nicht von einem Betriebsrat, sondern von der **Betriebsgewerkschaft** wahrgenommen. Im polnischen Arbeitsrecht ist dies nach wie vor der Fall.

1. Gewerkschaften und Arbeitsvertragsrecht

a) Beteiligungsrechte bei der Begründung eines Arbeitsverhältnisses

Der Abschluss und Inhalt eines Arbeitsvertrages folgten in der DDR und in Polen im Prinzip den gleichen Grundsätzen. In der Regel wurde ein Arbeitsverhältnis durch einen frei abzuschließenden Arbeitsvertrag begründet[129]. Als Vertragsparteien bestimmte das AGB in den §§ 38 ff. AGB ebenfalls den Betrieb, für den der Arbeitnehmer tätig werden sollte, und den Arbeitnehmer. Letzterer wurde im AGB als „Werktätiger" bezeichnet. Allerdings war die Vertragsabschlussfreiheit beschränkt durch zentrale Vorgaben und bilanzierte Pläne, nach denen in der Regel Einstellun-

[128] Tatur, S. 169.
[129] Berg, NZA 1990, 260; Kość, S. 183.

gen zu erfolgen hatten[130]. Voraussetzungen eines Arbeitsvertrages waren gemäß § 40 Abs. 1 AGB bzw. Art. 29 § 1 KP die Bestimmung von Arbeitsaufgabe, Arbeitsort und Tag der Arbeitsaufnahme sowie die Vergütung (*essentialia negotii*). Im Arbeitsvertragsrecht der DDR galt die Besonderheit, dass vor Abschluss eines Arbeitsvertrages der betrieblichen Gewerkschaftsleitung die Möglichkeit eingeräumt werden musste, am Einstellungsgespräch teilzunehmen, § 43 Abs. 2 AGB[131]. Das polnische Arbeitsrecht sah dies nicht vor. Nach beiden Rechtsordnungen **konnten die Gewerkschaften eine Einstellung**, anders als dies § 99 Abs. 1 BetrVG bei Betrieben mit mehr als 20 Arbeitnehmern vorsieht, **nicht blockieren**, da es der Zustimmung der Gewerkschaften zur Einstellung nicht bedurfte[132].

Neben der häufigsten Form von Arbeitsverträgen, den unbefristeten Arbeitsverträgen, kannte das Arbeitrecht der DDR und der Volksrepublik Polen auch zeit- und zweckbefristete Arbeitsverträge. Darüber hinaus sah § 50 AGB eine weitere Form des Arbeitsvertrages, den Delegierungsvertrag, vor. Danach konnte der zeitweilige Einsatz von Werktätigen in einem anderen Betrieb „im Rahmen einer sozialistischen Hilfe oder zur Lösung volkswirtschaftlicher Schwerpunktaufgaben zwischen dem Werktätigen, dem Einsatzbetrieb und dem delegierenden Betrieb“ vereinbart werden[133]. Benötigte ein Werktätiger für eine vereinbarte, neue Tätigkeit einer besonderen Qualifizierung, die er noch erwerben musste, war der übernehmende Betrieb verpflichtet, mit diesem einen Qualifizierungsvertrag abzuschließen, §§ 153 bis 158 AGB. Dies resultierte aus der im 7. Kapitel des AGB niedergelegten Pflicht zur Aus- und Weiterbildung. Der betrieblichen Gewerkschaftsleitung kamen **Mitwirkungsrechte** bei der Vorbereitung von Änderungs- und Delegierungsverträgen zu, Art. 49, 50 AGB[134].

Soweit die Rechte und Pflichten aus dem Arbeitsverhältnis nicht im Arbeitsvertrag **niedergelegt** waren, wurden diese in der DDR durch Rahmenkollektivverträge bestimmt, welche die Betriebsleitung mit den Gewerkschaften vereinbaren konnte[135]. Dies gilt insbesondere für Regelungen über Arbeitslohn, Arbeitszeit und den Erholungsurlaub, § 14 AGB. Im polnischen Arbeitsrecht waren die Hauptbedingungen eines Arbeitsverhältnisses und damit auch Vergütungsgrundlagen, Arbeitszeit und Urlaub ausführlich im KP selbst geregelt[136]. Allerdings bestanden ergänzende kollektivvertragliche und betriebliche Regelungen[137].

---

[130] Berg, NZA 1990, 260.

[131] Die Einzelheiten wurden unter II. in der Ordnung für die Wahrnehmung der Rechte der Gewerkschaften bei Abschluss, Änderung und Auflösung von Arbeitsverträgen geregelt (FDGB Informationsblatt 1978 Nr. 6, Arbeit und Arbeitsrecht 1978 H. 8, S. 359; Kobert, AGB, S. 277).

[132] II. der Ordnung von 1978 sah allerdings weitreichende Informations- und Prüfungspflichten der Gewerkschaft vor. Darüber hinaus sollte, sie bereits bei der Einstellung auf den Werktätigen einwirken, Mitglied des FDGB zu werden.

[133] Berg, NZA 1990, 260; Nägele, BB 1990, Beil. 9, 1.

[134] Zu den Einzelheiten: Kobert, AGBG, S. 278 f.

[135] Löw, BB 1990, Beil. 23, 29.

[136] Vgl. Art. 78 – 83 und Art. 128 – 175 KP.

[137] Kość, S. 182; Vgl. die Einzelheiten zum polnischen Tarifrecht: 2. Kapitel, B. II. 4.

b) Gewerkschaftsrechte bei der Beendigung eines Arbeitsverhältnisses

(1) Rechtslage in der DDR

Das Arbeitsrecht der DDR sah ein abgestuftes Verfahren zur Beendigung eines Arbeitsverhältnisses vor, in dessen Rahmen die Betriebsgewerkschaften zu beteiligen waren[138]. Grundsätzlich war ein Betrieb verpflichtet, dem Werktätigen einen zumutbaren Arbeitsplatz in einem anderen Betrieb zu verschaffen, wenn der Betrieb das Arbeitsverhältnis mit dem Werktätigen beenden wollte[139]. Konnte ein solcher Arbeitsplatz in einem anderen Betrieb gefunden werden, wurde auf Grundlage eines dreiseitigen sog. **Überleitungsvertrages** nach § 51 AGB, dessen Parteien der Werktätige sowie der bisherige und der übernehmende Betrieb waren, das Arbeitsverhältnis übergeleitet. Erst wenn dies nicht gelang, konnte auf Initiative des Betriebs ein **Aufhebungsvertrag** geschlossen werden, zu dessen Wirksamkeit es - wie auch beim Überleitungsvertrag - allerdings der vorherigen **Verständigung und Beratung mit der betrieblichen Gewerkschaftsleitung** über den beabsichtigten Abschluss eines Aufhebungsvertrages bedurfte, §§ 51 – 53 AGB. Dagegen begründeten weder das AGB noch die Ordnung für die Wahrnehmung der Rechte der Gewerkschaften gesetzliche Zustimmungserfordernisse beim Abschluss, bei der Änderung und der Auflösung von Arbeitsverträgen[140].

Lediglich subsidiär dazu bestand für den Werktätigen und die Betriebsleitung die Möglichkeit, das Arbeitsverhältnis durch einen einseitigen Willensakt zu beenden[141]. Bei der Beendigung unbefristeter Arbeitsverträge waren nach dem Arbeitsrecht der DDR Kündigung und Entlassung zu unterscheiden[142]. Der Terminus Kündigung wurde für eine fristgerechte, **ordentliche Kündigung** des Arbeitsverhältnisses nach § 54 AGB verwendet. Eine Kündigung setzte zu ihrer Wirksamkeit voraus, dass der Betrieb dem Werktätigen zuvor einen **Änderungsvertrag**[143] über die Aufnahme einer zumutbaren anderen Tätigkeit im Betrieb und, soweit dies nicht möglich war, einen **Überleitungsvertrag** anbot, den der Werktätige abgelehnt hatte. Weitere Wirksamkeitsvoraussetzung einer Kündigung war die vorherige **Zustimmung der betrieblichen Gewerkschaftsleitung.** Eine fristgemäße Kündigung bedurfte der Rechtfertigung durch betriebs- bzw. personenbedingte Gründe oder durch die Tatsache, dass Mängel des Arbeitsvertrages durch die Arbeitsvertragsparteien nicht beseitigt werden konnten. Eine betriebsbedingte Kündigung setzte voraus, dass diese infolge der Produktion, der Struktur oder des Stellen- bzw. Arbeitskräfteplanes des Betriebes notwendig wurde. Hingegen kam eine personenbedingte Kün-

---

[138] Die Einzelheiten wurden ausführlich unter IV. – IX. in der Ordnung für die Wahrnehmung der Rechte der Gewerkschaften bei Abschluss, Änderung und Auflösung von Arbeitsverträgen geregelt.

[139] Zu dem System der Arbeitskräftelenkung vgl. Berg, NZA 1990, 260.

[140] FDGB Informationsblatt 1978, Nr. 6, Arbeit und Arbeitsrecht 1978 H. 8, S. 359; Kobert, AGB, S. 277.

[141] Pleyer/Lieser-Triebnigg, RdA 1971, 68.

[142] Nägele, BB 1990, Beil. 9, 1.

[143] Vgl. zum Änderungsvertrag nach DDR-Recht: Berg, NZA 1990, 260.

digung in Betracht, wenn der Werktätige für die vereinbarte Arbeitsaufgabe nicht geeignet war. Für besondere Personengruppen, wie Schwangere sowie Werktätige in Elternzeit, im Wehrdienst oder wegen Krankheit, Arbeitsunfall oder Berufskrankheit Arbeitsunfähige, war nach § 58 AGB eine fristgemäße Kündigung sogar gänzlich ausgeschlossen.

Für eine **fristlose Entlassung** war nach § 54 AGB die vorherige **Zustimmung der Gewerkschaftsleitung erforderlich**[144]. Ausnahmsweise konnte die Zustimmung aber auch nachträglich innerhalb einer Woche nach Ausspruch der Entlassung erteilt werden[145]. Unter welchen Voraussetzungen eine Zustimmung nachgeholt werden konnte, regelte das AGB allerdings nicht. Eine Entlassung kam nur in Betracht, wenn die Weiterbeschäftigung im Betrieb aufgrund schwerwiegender Verletzung der sozialistischen Arbeitsdisziplin oder staatsbürgerlicher Pflichten nicht mehr möglich war. In der Regel mussten einer Entlassung zudem erfolglos gebliebene Erziehungs- bzw. Disziplinarmaßnahmen vorausgegangen sein. Das Recht zur fristlosen Entlassung bestand aber nur für den Betrieb[146], wie bereits aus der Verwendung des Begriffs „Entlassung" im Vergleich zur „Kündigung" zu schließen ist.

(2) Rechtslage in der Volksrepublik Polen

Auch das polnische Arbeitsrecht unterschied sowohl begrifflich als auch inhaltlich zwischen einer ordentlichen und einer außerordentlichen Beendigung des Arbeitsverhältnisses. Das Recht zur Kündigung innerhalb gesetzlich bestimmter Fristen bestand während der Probezeit sowie bei unbefristeten Arbeitsverhältnissen, Art. 32 § 1 KP. Wie das AGB sah auch das KP vor, dass die **Gewerkschaftsvertreter vor Ausspruch einer Kündigung angehört** werden mussten, und zwar zunächst die Betriebsgewerkschaft und, wenn diese der Kündigung widersprach, anschließend der Gewerkschaftsverband, dem die Betriebsgewerkschaft angehörte. Dagegen bedurfte die Kündigung keiner Zustimmung. Während die Kündigung durch den Werktätigen keinen juristischen Beschränkungen unterfiel[147], war und ist eine Kündigung von der Arbeitgeberseite nur bei Vorliegen eines anerkennungswürdigen Kündigungsgrundes wirksam. Anders als das Kündigungsschutzgesetz der BRD enthält das KP keinen Katalog von Kündigungsgründen. Der polnische Gesetzgeber hat vielmehr auf die Generalklausel des Art. 45 KP zurückgegriffen, wonach eine unbegründete Kündigung unwirksam ist. Hieraus wird nach wie vor die Notwendigkeit eines Kündigungsgrundes abgeleitet, dessen Begründetheit für jeden Einzelfall zu erörtern ist[148]. Allerdings hat der für arbeits- und versicherungsrechtliche Streitigkeiten zuständige Große Senat des Sąd Najwyższy (SN), des polnischen Obersten Gerichts, Auslegungsrichtlinien für die Kündigungsgründe des Art. 45 KP festge-

---

[144] Zu den Einzelheiten: Kobert, AGBG, S. 279 ff.

[145] VIII. der Ordnung für die Wahrnehmung der Rechte der Gewerkschaften bei Abschluss, Änderung und Auflösung von Arbeitsverträgen.

[146] Berg, NZA 1990, 260.

[147] Florek/Zieliński, Rn. 117; Kość, S. 184.

[148] Florek/Zieliński, Rn. 120.

legt[149]. Demnach ist eine Kündigung beispielsweise begründet bei nicht ordnungsgemäßer Erfüllung der arbeitsvertraglichen Aufgaben, bei einem Verstoß gegen die Arbeitsordnung (z.B. häufige Verspätungen), bei Arbeitsmangel oder bei Liquidation der Arbeitsstätte. Darüber hinaus ergeben sich Kündigungsgründe mittelbar aus dem Verstoß gegen die in Art. 100 KP aufgeführten Pflichten eines Werktätigen sowie aus den betrieblichen Gründen nach Art. 43 KP. Zusammenfassend unterscheidet die Rechtsprechung nach betrieblichen und in der Person des Werktätigen liegenden Gründen[150]. Darüber hinaus bestand im sozialistischen Arbeitsrecht ein besonderer Kündigungsschutz, z.B. für Werktätige kurz vor ihrer Verrentung und während des Urlaubs oder einer sonstigen gerechtfertigten Abwesenheit des Mitarbeiters (Art. 39 ff. KP). Ebenso war die Kündigung von Schwangeren und Werktätigen im Mutterschutz unzulässig, Art. 177 § 1 KP.

Ein arbeitsvertraglich begründetes Arbeitsverhältnis konnte zudem durch eine **fristlose Entlassung** beendet werden. Hierfür bedurfte es aber - anders als im Arbeitsrecht der DDR - nicht der vorherige Zustimmung der Betriebsgewerkschaft. Allerdings musste die Betriebsleitung zunächst einmal die **Gewerkschaft** zu der beabsichtigten Entlassung **anhören**. Diese musste Bedenken gegen die Entlassung innerhalb von drei Tagen mitteilen. Die Betriebsleitung musste diese in ihre Abwägung, ob eine Entlassung ausgesprochen wird, einbeziehen (Art. 52 § 3 KP). Voraussetzung einer fristlosen Entlassung war das Vorliegen eines gesetzlich bestimmten Entlassungsgrundes, wie beispielsweise die schwerwiegende Verletzung der Arbeitnehmerpflichten z.B. der sozialistischen Arbeitsdisziplin oder die mangelnde Eignung des Werktätigen für die vereinbarte Tätigkeit[151]. Außerdem konnte die Entlassung nur innerhalb von einem Monat seit Kenntnis der sie begründenden Tatsachen wirksam ausgesprochen werden. Anders als nach DDR-Recht war auch der Werktätige zur fristlosen Beendigung des Arbeitsverhältnisses berechtigt, wenn er am Arbeitsplatz Gesundheitsgefahren ausgesetzt war und nicht versetzt wurde (Art. 55 KP).

Neben Kündigung und Entlassung endete das Arbeitsverhältnis auch bei nicht gerechtfertigter Arbeitsniederlegung des Werktätigen, nach dreimonatiger Verbüßung einer Haftstrafe durch den Werktätigen sowie in sonstigen gesetzlich bestimmten Fällen, Art. 63 ff. KP. In den häufigsten Fällen wurden Arbeitsverhältnisse durch Abschluss eines Aufhebungsvertrags beendet, Art. 30 § 1 Nr. 1, 300 KP i.V.m. Art. 66 KC (*kodeks cywilny* = polnisches Zivilgesetzbuch). Vorteil eines solchen Vorgehens war, dass das Arbeitsverhältnis auf diese Weise ohne Fristbindung beendet werden konnte. Überdies ermöglichte es eine ideologisch vertretbare Form, ein Arbeitsverhältnis im formell gegenseitigen Willen aufzulösen[152].

---

[149] Beschluss des SN vom 25.06.1985, III PZP 10/85, MP Nr. 24, Pos. 192 = OSN CP 1985, Nr. 11, Pos. 164 = Nr. 509 der Entscheidungssammlung; Florek/Zieliński, Rn. 120.

[150] Florek/Zieliński, Rn. 120.

[151] Kość, S. 184.

[152] Kość, S. 184.

c) Streitigkeiten über die Beendigung des Arbeitsverhältnisses

(1) DDR: Streitbeilegung durch Konfliktkommissionen und Arbeitsgerichtsbarkeit

Wenn die erforderliche Zustimmung der betrieblichen Gewerkschaftsleitung zu einer Kündigung, Entlassung sowie zu einem Änderungs-, Überleitungs- oder Aufhebungsvertrag nicht eingeholt worden war, konnte dies nach dem Recht der DDR nicht unmittelbar gerichtlich geltend gemacht werden. Vielmehr wurden Streitigkeiten über die Rechtmäßigkeit dieser Beendigungstatbestände vor **Konfliktkommissionen**[153] geregelt. Bei diesen handelt es sich um eine dem Gerichtsverfahren vorgeschaltete betriebliche Schlichtungsstellen. Ziel der Konfliktkommissionen war es in Anwesenheit von Antragsteller und Beschuldigtem bei Konflikten aus dem Arbeitsverhältnis zu beraten und den Beschuldigten „zur selbstkritischen Einschätzung seines Verhaltens und zur Bereitschaft zur Wiedergutmachung zu bewegen und damit ihn in das betriebliche Kollektiv wieder einzugliedern“[154]. Gegen die Entscheidungen der Konfliktkommission und in den Fällen, in denen die Konfliktkommission nicht anzurufen war, konnte direkt Klage zum Kreisgericht erhoben werden[155]. Gegen die Urteile des Kreisgerichtes stand das Rechtsmittel der Berufung zum Bezirksgericht offen. Das Revisionsverfahren fand vor dem Obersten Gericht statt[156].

(2) Volksrepublik Polen: Gerichtliche Streitbeilegung

Konfliktkommissionen als Einrichtung zur Entscheidung arbeitsrechtlicher Streitigkeiten waren dem polnischen Arbeitsrecht fremd. Die Lösung streitiger Fragen über die Beendigung eines Arbeitsverhältnisses oblag vielmehr erstinstanzlich den arbeitsrechtlichen Abteilungen der Regionalgerichte, Art. 44 ff. KP. Der Klageantrag war auf die Feststellung der Unwirksamkeit der Kündigung mangels Begründetheit bzw. wegen Verletzung von Kündigungsvorschriften gerichtet. Bei einer Entscheidung zu Gunsten des Werktätigen bestand das Arbeitsverhältnis fort. Wenn das Arbeitsverhältnis bereits aufgelöst worden war, konnte das Wiederaufleben des Arbeitsverhältnisses zu den alten Bedingungen bzw. Entschädigung verlangt werden, Art. 45, 56 KP.

d) Beurteilung des Arbeitsvertragsrechts und der gewerkschaftlichen Beteiligungsrechte

(1) DDR

Zusammenfassend stellt sich das Arbeitsvertragsrecht der ehemaligen DDR vor der Wende bei formal-rechtlicher Betrachtung als besonders schutzintensiv für den Ar-

---

[153] Hierzu ausführlich: Kobert, AGB, S. 263 ff..

[154] Ausführlich zu den Konfliktkommissionen in der DDR: Berg, NZA 1990, 19 f.

[155] Zu der Kritik an der mangelnden Rechtsstaatlichkeit dieser Gerichte bzgl. des Prinzips der Gewaltenteilung und der Unabhängigkeit der Gerichte vgl. Kissel, NZA 1992, 1.

[156] Nägele, BB 1990, Beil. 9, 1.

beitnehmer dar. Dies ergibt sich zum einen aus der erforderlichen **Zustimmung** der Gewerkschaftsleitung **zu fristlosen Entlassungen** und ihrem **weit reichenden Informations- und Prüfungsrecht** im Zusammenhang mit der Begründung und Beendigung von Arbeitsverhältnissen. Näheres regelte die Ordnung für die Wahrnehmung der Rechte der Gewerkschaften bei Abschluss, Änderung und Auflösung von Arbeitsverträgen[157]. Zu diesem Gesamteindruck trugen auch das Fehlen von Probearbeitsverhältnissen und die stets erforderlichen, restriktiven Kündigungsgründe unabhängig von Betriebsgröße und Betriebszugehörigkeit bei. Bemerkenswert ist insbesondere das mehrstufige Verfahren zur Beendigung eines Arbeitsverhältnisses, und zwar auch in dem Fall, dass die Beendigung des Beschäftigungsverhältnisses auf Wunsch des Werktätigen erfolgte. Ein derart weitgehender Schutz der Arbeitnehmerposition lässt sich nur anhand der sozialistischen Planwirtschaft nachvollziehen, in der es bereits nach der Begrifflichkeit keine Arbeitslosigkeit gab[158]. Offiziell sprach man vielmehr von einer geringen Anzahl von Personen ohne Arbeitsverhältnis[159].Tatsächlich belegen Studien, dass Mitte der achtziger Jahre ein Drittel des Arbeitsvermögens der Werktätigen in den Betrieben ungenutzt blieb[160]. Es handelte sich somit nur um eine versteckte Form der Arbeitslosigkeit. In einer freien Marktwirtschaft ist ein umfassender Bestandschutz der Arbeitnehmerrechte bei den heutigen komplexen Arbeitsprozessen wirtschaftlich nicht tragbar[161]. Überdies förderte ein System, in dem sich jeder Arbeitnehmer seines Arbeitplatzes sicher sein konnte, solange er sich dem System fügte, weder Arbeitsmotivation, Initiativbereitschaft noch Verantwortungsbewusstsein.

Diesem System lag die ideologische Vorstellung zugrunde, dass staatliches Eigentum, also das Eigentum aller Bürger, selbstverständlich ein einheitliches Interesse begründe und der Staat die Interessen der Werktätigen am besten kenne. Folge dieser Auffassung war, dass im Individualarbeitsvertrag nur vereinbart werden durfte, was nicht bereits durch Gesetz, Jahresplan und Kollektivvertrag bestimmt war[162]. Dies beließ nur einen sehr geringen Spielraum bei dem Abschluss von Arbeitsverträgen. Für die Anwendung des Günstigkeitsprinzip und der Vertragsfreiheit im Rahmen des Abschlusses von Arbeitsverträgen war in dem Arbeitsvertragsrecht der DDR kein Raum.

Kritisch sind auch die Gründe für eine fristlose Entlassung zu beurteilen. Eine fristlose Beendigung des Arbeitsverhältnisses seitens des Betriebs konnte damit begründet werden, dass die Weiterbeschäftigung im Betrieb aufgrund schwerwiegender Verletzung der sozialistischen Arbeitsdisziplin oder staatsbürgerlicher Pflichten

---

[157] Beschluss des Sekretariats des FDGB-Bundesvorstandes v. 21.07.1978, Informationsblatt 1978 Nr. 6; Arbeit und Arbeitsrecht 1978, 359.

[158] Nach DDR-Verständnis war erklärtes Ziel der Arbeitspolitik, die Vollbeschäftigung aufrechtzuerhalten und die „Arbeitslosigkeit als Geißel der Werktätigen in der DDR ein für allemal zu beseitigen". Vgl. hierzu Berg, NZA 1990, 260; Adomeit, NZA 1993, 433.

[159] Berg, NZA 1990, 260.

[160] KSPW - Pawelzig, Bericht 6, 23; von Maydell/Wank, S. 9; Das IFO-Institut ging im Frühjahr 1990 die versteckte Arbeitslosigkeit in der DDR auf 15 – 30 %.

[161] vgl. von Maydell/Wank, S. 9.

[162] Drobnig/Ramm – Langanke, S. 14 f.

nicht mehr möglich war. Hierbei handelte es sich um ideologische Motive. Diese knüpfen nicht an die objektive Arbeitsleistung oder an ein arbeits- bzw. betriebsbezogenes Verhalten, sondern an die politische Einstellung des Werktätigen an. Ein Verhalten des Werktätigen, dass nicht systemkonform war, konnte folglich seine fristlose Kündigung nach sich ziehen und den Betroffenen mangels Arbeitslosenversicherung in der DDR[163] in erhebliche wirtschaftliche und soziale Bedrängnis bringen. Auch das Erfordernis der gewerkschaftlichen Zustimmung zu einer fristlosen Entlassung konnte sich in der sozialistischen Realität unter entsprechendem Druck des Machtapparates im Zweifel gerade nicht arbeitnehmerschützend auswirken.

Ein bemerkenswertes rechtliches Instrument, das in dieser Form - abgesehen von tariflichen Regelungen - dem bundesdeutschen und polnischen Arbeitsrecht fremd ist, stellte aber das System der **Konfliktkommissionen** dar. Zwar verfolgten Konfliktkommissionen nach dem Willen des Gesetzgebers nicht nur das Ziel der frühzeitigen Konfliktlösung, sondern auch einen erzieherischen Ansatz zur Wiederherstellung bzw. Durchsetzung der Arbeits- und Bürgerpflichten nach sozialistischem Verständnis. Das Grundsystem der außergerichtlichen Beilegung von Streitigkeiten über Ansprüche aus dem Arbeitsverhältnis, über die Frage des Bestehens eines vertraglichen Arbeitsverhältnisses sowie über Disziplinarmaßnahmen (§ 18 KKO), ermöglichte allerdings die frühzeitige und kostengünstige Beendigung von Streitigkeiten. Angesichts der steigenden Belastung der deutschen Arbeitsgerichte wären Konfliktkommissionen in der heutigen Zeit – befreit vom sozialistischen Erziehungsanspruch – ein mögliches Institut zur Entlastung der Gerichte. Neben dem Zeit- und Kostenfaktoren hätten sie den Vorteil , dass die **außergerichtliche Konfliktlösung in einem bestehenden Arbeitsverhältnis** Streitigkeit deeskalieren könnten. Allerdings würden Konfliktkommissionen bei Streitigkeiten über das Bestehen eines Arbeitsverhältnisses bzw. nach Beendigung eines solchen in den meisten Fällen keine Entlastungswirkung entfalten, sondern das Verfahren lediglich verlängern. Denn in solchen Fällen wird das Interesse an einer abschließenden, unangreifbaren gerichtlichen Klärung bei der im Rahmen des Verfahrens bei der Konfliktkommission unterliegenden Partei überwiegen.

(2) Volksrepublik Polen

Die Schutzintensität des sozialistischen Arbeitsvertragsrechts für den Werktätigen war in der Volksrepublik Polen weniger weitgehend, als dies nach formaljuristischen Gesichtspunkten in der DDR der Fall war. Obschon auch nach polnischem Recht die Kündigung stets eines anerkennungswürdigen Kündigungsgrundes bedurfte, bestand keine Verpflichtung, vor Ausspruch einer Kündigung dem Werktätigen einen alternativen Arbeitsplatz anzubieten. Ebenso wenig konnte die zuständige Gewerkschaft die Kündigung eines Arbeitnehmers durch Zustimmungsverweigerung abwenden[164].

Kritik begegnet den Regelungen zur **fristlosen Entlassung**. Wie im Arbeitsrecht der DDR stellte die Entlassung nach dem KP eine Disziplinarmaßnahme dar. Auch

---

[163] vgl. Berg, NZA 1990, 260 f.

[164] Salwa, Art. 38, S. 70.

wenn Art. 52 § 1 KP lediglich von der schwerwiegenden Verletzung einer Arbeitspflicht sprach, ermöglichte dies im Zusammenhang mit den in Art. 100 KP aufgezählten Pflichten der Werktätigen die Beendigung des Arbeitsverhältnisses unter anderem wegen schwerwiegender Verletzungen der „sozialistischen" Arbeitsdisziplin. Damit fand sich im polnischen Arbeitsrecht ebenfalls ein **Einfallstor für politisch motivierte Entscheidungen** der Betriebsleitung gegenüber dem Werktätigen. Neben dem Strafcharakter einer solchen arbeitsrechtlichen Maßnahme im Falle eines systemwidrigen Verhaltens eines Werktätigen entfaltete sie auch ein entsprechendes Abschreckungspotential gegenüber verbleibenden Werktätigen im Betrieb. Angesichts der **Bindung der Betriebsgewerkschaften an die staatlichen Vorgaben** ist davon auszugehen, dass auch das Zustimmungserfordernis der Gewerkschaften zur Kündigung bei einer politisch motivierten Entscheidung für den betroffenen Werktätigen wirkungslos blieb.

2. Vergütung

Die Rechtsgrundlagen für die Vergütung als Hauptleistungspflicht aus einem Arbeitsvertrag folgten im Arbeitsrecht der DDR und Polens weitgehend vergleichbaren Prinzipien. Die Entlohnung beruhte auf dem Arbeitsleistungsprinzip[165], d.h. „ohne Arbeit grundsätzlich kein Lohnanspruch". Als Vergütungsfaktoren dienten Qualifikation, Verantwortung des Werktätigen sowie die allgemeinen Produktions- und Arbeitsbedingungen. Die Vergütungsansprüche der Werktätigen wurden **durch staatliche Vorgabe**[166] und im Rahmen dessen **kollektivrechtlich** zwischen der Arbeitgeberseite und den Gewerkschaften vereinbart und waren demnach kein Gegenstand individueller Vertragsverhandlungen zwischen den Arbeitsvertragsparteien. Eine gesamtvolkswirtschaftliche Planung und Leitung der Arbeitsbedingungen entsprechend einem nationalen Wirtschaftsplan wäre anderenfalls unmöglich gewesen.

In der DDR regelten Rahmenkollektivverträge Vergütungsanspruch und Berechnungsmaßstab. Diese waren unabhängig von einer Gewerkschaftszugehörigkeit der Werktätigen im vertraglichen Geltungsbereich allgemeinverbindlich[167]. Das polnische KP verwies hingegen in Art. 79 KP auf die Vergütungsgrundsätze und Tarife für die einzelnen Lohn- und Gehaltsgruppen, die in Verordnungen des Ministerrates festgesetzt wurden. Weitere Vergütungsbestandteile waren Prämien für die Erfüllung oder Übererfüllung von Planaufgaben und Lohnzuschläge beispielsweise in Form von Erschwerniszulagen[168]. Kollektivrechtliche Vereinbarungen konnten demnach nur im Rahmen der ministeriellen Vorgaben geschlossen werden, so dass ihnen lediglich eine konkretisierende Funktion zukam[169].

---

[165] Kość, S. 183.
[166] Lewandowski - Wratny, S. 43; Matey - Zieliński, S. 12.
[167] KSPW - Pawelzig, Bericht 6, 18.
[168] Vgl. hierzu Art. 105 ff. KP sowie das 5. Kapitel des AGB; Kość, S. 183; Nägele, BB 1990, Beil. 9, 1.
[169] Lewandowski - Wratny, S. 43.

3. Arbeitszeit und Urlaub

a) DDR

Beteiligungsrechte der Gewerkschaften bestanden auch bzgl. der Arbeitzeit und des Urlaubs. Wie die Vergütung wurde auch die Arbeitszeit in **Rahmenkollektivverträgen** geregelt. Die regelmäßige Arbeitszeit lag zwischen 40 und rund 44 Stunden wöchentlich, wobei gemäß § 160 f. AGB einheitlich eine 40-Stunden-Woche angestrebt wurde. Soweit nicht volkswirtschaftlich besonders wichtige Aspekte es erforderten, sollte an Sonn- und Feiertagen grundsätzlich nicht gearbeitet werden (§ 168 AGB). Überstunden waren nur in Ausnahmefällen zulässig (§ 172 AGB) und bedurften der Zustimmung der zuständigen betrieblichen Gewerkschaftsleitung. Besondere Arbeitszeitvorschriften galten zum Schutz von Minderjährigen, Schwangeren und Müttern. Nach § 182 AGB bestand außerdem Anspruch auf Freistellung unter Fortzahlung der Vergütung, wenn familiäre und persönliche Gründen, die Aus- und Weiterbildung sowie die Mitwirkung an politischen Maßnahmen diese erforderlich machten. Zudem gewährte das AGB vollbeschäftigten werktätigen Frauen unter den Voraussetzungen des § 185 AGB monatlich einen Hausarbeitstag.

Werktätigen stand ein Grundurlaub von 18 Tagen pro Kalenderjahr zu. Darüber hinaus wurde Zusatzurlaub entsprechend der Urlaubsordnung gewährt. Diese wurde von der Betriebsleitung erlassen, bedurfte aber der Zustimmung der Gewerkschaftsleitung, § 197 Abs. 3 AGB. Der Urlaub musste grundsätzlich innerhalb des Kalenderjahres genommen und konnte nur in bestimmten Ausnahmefällen abgegolten werden.

b) Volksrepublik Polen

Die gesetzliche Arbeitszeit betrug 46 Stunden pro Woche bei einer täglichen Höchstarbeitszeit von acht Stunden. Trotz Bestrebungen der Gewerkschaft „Solidarność“, eine 40-Stunden-Arbeitswoche durchzusetzen[170], änderte sich die gesetzliche Arbeitszeit bis 1996 nicht[171]. Über Arbeitszeitverkürzungen oder die Einführung von arbeitsfreien Tagen entschied der Ministerrat durch den Erlass entsprechender Verordnungen.

Den Werktätigen stand - je nach abgeleisteten Arbeitsjahren - ein gesetzlicher Jahresurlaub zwischen 14 und 26 Werktagen gemäß Art. 154 KP zu. Als Werktag galt jeder Wochentag außer Sonn- und Feiertagen. Allerdings entstand der Urlaubsanspruch erst nach Ablauf des ersten Beschäftigungsjahres. Die Abhängigkeit des Urlaubsanspruchs von der Beschäftigungszeit und den ihr gleichgestellten Zeiträumen, wie z. B. der Ausbildung, Art. 155 § 1 KP, stellt eine Eigentümlichkeit polnischer Urlaubsvorschriften dar. Sie besteht dem Grunde nach im gegenwärtigen Arbeitsrecht fort[172]. Detaillierte Vorschriften fanden sich im KP ferner im Hinblick auf

---

[170] Kość, S. 185.

[171] Art. 128 § 1 KP.

[172] Vgl. Art. 154 ff. KP in der aktuellen Fassung vom 01.02.2004, Dz. U. Nr. 213, Pos. 2081

Arbeitzeiten und die Gewährung von bezahltem Urlaub sowie unbezahlter Freistellung.

4. Weitere Beteiligungsrechte

Neben den dargestellten Beteiligungsrechten nahmen Gewerkschaften weitere Aufgaben zur Regelung der Arbeitsverhältnisse war. Auf überbetrieblicher Ebene gehörte hierzu gem. Art. 103 KP das Recht, den Ministerrat bei dem Erlass von Verordnungen zu beraten, die zur Vervollständigung der **Ausbildung und Weiterqualifizierung** von Werktätigen durch den Betrieb dienten.

Wie dargestellt, oblag es auch den Gewerkschaften, die **Werktätigen** zur Einhaltung der **sozialistischen Arbeitspflichten** anzuhalten. Diese in § 80 AGB und Art. 100 KP geregelten Pflichten, die jeder Werktätige unabhängig von seiner konkreten Tätigkeit in der sozialistischen Gesellschaft zu erfüllen hatte, waren inhaltlich weit gehend vergleichbar. Demnach hatte der Werktätige seine Arbeitspflichten mit Umsicht und Initiative wahrzunehmen. Er war insbesondere verpflichtet, seine Arbeitsaufgabe ordnungs- und fristgemäß zu erfüllen, die Arbeitszeit und Produktionsmittel möglichst effektiv zu nutzen, die Arbeitsnormen und andere Kennzahlen der Arbeitsleistung zu erfüllen, Geld und Material sparsam zu verwenden, Qualitätsarbeit zu leisten, das sozialistische Eigentum vor Beschädigung und Verlust zu schützen und die Bestimmungen über den Gesundheits-, Arbeits- und den Brandschutz sowie über Ordnung, Disziplin und Sicherheit einzuhalten[173].

Darüber hinaus gehörten gemäß Art. 100 § 2 Nr. 6 und 7 KP auch **staatsbürgerliche Pflichten** zu den Arbeitspflichten eines jeden Werktätigen. Gemeint waren damit der Schutz von Staatsgeheimnissen und das Einhalten der sozialistischen Regeln eines gemeinschaftlichen Zusammenlebens. Die Arbeitspflichten des Werktätigen umfassten demnach nicht nur Verhaltensweisen, die für ein produktives und gedeihliches Zusammenarbeiten erforderlich waren, sondern auch ideologische Vorgaben für das Funktionieren der sozialistischen Gesellschaft Polens insgesamt. Nach diesem Verständnis war das Arbeitsverhältnis kein eigenständiger, sozialer Bereich mit Rechten und Pflichten, die sich unmittelbar aus diesem Bereich ableiteten und im Wesentlichen auf diesen erstreckten. Fehlverhalten im ideologischen Sinne aus dem privaten Bereich des Werktätigen hatte vielmehr Einfluss auf sein Arbeitsverhältnis. Beispielsweise konnten systemkritische Äußerungen in der Öffentlichkeit eine fristlose Entlassung eines Werktätigen begründen. Umgekehrt hatten die Verletzung von Arbeitspflichten und die daraus resultierenden Maßnahmen der Betriebsleitung entsprechende Auswirkungen auf die private und gesellschaftliche Situation des Werktätigen. Zu denken ist hier an die in sozialistischen Staaten **typische Verknüpfung von betrieblich unterhaltenen, sozialen Einrichtungen** wie Kindertagesstätten, Urlaubseinrichtungen und Werkswohnungen mit der Beschäftigung im Betrieb[174]. Die soziale Absicherung durch den Betrieb, die sich auf den ers-

---

[173] Nägele, BB 1990, Beil. 9, 1.

[174] Nägele, BB 1990, Beil. 9, 1. Nach den Vorschriften des 11. Kapitels des AGB war die Betriebsleitung zur Förderung des geistigen, kulturellen und sportlichen Lebens der Werktätigen

ten Blick als besonders werktätigenfreundlich darstellte, hatte faktisch erhebliche Nachteile. Sie führte nicht nur zu einer weitgehenden Verknüpfung von Arbeits- und Privatbereich, sondern auch zu einer sozialen Abhängigkeit von dem Beschäftigungsbetrieb. Werkswohnung, Kindertagesstätten u. ä. Einrichtungen schränkten die Mobilität der Werktätigen erheblich ein. Berufliche Veränderungen wirkten sich im negativen wie im positiven Sinne unmittelbar auf das private Leben der Werktätigen und ihrer Familien aus.

Andererseits oblagen den Gewerkschaften Schutzaufgaben im Hinblick auf die **Einhaltung der Pflichten der Betriebsleitung** gegenüber den Werktätigen. Neben den typischen Verpflichtungen der Arbeitgeberseite zur Entgeltleistung, Fürsorge und Einweisung in die aus dem Arbeitsvertrag resultierenden Pflichten und Aufgaben des Werktätigen legten AGB und KP dem Betrieb die Pflicht zu umfassendem Gesundheits- und Arbeitsschutz auf[175]. Die §§ 217 ff. AGB regelten die Besonderheiten bei Arbeitsausfällen und Berufskrankheit. Zuständig für die Feststellung, ob ein solcher Fall vorlag, war gemäß § 222 AGB die betriebliche Gewerkschaftsleitung.

Besonderheiten galten in der Volksrepublik Polen bzgl. der Kontrolle der Einhaltung der Pflichten der Betriebsleitung. Bereits das sozialistische Arbeitsrecht kannte neben den Gewerkschaften, der Staatsanwaltschaft und den Gerichten weitere Kontrollorgane, die über die Einhaltung der Vorschriften des Arbeitsrechts, insbesondere derjenigen zum Arbeitsschutz und der Arbeitshygiene sowie der Arbeitsbedingungen im Betrieb[176], wachten. Diese Aufgaben wurden der staatlichen **Arbeitsinspektion** und der **Sanitärinspektion** (PIP) übertragen. Das KP regelte allerdings nur einzelne Kompetenzen der Arbeits- und Sanitärinspektoren, so z.B. in Art. 209 KP und in Art. 234 KP über die Meldung von Arbeitsunfällen sowie in Art. 284 bis 290 KP über die Sanktionierung von Verstößen gegen Arbeitgeberpflichten. Die allgemeinen Aufgaben und Kompetenzen wurden diesen hingegen durch das Gesetz über die staatliche Arbeitsinspektion (PIPU) vom 06.03.1981[177] sowie durch das Gesetz über die staatliche Sanitärinspektion vom 14.03.1985[178] übertragen. Die Arbeits- und Sanitätsinspektion hatte die Einhaltung der Sicherheits- und Schutzbestimmungen zu kontrollieren und zu beaufsichtigen. Darüber waren sie berechtigt, neben der Betriebsleitung auch den betrieblichen Gewerkschaften Informationen über die gewonnenen Ergebnisse zu erteilen und mit diesen über die Einhaltung der Sicherheits- und Schutzbestimmungen zu beraten (Art. 8 Abs. 1 Pkt. 11 PIPU). Schließlich konnte die Arbeitsinspektion selbständig Verwarnungen mit Ordnungs-

---

durch Unterhaltung entsprechender betrieblicher Einrichtungen und Veranstaltungen sowie durch soziale Betreuung durch den Betrieb verpflichtet. Ebenso verpflichtete Art. 94 Nr. 8, 10 KP den Betrieb, die sozialen und kulturellen Bedürfnisse der Werktätigen im Rahmen der vorhandenen Mittel zu erfüllen und auf die Beachtung und Gestaltung von Regeln des gemeinschaftlichen Zusammenlebens Einfluss zu nehmen.

[175] 10. Kapitel des AGB, Art. 94 und 10. Abschnitt des KP.

[176] Hierzu gehört auch die Einhaltung der Arbeitszeitschutzbestimmungen, der Vergütungszahlungen und der Urlaubsgewährung.

[177] Dz. U. 1985, Nr. 54, Pos. 276.

[178] Dz. U. 1985, Nr. 12, Pos. 49.

geldern aussprechen, Auflagen erteilen und Strafen für Verletzungen der Arbeitnehmerrechte beantragen. Auch den Werktätigen wurden Aufgaben zur Kontrolle der Umsetzung gesetzlicher Vorgaben zum Arbeitsschutz und der Arbeitshygiene sowie der Arbeitsbedingungen im Betrieb in Form der **allgemeinen Arbeitsinspektion** auferlegt. Die allgemeinen Arbeitsinspektoren waren Arbeitnehmer eines Betriebs, die von den Beschäftigten für einen vierjährigen Zeitraum gewählt wurden. Organisation und Kompetenzen regelte das Gesetz vom 24.06.1983[179]. Es sei vorweggenommen, dass dieses System der Kontrollorgane sowie die sie regelnden Einzelgesetze auch nach der politischen Wende mit den wesentlichen Befugnissen, die bereits das sozialistische KP vorsah, beibehalten wurden.

5. Fazit

Insgesamt ist festzustellen, dass den Gewerkschaften im System des sozialistischen Arbeitsrechts über das Recht zur Vereinbarung von Kollektivverträgen hinaus umfangreiche Beteiligungsrechte zukamen. Diese bezogen sich auf die Gestaltung der Arbeitsbedingungen, die Beendigung eines Arbeitsverhältnisses und insbesondere auch auf die Überwachung der Einhaltung der Arbeitspflichten von Werktätigen und Betriebsleitung. Die Ausge-staltung dieser Rechte entsprach zwar inhaltlich nur teilweise den demokratischen Standards des bundesdeutschen Arbeitsrechts. Ihre Regelungsmaterie deckte aber im Wesentlichen die Bereiche ab, welche nach dem Arbeitsrecht der BRD durch Gewerkschaft und Betriebsrat in Form von Mitbestimmungs- und Beteiligungsrechten ausgefüllt werden.

C. Zusammenfassende Beurteilung des sozialistischen Arbeits- und Gewerkschaftsrechts

1. Sozialistisches Arbeitsrecht

Sowohl das KP als auch das AGB enthielten die umfassende Kodifizierung wesentlicher Bereiche des kollektiven und individualrechtlichen Arbeitsrechts in der Volksrepublik Polen und in der DDR. Beide Gesetzbücher waren klar strukturiert und behandelten im Wesentlichen die gleichen Bereiche des Arbeitsrechts, teils in übereinstimmenden Aufbau. Inhaltlich sind insbesondere der umfassende positivrechtliche Arbeitnehmerschutz sowie die weitreichenden Kompetenzen der in den Betrieben wirkenden Gewerkschaften auffällig, die teils Funktionen eines Betriebsrats, teils staatliche Kontroll- und Überwachungsaufgaben ausübten.

Unverkennbar ist die starke Prägung des Arbeitsrechts durch die sozialistische Staatstheorie und die damit einhergehende politische Ausrichtung vieler Regelun-

[179] Dz. U. 1983, Nr. 35, Pos. 163.

gen[180]. Die politische Entscheidung für das staatliche Eigentum an allen Produktionsmitteln, welche die wirtschaftliche Basis des Arbeitsrechts der DDR und der Volksrepublik Polen darstellte, lag der rechtlichen Gestaltung der Arbeitsverhältnisse und der Arbeitsbedingungen zugrunde[181]. Ideologisch geprägte Normen ermöglichten eine Beurteilung des Werktätigen und daraus resultierende Konsequenzen für das Arbeitsverhältnis nach sozialistischen Grundsätzen. Sie dienten als Einbruchstellen politischer Theorien in die rechtliche Würdigung der Arbeitsverhältnisse. Im polnischen Arbeitsrecht fanden sich solche Regelung beispielsweise in Art. 19, 68 Verf. 1952 (Grundsätze und Funktion von Arbeit) und in Art. 52 § 1 KP (Gründe für eine fristlose Entlassung), Art. 100 KP (sozialistische Arbeitspflichten) sowie Art. 240, 241 4 KP (Inhalt von Kollektivvereinbarungen). Das AGB enthielt ideologisch geprägte Bestimmungen z.B. in § 50 AGB (Delegierungsvertrag), § 56 AGB (Rechtmäßigkeit eine fristlosen Entlassung) und den §§ 80, 94, 96 AGB (sozialistische Arbeitspflichten).

Folge war ein Verhältnis zwischen Werktätigem und Betrieb, das mit dem zwischen Arbeitnehmer und Arbeitgeber in der freien Marktwirtschaft bestehenden Interessenkonflikt kaum vergleichbar war. Dieses ging über die Grenzen des Arbeitsrechtsverhältnisses hinaus: Wohnung, Urlaubsgestaltung und Freizeiteinrichtungen sowie soziale Absicherung wurden durch den Betrieb gewährleistet. Daraus resultierte eine starke Bindung des Werktätigen an den Betrieb, die einen Arbeitsplatzwechsel aber wesentlich erschwerte. Zudem resultierten aus dieser Verflechtung von Arbeitsraum und privater Lebensführung Hürden für den Transformationsprozess nach der Wende. Viele Dienstleistungen, die sich bis zu dem Zeitpunkt automatisch mit der Zugehörigkeit zu einem bestimmten Betrieb verbanden und von diesem oder den zuständigen Gewerkschaften übernommen wurden, werden nun von der öffentlichen Hand oder privaten Unternehmen erbracht, deren Kosten der Arbeitnehmer selbst zu tragen hat.

Das bedeutendste Problem, das sich aus dem System des sozialistischen Arbeitsrechts und der diesem zugrundeliegenden wirtschaftspolitischen Ausrichtung Polens und der DDR als Planwirtschaften ergab, war allerdings das **Überangebot an Arbeitskraft**. Der sehr weite Kündigungsschutz, insbesondere in der DDR, sowie das durch die Wirtschaftspläne für die jeweiligen Staatsbetriebe versteckte, überflüssige Arbeitskräftepotential stellten den Umwandlungsprozess nach der politischen Wende vor enorme Herausforderungen. Bis zum heutigen Tag ist es insbesondere in den strukturschwachen Regionen der Bundesrepublik Deutschland und Polens, nicht gelungen, dem Problem massiver Arbeitslosigkeit zu begegnen[182].

---

[180] Vgl. von Maydell/Wank, S. 8 ff.

[181] Drobnis/Ramm – Langanke, S. 19.

[182] Die Arbeitslosenquote lag in Polen 2003 bei 18,0 % im Jahresdurchschnitt; Quelle: Gardawski, Eironline 2004, Dok. PL0401104F. 2004 stieg sie auf den Höchststand von 18,9 % im Jahresdurchschnitt. Besonders hoch ist die Arbeitslosigkeit bei jungen Menschen (15 – 24 Jährige), bei denen die Quote 2004 bei durchschnittlich 40 % lag, vgl. Eurostat, Pressemitteilung 130/2004 v. 04.11.2004.

2. Sozialistisches Gewerkschaftsrecht

Differenziert ist hingegen die Ausgangslage für den Transformationsprozess der Gewerkschaftsrechte und -pflichten in der DDR und in Polen zum Zeitpunkt der Wende zu beurteilen. Als im Wesentlichen vergleichbar zeigen sich diese im Hinblick auf die Beteiligungsrechte der Gewerkschaften. **Erhebliche Unterschiede** zwischen den beiden Rechtsordnungen bestanden aber bei der Entwicklung des **Koalitionsrechts**. Während das Rechtsgebiet in beiden Staaten bis zu den frühen achtziger Jahren in gleichem Maße streng sozialistisch geprägt war, öffnete sich das polnische Gewerkschaftsrecht aufgrund der politischen Umbrüche im Laufe der achtziger Jahre bereits vor der Wende graduell für demokratische und freiheitliche Maßstäbe. Dies gilt insbesondere für die gesetzliche Verankerung von freien Gewerkschaften und der Mechanismen des Arbeitskampfes. Darüber hinaus regelte das KP im 11. Abschnitt das Verfahren zur Vereinbarung von Kollektivverträgen bereits systematisch und detailliert. Im Gegensatz hierzu normierte das AGB nur wenige Rechtsgrundlagen für den Abschluss von Kollektivverträgen (§§ 14, 24 AGB). Folgerichtig ist zumindest im Hinblick auf das **kollektive Arbeitsrecht** im weiteren Verlauf der Untersuchung **nicht von einer vergleichbaren Rechtslage zum Zeitpunkt der Wende** auszugehen.

3. Fragwürdige Grundsätze des Sozialistischen Arbeitsrechts

Abschließend lassen sich diejenigen Grundsätze der sozialistischen Arbeitsgesetze, die mit einer freiheitlich-demokratischen Grundordnung und der sozialen Marktwirtschaft nicht in Einklang zu bringen sein würden, wie folgt zusammenfassen:

- Die sozialistischen Arbeitsgesetze waren auf die zentrale Verwaltung von Betrieben ausgerichtet, die bis auf wenige Ausnahmen verstaatlicht waren, und gingen von dem Eigentum des Staates an allen Produktionsmitteln aus;
- sie dienten primär der Regelung von Arbeitsverhältnissen zwischen Staat und Werktätigen und nicht von Privaten untereinander;
- die arbeitsrechtlichen Bestimmungen waren auf eine einheitliche Unternehmensstruktur ausgerichtet. Damit ließen weder das AGB noch das KP eine flexible Handhabung für unterschiedliche Betriebs- und Unternehmenstypen sowie für deren Eigentumsverhältnisse in ausreichendem Maße zu;
- die Privatautonomie, also die Freiheit, die Bedingungen des Rechtsverhältnisses zwischen den Parteien eigenständig festzulegen[183], und die Möglichkeit, kollektivrechtliche Regelungen freiheitlich zu gestalten, waren weitestgehend eingeschränkt[184]. Daraus resultierte, dass die Arbeitsgesetze im Widerspruch zu einem selbstverantwortlichen Handeln der Parteien eines Arbeitsverhältnisses sowie den Erfordernissen der Marktwirtschaft standen;
- die Koalitionsfreiheit der Arbeitgeber war überhaupt nicht, die der Gewerkschaften nicht vollständig gewährleistet;

[183] Matey - Zieliński, S. 20.
[184] Matey - Zieliński, S. 24 f.

- darüber hinaus enthielten die Arbeitsgesetze rein ideologische und plakative Bestimmungen, die nach der politischen Wende sinnentleert und damit überflüssig wurden.

Drittes Kapitel: Anpassung des Arbeitsrechts auf nationaler Ebene

Den politischen Umwälzungen in den Jahren 1989 und 1990 folgte die Reform der Rechtssysteme in beiden ehemals sozialistischen Staaten. Damit ging eine **Neuordnung der Rolle der Gewerkschaften** in einer demokratischen und freien Gesellschaft einher. Unterschieden werden müssen der Transformationsprozess auf nationaler Rechtsebene und die Veränderungen aufgrund der Anpassung nationalen Rechts an Vorgaben des Gemeinschaftsrechts. Mit letzteren befasst sich das vierte Kapitel.

Auf nationaler Ebene war und ist der Prozess der Rechtsreform stark an westlichen Modellen orientiert. Grund hierfür war der Wunsch der gesellschaftlichen und wirtschaftlichen Annäherung an „europäische Standards"[185], d.h. insbesondere an solche der Mitgliedsstaaten der Europäischen Gemeinschaften. Dieser machte auch eine rechtliche Anpassung notwendig. Trotz Orientierung an anderen Rechtssystemen beruht die Modernisierung der Rechtsordnung eines Staates grundsätzlich auf einem vom Gesetzgeber zu treffenden politischen Entscheidungsprozess. Auch bei **Rezeption** einer anderen Rechtsordnung sind nationale Besonderheiten und Rechtstraditionen sowie Erfordernisse, die sich aus der individuellen wirtschaftlichen und gesellschaftlichen Situation ergeben, zu berücksichtigen[186].

Der Schwerpunkt der Untersuchung liegt auf denjenigen Besonderheiten des reformierten polnischen Arbeitsrechts, die sich aus der sozialistischen Rechtsordnung und dem Kräfteverhältnis der Parteien der polnischen Arbeitsbeziehungen ergeben. Dies gilt insbesondere für die besondere Rolle der Gewerkschaften bei der Umgestaltung des polnischen Arbeitsrechts. Differenzierter ist die Ausgangslage bei der Umgestaltung des Arbeitsrechts in der ehemaligen DDR zu betrachten. Zu unterscheiden sind die Reformen des Arbeitsrechts im Zeitraum seit der Wende im November 1989 bis zum Abschluss des Staatsvertrages im Mai 1990, der folgende Zeitraum bis zur Wiedervereinigung im Oktober 1990 und die Entwicklungen des Arbeitsrechts seit der Wiedervereinigung der fünf sogenannten „Neuen Bundesländer" mit der Bundesrepublik Deutschland. In der ersten und zweiten Phase wurde das sozialistische Arbeitsrecht reformiert, in der dritten im Wesentlichen das bundesdeutsche Arbeitsrecht vollständig übernommen. Lediglich die wesentlichen Transformationsschritte sollen im Folgenden dargestellt werden, um einen Überblick über den Umwandlungsprozess des Arbeitsrechts der DDR zu gewinnen[187] und auf diese Weise einen vergleichenden Blick auf den schrittweisen Transformationsprozess des polnischen Arbeitsrechts zu ermöglichen.

---

[185] Herrnfeld, S. 91.

[186] Herrnfeld, S. 91.

[187] Zu der Entwicklung der höchstrichterlichen Rechtsprechung zum Transformationsprozess des Arbeitsrechts seit der Wiedervereinigung vgl. Lansnicker / Schwirtzek, VIZ 2000, 132; zu den arbeitsrechtlichen Problemen der Wiedervereinigung vgl. Adomeit, NZA 1993, 433.

A. Entwicklung in der ehemaligen DDR

I. Erste Phase - November 1989 bis Mai 1990

Der Zeitraum unmittelbar nach der politischen Wende in der DDR, die symbolisiert wird durch die Öffnung der Berliner Mauer am 09.11.1989, ist gekennzeichnet durch das Bemühen, das bestehenden Arbeitsrecht der DDR in ein demokratisches, den Bedingungen der sozialen Marktwirtschaft entsprechendes Recht zu transformieren.

1. Transformation des Arbeitsrechts

Kollektivrechtlich wurde das sozialistische Mitbestimmungsrecht abgelöst von Regelungen, die den **Bedingungen der sozialen Marktwirtschaft** entsprechen sollten. Die **Mitbestimmung der Werktätigen** wurde in mehrfacher Hinsicht gesichert und erweitert: Durch Gesetze zur Änderung der Verfassung wurden die Mitbestimmung an der Leitung von Unternehmen mit ausländischer Beteiligung und das Streikrecht erstmalig eingeführt[188]. Im Rahmen von § 9 der Verordnung zur Umwandlung von volkseigenen Kombinaten, Betrieben und Einrichtungen in Kapitalgesellschaften (UmwVO)[189] wurde die Bildung von Aufsichtsräten zugelassen, die paritätisch mit Vertretern der Werktätigen und von den Anteilseignern zu besetzen waren[190]. Für Betriebe mit ausländischer Beteiligung galt die Verordnung über die Gründung und Tätigkeit von Unternehmen mit ausländischer Beteiligung in der DDR (VOG)[191], welche keine Regelung über die unternehmerische Mitbestimmung traf.

Um dem bislang in der DDR offiziell unbekannten **Phänomen der Arbeitslosigkeit** zu begegnen, erließ der Ministerrat bereits am 08.02.1990 die Verordnungen zur Umschulung und Arbeitsvermittlung[192]. Die darin bestimmten Verfahren und Institutionen konnten dem sich bereits zu Beginn des Jahres 1990 abzeichnenden Problem der Massenarbeitslosigkeit nicht begegnen und wurde deshalb durch den Staatsvertrag zum 01.07.1990 wieder aufgehoben.

---

[188] GBl. I 1990, S. 15 und 110.

[189] Gesetz v. 01.03.1990, GBl. I 1990, S. 107.

[190] Zu den Einzelheiten: Rademacher, BB 1990, Beilage 23, 33.

[191] Gesetz vom 25.01.990, GBl. I 1990, S. 16; ausführlich hierzu: Nägele, BB 1990, Beilage 9, 1.

[192] Vgl. hierzu Wolter, BB 1990, Beilage 28, 38.

2. Gewerkschaftsrecht

a) Rechte und Pflichten der Gewerkschaften

Wichtige Elemente des kollektiven Arbeitsrechts wurden darüber hinaus mit dem **Gesetz über die Rechte der Gewerkschaften in der DDR** vom 06.03.1990[193] eingeführt. Der Entwurf zu diesem Gesetz wurde durch den Gewerkschaftskongress des FDGB beschlossen und von der Volkskammer mit nur wenigen Änderungen verabschiedet. Das Gesetz stellte den **Versuch** des Gewerkschaftsbundes dar, die **Rechtsgrundlagen der Gewerkschaftstätigkeit von innen heraus zu reformieren**. Dies war Folge der seit Oktober 1989 öffentlich geäußerten Kritik am FDGB und seiner Funktion[194]. Der Gesetzesentwurf verzichtete zwar auf den Führungsanspruch der Partei, Grundlage des gewerkschaftlichen Wirkens sollte aber der Sozialismus bleiben. Allerdings sollten sich die Gewerkschaften „als Interessenvertretungen von unten als Grundpfeiler der sozialistischen Demokratie von den sozialen Werten und Idealen des wissenschaftlichen Sozialismus, der demokratischen Tradition der Arbeiterbewegung und humanistischen Werten christlicher Ethik und Moral" leiten lassen[195]. In § 3 des Gesetzes wurde die **Tarifautonomie** gewährleistet. Darüber hinaus wurden die Unabhängigkeit der Gewerkschaften, insbesondere das Recht der ungehinderten Betätigung der Gewerkschaftsvertreter, und das Recht auf Mitbestimmung in allen betrieblichen Fragen der Arbeits- und Lebensbedingungen gesetzlich festgeschrieben. Das Gewerkschaftsgesetz enthielt erstmals auch Regelungen zur Lösung von **kollektiven Arbeitskonflikten**, ein von den Tarifvertragsparteien zu vereinbarendes Streitschlichtungsverfahren, das **Streikrecht** sowie das Verbot jeglicher Form der Aussperrung[196].

Die Bestimmungen des Gewerkschaftsgesetzes sicherten überdies die Rechte der **Gewerkschaften als primäres Interessenvertretungsorgan** der Werktätigen vorübergehend auf der Betriebsebene ab. Diese Regelungen sollte die spontane, unkoordinierte Bildung von weiteren Interessenvertretungen der Werktätigen aufhalten, weil zu dem Zeitpunkt bereits intensiv an einem Entwurf für ein Interessenvertretungsgesetz gearbeitet wurde, das sämtliche Mitbestimmungsformen in einem Gesetz zusammenfassen und die Zuständigkeiten klar abgrenzen sollte[197]. Der Gesetzentwurf resultierte aus einer Vielzahl von Forderungen und Vorschlägen[198] zu der Einführung von Betriebsräten als Interessenvertretung der Werktätigen auf Betriebsebene. Aufgrund des raschen Abschlusses des Staatsvertrages[199] wurden die Arbeiten an dem Interessenvertretungsgesetz nicht vollendet. Das Gesetz trat nie in Kraft.

---

[193] GBl. I 1990, S. 110; ausführlich hierzu: Nägele, BB 1990, Beilage 16, 1.

[194] Zu den Einzelheiten vgl. von Maydell/Wank - Neumann, S. 152.

[195] von Maydell/Wank - Neumann, S. 152.

[196] Zu den Einzelheiten des Streikrechts und der Aussperrung in der DDR vgl. Nägele, BB 1990, Beilage 16, 16.

[197] KSPW - Pawelzig, Bericht 6, S. 146.

[198] Vgl. hierzu Sander, Abschnitt 3.3; KSPW-Pawelzig, Bericht 6, S. 146.

[199] Der Vertrag wurde in nur vier Wochen ausgehandelt. Vgl. Wolter, BB 1990, Beilage 28, 39.

b) Beurteilung des reformierten Gewerkschaftsrechts

Mit der Anerkennung eines Systems zur Lösung von Kollektivstreitigkeit bis hin zum Mittel des Streiks dokumentierten die Gewerkschaften nach außen das Scheitern der Theorie der Konfliktlosigkeit und definierten ihre Rolle als Interessenvertreter der Werktätigen im Rahmen der Arbeitsverhältnisse neu. Darüber hinaus bildete das Gesetz die rechtliche Grundlage einer freien Gewerkschaftsbetätigung. Insgesamt wurde somit innerhalb weniger Monate die **grundlegende Änderung des Selbstverständnisses der Gewerkschaften** und die Reform der gewerkschaftlichen Rechte und Pflichten nachgeholt, die sich in Polen seit Beginn der achtziger Jahre langsam und - für die freien Gewerkschaften - mit erheblichen Rückschritten vollzogen hatte.

Bemerkenswert ist, dass die Reform - anders als in Polen - nicht von einer unabhängigen, von den Arbeitnehmern getragenen Gewerkschaftsbewegung erkämpft wurde, sondern aus dem sozialistischen Gewerkschaftsbund selbst hervorgegangen ist, auch wenn ein wesentlicher Faktor hierfür der Druck der gesellschaftlichen Veränderungen war. Allerdings genügte dies nicht, um das Vertrauen der einzelnen Gewerkschaften, des bundesdeutschen Gewerkschaftsbundes DGB und nicht zuletzt der Beschäftigten in dem Dachverband zu gewährleisten: Nachdem sich einige Gewerkschaften gegen ihre Vertretung durch den FDGB zur Wehr gesetzt hatten[200] und weitere mit ihrem Austritt drohten, trat der Vorstand des FDGB im Mai 1990 zurück. Dies bedeutete das Ende des FDGB. Er wurde vorübergehend funktionell durch den Sprecherrat der Vorsitzenden der Industriegewerkschaften und Gewerkschaften ersetzt, dessen Aufgabe es war, die Organisation der Einzelgewerkschaften der DDR und der BRD im DGB zu sichern[201]. Darüber hinaus wurden seit April 1990 Koordinierungsausschüsse zwischen den Branchengewerkschaften beider deutscher Staaten gebildet, welche die Zusammenführung der Gewerkschaften erarbeiteten[202]. Gleichzeitig wurden im April 1990 die ersten **Arbeitgeberverbände** in Thüringen, Mecklenburg-Vorpommern und Berlin-Brandenburg gegründet[203]. Diese hatte es in der DDR nicht gegeben, da der Staat Arbeitgeber war. Folglich standen den Gewerkschaften zum ersten Mal unabhängige Verbände auf der Arbeitgeberseite als Partei zum Abschluss von kollektivrechtlichen Vereinbarungen zur Verfügung.

---

[200] IG Bergbau und Energie, IG Transport.

[201] von Maydell/Wank - Neumann, S. 154 f.

[202] Zu den Einzelheiten der Koordinierungsschritte, aber auch zu abweichenden Entwicklungen vgl. ausführlich von Maydell/Wank - Neumann, S. 156 ff.

[203] Vgl. ausführlich zu der Entwicklung von Arbeitgeberverbänden in der ehemaligen DDR: KSPW - Hoffmann, Endbericht, Aufbau von Arbeitgeberverbänden; von Maydell/Wank - Neumann, S. 160 ff.

II. Zweite Phase – Staatsvertrag – Mai bis Oktober 1990

1. Änderungen des kollektiven und individuellen Arbeitsrechts sowie des Sozialrechts

Wesentliche Änderungen erfuhr das Arbeitsrecht der DDR durch die im Staatsvertrag zwischen der BRD und der DDR vom 18.05.1990 vereinbarten Gesetzesänderungen[204]. Ziel der fundamentalen arbeitsrechtlichen Novellierung war es, zum einen die Mindestanforderungen für eine freiheitlich strukturierte Arbeitsrechtsordnung zu schaffen[205]. Zum anderen zielten die Regelungen auf die Herstellung der Rechtseinheit in beiden deutschen Staaten. Diese sollte durch die Überleitung des bundesdeutschen Rechts auf die ostdeutschen Länder erfolgen. Der Staatsvertrag trat zum 01.07.1990 in Kraft[206]. Erforderlich hierfür war die **Änderung und Ergänzung der Verfassung der DDR**[207], durch welche die Bestimmungen in Rechtsvorschriften aufgehoben wurden, „die den einzelnen oder Organe der staatlichen Gewalt auf die sozialistische Staats- und Rechtsordnung, auf das Prinzip des demokratischen Zentralismus, auf die sozialistische Gesetzlichkeit, das sozialistische Rechtsbewusstsein oder die Anschauungen einzelner Bevölkerungsgruppen oder Parteien verpflichteten“ (Art. 1 Abs. 1 S. 2). Außerdem wurde in Art. 4 des Staatsvertrages die positive und negative **Koalitionsfreiheit für Arbeitnehmer- und Arbeitgebervereinigungen** eingeführt.

Die wichtigsten Änderungen für das kollektive Arbeitsrecht ergaben sich aus dem Staatsvertrag, der in Art. 1 Abs. 3 bestimmte, dass die **soziale Marktwirtschaft** die Grundlage der Wirtschaftsordnung beider Staaten ist. Zur Umsetzung dieser wesentlichen Grundentscheidung der Wirtschaftsunion bedurfte es entsprechender arbeitsrechtlicher Strukturen. Deshalb sollten in der DDR nach Art. 17-25 des Staatsvertrages zum 01.07.1990 bereits Koalitionsfreiheit, Tarifautonomie, Arbeitskampfrecht, Betriebsverfassung, Unternehmensmitbestimmung und Kündigungsschutz entsprechend dem Recht der BRD gelten. Hierzu gehörte auch der Aufbau einer Arbeitsgerichtsbarkeit. Bis zum Aufbau der arbeitsgerichtlichen Strukturen auf Grundlage des bundesdeutschen Arbeitsgerichtsgesetzes wurden alle gerichtlichen Aufgaben auf die bestehenden Kreis- und Bezirksgerichte übertragen[208]. Im Einzelnen geregelt wurde die Inkraftsetzung von Rechtsvorschriften der Bundesrepublik in dem gleichnamigen Gesetz[209], das sich insbesondere auf das bundesdeutsche Tarifvertragsgesetz, das Betriebsverfassungsgesetz und die Gesetze über die Unterneh-

---

[204] Anlage III, Abschnitt III, Nr. 7 des „Vertrages über die Schaffung einer Währungs-, Wirtschafts- und Sozialunion zwischen der BRD und der DDR“, BGBl. 1990 I, S. 331 ff.

[205] Gesetz zur Änderung und Ergänzung des AGB vom 18.05.1990, BGBl. 1990 I, S. 371; Oetker, NJ 1991, 147.

[206] Zu den einzelnen Regelungen ausführlich: Kissel, NZA 1990, 545M; Löw, BB 1990, Beil. 23, 29; Nägele, BB 1990, Beil. 26, 26.

[207] Gesetz v. 17.06.1990, GBl. I 1990, 299.

[208] Kissel, NZA 1992, 1.

[209] Gesetz v. 21.06.1990, GBl. I 1990, S. 357.

mensmitbestimmung bezog[210]. Zugleich entfielen durch das Änderungs- und Ergänzungsgesetz zum AGB[211] die Rechte der Gewerkschaften in den Betrieben, die im AGB festgelegt waren[212]. Das Gewerkschaftsgesetz wurde aufgehoben[213].

Individualvertraglich sahen Anlage II und IV des Staatsvertrages vor, dass das Kündigungsschutzgesetz der BRD (KSchG) auch für die DDR in Kraft trat. Darüber hinaus sollte das AGB geändert werden, soweit es mit dem Vertrag nicht vereinbar war. Dies geschah mit dem Gesetz vom 22.06.1990, das insgesamt 173 durchgreifende Änderungen beinhaltete[214]. Hierzu gehörten der Anspruch auf Entgeltfortzahlung im Krankheitsfall, die außerordentliche Kündigung sowie die Regelungen der §§ 611a, 611b und 613a BGB. Hingegen wurden entsprechend der Anlage IV des Staatsvertrages die Sozialgesetze der BRD vorerst nicht übernommen. Statt dessen wurden zum 01.07.1990 eigene Regelungen, wie das Arbeitsförderungsgesetz, das Schwerbehindertengesetz, das Gesetz über eine Sozialversicherung oder das Sozialhilfegesetz, erlassen.

2. Bewertung

Der Staatsvertrag setzte den begonnen Prozess zur Schaffung eines demokratischen, den Bedingungen der sozialen Marktwirtschaft entsprechenden Rechts fort und brach mit den ökonomischen, sozialen und ideellen Grundlagen der DDR. Aus arbeitsrechtlicher Sicht ist hervorzuheben, dass zumindest das **bundesdeutsche kollektive Arbeitsrecht** bereits zu einem Zeitpunkt weit gehend in den ostdeutschen Ländern galt, als die DDR noch ein souveräner Staat war.

Aus der vorrangigen Übertragung des kollektiven Arbeitsrechts folgt, dass zunächst - abgesehen von dem KSchG - lediglich die Regelungen eingeführt wurden, die keine unmittelbaren finanziellen Auswirkungen für den Staatshaushalt hatten, während die kostenintensiven bundesdeutschen Sozialgesetze erst einmal nicht in Kraft traten. Hierdurch bewahrte sich die DDR einen gewissen finanzpolitischen Spielraum.

Als nicht kompatibel stellten sich darüber hinaus einige Gesetze und Gesetzesvorhaben aus der ersten Transformationsphase dar, wie z.B. das nicht fertiggestellte Interessenvertretungsgesetz, das Gesetz über die Rechte der Gewerkschaften in der DDR vom 06.03.1990 oder die VOG. Die rasanten politischen Entwicklungen, insbesondere der schnelle Abschluss des Staatsvertrages, ließen keine Zeit dafür, im Rahmen des Einigungsprozesses eine differenziertere oder gar neukonzipierte Arbeitsrechtsverfassung zu schaffen[215], die einen Teil der arbeitsrechtlichen Regelungen und Ideen der DDR hätte einschließen können.

---

[210] Vgl. Schaub, 9. Aufl., 2000, § 2 Rn. 21.

[211] Gesetz v. 22.06.1990, GBl. I 1990, S. 371.

[212] Vgl. hierzu unter 2. Kapitel B. I. 3.

[213] Dies erfolgte durch das Gesetz über die Änderung und Aufhebung von Gesetzes der DDR vom 28.06.1990, GBl. I 1990, S. 485.

[214] GBl. I 1990, S. 371; vgl. hierzu FS-Wlotzke - Schwedes, S. 163.

[215] Vgl. zu den anfänglichen Forderungen nach einer Synthese beider Rechtsordnungen: Kunz, WSI-Mitteilungen 1990, 308; Wolter, BB 1990, Beilage 28, 37.

III. Dritte Phase - Einigungsvertrag - seit Oktober 1990

Weitere Anpassungen erfolgten durch den Einigungsvertrag[216] vom 31.08.1990[217]. In Art. 8 ist festgelegt, dass - abgesehen von Übergangsfristen und der Fortgeltung des Staatsvertrages, soweit nicht anders bestimmt – **mit dem Zeitpunkt der Wiedervereinigung für das Gebiet der ehemaligen DDR insgesamt das Recht der BRD** gilt. Zugleich findet nunmehr das **Primär- und Sekundärrecht der EG** im gesamten Bundesgebiet Anwendung, Art. 10 Einigungsvertrag[218]. Vorausgegangen war diesem Vertrag die Erklärung der Volkskammer vom 23.08.1990 über den Beitritt der DDR zur BRD mit Wirkung zum 03.10.1990.

Das bundesdeutsche Arbeitsrecht, das vor dem Einigungsvertrag in der DDR eingeführt wurde, gilt mit Inkrafttreten des Vertrages nicht als reformiertes DDR-Recht, sondern als Recht der BRD fort. Das **AGB** wurde trotz seiner umfangreichen Novellierung und der Forderungen der DDR-Vertreter, seine wesentlichen Grundsätze zu erhalten[219], im Wesentlichen **abgeschafft**. Einige Regelungen wurden in den Anlagen zum Einigungsvertrag beibehalten, traten aber mit wenigen Ausnahmen spätestens mit der Auslauffrist vom 31.12.1992 außer Kraft[220]. Insoweit setzten sich folglich die Vertreter der BRD mit ihrer Position zur Beibehaltung des bundesdeutschen Arbeitsrechts[221] durch.

Kollektivrechtlich ist bemerkenswert, dass diejenigen **Arbeitnehmervertretungen**, die nach demokratischen Grundsätzen gewählt worden waren, unabhängig von ihrer Bezeichnung bis zur Wahl eines neuen Betriebsrats nach den Vorschriften des Betriebsverfassungsgesetzes ein **Übergangsmandat** bis längstens 30. Juni 1991 erhielten[222]. Außerdem blieben **Rahmenkollektivverträge oder Tarifverträge**, sofern sie entsprechend den Vorschriften des AGB registriert worden waren[223], weiter **anwendbar**[224].

---

[216] Zu den einzelnen arbeitsrechtlichen Regelungen vgl. Lorenz, DB 1990, 3118.

[217] Vertrag zwischen der DDR und der Bundesrepublik Deutschland über die Herstellung der Einheit Deutschlands vom 31.08.1990, BGBl. II 1990, 885; Für die DDR wurde der Vertrag durch das Gesetz zum vom 20.09.1990 bestätigt, GBl. I 1990, 1627.

[218] Zu den Einzelheiten vgl. 4. Kapitel A.

[219] Die Argumentation richtete sich darauf, dass das AGB wesentliche Bereiche des Arbeitsrechts zusammenfassend regelte und damit überschaubar war. Die Bürger der DDR seien nicht daran gewöhnt, lediglich kodifizierte Grundregeln vorzufinden und sich im Übrigen an der Rechtsprechung orientieren zu müssen. Insbesondere wurde auch die Zersplitterung der arbeitsrechtlich relevanten Regelungen in den bundesdeutschen Gesetzen und die geringere Schutzintensität insbesondere für Arbeitnehmerinnen kritisiert. Vgl. hierzu FS-Gaul - Falkenberg, S. 83 ff.; Kunz, WSI-Mitteilungen 1990, 308; Schwedes, Bundesarbeitsministerium, BABl. 1991, 5; Steinmeyer, NZA 1992, 777.

[220] Vgl. hierzu ausführlich zu den wesentlichen Regelungsbereichen des Arbeitsrechts: Wank, RdA 1991, 1; Wlotzke-Lorenz, BB 1990, Beil. 35, 1; Worzalla, DtZ 1992, 306.

[221] FS-Gaul - Falkenberg, S. 83 ff.; Schwedes, Bundesarbeitsministerium, BABl. 1991, 5.

[222] Anlage 1, Kap. VIII Abschnitt II Nr.12 b Einigungsvertrag.

[223] Zu den Bedenken gegen diese Einschränkung: Wolter, BB 1990, Beilage 28, 44.

[224] Anlage 1, Kap. VIII, Abschnitt III Nr. 14, 1763 Einigungsvertrag.

IV. Reformansätze für ein einheitliches Arbeitsgesetzbuch

Ferner ergaben sich zukunftsweisende Aufgabenbestimmungen für das gesamtdeutsche Arbeitsrecht aus dem Einigungsvertrag:

1. Motive

Die Vertragsparteien gaben dem Gesetzgeber der wiedervereinigten deutschen Staaten in Art. 30 Abs.1 Nr.1 Einigungsvertrag den **„Auftrag zur Schaffung einer neuen arbeitsrechtlichen Kodifikation"**, die das Arbeitsvertragsrecht, das öffentlich-rechtliche Arbeitszeitrecht und den Frauenarbeitsschutz umfassen sollte. Hierin spiegelt sich auch das Bedürfnis, insbesondere der Juristen der DDR, wieder, aus ihrer Sicht Bewahrenswertes in die gesamtdeutsche Rechtsentwicklung einzubringen[225]. Überdies wurde als wesentliches Argument für eine Kodifizierung des Individualarbeitsrechts die Unübersichtlichkeit der bundesdeutschen Regelungen aufgrund verschiedener Einzelgesetze, zahlreicher Tarifverträge und Betriebsvereinbarungen sowie des Gemeinschaftsrechts als wesentliche Erkenntnisquellen angeführt[226]. Ein weiteres Defizit, das durch ein Arbeitsvertragsgesetz behoben werden sollten, war die fehlende Normierung einiger Bereiche des Arbeitsrechts, dem eine nur noch Spezialisten zugängliche Fülle von Rechtsprechung der Arbeitsgerichte gegenüber steht[227]. Die Parteien des Einigungsvertrages konnten sich allerdings nicht auf einen zeitlichen Rahmen für die Umsetzung des Kodifikationsvorhabens einigen und wichen auf die vage Formulierung „möglichst bald" aus.

Durch den Kodifikationsauftrag sollte - wie bereits mehrfach im 20. Jahrhundert gefordert und vorbereitet[228] - eine zumindest **individual-arbeitsrechtliche Kodifizierung in einem Arbeitsgesetzbuch** gelingen und damit eine Errungenschaft des DDR-Rechts, die Kodifikation des Arbeitsrechts in einem grundlegenden Gesetz, für das individual-rechtliche Arbeitsrecht in das gesamtdeutsche Arbeitsrecht übernommen werden. Ausdrücklich wurde das gesamte **kollektive Arbeitsrecht** von dem Kodifikationsauftrag **ausgenommen**[229]. Dies ist damit zu begründen, dass dem Kodifizierungsauftrag im Einigungsvertrag primär die Vorstellungen der DDR-Seite zugrunde lagen. In dem Arbeitsrecht der DDR gab es aber in Form des AGB – abgesehen von wenigen Regelungen zum Abschluss von Kollektivverträgen – nur ein Vorbild für die Kodifizierung des Arbeitsvertragsrechts[230].

---

225 Kunz, WSI-Mitteilungen 1990, 308; Oetker, NJ 1991, 148; Steinmeyer, NZA 1992, 777.

226 Preis, ZRP 1990, 311.

227 Denkschrift zum Einigungsvertrag, BT-Druck 11/ 7760, S. 369.

228 Kodifikationsbestrebungen gab es bereits 1923 laut Art. 157 Abs. 2 WRV (vgl. MüHdB-ArbR - Richardi, § 7 Rn. 1), 1938, 1942 (vgl. hierzu Ramm, ZfA 1990, 407), 1959 sowie 1977 (vgl. FS-Gaul - Falkenberg, S. 89; MüHdB-ArbR - Richardi, § 5 Rn. 11; Steinmeyer, NZA 1992, 777; Tschöpe - Leuchten, 1 A, Rn. 6 f.)

229 Oetker, NJ 1991, 147; zu der Notwendigkeit einer Reform des kollektiven Arbeitsrechts sowie der Tarifpolitik der Gewerkschaften vgl. aber Adomeit, NZA 1993, 433.

230 Steinmeyer, NZA 1992, 777.

2. Entwurf des Arbeitsvertragsgesetzes von 1992 (ArbVG 1992)

Vorangetrieben wurde das Projekt durch den „Arbeitskreis deutsche Rechtseinheit im Arbeitsrecht", der sich bereits vor der Wiedervereinigung gebildet hatte und überwiegend aus Hochschullehrern bestand[231]. Es wurde begleitet von einer regen Diskussion im Schrifttum[232], von dem das Kodifizierungsvorhaben weitestgehend begrüßt wurde[233]. Der erste Entwurf eines Arbeitsvertragsgesetzes wurde in einem Gutachten für den 59. Deutschen Juristentag 1992 vorgelegt[234]. Zusammengeführt wurden darin die arbeitsrechtlich relevanten Regelungen aus dem BGB (Dienstvertragsrecht), HGB, Beschäftigungsförderungsgesetz, Gewerbeordnung, Lohnfortzahlungsgesetz / Entgeltfortzahlungsgesetz, Bundesurlaubsgesetz, Kündigungsschutzgesetz, Gesetz zur Verbesserung der betrieblichen Altersversorgung und Betriebsverfassungsgesetz. Allerdings fehlten wichtige Bereiche wie das Arbeitsrecht im Konzern, das internationale Arbeitsrecht[235], die Inhaltskontrolle von Arbeitsverträgen[236] und die Sondergesetze für bestimmte Arbeitnehmergruppen in dem Entwurf zum ArbVG 1992.

Das ArbVG 1992 sah ferner die Umsetzung gemeinschaftsrechtlicher Vorgaben aus Richtlinien und Rechtsprechung des EuGH vor und trug damit der Forderung Rechnung, diese Rechtsquellen systematischer in die nationale Gesetzgebung zu integrieren[237]. Dies betraf beispielsweise Regelungen zum Betriebsübergang und die Gleichbehandlung von Männern und Frauen beim Zugang zur Beschäftigung.

3. Vorläufiges Scheitern eines ArbVG

Bereits frühzeitig wurde auf das Problem der Durchführbarkeit des Vorhabens hingewiesen, da das Arbeitsrecht wegen seiner hohen politischen Relevanz höchst umstritten ist und im Mittelpunkt der öffentlichen Kritik, insbesondere der Verbände und Gewerkschaften steht[238]. Hieran waren die früheren Kodifikationsversuche gescheitert[239]. Tatsächlich erwies sich diese Befürchtung bis zum heutigen Tage als zutreffend: Die damalige Bundesregierung aus einer CDU/CSU- und FDP-Koalition weigerte sich 1993, einen eigenen Entwurf zum ArbVG aufbauend auf dem Entwurf des ArbVG 1992 in den Gesetzgebungsprozess einzubringen. Begründet wurde dies „mit dem noch nicht abgeschlossenen Diskussionsprozess, der Notwendigkeit, ein gesetzgeberisches Vorhaben dieses Ausmaßes verantwortungsbewusst zu erarbeiten

---

[231] Der Arbeitskreis wurde bereits vor der Wende aufgrund des Kulturabkommens vom 06.05.1986 unter der Leitung von Thilo Ramm und Wera Thiel gegründet.

[232] Zum Nachweis der Diskussionsbeiträge, vgl. Steinmeyer, NZA 1992, 777 (Fn. 28).

[233] Vgl. Drobnig/Ramm, S. 98.

[234] Gutachten D zum 59. Deutschen Juristentag in Hannover 1992, Band I (DJT-Gutachten); inhaltlich zusammenfassend: Drobnig/Ramm, S. 83; FS-Gaul - Hromadka, S. 357.

[235] Die arbeitsrechtliche Kollisionsnorm enthält Art. 30 EGBGB.

[236] Vgl. Hierzu Preis, Grundfragen der Vertragsgestaltung im Arbeitsrecht.

[237] Steinmeyer, NZA 1992, 777.

[238] Hromadka, NZA 1998, 1.

[239] Steinmeyer, NZA 1992, 777.

und der von der Bundesregierung vordringlich zu erfüllenden Aufgaben"[240]. Trotz der alljährlichen Forderungen der Landesarbeitsgerichtspräsidenten und der Landesarbeitsminister[241] unterblieb eine Kodifizierung. Ebenso wenig führten die vom Freistaat Sachsen[242] und vom Land Brandenburg[243] vorgelegten Gesetzesentwürfe und der Entwurf der SPD-geführten Bundesländer vom 09.09.1996 für ein ArbVG zu einer legislativen Umsetzung. Hauptstreitpunkte blieben der Arbeitnehmerbegriff, der Übergang von und Rückkehr zur Teilzeit, die Überstundenbegrenzung, der Wegfall des Schadenersatzanspruchs bei leichter Fahrlässigkeit, der Widerruf beim Aufhebungsvertrag und einige Regelungen des Beschäftigungsförderungsgesetzes. Diese führten dazu, dass in der 13. Legislaturperiode (1994 - 1998) ein ArbVG-Entwurf nicht in den Bundestag eingebracht wurde[244]. Auch die nachfolgenden Bundesregierungen haben die Erfüllung des Kodifizierungsauftrags aus Art. 30 des Einigungsvertrages in ihren Koalitionsvereinbarungen von 1998, 2002 und 2005 nicht erwähnt. Danach ist auch in näherer Zukunft nicht damit zu rechnen, dass das Vorhaben wiederaufgegriffen und die Gesetzesentwürfe in Bundesrat und Bundestag weiter beraten werden[245]. Gleichzeitig wurden Reformvorhaben wichtiger Einzelgesetze, die als überaltert angesehen und deshalb als ein weiteres Argument für eine Kodifizierung herangezogen worden waren[246], bereits während das Kodifikationsvorhaben noch weiterverfolgt wurde, als Einzelgesetze reformiert[247]. Markante Beispiele sind die Arbeitszeitordnung vom 30.04.1938, die durch das Arbeitszeitgesetz vom 06.06.1994[248] ersetzt wurde, und das Arbeitsschutzgesetz vom 07.08.1996[249]. Einige Unsicherheiten in der Rechtsprechung, die durch eine Kodifizierung vom Gesetzgeber entschieden werden sollten, wurden zwischenzeitlich zum Teil durch die Rechtsprechung selbst beseitigt. Dies gilt z.B. für die Problematik der Arbeitnehmerhaftung[250], die schließlich - ähnlich der Regelung im ArbVG[251] - durch die Rechtsprechung entschieden wurde[252]. Ein anderes Beispiel sind die un-

---

[240] BT-Drucks. 12/3592, 1.

[241] Vgl. Griese, NZA 1995, 300; FS-Hanau - Neumann, S. 43.

[242] BR-Drucks. 293/95, 1; FS-Stahlhacke - Neumann, S. 349.

[243] BR-Drucks. 671/96, 1; hierzu auch Hromadka, NZA 1998, 1.

[244] Da sich keine Einigung abzeichnete, beschloss der Wirtschaftsausschuss des Bundesrates, die Beratungen zum ArbVG ohne Festlegung eines neuen Termins zu vertagen.

[245] Zu der Problematik, inwieweit dem deutschen Gesetzgeber aufgrund des Einigungsvertrages aber eine Handlungspflicht zur Kodifizierung oblag, die dieser verletzt: FS-Gaul - Falkenberg, S. 83 ff.;

[246] FS-Gaul - Falkenberg, S. 90 f.

[247] Vgl. hierzu die Übersicht im MüHdB ArbR - Richardi, § 5 Rn. 21 ff.

[248] BGBl. I 1994, 1170.

[249] BGBl. I 1996, 1246.

[250] BAG v. 24.11.1987, NZA 1988, 579.

[251] Der Entwurf sah eine Zweiteilung in grobe und leichte Fahrlässigkeit vor. Außerdem wurde auf das Kriterium der Gefahrgeneigtheit (vgl. so aber BAG v. 25.09.1957, AP Nr. 4 zu §§ 898, 899 RVO) verzichtet.

[252] BAG v. 27.09.1994, AP Nr. 103 zu § 611 Haftung des Arbeitnehmers; der Umfang der Haftung unterliegt aber einer Dreiteilung in grobe, mittlere und leichte Fahrlässigkeit; vgl. hierzu Preis, § 53; Tschöpe - Westhoff, 2 I.

terschiedlichen Bestimmungen zu Kündigungsfristen, die das Bundesverfassungsgericht als Verletzung von Art. 3 Abs. 1 GG gerügt und für verfassungswidrig erklärt hatte[253]. Die abweichenden Regelungen für Arbeiter und Angestellte wurden im Arbeitsvertragsrecht angepasst[254]. Eine entsprechende Regelung bestand bereits in § 55 AGB und galt bis zur gesetzlichen Anpassung des BGB fort. Gleiches erfolgte auch hinsichtlich verschiedener Regelungen im Krankheitsfall durch das Entgeltfortzahlungsgesetz[255].

4. Aktuelle Notwendigkeit der Kodifizierung

Trotz einzelner Reformen und der Weiterentwicklung der arbeitsgerichtlichen Rechtsprechung besteht die Notwendigkeit der Kodifizierung des Arbeitsvertragsgesetzes bis heute fort. Auf diesen Umstand hat *Preis*[256] zu Recht hingewiesen. Er begründete dies im Wesentlichen mit der fortgesetzten Zersplitterung des Arbeitsrechts in Einzelgesetze und Regelungen im Rahmen nicht arbeitsrechts-spezifischer Gesetze, der systematisch unzutreffenden Verankerung individualarbeitsrechtlicher Vorschriften im Kollektivarbeitsrecht (§§ 81 – 84 BetrVG) und in sozialrechtlichen Gesetzen (§ 8 ATG, § 45 Abs. 3 SGB V, § 41 SGB VI, §§ 104 ff. SGB VII) sowie der Notwendigkeit der Deregulierung durch die Zusammenführung verstreuter Einzelnormen und allgemeiner, nicht gesetzlich festgeschriebener Rechtssätze. Transparenz, Strukturierung und Systematisierung seien bei der Regelung des Individualarbeitsrechts im Gegensatz zum kollektiven Arbeitsrecht sträflichst vernachlässigt worden. Insbesondere fehle eine einheitliche Definition und Grundkonzeption des Arbeitnehmerbegriffs im Arbeits-, Sozial- und Steuerrecht. Ebenso bedürfe es einer Vereinheitlichung der Bedeutung von „Arbeitsplatz, Betrieb, Unternehmen und Konzern" in den arbeitsrechtlichen Regelungen. Schließlich sei auch die Bedeutung einer systematisch konsistenten Umsetzung der EG-Richtlinien mit der ungebremsten Zunahme der Regelungen, insbesondere mit der Einführung der Wirtschafts- und Währungsunion gestiegen

Dieser Auffassung ist zuzustimmen. Darüber hinaus spricht für eine systematische und zukunftsorientierte Kodifizierung der Grundsätze des Arbeitsrechts, die mit den vergangenen Reformversuchen der letzten Jahre gewonnene Erfahrung. Diese belegen, dass der weiter steigenden Zahl von Arbeitslosen und der Überbelastung der sozialen Sicherungssysteme[257] durch eine Einzelgesetzgebung nicht wirk-

---

[253] BVerfG v. 30.05.1990, BVerfGE 82, 126.

[254] Gesetz vom 07.10.1993, BGBl. I 1993, 1668.

[255] Zu der Entwicklung des deutschen Arbeitsrechts seit der Wiedervereinigung vgl. MüHdB-ArbR - Richardi, § 5 Rn. 21 ff.

[256] Preis, NZA 2000, 9.

[257] Die Arbeitslosenquote in der BRD lag im Durchschnitt des Jahres 2004 bei 10,6 %. Mit der Einführung des Arbeitslosengeldes II ist die Quote im Februar 2005 auf den Stand von 12,6 % angestiegen, vgl. Information des Statistischen Bundesamtes Deutschland, Stand: 31.03.2005. Zum Vergleich lag die Arbeitslosenquote in der EU im Zeitraum von September 2003 bis September 2004 bei durchschnittlich 9 % und in der Eurozone bei 8,9 %, vgl. Eurostat, Pressemitteilung 130/2004 v. 04.11.2004.

sam entgegen getreten werden kann. Die Reformversuche durch die sog. Hartz I bis IV Gesetze[258] bezogen zwar viele Regelungsfelder des Arbeits- und Sozialrechts ein, blieben in ihrer Wirkung aber hinter den Erwartungen zurück. Dies gilt sowohl für die Personal-Service-Agenturen (PSA) als auch den sog. „Job Floater", also dem System, Klein- und Mittelbetrieben, die Arbeitslosen einstellten, zinsgünstige Kredite zu gewähren. Durch beide Maßnahmen konnten nicht annähernd so viele Arbeitslose in eine feste Beschäftigung vermittelt werden, wie dies geplant war[259]. Die mit Hartz II[260] neu geregelten Minijobs und die mit einem Existenzgründerzuschuss verbundene „Ich AG" werden zwar in großem Umfang genutzt, ihre beschäftigungspolitischen Effekte sind aber mindestens ebenso umstritten wie die der sog. Ein-Euro-Jobs[261]. Auch von dem Gesetz zu Reformen am Arbeitsmarkt vom 24.12.2003 wurden keine positiven Auswirkungen auf die Beschäftigungssituation in Deutschland erwartet[262]. Insbesondere fehlte es an einer über den Rechtsbereich des Arbeitsrechts hinausführende Konzeption, die das Sozial- und Steuerrecht nicht nur punktuell, sondern grundlegend mit einbeziehen würde[263].

Unvermeidbar ist eine breite Diskussion, in welcher Weise das Arbeitsrecht die legislativen „Weichen" für den Ausgleich zwischen freier marktwirtschaftlicher Betätigung und notwendigem sozialen Schutz stellen soll. Inselartige Einzellösungen sind systematisch zusammenzuführen. Gleichzeitig muss aber genügend Flexibilität bleiben, um Schwankungen in der wirtschaftlichen Entwicklung einbeziehen zu können. Dies würde Planungssicherheit für Investoren schaffen, deren Brisanz in Zeiten der Diskussion um die Standortverlagerung ins Ausland und Billiglohnländern in Mittel- und Osteuropa sowie Asien nicht zu gering eingeschätzt werden darf. Schließlich würde eine Kodifizierung eines zukunftsorientierten Arbeitsrechts die Akzeptanz in der Bevölkerung steigern, die durch die zahlreichen bereits erfolgten und noch geplanten Gesetzesänderungen, z. B. im Kündigungsschutz, verunsichert ist. Rechts- und Planungssicherheit sind nicht nur ein demokratisches Gut, sondern auch ein wichtiger wirtschaftlicher Faktor für das Konsumentenverhalten und damit für die Entwicklung der deutschen Wirtschaft allgemein.

Der nachfolgend thematisierte Transformationsprozess des polnischen Arbeitsrechts, der sich auf der Grundlage des vormals sozialistischen Arbeitsgesetzbuchs (KP) vollzieht, soll Aufschluss darüber geben, ob die dargestellten Ziele auch für das polnische Arbeitsrecht, insbesondere das Kollektivarbeitsrecht gelten. Wenn

---

[258] Gesetze für moderne Dienstleistungen am Arbeitsmarkt v. 23.12.2002, BGBl. II 2002, 4607 (Hartz I), v. 23.12.2002, BGBl. I 2002, 4621 (Hartz II), v. 23.12.2003, BGBl. I 2003, 2848 und v. 24.12.2003, BGBl. I 2003, 2954.

[259] Durch die PSA sollten jährlich 350.000 sozialversicherungspflichtige Arbeitsplätze geschaffen werden. Nach Angaben der Bundesagentur für Arbeit von März 2005 wurden allerdings nur 28.000 Personen in reguläre Beschäftigungsverhältnisse vermittelt. Durch den Job Floater sollten schon 2003 50.000 neue Stellen geschaffen werden. Tatsächlich entstanden lediglich 11.000.

[260] Zweites Gesetz für moderne Dienstleistungen am Arbeitsmarkt

[261] Kritik äußerte z. B. das Deutsche Institut für Wirtschaftsforschung; Kröger, Spiegel Online v. 08.04.2005.

[262] Zu der Kritik vgl. Bauer/ Preis/ Schunder, NZA 2004, 195.

[263] Vgl. Bauer/ Preis/ Schunder, NZA 2004, 195.

und soweit dies der Fall sein sollte, ist zu analysieren, ob diese Ziele erreicht werden konnten und als Orientierungsmöglichkeit oder gar als Vorbild für die Entwicklung des deutschen Arbeitsrechts dienen können. Besonderes Augenmerk soll hierbei auf den Einfluss der polnischen Gewerkschaften auf den Reformprozess gelegt werden. Diese spielten eine herausragende Rolle bei der politischen Wende Polens. Die Annahme liegt nahe, dass sie diese Funktion auch in der Umgestaltung der arbeitsrechtlichen Beziehungen eingenommen haben.

B. Transformationsprozess des polnischen Arbeitsrechts

I. Politische Wende 1989/90

Trotz seiner zahlreichen Defizite im Hinblick auf demokratische Grundsätze befand sich das polnische Arbeitsrecht - wie zuvor untersucht - bereits seit Beginn der achtziger Jahre in einem Wandlungsprozess. In dessen Rahmen entfernte es sich spürbar von streng sozialistischen Vorgaben[264]. Dies gilt insbesondere für das kollektive Arbeitsrecht[265]. Solange die arbeitsrechtlichen Verhältnisse aber noch auf dem Ein-Parteien-System gründeten und die Arbeitgeberseite sowie Arbeitsmittel verstaatlicht waren, wurde das polnische Arbeitsrecht weder einem freiheitlich-demokratischen Verständnis gerecht noch entsprach es marktwirtschaftlichen Erfordernissen.

Seit 1988 dynamisierte sich der Reformprozess und riss schrittweise die Grundpfeiler der sozialistischen Rechtsordnung ein. Die entscheidende Rolle bei der politischen Wende spielten hierbei die vom Staat unabhängigen Gewerkschaften. Das System des realen Sozialismus legitimierte ein totalitäres System in den Staaten des Warschauer Paktes, indem es in seiner Theorie primär die Bedürfnisse und Interessen des arbeitenden Volkes verfolgte[266]. Teil dieses Systems waren die staatlichen Gewerkschaften als „verlängerter Arm" des Staatsapparats in den staatseigenen Betrieben[267]. Es ist daher konsequent, dass die antikommunistische Revolution in Polen von den Arbeitnehmern und ihren unabhängigen Interessenrepräsentanten, den freien Gewerkschaften ausging. Denn auf der dortigen Ebene trat die Diskrepanz zwischen sozialistischer Theorie und Wirklichkeit deutlich hervor.

Der Beginn der politischen Wende ist in der Streikwelle insbesondere in den Werften zu sehen, die zu der staatlichen Anerkennung der unabhängigen Gewerkschaft NSZZ Solidarność und dem im Gewerkschaftsgesetz 1982 garantierten Recht zur Gründung freier Gewerkschaften führten. Obschon die NSZZ Solidarność im Rahmen des ausgerufenen Kriegszustandes aufgelöst wurde und 1984 ein neuer Gewerkschaftsbund, die heutige OPZZ (*Ogólnopolskie Porozumienie Związków Zawodowych* = Gesamtpolnische Verständigung der Gewerkschaften), in ihre Struktur eintrat und über 100 Gewerkschaften mit einer Mitgliederzahl von ca. 45 % aller Werktätigen zusammenfasste[268], blieben ihre Anführer im Untergrund aktiv und

---

[264] Senser, Monthly Labor Review, 09/89, 35.

[265] Vgl. 2. Kapitel B. II. 4.

[266] Gardawski/Gąciarz/Mokryszewski/Pańków - Pańków, S. 165.

[267] Vgl. 2. Kapitel B. II. 1. c.

[268] Gardawski, Eironline 2002, Dok. PL0208105f.

wurden von den Westlichen Staaten und bspw. der Amerikanischen Gewerkschaftsföderation AFL-CIO (American Federation of Labor and Congress of Industrial Organizations) wirtschaftlich und ideologisch unterstützt[269]. Die größte Bedeutung kam aber der ungebrochenen Unterstützung der Solidarność-Bewegung durch die Arbeitnehmer zu. Im April / Mai sowie August 1988 kam es erneut zu Streikbewegungen der Arbeiter. Ihr Ziel war es, den Staat dazu zu veranlassen, die Vereinigungsfreiheit, wie sie in dem Danziger Abkommen zugesichert worden war[270], herzustellen und die NSZZ Solidarność rechtlich wieder anzuerkennen. Des weiteren machten die westlichen Staaten weitere Wirtschaftshilfen für den Mitte der achtziger Jahre stark verschuldeten polnischen Staat von der Anerkennung der freien Gewerkschaften abhängig. Die sozialistische Staatsführung versuchte daraufhin durch Zugeständnisse Herr der Lage zu bleiben und führte mit dem Gesetz über wirtschaftliche Betätigung[271] im Jahr 1988 das Recht auf freien Handel ein, das im Dezember 1989 auch unabhängig von der Eigentumsform am Betrieb bzw. Unternehmen gewährt wurde. Anfang des Jahres 1989 stimmte der polnische Premierminister Jaruzelski Verhandlungen mit den Vertretern der **NSZZ Solidarność** am sog. „**Runden Tisch**" zu. Am 05. April 1989 wurden mehrere Abkommen über **politische und wirtschaftliche Reformen** verabschiedet und die Gewerkschaft **rechtlich anerkannt**[272]. Die Koalitionsfreiheit wurde durch Novellierung des Gewerkschaftsgesetzes[273] erweitert. Außerdem wurde in der Exekutive eine Doppelspitze aus Premierminister und Präsident eingeführt sowie quasi freie Wahlen zum Sejm, einer Kammer des polnischen Parlaments zugestanden. Bei der im Juni 1989 stattfindenden Wahl nahm die NSZZ Solidarność als politische Partei teil und errang von 261 Sitzen, die sie nach den Abkommen von April 1989 maximal besetzen durfte, 260 Sitze[274]. General Jaruzelski wurde nur mit knapper Mehrheit zum Präsidenten gewählt. Da die PZPR nur 40 % aller Sitze in beiden Kammern des polnischen Parlamentes inne hatte, regierte General Kiszczak als Premier mit Unterstützung der PZPR nur kurze Zeit, bis sich die verbleibenden Abgeordneten zusammenschlossen und Tadeusz Mazowiecki Ende des Jahres 1989 zum ersten freien Premier wählten[275]. Ende Dezember 1989 wurde per Gesetz[276] Art. 3 Verf. 1952 reformiert und der verfassungsrechtlich garantierte Führungsanspruch der PZPR abgeschafft. Zum 01. Januar 1990 fiel der Grundsatz des Staatseigentums an sämtlichen Produktionsmitteln. Statt dessen gilt seitdem für jedermann die Eigentumsgarantie (Art. 140 KC) und die Testierfreiheit[277]. Am gleichen Tag wurde die Volksrepublik Polen ab-

---

[269] Senser, Monthly Labor Review, 09/89, 37.

[270] Abkommen zwischen der Polnischen Volksrepublik und den Arbeitern der Lenin-Werft in Danzig vom 31.08.1980.

[271] Dz. U. 1988, Nr. 41, Pos. 324.

[272] Dies wurde durch Urteil vom 17. April 1989 gerichtlich bestätigt.

[273] Dz. U. 1989, Nr. 20, Pos. 105.

[274] Senser, Monthly Labor Review, 09/89, 37.

[275] Ziemer, Politischer Systemwandel und gesamteuropäische Perspektive in Polen.

[276] Dz. U. 1989, Nr. 75, Pos. 444.

[277] Gralla, S. 5; Allerdings bestehen Einschränkungen für den Grunderwerb durch Ausländer, die auf ein entsprechendes Gesetz von 1920, dass 1996 reformiert wurde, zurückgehen.

geschafft und die **Dritte Republik Polen** ausgerufen: *Trzecia Rzeczpospolita Polska.*

II. Wirtschaftsform

1. Politisches Meinungsspektrum

Die Reform des polnischen Arbeitsrechts kam in den ersten Jahren nach der politischen Wende zögerlich voran und beschränkte sich auf bestimmte Teilbereiche. Dies lag zum Teil in der Jahre langen Diskussion um die neue Wirtschaftsform Polens begründet, von der das Arbeitsrecht seiner Natur nach stark abhängt. Das Verfassungsgesetz vom 17. Oktober 1992 zur Änderung der Verfassung von 1952[278] enthielt keine eindeutige Aussage für eine bestimmte Wirtschaftsform. Eine abschließende Entscheidung dieser Frage musste aber spätestens bis zur Verabschiedung einer neuen Verfassung für die Dritte Polnische Republik getroffen werden. Die bereits eingeführte Handelsfreiheit und Eigentumsgarantie ließen keine andere Entscheidung zu als die für ein Wirtschaftssystem, das sich an den Vorgaben des Marktes orientierte[279]. Hierin waren sich die politischen Kräfte einig. Eine Rückkehr zur sozialistischen Planwirtschaft und damit eine Abkehr von dem seit den ersten freien Parlamentswahlen im Juni 1989 in Gang gesetzten Reformprozess kam nicht ernsthaft in Betracht[280]. Streit bestand aber im Hinblick auf die konkreten Bedingungen der Marktwirtschaft. Das Meinungsspektrum reichte von einer gänzlich freien, d.h. uneingeschränkten Marktwirtschaft[281] bis zur sozialen Marktwirtschaft[282]. Umstritten war darüber hinaus die Frage des Zeitpunkts, in dem das jeweils favorisierte Modell vollständig umgesetzt werden sollte. Gefordert wurde teils eine sofortige Umsetzung (radikale Transformationsstrategie). Teilweise wurde eine stufenweise Umsetzung favorisiert (graduelle Transformationsstrategie) [283]. Die Vorstellungen vom Zeitrahmen für die Umsetzung reichten von wenigen bis zu 15 Jahren seit der politischen Wende[284].

Nach dem **radikalen Transformationskonzept** sollten in der ersten Phase Preise und Außenhandel umfassend liberalisiert, Subventionen abgebaut und eine restriktive Kreditpolitik betrieben werden, um die Marktkräfte bereits frühzeitig frei wirken

[278] Dz. U. 1992, Nr. 84, Pos. 426.

[279] Matey - Zieliński, S. 17.

[280] Matey - Zieliński, S. 17.

[281] So vertreten vom liberal-demokratischen Kongress in ihrem Parteiprogramm vom April 1991; internes Bulletin Nr. 1, April 1991; ebenso Forum der Demokratischen Rechten, vgl. Matey - Zieliński, S. 18.

[282] Sozialdemokraten der Polnischen Republik; vgl. Thesen der Sozialdemokraten der Polnischen Republik, Warschau, Juli 1996; ähnlich die Demokratische Union und die Arbeitsunion, IV. Kongress 07. Mai 1995.

[283] Vgl. Quaisser, Aus Politik und Zeitgeschichte, B 44 – 45/97, S. 3 ff.

[284] Vgl. hierzu Matey - Zieliński, S. 17.

zu lassen. Gleichzeitig sollte finanzpolitisch ein möglichst fester Wechselkurs angestrebt werden, um einen starken Anstieg der Inflation zu vermeiden. Diese Maßnahmen sollten u.a. ein rationales Preissystem bewirken, um die Bewertung staatlicher Unternehmen am freien Markt zu ermöglichen, die in der zweiten sog. Konsolidierungsphase privatisiert werden sollten[285].

Nach dem **graduellen Transformationsansatz**[286] sollten zunächst in einem langsamen Prozess Institutionen und Koordinationsmechanismen angepasst und freie Preise nach und nach zugelassen werden. Sonstige Liberalisierungsmaßnahmen, welche die Arbeitsmarkt- und Finanzpolitik sowie den Außenhandel betreffen, sollten erst im Anschluss folgen.

2. Gesellschaftliche Forderungen

Den unterschiedlichen Vorstellungen über die geeignete Wirtschaftsform lagen zum Teil weit auseinander gehende Geisteshaltungen in der polnischen Bevölkerung darüber zugrunde, wie sich die Arbeitsbedingungen in der neuen Staatsordnung darstellen sollten. Die Beschäftigten in den zu Beginn der neunziger Jahre noch zahlreichen Staatsunternehmen erwarteten zwar eine Besserung der wirtschaftlichen Situation, gingen aber von einer unveränderten Funktion des Staates innerhalb des Arbeitsverhältnisses aus: Der Staat sollte **allen Arbeitnehmern gleiche Arbeits- und Vergütungsbedingungen garantieren** und die **Folgen**, die sich aus der Liquidation von staatseigenen Unternehmen ergaben, **wirtschaftlich und sozial auffangen**[287]. Gestützt wurde dieses Verständnis von Gewerkschaftsfunktionären, die den Erhalt der für die Beschäftigten vorteilhaften Bedingungen forderten[288] und in den Staatsunternehmen zunächst erheblichen Druck auf die Leitungsebene ausübten[289].

Im privatwirtschaftlichen Sektor gestalteten sich die Arbeitsbedingungen in den neugegründeten Unternehmen und Betrieben nach liberalen Grundsätzen. Zahlreiche Arbeitgeber ließen sich eher von einem früh-kapitalistischen Denken leiten und diktierten Arbeitsbedingungen und Vergütungsleistungen ohne Einhaltung arbeitsrechtlicher Vorschriften[290]. Für das Verständnis, wie sich das demokratische Arbeitsrecht in seinem frühen Stadium entwickelte, bleibt festzuhalten, dass die Diskussion über die Wirtschaftsordnung und daraus folgend über die Gestaltung des polnischen Arbeitsrechts nach der Wende geprägt war von den Gegensätzen aus verbliebener sozialistischer Denkweise und klassisch-liberalen Vorstellungen.

---

[285] Balcerowicz, S. 5-9; Quaisser, Aus Politik und Zeitgeschichte, B 44 – 45/97, S. 3.
[286] Zu den verschiedenen, vertretenen Formen: Murrell, Economics of Planning, 1992, S. 72.
[287] Matey - Zieliński, S. 21
[288] Matey - Zieliński, S. 21
[289] Gardawski/Gąciarz/Mokryszewski/Pańków - Pańków, S. 164
[290] Matey - Zieliński, S. 21.

3. Rechtslehre

Während rechtspolitisch die Frage der Wirtschaftsform erst mit der **Verfassung** der Dritten Polnischen Republik vom 02. April 1997 zugunsten der **sozialen Marktwirtschaft** entschieden wurde[291], hatte sich die überwiegende Meinung in der Rechtslehre frühzeitig für eine Umsetzung der Marktwirtschaft unter einer ausgewogenen Einbeziehung sozialer Aspekte ausgesprochen[292]. Nach der überwiegenden Auffassung sollte die soziale Marktwirtschaft arbeitsrechtlich so umgesetzt werden, dass der Arbeitgeberseite freie wirtschaftliche Betätigung in den Grenzen des geltenden Rechts garantiert wurde. Gleichzeitig sollten die Arbeitnehmer vor der Ausbeutung ihrer Arbeitskraft geschützt und ihnen ein Mindestmaß an sozialer Absicherung gewährt werden. Hierdurch sollten die unterschiedlichen Interessenslagen ausgeglichen und die soziale Gerechtigkeit innerhalb der Bevölkerung garantiert werden[293].

4. Konsens

Auch wenn sich die Legislative in der Anfangsphase nach dem Zusammenbruch des Sozialismus auf eine konkrete Wirtschaftsform nicht festgelegt hatte, teilen die unterschiedlichen Auffassungen gemeinsame Grundsätze, nach denen ein demokratisches Arbeitsrecht gestaltet werden sollte, um eine Marktwirtschaft in Polen zu ermöglichen. Ob soziale Aspekte gesetzlich abgesichert oder nach liberalem Verständnis durch den Markt selbst reguliert werden sollten, kann insoweit außer Betracht bleiben. Jedenfalls bestand Einigkeit darüber, dass das Arbeitsrecht von der staatlichen Überregulierung befreit und statt dessen die freien Kräfte des Marktes in den Vordergrund gestellt und die freie Willensbildung bei dem Abschluss von Vereinbarungen gefördert werden sollte[294]. Staatliche Vorgaben sollten zugunsten einer freien wirtschaftlichen Betätigung verbunden mit dem Recht auf Eigentum am Produktionsmitteln minimiert werden. Darüber hinaus wurde bzgl. des Transformationstempos mit dem sog. **„Balcerowicz"-Wirtschaftspro-gramm**, benannt nach dem damaligen polnischen Vizepremier und Finanzminister, die Entscheidung zugunsten des **radikalen Transformationsansatzes** getroffen[295]. Zu beachten ist aber, dass die zweite Phase der Privatisierung nicht einheitlich verlief: Während kleinere und mittlere staatliche Unternehmen in der Mehrzahl bereits zu einem frühen Zeitpunkt privatisiert wurden, begann die Privatisierunggroßer Staatsunternehmen im Wesentlichen erst im Jahr 1996[296].

---

291 Art. 20 Verf. 1997.

292 Kommission zur Reform des Arbeitsrechts, 1992; Komitee zur Lösung der Problem bei der Arbeit und in der Sozialpolitik (PAN), Stellungnahme vom 15.09.1995, Sozialpolitik 1996, Nr. 1, S. 1 ff.; Ziembiński, S. 87.

293 Zieliński, RPEiS 1995, S. 81 f.; Ziembiński, S. 87.

294 Gralla, S. 3 f.

295 Balcerowicz, S. 5-9.

296 Quaisser, Aus Politik und Zeitgeschichte, B 44 – 45/97, S. 5.

Die Entscheidung für den radikalen Transformationsansatz stellt auch eine Grundsatzentscheidung für den Reformprozess des polnischen Arbeitsrechts dar. Sowohl die rechtliche Ausgestaltung des Arbeitsrechts als auch die erforderlichen Maßnahmen zur Begrenzung ihrer negativen Folgen, insbesondere dem massiven Verlust von Arbeitsplätzen, sind unmittelbare Folge dieser Entscheidung.

III. Ausgangssituation und Ablauf der Transformation des Arbeitsrechts

Unter dem Einfluss der Diskussion um die künftige Wirtschaftsform Polens blieben Reformen des KP in der **ersten Transformationsphase (1989 bis 1994)**[297] aus. Einschneidende Änderungen des Arbeitsrechts in diesem Zeitraum beruhten vielmehr auf Einzelgesetzen. Diese regelten die kollektivrechtlichen Verhältnisse, also insbesondere die Rechte und Pflichten von Gewerkschafts- und Arbeitgeberorganisationen. Weitere in der Transformationsphase erlassene Einzelgesetze regelten die Folgen von **Restrukturierung** und **Arbeitslosigkeit**. Die Arbeitslosigkeit nahm infolge der Erleichterungen für die Beendigung von Arbeitsverhältnissen aus betrieblichen Gründen zu[298]. Um die Arbeitslosigkeit rechtlich eindämmen zu können und Beschäftigung entsprechend Art. 10 § 3 KP zu fördern, wurde das Gesetz über Beschäftigung und zur Bekämpfung von Arbeitslosigkeit[299] (BeschäftigungsG) erlassen. Da die Beschäftigungsförderung und Bekämpfung der Arbeitslosigkeit in erster Linie Arbeitsplätze für die polnischen Bürger schaffen bzw. sichern soll, enthält das Gesetz auch Beschränkungen für den Zugang ausländischer Arbeitskräfte auf den polnischen Arbeitsmarkt und regelt einige Aspekte der Beschäftigung polnischer Arbeitnehmer im Ausland.

Auf mehrere kleinere Anpassungen des KP folgte in der **zweiten Transformationsphase** des polnischen Arbeitsrechts im Jahr **1994** die erste grundlegende Novellierung der kollektivrechtlichen Bestimmungen des KP[300]. Erst im Jahr **1996** wurde auch das polnische Individualarbeitsrechts im KP reformiert[301], obwohl ein Entwurf zur umfassenden Reform des KP dem polnischen Parlament (Sejm) bereits seit 1992 vorlag[302].

In den folgenden Jahren hat der polnische Gesetzgeber das ursprüngliche KP mehrfach reformiert. Bedeutend waren Änderungen des Tarifrechts durch die Re-

---

297 Lewandowski - Wratny, S. 48; Quaisser, Aus Politik und Zeitgeschichte, B 44-45/97, S. 4

298 Zu den Voraussetzungen dieser Kündigungserleichterung bei Gruppenentlassungen vgl. 4. Kapitel B III 3. d.

299 14. Dezember 1994, Dz. U. 1995, Nr. 1, Pos. 1; Aktuelle Fassung mit letzten Änderungen 2003, Dz. U. 2003, Nr. 228, Pos. 2255, die zum 01.05.2004 in Kraft getreten sind. Das Phänomen der Massenarbeitslosigkeit hatte im sozialistischen Arbeitsrecht keine Rolle gespielt, da es dank Planwirtschaft nicht offen erkennbar war, vgl. hierzu Maschmann – Sobótka, NZA 2003, 206.

300 Dz. U. 1994, Nr. 113, Pos. 547.

301 Dz. U. 1996, Nr. 24, Pos. 110.

302 Sieg/Prujszczyk, S. V.

form 2000[303] sowie eingeführte individuell- und kollektivrechtliche Bestimmungen durch die Reformen von 2002[304] und 2003[305]. Darüber hinaus wurde eine Reihe von weiteren Erscheinungsformen des modernen Arbeitsrechts, wie die Arbeitnehmerüberlassung[306], normiert und das Beschäftigungsgesetz aufgrund der anhaltenden Massenarbeitslosigkeit durch das Gesetz über die Förderung von Beschäftigung und die Einrichtungen des Arbeitsmarktes vom 20. April 2004 ersetzt[307]. Dieser Zeitraum wird als **dritte Transformationsphase** zusammengefasst.

Neben der zeitlichen Abfolge sind inhaltlich die **Entwicklungen im Individual- und Kollektivarbeitsrecht** zu unterscheiden. Diese Gliederung des polnischen Arbeitsrechts geht auf die Aufteilung des deutschen Arbeitsrechts zurück, an der sich der polnische Gesetzgeber orientiert hat[308]. Vor den gesellschaftspolitischen Änderungen seit August 1980, die zu der dargestellten schrittweisen Umsetzung der Koalitionsfreiheit geführt haben, blieb aufgrund der Theorie der Konfliktlosigkeit ideologisch kein Raum für das Kollektivrecht zur Lösung von Interessenskonflikten zwischen Betriebsleitung und Werktätigen. Nach sozialistischer Lehre fehlte es gerade an einem Interessenskonflikt und somit an der Notwendigkeit für ein normiertes Kollektivrecht[309]. Hieraus folgt, dass eine **deutliche Gliederung in individual- und kollektivrechtliche Bestimmungen** erst seit den achtziger Jahren im polnischen Arbeitsrecht Einzug gehalten hat[310]. Das kollektive Arbeitsrecht Polens umfasst Regelungen zu Kollektivvereinbarungen, kollektivrechtlichen Streitigkeiten und sonstigen kollektiven Aspekten der Arbeitsverhältnisse, welche die Arbeitgeberseite, die Belegschaft, Gewerkschaften oder die betrieblichen Selbstverwaltungsorgane betreffen[311]. Auf diesen liegt der Schwerpunkt der vorliegenden Untersuchung. Unter dem individuellen Arbeitsrecht werden in der polnischen Rechtslehre das Arbeitsvertragsrecht, die Arbeitsschutzbestimmungen sowie die Bestimmungen zur Lösung individueller Streitigkeiten aus dem Arbeitsverhältnis verstanden[312].

---

303 Dz. U. 2000, Nr. 107, Pos. 1127.

304 Dz. U. 2002, Nr. 135, Pos. 1146.

305 Dz. U. 2003, Nr. 213, Pos. 2081.

306 Arbeitnehmerüberlassungsgesetz vom 09.07.2003, Dz. U. 2003, Nr. 166, Pos. 1608 m. w. Ä.. Nach Schätzungen wurden bereits 2002 etwa 100.000 Personen als Leiharbeitnehmer beschäftigt, vgl. Gardawski, Eironline 2004, Dok. 0401104F.

307 Dz. U. 2004, Nr. 99, Pos. 1001; Regelungen über Auslandsbeschäftigung und die Beschäftigung von Ausländern enthält der 16. Abschnitt des Gesetzes vom 20.04.2004. Dies gilt insbesondere auch für die Regelungen zur Beschäftigung von EU-Bürgern in Polen.

308 Lewandowski - Goździewicz, S. 93; ders. in Szczególne właściwości norm prawa pracy, S. 16 m.w.N.; der sich insbesondere auf Hueck/Nipperdey, Lehrbuch des Arbeitsrechts, Band 1, 7. Aufl., Berlin, Frankfurt a.M. 1963, Band 2,1, 7. Aufl., 1967 und Band 2,2, 7. Aufl., 1970 bezieht.

309 Ausführlich hierzu oben 2. Kapitel II. 6.

310 Florek/Zieliński, Rn. 17; Lewandowski - Goździewicz, S. 93

311 Lewandowski - Goździewicz, S. 93; Jończyk, PiP 1981, Nr. 8; Szubert, PiP 1981, Nr. 6; Zieliński, PiP 1980, Nr.10.

312 Florek/Zieliński, Rn. 16.

IV. Anforderungen an eine grundlegende Reform des Arbeitsrechts

Eine Analyse des Reformprozesses und der daraus resultierenden Entwicklung zum heutigen polnischen Arbeitsrecht erfordert eine Auseinandersetzung mit den **Motiven**, die hinter den veränderten und neu eingeführten Normen stehen. Hieraus soll ersichtlich werden, welche Veränderungen typisch sind für die Modernisierung des Arbeitsrechts ehemals sozialistischer Staaten, ob ein zwingender Modernisierungsablauf thematisch vorgegeben ist oder durch einzelfallspezifische und damit teilweise zufällige Umstände bedingt wird. Zu untersuchen ist, inwiefern die polnischen Gewerkschaften Einfluss auf die Entwicklung des Transformationsprozesses genommen haben.

Die Notwendigkeit einer grundlegenden Modernisierung der Arbeitsgesetze ergab sich aus der Erkenntnis, dass das sozialistische Arbeitsrecht für eine andere politische und wirtschaftliche Ordnung geschaffen wurde und mit den veränderten Eigentumsverhältnissen sowie der aktuellen sozio-ökonomischen Situation Polens kollidierte[313]. Aus den Grundsätzen des sozialistischen Arbeitsrechts, die der Transformation beduften[314], lassen sich unmittelbar die Anforderungen an ein novelliertes Arbeitsrecht für Polen ableiten:

Zunächst war die bestehende Rechtslage an die veränderten wirtschaftlichen Verhältnisse anzupassen. Regelungen mussten in der Weise verändert, unter Umständen auch aufgehoben und durch neue ersetzt bzw. ergänzt werden, dass sie auf **verschiedene Unternehmenstypen**, insbesondere auf **unterschiedliche Eigentumsverhältnisse,** Anwendung finden konnten. Konkret bedeutet dies, dass auf der Arbeitgeberseite sowohl Unternehmen und Betriebe stehen können, die vollständig in staatlichem oder in privatem Eigentum liegen bzw. an denen der Staat zum Teil beteiligt ist. Das Arbeits- sowie das Handels- und Gesellschaftsrecht mussten flexibilisiert werden, um den verschiedenen gesellschaftsrechtlichen Gestaltungsmöglichkeiten Rechnung tragen zu können. Hierzu gehörte auch das Erfordernis, Regelungen zu schaffen, die den Anforderungen unterschiedlicher Unternehmensgrößen gerecht werden. Auch die steigende Anzahl privater kleiner und mittelständischer Betriebe und Unternehmen sowie Strukturänderungen infolge der Privatisierung staatlicher Großunternehmen waren zu berücksichtigen. In diesem Zusammenhang bedurfte auch die **Mitarbeiterbeteiligung** einer Regelung. Darüber hinaus mussten die Arbeitsgesetze an die veränderten Umstände auf dem Arbeitsmarkt angepasst werden, die sich aus der **erhöhten Fluktuation der Arbeitskräfte** durch häufigeren Wechsel des Arbeitsplatzes ergeben.

Entscheidend war insbesondere, den **Arbeitsvertragsparteien**, aber auch den **Kollektivparteien größere Autonomie** bei dem Aushandeln von Arbeitsbedingungen einzuräumen und somit leistungsorientierte, den Bedarf des Arbeitsmarktes entsprechende, individuelle Arbeitsbedingungen zu ermöglichen. Notwendig hierfür war es, statische Vorgaben des Ministerrates zu Arbeitsbedingungen, z.B. nach

---

[313] Sprzenglewska, S. 5.

[314] Vgl. die Zusammenfassung der Grundsätze des sozialistischen Arbeitsrechts 2. Kapitel A.

Art. 79 des sozialistischen KP, abzubauen und diese – soweit notwendig – durch Regelungen zu ersetzen, die eine **dynamische Regulierung von Arbeitsbedingungen** ermöglichten. Dies sollte auch durch die Ausweitung kollektivrechtlicher Vereinbarungen im Arbeitsverhältnis erfolgen[315]. Andererseits musste den veränderten Kräfteverhältnissen zwischen den Arbeitsvertragsparteien Rechnung getragen werden. Dies erfordert gesetzliche Regelungen einerseits zur Flexibilisierung des Arbeitsmarktes und andererseits zum Schutz der Arbeitnehmerrechte, beispielsweise im Hinblick auf den Kündigungsschutz und die Mindestarbeitsbedingungen.

Damit ging ein **neues Verständnis vom Aufgabenbereich des Staates** einher: Mit der zunehmenden Privatisierung staatlicher Unternehmen nimmt der Staat immer weniger die Funktion des Arbeitgebers wahr. Statt dessen muss er die gesetzliche Grundlage für ein ausgeglichenes Kräfteverhältnis zwischen Rechten und Pflichten der Unternehmen einerseits und der Arbeitsnehmer andererseits schaffen[316]. Es oblag dem Gesetzgeber, entsprechende Regelungen in die bestehenden arbeitsrechtlichen Bestimmungen zu integrieren und letztlich die strittige Frage zu entscheiden, in welchem Maße Vorschriften einem liberalen und einem sozialen Verständnis der Marktwirtschaft entsprechen sollten.

Schließlich bedurfte es der **Streichung sozialistischer Programmsätze** in den Arbeitsgesetzen. Durch die Aufhebung entstehende Lücken in der Gesetzessystematik sowie im Sinnzusammenhang mussten entsprechend ausgefüllt werden.

Nachfolgend wird unter dem Aspekt der Rolle der Gewerkschaften in dem Transformationsprozess des polnischen Arbeitsrechts untersucht, inwiefern der polnische Gesetzgeber diese Ziele erreicht hat.

V. Die Rolle der Gewerkschaften bei der Reform des Arbeitsrechts im Rahmen der Arbeitsverhältnisse

1. Fragestellungen

Die polnischen Gewerkschaften, insbesondere die NSZZ Solidarność und die OPZZ, hatten unbestritten einen bedeutenden Anteil an der politischen Wende in Polen[317]. Zu analysieren ist hier aber nur ihre Rolle in der rechtlichen Umgestaltung der arbeitsrechtlichen Beziehungen seit 1989. **Ausgangsfrage dieser Arbeit ist, ob die Gewerkschaften ihre herausragende politische Funktion**, die zum Umsturz des sozialistischen Systems geführt hat, **nutzen konnten, um auf die rechtliche Neugestaltung entscheidenden Einfluss zu nehmen**. Folglich ist zu untersuchen und - soweit möglich - zu bewerten, inwieweit und in welcher Form die tragenden Reformkräfte es verstanden haben, sich in den neuen Strukturen durchzusetzen, die-

---

[315] Sprzenglewska, S. 8.

[316] Sprzenglewska, S. 7.

[317] Gardawski/Gąciarz/Mokrzyszewski/Pańków - Pańków, S. 165; Gardawski, Eironline 2002, Dok. PL0208105f.

se mitzugestalten und die Reformen nach ihren Vorstellungen zu kanalisieren. Insbesondere ist von Interesse, ob sich Besonderheiten für den Rechtssetzungsprozess in der jungen polnischen Demokratie ergeben und inwiefern die Gewerkschaften auf den legislativen Prozess zur rechtlichen Umsetzung der ReformzieleEinfluss genommen haben.

Um den Einfluss der Gewerkschaften auf die Besonderheiten bei der rechtlichen Transformation des polnischen Arbeitsrechts bewerten zu können, bedarf es zunächst einer Analyse der Gewerkschaftssituation. Dies betrifft zum einen die wesentlichen Gewerkschaftsverbände und Gewerkschaften sowie die Mitgliederstruktur, zum anderen die Aufgaben, die ihnen seit der Wende zukommen sowie die Rechte und Pflichten, die hieraus abzuleiten sind. Da die Gewerkschaften kollektivrechtliche Partei des polnischen Arbeitsrechts sind, ist **Schwerpunkt** der Untersuchungen das **Kollektivrecht**.

2. Organisationsgrad der Arbeitnehmer

Der Organisationsgrad der polnischen Arbeitnehmer ist seit der politischen Wende im dramatischen Ausmaß rückläufig.[318]. Die Annahme liegt nahe, dass dieses Phänomen Auswirkungen auf die Tätigkeit und die Einflussnahme der Gewerkschaften auf die Entwicklung des Arbeitsrechts hat. Zudem ist fraglich, ob aus der Entwicklung der Arbeitspolitik Rückschlüsse auf den Organisationsgrad der Gewerkschaften gezogen werden können. Vor diesem Hintergrund werden die Fakten zur Gewerkschaftsmitgliedschaft in Polen im Folgenden zusammenfassend dargestellt:

Während im Jahr **1981 durchschnittlich etwa 80 % aller Beschäftigten Mitglied einer Gewerkschaft** waren, lag diese Zahl im Jahr 2004 unter 20 % (1999: 20 %[319], 2001: 18,9 %[320], 2002: 20,4 %[321], 2004: 17 %[322]). Die Zahl der Gewerkschaftsmitglieder in Polen beläuft sich auf etwa 2,2 bis 2,4 Millionen Personen[323]. Damit hat Polen die geringste Organisationsdichte in der EU[324] und unter den mittel- und osteuropäischen Staaten[325], die sich in einem ähnlichen Umwandlungsprozess befinden wie Polen. Nach den Angaben des CBOS (*Centrum Badania Opinii Społecznej* = Zentrum zur Untersuchung der öffentlichen Meinung) von Ende 2001[326] sind die meisten Gewerkschaftsmitglieder im Bergbau (59,8 %), im Trans-

---

[318] Gardawski/Gąciarz/Mokrzyszewski/Pańków - Gardawski/ Pańków, S. 247 ff.

[319] CBOS, Stand April 1999, Bericht 1999.

[320] CBOS, Stand 2002, Bericht 2003; Gardawski, Eironline 2003, Dok. PL0308106f.

[321] CBOS, Stand 2002, Bericht 2003.

[322] Towalski, Eironline 2005, Dok. PL0501104f.

[323] CBOS, Stand 2002, Bericht 2003.

[324] Carley, Eironline 2002, Dok. TN0207104F. 2002 waren im EU-Durchschnitt 43,8 % der Arbeitnehmer gewerkschaftlich organisiert.

[325] Die Organisationsdichte der Arbeitnehmer lag 2002 in der Ukraine und Russland bei ca. zwei Dritteln, in Serbien bei ca. 50 %, in Bulgarien, Kroatien, Rumänien und der Slovakei bei ca. 50 % und bei rund einem Drittel in Tschechien und Ungarn. Daten: Gardawski, Eironline 2003, Dok. PL0308106f.

[326] Angaben aus CBOS, Stand Ende 2001, Bericht 2003.

port- und im Erziehungswesen (ca. 32,4 % und 27,8 %) beschäftigt. Der geringste gewerkschaftliche Organisationsgrad besteht in der Landwirtschaft[327] (ca. 12,7 %), im Dienstleistungssektor (ca. 6,7 %) und im Bauwesen (ca. 4,3 %). Außerdem haben die Untersuchungen ergeben, dass in jüngeren Altersgruppen (unter 25 jährige: 2,4 %; 25 bis 29 jährige: 6,8 %) der Anteil an Gewerkschaftsmitgliedern besonders gering ist.

Das ISP (*Instytut Spraw Publicznych* = Institut für Öffentlichkeitsangelegenheiten) und die Friedrich-Ebert-Stiftung untersuchten 1998[328], **in welchen Betrieben und Unternehmen Betriebsgewerkschaften tätig** waren. Diese Untersuchungen ergaben die folgenden Ergebnisse: In allen großen Staats- und Kommunalunternehmen (solche mit über 250 Beschäftigten) waren zu diesem Zeitpunkt durchschnittlich zwei Gewerkschaften tätig. In 75 % der mittleren Unternehmen (50 bis 250 Beschäftigte) und 50 % der kleineren Unternehmen (unter 50 Beschäftigte) waren überhaupt Gewerkschaften aktiv. In früheren Staatsunternehmen, die privatisiert wurden, hatte sich die Situation insoweit verändert, als zwar noch in allen großen Unternehmen Gewerkschaften tätig waren, in kleineren Unternehmen jedoch nicht mehr.

Besonders gering sind Gewerkschaften in neuen, mit polnischem oder ausländischen Kapital gegründeten Unternehmen vertreten[329]: In nur etwa **5 %** aller durch polnische Gelder finanzierten, **neu gegründeten Privatunternehmen** waren Arbeitnehmer gewerkschaftlich organisiert. Immerhin waren Gewerkschaften in einem Drittel der großen, mit ausländischem Kapital finanzierten Unternehmen vertreten. In Mittel- und Kleinunternehmen dieser Art waren sie hingegen so gut wie nicht existent.

Insgesamt ist festzustellen, dass der Organisationsgrad im Unternehmen je nach dessen Größe, Branche und Eigentumsverhältnissen divergiert. In Kleinunternehmen sind Gewerkschaften nur noch sehr selten vertreten. In kleinen bis mittleren Privatunternehmen sind Gewerkschaften lediglich in einem Umfang von 5 bis 20 % vertreten, wobei der Anteil in Dienstleistungsunternehmen deutlich unter dem des produzierenden Gewerbes liegt[330]. Hingegen sind in großen staatlichen bzw. öffentlichen Unternehmen Gewerkschaften noch relativ zahlreich vertreten. Die Gewerkschaftsdichte liegt dort bei etwa 70 bis 90 %. Besonders hoch ist der Anteil in der Eisen- und Stahlbranche sowie im Bahntransport und Energiebereich[331].

Zur Erhöhung der Organisationsdichte versuchen die beiden großen Gewerkschaftsverbände NSZZ Solidarność[332] und OPZZ seit Ende der neunziger Jahre mit

[327] Zu den Einzelheiten vgl. Czarzasty, Eironline 2002, Dok. PL0407104f.

[328] Die Ergebnisse wurden zusammengefasst von Gardawski/Gąciarz/Mokrzyszewski/Pań-ków, Auseinanderbrechen einer Bastion? – Gewerkschaften in einer privatisierten Wirtschaft, Warschau 1999.

[329] Ebenso CBOS, Stand Ende 2002, Bericht 2003.

[330] Towalski, Eironline 2005, Dok. PL0512104 f.

[331] Towalski, Eironline 2005, Dok. PL0512104 f.

[332] Dies gelang der NSZZ Solidarność in dem Zeitraum von 1999 – 2001 z.B. in über 40, meist ausländischen Supermarktketten sowie in der Automobilbranche (Opelwerk in Gleiwitz, Volkswagenwerk in Polkowitz).

Unterstützung der AFL-CIO und Europäischer Gewerkschaftsverbände, aktiv Gewerkschaften in neu gegründeten Unternehmen zu etablieren[333]. Zu einer Erhöhung der Mitgliedschaftzahl haben die Bemühungen allerdings nicht geführt. Als Erfolg kann allenfalls gewertet werden, dass die Zahlen in dem Zeitraum von dem Jahr 2001 bis 2005 mit einem Anteil der Gewerkschaftsmitglieder bei den Arbeitnehmern zwischen 17 und 20 % konstant geblieben sind[334]. Demnach ist in den letzten Jahren zumindest eine **Stabilisierung der Organisationsdichte** eingetreten, in dem das stetige Absinken der Mitgliedschaftszahlen seit der Wende gestoppt werden konnte.

In privatisierten und privaten Unternehmen zeigte sich darüber hinaus, dass - anders als in staatlichen und kommunalen Unternehmen - die gewerkschaftlich organisierten Arbeitnehmer im Durchschnitt älter waren als ihre gewerkschaftlich nicht vertretenen Kollegen und selten leitende, sondern meist untere Positionen mit geringem Verdienst bekleideten[335]. Diese Situation ändert sich zum Ende 2002 im Bezug auf Verdienst, Ausbildung und Position leicht zu Gunsten der gewerkschaftlich organisierten Arbeitnehmer[336].

Im Vergleich hierzu sind nach Untersuchungen der *European Fundation for the Improvement of Living and Working Conditions* aus dem Jahr 2004[337] die Mitgliedschaftszahlen der drei größten **Gewerkschaftsverbände der Bundesrepublik Deutschland**, des DGB (Deutscher Gewerkschaftsbund), des DBB (Deutscher Beamtenbund) und des CGB (Christlicher Gewerkschaftsbund), im Zeitraum von 1993 bis 2003 ebenfalls deutlich zurückgegangen. Während im Jahr 1993 noch rd. 11,7 Mio. Arbeitnehmer Mitglied einer der drei Gewerkschaften waren, belief sich ihre Zahl im Jahr 2003 nur noch auf rd. 9 Mio. Arbeitnehmer. Dies stellt einen Rückgang von 23,9 % dar. Der Organisationsgrad der deutschen Arbeitnehmer lag in den vergangen Jahren bei etwa 25-30 %[338] und somit deutlich unter dem EU-Durchschnitt von 43,8 %, der im Jahr 2002 ermittelt worden war[339]. Auch wenn diese Entwicklung für die deutschen Gewerkschaften ebenfalls als alarmierend bezeichnet werden muss, grenzt die Abwanderung der polnischen Arbeitnehmer aus einer gewerkschaftlichen Vertretung an einer vollständigen Abkehr von der organisierten Arbeitnehmervertretung. Dies wiegt in Polen umso schwerer, als die Arbeitnehmer - anders als in der Bundesrepublik Deutschland - auch auf Betriebsebene im Wesentlichen allein von Gewerkschaften und nicht von Betriebs- bzw. Personalräten vertreten werden. Überdies werden in der Bundesrepublik Deutschland deutlich mehr Ar-

---

[333] Gardawski, Eironline 2002, Dok. PL0208105f.

[334] CBOS, Stand Ende 2002, Bericht 2003; Towalski Eironline 2005, Dok. PL0501104 f..

[335] Gardawski, Eironline 2002, Dok. PL0208105f.

[336] CBOS, Stand Ende 2001 und Ende 2002, Bericht 2003.

[337] Eironline 2004, Dok. TN 0403105 u.

[338] Zachert, AiB 2006, 166.

[339] Eironline 2004, Dok. TN0403105u.; zu den Zahlen ist anzumerken, dass die Mitgliedschaftszahlen der kleineren Gewerkschaftsverbände, wie z. B. des Deutschen Journalistenverbandes, nicht einbezogen sind. Die Zahlen des DGB sowie des DBB beruhen auf den Angaben der Gewerkschaftsverbände selbst, die Zahlen des CGB hat das Insitut der Deutschen Wirtschaft Köln ermittelt.

beitsverhältnisse durch Tarifvereinbarungen geregelt, da eine Mehrheit der Arbeitsverträge auf Tarifverträge einer bestimmten Branche verweist. In folgedessen finden Tarifregelungen auf rund 70 % der west- und ca. 54 % der ostdeutschen Arbeitsverhältnisse Anwendung[340]. In Polen steht hingegen eine geringe Anzahl von Verbandstarifverträgen[341] einer flächendeckenden Geltung von Tarifregelungen durch einzelvertragliche Bezugnahme auf Verbandstarifverträge entgegen.

Ein Grund für den massenhaften Gewerkschaftsaustritt in Polen ist das **geringe Ansehen**, das **die Gewerkschaften** in der polnischen Öffentlichkeit genießen. Nach Erhebungen des *OBOP* (*Ośrodek Badania Opinii Publicznej* = Zentrum zur Untersuchung der öffentlichen Meinung) im Jahr 2002[342] vertrauten 18 % der erwachsenen Polen auf die Tätigkeit der OPZZ und nur 15 % auf die der NSZZ Solidarność. 49 % der Mitglieder der OPZZ und 39 % der Mitglieder der NSZZ Solidarność waren laut Erhebung des OBOP im Jahr 2001 der Auffassung, dass ihre Interessen auf nationaler Ebene von der Gewerkschaft zufriedenstellend vertreten werden. Allerdings vertraten 28 % (OPZZ) bzw. 57 % (NSZZ Solidarność) die Ansicht, dass ihre Interessen keine Berücksichtigung finden würden[343].

Die Fakten zu den polnischen Gewerkschaften sind nicht nur im Hinblick auf die überbetriebliche Vertretung der Arbeitnehmerinteressen, z. B. einer Branche bzw. auf einer regionalen oder nationalen Ebene zu beachten. Sie sind auch für die Betriebe von Bedeutung, da die Gewerkschaften auch Aufgaben wahrnehmen, die in deutschen Betrieben der Betriebsrat erfüllt.

3. Gewerkschaftsgesetz

Unverändert sind auch nach der Wende die Rechte und Pflichten von Gewerkschaften hauptsächlich im Gewerkschaftsgesetz und im 11. Abschnitt des KP geregelt. Die ersten grundlegenden Änderungen nach der politischen Wende betrafen das novellierte Gewerkschaftsgesetz (GewerkG)[344]. Dies ist eines von **drei Gesetzen vom 23. Mai 1991**, die das **kollektive Arbeitsrecht** bereits zu einem frühen Zeitpunkt **signifikant veränderten**, während der Reformprozess im individuellen Arbeitsrecht bis zu der ersten großen Reform des KP 1996 – abgesehen von geringen Änderungen des Kündigungsrechts – zögerlich und punktuell voranschritt. Bei den anderen beiden Gesetzen handelt es sich um das Gesetz über Arbeitgeberorganisationen[345] sowie das Gesetz über die Beilegung von Kollektivstreitigkeiten[346], die zusammen mit dem Gewerkschaftsgesetz die kollektivrechtlichen Arbeitsrechtsverhältnisse im Grundsatz regeln. Diese Gesetze werden später behandelt[347].

---

340 Zachert, AiB 2006, 166.
341 Vgl. auch 3. Kapitel B. V. 4. a. (5) (f).
342 OBOP, Juli 2002; Gardawski, Eironline 2002, Dok. PL0208105f.
343 OBOP, Juli 2001.
344 Dz. U. 1991, Nr. 55, Pos. 234.
345 Dz. U. 1991, Nr. 55, Pos. 235.
346 Dz. U. 1991, Nr. 55, Pos. 236.
347 Vgl. 3. Kapitel B. VI. 3. und 3. Kapitel B. V. 5.

a) Allgemeines

Das reformierte Gewerkschaftsgesetz 1991 beruht zwar strukturell auf dem gleichnamigen Gesetz von 1982, setzt aber inhaltlich den Transformationsprozess kollektivrechtlich um. Konsequent wurden die Einschränkungen der Koalitionsfreiheit, wie sie das Gewerkschaftsgesetz 1982 beispielsweise im Hinblick auf bestimmte Personengruppen in Art. 4 Pkt. 1, 13 ff. enthielt, beseitigt und die mittelbare, staatliche Einflussnahme auf das Recht der Gewerkschaften, sich eine eigene Satzung zu geben und ihre Tätigkeit freiheitlich auszuüben, abgeschafft. Von sozialistischen Grundsätzen geprägte ideologische Formulierungen wurden ersatzlos gestrichen. Das Recht zur Gründung einer Gewerkschaft setzt jetzt keine behördliche Genehmigung mehr voraus[348]. Die erforderliche Eintragung ins Gerichtsregister[349] ist nicht konstitutiv, sondern dient ausschließlich zur Feststellung der Rechtmäßigkeit der Gewerkschaft und ihrer Satzung.

b) Koalitionsfreiheit

Wichtigste Änderung des Gewerkschaftsgesetzes ist die vollständige Umsetzung der Koalitionsfreiheit. Bereits Art. 1 GewerkG 1991 definiert **Gewerkschaften als freiwillige und sich selbstverwaltenden Organisationen der arbeitenden Menschen mit einer eigenen Satzung, die von der staatlichen Verwaltung unabhängig und untereinander gleichwertig sind**. Das Recht, Organisationen zu gründen und diesen beizutreten, welche ihre Rechte und Interessen repräsentieren und schützen, wurde unter Hinweis auf die Regelungen in den entsprechenden Einzelgesetzen auch im KP verankert. Der Gesetzgeber stellte auf diese Weise in Art. 18 ı § 2 KP die systematische Verknüpfung zwischen dem KP und dem Gewerkschaftsgesetz her, ohne dieses in das KP zu implementieren.

Aufgabe der Gewerkschaften ist es, die Rechte sowie die beruflichen und sozialen Interessen der Arbeitnehmer zu repräsentieren und zu schützen, seien diese materieller, moralischer, kollektiver oder individueller Art. Das **positive und negative Koalitionsrecht** besteht für alle Arbeitnehmer (Art. 2 GewerkG 1991) unabhängig von der dem Beschäftigungsverhältnis zugrunde liegenden Vereinbarung, für Beschäftigte in Heimarbeit oder aufgrund von Agenturverträgen i.S.d. § 758 KC, Mitglieder von Arbeitsgenossenschaften, Rentner, Arbeitslose und Ersatzdienstleistende. Ausdrücklich wurden auch Beschäftigte bei Polizei und Grenzschutz aufgeführt, für die Einschränkungen der Koalitionsfreiheit nur aufgrund von Gesetzen möglich sind, Art. 2 Abs. 6 GewerkG 1991. Das arbeitsrechtliche Benachteiligungsverbot für Gewerkschaftsmitglieder sowie für die Arbeitnehmer, die sich gegen eine Mitgliedschaft entschlossen haben (negative Koalitionsfreiheit), wurde aus dem Gewerkschaftsgesetz 1982 übernommen.

Demnach gewährt das polnische Verfassungs- und Arbeitsrecht nunmehr die Koalitionsfreiheit ebenso umfassend, wie dies im deutschen Recht der Fall ist. Denn das Koalitionsrecht ist nach Art. 9 Abs. 3 GG ebenfalls uneingeschränkt, und zwar

---

348 Henssler/Braun - Malinowska-Hyla, Arbeitsrecht in Polen, Rn. 182.

349 Vgl. hierzu Art. 14.1 KP und die Verfügung des Justizministers vom 02.09.1991, Dz. U. 1991, Nr. 77, Pos. 340.

als sog. „Jedermann-Recht" ausgestaltet. Es gewährleistet die Koalitionsfreiheit für alle Arbeitnehmer, Heimarbeiter und arbeitnehmerähnliche Personen unabhängig von ihrer Staatsangehörigkeit oder der Art ihres Beschäftigungsverhältnisses, demnach auch für Beamte, Richter, Soldaten und Auszubildende[350].

c) Gründung

Die Verfahrensvoraussetzungen zur Gründung und Registrierung sind im zweiten Abschnitt des Gewerkschaftsgesetzes 1991 sowie in der Verordnung vom 2. August 1991[351] geregelt. Für die Gründung einer Gewerkschaft sind mindestens zehn Arbeitnehmer erforderlich. Diese verabschieden eine Satzung und wählen ein Gründungskomitee von drei bis sieben Personen. Zu unterscheiden sind **Betriebsgewerkschaften, landesweit wirkende Gewerkschaften** sowie landesweit wirkende **Gewerkschaftsverbände**. Diese entstehen beim Zusammenschluss von landesweit wirkenden Gewerkschaften und deren Vereinigungen.

d) Vertretungsbefugnis

Zu unterscheiden ist die Vertretungsbefugnis der Gewerkschaften, die in Art. 7 GewerkG für betriebsübergreifende Gewerkschaften und in Art. 30 GewerkG für Betriebsgewerkschaften geregelt ist. In **individual-rechtlichen Belangen** dürfen diese **nur die Rechte und Interessen ihrer Mitglieder** bzw. auf Antrag eines nicht gewerkschaftlich organisierten Arbeitnehmers dessen Rechte wahrnehmen[352]. Hingegen sind sie im Hinblick auf die Rechte und Interessen, welche die gesamte Arbeitnehmerschaft betreffen, also für **Sachverhalte mit kollektivem Bezug, unabhängig von der Mitgliedschaft** in einer Gewerkschaft vertretungsbefugt. Dies kann zu Kompetenzüberschneidungen zwischen den Gewerkschaften führen. Diese werden dadurch gelöst, dass sich die Gewerkschaften zu einer **gemeinsamen Gewerkschaftsvertretung** zusammenschließen können, Art. 30 § 3 – 5 GewerkG, welche die kollektiven Interessen der Beschäftigten einheitlich gegenüber der Betriebsleitung vertritt. Kommt eine Einigung der Gewerkschaften nicht zustande, kann der Arbeitgeber bei einer Reihe von Kollektivenvereinbarungen diese selbst beschließen, Art. 30 § 5 GewerkG. Dies betrifft z.B. die Arbeitsordnung, die Urlaubsordnung, die Vergütungs- und Prämienordnung[353] sowie die Ordnung des Betriebsfonds für Sozialleistungen. Im Gegenschluss kann aus dieser Regelung gefolgert werden, dass der Arbeitgeber bei allen anderen kollektiven Vereinbarung das Einvernehmen der Gewerkschaften nicht ersetzen kann, so dass diese im Zweifel nicht zustande kommen. Beide Rechtsfolgen gehen zu Lasten der Gewerkschaftsinteressen. Im Falle von kollektiven Verhandlungen zwischen Arbeitgeber und mehreren im Betrieb

---

350 BVerfG v. 26.06.1991, 1 BvR 779/85, BVerfGE 84, 212; BVerfG v. 30.11.1965, 2 BvR 54/62, BVerfGE 19, 303.

351 Dz. U. 1991, Nr. 77, Poz. 340.

352 Zu den Einzelheiten der Mitbestimmungs- und Beteiligungsrechte der Gewerkschaften in individual-rechtlichen Fragen vgl. 3. Kapitel B. V. 6.

353 Zu der Problematik einer Pattsituation mangels Einigung zwischen Arbeitgeber und Betriebsgewerkschaften bei Erlass einer Vergütungs- und Prämienordnung vgl. 3. Kapitel B. V. 6.

vertretenen Gewerkschaften sind dabei letztere zur Durchsetzung ihrer Interessen faktisch dazu gezwungen, untereinander Einvernehmen zu erreichen.

Eine vergleichbare **Gewerkschaftskonkurrenz ist im deutschen kollektiven Arbeitsrecht dem Grundsatz nach nicht angelegt**. Denn einmal abgesehen von sog. Betriebsnormen im Sinne des § 3 Abs. 2 TVG vertritt eine Gewerkschaft stets nur ihre eigenen Mitglieder. Für individualrechtliche und kollektive Belange nach dem deutschen Betriebsverfassungsgesetz ist der Betriebsrat zuständig. Kollisionen zwischen Betriebsvereinbarung und Tarifvertrag werden durch die Bestimmungen des TVG und des BetrVG aufgelöst. Allerdings kann es in Einzelfällen auf der Arbeitnehmerseite zu einer Tarifkonkurrenz auf Grund Doppelmitgliedschaft kommen, wenn ein Arbeitnehmer Mitglied in mehreren Gewerkschaften und der Arbeitgeber Tarifverträgen mit diesen Gewerkschaften unterworfen ist. Dies kann beispielsweise bei einem Wechsel der Gewerkschaftsmitgliedschaft innerhalb der Austrittsfrist eintreten. Eine solche Situation ist allerdings zum einen infolge des Zusammenschlusses der Dienstleistungsgewerkschaften zur vereinten Dienstleistungsgewerkschaft ver.di sowie auf Grund der häufig in Gewerkschaftssatzungen enthaltenen Regelungen, die ein besonderes Übertrittsrecht zur Vermeidung von Tarifkonkurrenz enthalten, selten geworden[354]. Häufiger kann eine entsprechende Konkurrenzsituation allerdings bei Betriebsnormen gem. § 3 Abs. 2 TVG entstehen, da in einem solchen Fall bei Tarifgebundenheit des Arbeitgebers in Tarifverträgen enthaltene Betriebsnormen anwendbar sind, und zwar nach Auffassung des BAG unabhängig von der Gewerkschaftsmitgliedschaft der einzelnen Arbeitnehmer[355]. Auf Einzelheiten wird nachfolgend noch eingegangen[356].

e) Landesweit wirkende Gewerkschaften und Gewerkschaftsverbände

In Polen sind zahlreiche landesweit wirkende Gewerkschaften, die meist Arbeitnehmer bestimmter Branchen vertreten, tätig. Darüber hinaus existieren mehrere Gewerkschaftsverbände. Die nach ihrer Mitgliedszahl größten sind die NSZZ Solidarność und die OPZZ[357].

Neben der Vertretung der einzelnen branchen- und regional Gewerkschaften nach außen, blieben das **Recht, Stellungnahmen** zu Gesetzesvorschlägen und Durchführungsverordnungen abzugeben, sowie das **Initiativrecht** zu neuen bzw. zur Änderung bestehender Gesetze auch nach der Reform eine der zentralen Aufgaben der landesweit wirkenden Gewerkschaftsverbände und der landesweit wirkenden Gewerkschaften, die als repräsentativ für die Arbeitnehmer der Mehrzahl der Betriebe galten, Art. 19 ff. GewerkG 1991[358]. Inhaltlich beziehen sich diese Rechte aber nur auf diejenigen Gesetze, welche Rechte und Pflichten der Gewerkschaften oder der

---

[354] Zu den Einzelheiten vgl. Löwisch/Rieble, § 4 TVG Rn. 118, Rn. 144 ff.

[355] BAG v. 05.09.1990, 4 AZR 59/90, AP Nr. 19 zu § 4 TVG Tarifkonkurrenz; BAG v. 20.03.1991, 4 AZR 455/90, AP Nr. 20 zu § 4 TVG Tarifkonkurrenz.

[356] Vgl. 3. Kapitel B. V. 4. a. (4).

[357] Die OPZZ und die NSZZ Solidarność hatten Ende 2002 über 700.000 Mitglieder. Zu den Einzelheiten s. CBOS, Stand Ende 2002, Bericht 2003.

[358] Matey - Salwa, S. 64 f.

Arbeitnehmer betreffen. Eine bedeutende Neuerung ist die **Pflicht des Gesetzgebers**, diejenigen **Gesetzesvorschläge**, die dem Recht zur Stellungnahme unterfallen, nunmehr von sich aus den **Gewerkschaften zuzuleiten**. Die Gewerkschaften können dann innerhalb von 30 Tagen ihre Stellungnahmen zu diesen vortragen. Sie sind berechtigt, ihre Meinung öffentlich bekannt zu geben, und zwar nicht nur - wie bisher - bei der zuständigen Parlamentskommission des Sejm, sondern ausdrücklich auch in den Massenmedien. Demnach ist der Gesetzgeber nunmehr verpflichtet, die Gewerkschaften bereits zu einem frühen Zeitpunkt des Gesetzgebungsprozesses in diesen einzubinden, um ihnen die Einflussnahme auf den Inhalt des zu erlassenen Gesetzes zu ermöglichen[359]. Mit dem Gesetz über die Dreiparteienkommission[360] wurde das Recht zur Stellungnahme und das Initiativrecht im Jahr **2001** in Art. 19 GewerkG n.F. dahin gehend geändert, dass dieses Recht nur noch **Gewerkschaften**, welche als **repräsentativ** i. S. d. Gesetzes über die Dreiparteienkommission gelten, zusteht. Als repräsentativ gilt eine Gewerkschaft, welche mindestens 300.000 Mitglieder zählt[361]. Das Recht aller Gewerkschaften zur öffentlichen Meinungsäußerung blieb von dieser Neuregelung aber unberührt.

Eine Beschränkung der Mitwirkungsrechte der Arbeitnehmerverbände durch ein Kriterium der Repräsentativität kennt das **deutsche Recht** nicht. Hintergrund ist die Gewerkschaftssituation in der Bundesrepublik Deutschland. Die deutschen Gewerkschaften sind im Wesentlichen in drei Gewerkschaftsverbänden (DGB, DBB und CGB) organisiert, welche die Mitwirkungsrechte im Gesetzgebungsverfahren wahrnehmen. Eine Zersplitterung der Gewerkschaftsinteressen droht dem Grundsatz nach nicht. Zur Verwirklichung des sozialen Rechtsstaats und der sozialen Selbstverwaltung wird diesen aber ebenfalls eine **Vielzahl von Mitwirkungsrechten** im staatlichen Aufgabenbereich eingeräumt, allerdings - wie im polnischen Recht - allein im Zusammenhang mit **arbeits-, wirtschafts- und sozialrechtlichen Fragen**[362]. Ein Anhörungs- und Erörterungsrechts besteht im Zusammenhang mit Gesetzesentwürfen (§ 70 Abs. 1 Satz 1 GeschOBT, § 40 Abs. 3 GeschOBR), zu beamtenrechtlichen Gesetzesvorhaben, § 58 BRRG, sowie bei Erlass von Durchführungsverordnungen und Verwaltungsvorschriften, wie z. B. in § 11 TVG, § 11 ArbNErfG und §§ 15 Abs. 1, 34 Abs. 1 ArbGG.

Darüber hinaus gehört zu den Rechten und Pflichten der landesweit wirkenden Gewerkschaften und Gewerkschaftsverbände, **Tarifverträge und andere kollektivrechtliche Vereinbarungen abzuschließen, Kollektivstreitigkeiten** zu führen und darüber zu wachen, dass die arbeitsrechtlichen Bestimmungen sowie die Schutz- und Hygienevorschriften eingehalten werden. Schließlich ermöglichte das reformierte Gewerkschaftsgesetz erstmalig den landesweit wirkenden Gewerkschaften und Gewerkschaftsverbänden den Weg zum **Obersten Gericht zur Klärung von arbeits- und sozialversicherungsrechtlichen Bestimmungen**, wenn Zweifel an deren Rechtmäßigkeit bestehen oder diese in der Rechtsprechung unterschiedlich

---

[359] Matey - Salwa, S. 64 ff.

[360] Dz.U. 2001 Nr. 100, Pos. 1080.

[361] Zu den Einzelheiten vgl. 3. Kapitel B. V. 4. a. (3) (a).

[362] Zu den Einzelheiten vgl. MüHdB ArbR - Richardi, § 16, Rn. 2 ff.

ausgelegt wurden, Art. 22 GewerkG. Auch dieses Recht steht nach der Reform des GewerkG 2002 nunmehr nur noch den Gewerkschaftsverbänden zu, welche als repräsentativ i.S.d. des Gesetzes über die Dreiparteienkommission gelten, Art. 22 GewerkG n.F.[363]. Eine Prozessführungsbefugnis zur generellen Prüfung von arbeits- und sozialversicherungsrechtlichen Vorschriften ist dem **deutschen Arbeitsrecht** fremd. Klagemöglichkeiten für Gewerkschaften existieren aber in Form der sog. Einwirkungsklagen gegen einen Arbeitgeberverband, mit dem der Verband aufgefordert wird, auf seine Mitgliedsunternehmen einzuwirken und diese anzuhalten, Tarifverträge tatsächlich zu erfüllen (Einwirkungsklage)[364]. Des Weiteren kann die Gewerkschaft auch eine Feststellungsklage gegen einen Arbeitgeberverband erheben sowie das besondere Verfahren zur Feststellung der Rechtswirksamkeit eines Tarifvertrages nach § 9 TVG selbständig durchführen. Die Prozessführungsbefugnis nach dem Arbeitsgerichtsgesetz und dem Sozialgerichtsgesetz (SGG) ist ebenfalls gesetzlich normiert (z.B. §§ 97, 2a, 2 Abs. 1 Nr. 1 und 2 ArbGG, 70 SGG). Ferner können Gewerkschaften Verfassungsbeschwerden nach Art. 93 Abs. 1 Nr. 4a GG erheben und Rechtsschutz vor dem Verwaltungsgericht in Anspruch nehmen, etwa ein Vereinsverbot nach § 3 Vereinsgesetz angreifen, oder Eingriffe in die Koalitionsfreiheit tatsächlicher Art, etwa die Maßnahme der Beeinflussung der Staats zum Austritt aus der Gewerkschaft, mit dem öffentlich-rechtlichen Unterlassungs- oder Abwehranspruch bekämpfen[365]. Die Gewerkschaften sind allerdings nicht berechtigt, Prüfverfahren gem. Art. 93 Abs. 1 Nr. 2 GG i. V. m. § 13 Nr. 6, 6a, § 76 ff. BVerfGG zur Überprüfung von Bundes- und Landesrecht zu beantragen.

f) Betriebsgewerkschaften

Der Aufgabenbereich der Betriebsgewerkschaften entspricht nach der Reform im Wesentlichen demjenigen des Gewerkschaftsgesetzes 1982. Die Betriebsgewerkschaften nehmen die **individuellen und kollektiven Rechte der Belegschaft auf der Betriebsebene** wahr, Art. 26 ff. GewerkG 1991. Hierzu steht ihnen gem. Art. 28 GewerkG ein umfassender Informationsanspruch, insbesondere über die Arbeitsbedingungen und Vergütungsgrundsätze, gegen den Arbeitgeber zu. Zu den Aufgaben der Betriebsgewerkschaften gehört es, neben Betriebstarifverträgen auch Betriebsvereinbarungen mit dem Arbeitgeber zu schließen. Sie übernehmen folglich **Aufgaben, die im deutschen Arbeitsverhältnis dem Betriebsrat** obliegen. In Polen besteht darüber hinaus die Besonderheit, dass die Beschäftigungsbedingungen fast ausschließlich von den Betriebsgewerkschaften auf betrieblicher Ebene verhandelt und erkämpft werden[366].

Ferner obliegt den Betriebsgewerkschaften der **Schutz von Individualrechten** der Arbeitnehmer. Hierzu gehört die rechtliche Prüfung von Kündigungen und Än-

---

[363] Dz. U. 2002 Nr. 153, Pos. 1271.

[364] BAG v. 03.02.1988, 4 AZR 513/87, AP Nr. 20 zu § 1 TVG Tarifverträge Druckindustrie; Kempen/Zachert, TVG § 4 Rn. 219 f.

[365] Zu den Einzelheiten vgl. MüHdB-ArbR-Löwisch/Rieble, § 246 Rn. 260 ff.

[366] Sieg/Prujszczyk, Rn. 239; Eironline, European Foundation for the Improvement of Living and Working Conditions, 2003, PL0308104n.

derungskündigungen (Art. 32 § 1 Pkt. 1 und 2 GewerkG) sowie die Informationspflicht des Arbeitgebers gegenüber der Betriebsgewerkschaft über die Beendigung von Arbeitsverhältnissen im Rahmen von Massenentlassungen[367]. Diesbezüglich kann für den Arbeitgeber eine Rechtsunsicherheit entstehen, wenn er einem nicht gewerkschaftlich organisierten Arbeitnehmer kündigen möchte. Lässt sich ein solcher Arbeitnehmer gemäß Art. 30 § 2 GewerkG von einer Betriebsgewerkschaft vertreten, ist der Arbeitgeber verpflichtet, vor dem Ausspruch der Kündigung die Gewerkschaft zu informieren[368].

Deutlich intensiviert wurden die **Kontrollbefugnisse** der Betriebsgewerkschaften zur **Einhaltung der arbeitsrechtlichen Bestimmungen** sowie der **Schutz- und Hygienevorschriften**[369]. So haben die Betriebsgewerkschaften beispielsweise bei begründetem Verdacht, dass im Betrieb eine Gefahr für Leben oder Gesundheit der Beschäftigten besteht, das Recht, vom Arbeitgeber eine Untersuchung und die Aushändigung der gewonnenen Erkenntnisse zu verlangen. Kommt der Arbeitgeber dem nicht nach, können die Betriebsgewerkschaften die Untersuchung auf Kosten des Arbeitgebers in Auftrag geben.

Um die Umsetzung der Rechte und Pflichten der Gewerkschaften zu gewährleisten, nahm der Gesetzgeber in Art. 18 $_3$ KP als Grundsatz des polnischen Arbeitsrechts die Verpflichtung des Arbeitgebers und der Unternehmensleitung auf, Bedingungen herzustellen, welche die Wahrnehmung der in Art. 18 $_1$ KP garantierten Rechte ermöglichen. Diese allgemeine Bestimmung ist die Anspruchsgrundlage bspw. für die Bereitstellung eines Raumes auf dem Betriebsgelände für Zusammenkünfte der Betriebsgewerkschaften oder für die Informationsverbreitung im Betrieb, dass eine Betriebsgewerkschaft gegründet werden soll[370]. Die Kostentragungspflicht für sachliche Mittel usw. ergibt sich nicht unmittelbar aus dieser Vorschrift. Der Umfang dieses Anspruchs wird vielmehr durch Tarifregelungen, die Pflichten des Arbeitgebers zur Bereitstellung von Mitteln und Übernahme von Kosten festlegen, und durch die Rechtsprechung bestimmt.

Dagegen sind die Arbeitgeber nach dem **deutschen Arbeitsrecht nicht verpflichtet, die Kosten der Gewerkschaftstätigkeit zu tragen**. Dies gilt auch für die gewerkschaftlichen Vertrauensleute, soweit keine abweichende Tarifregelung gilt. Die Aufgabe **gewerkschaftlicher Vertrauensleute** ist es, die Gewerkschaftsmitglieder in den Betrieben zu betreuen, neue Mitglieder zu werben und den gewerkschaftlichen Zielen in den Betrieben Gehör zu verschaffen. Der Arbeitgeber ist verpflichtet, gewerkschaftliche Vertrauensleute im Betrieb zuzulassen, da ihre Arbeit von der Koalitionsfreiheit mit umfasst ist[371]. Eine Kostentragungspflicht ist allerdings bei Schulungsveranstaltungen für Mitglieder des Betriebsrats nach § 37 BetrVG, die von Gewerkschaften durchgeführt werden, möglich[372]. Die Pflicht, den

---

[367] Vgl. 4. Kapitel B. III. d.

[368] SN v. 2000, I PKN 229/99, OSNP 2000, 89; zu den Einzelheiten vgl. 3. Kapitel B. V. 6. c. (2).

[369] Vgl. 3. Kapitel B V. 3. g.

[370] Salwa, Art. 18 $_3$ KP.

[371] BAG v. 08.12.1978, 1 AZR 303/77, AP Nr. 28 zu Art. 9 GG.

[372] Zu den Einzelheiten Schaub-Koch, § 222 Rn. 11 ff.; Richardi-Thüsing, § 40 Rn. 35 ff.

Kosten- und Sachaufwand der Tätigkeit des Betriebsrats zu tragen, ist generell in § 40 BetrVG ausdrücklich geregelt. Ergänzend besteht eine sehr umfassende Rechtsprechung des Bundesarbeitsgerichts.

g) Freistellung

Innerhalb eines Betriebes können mehrere Gewerkschaften tätig sein, die jeweils die Rechte ihrer Mitglieder wahrnehmen. Zur Wahrnehmung der Gewerkschaftsaufgaben werden je nach Betriebsgröße ein oder mehrere Mitglieder der Gewerkschaftsleitung teilweise oder vollständig von ihren Arbeitspflichten freigestellt, Art. 31 GewerkG. Abgestellt wird dabei nicht auf die Anzahl der Beschäftigten eines Betriebes, sondern auf die Anzahl der beschäftigten Mitglieder einer Gewerkschaft in einem Betrieb. Die Zahl der Freistellungen ist in Art. 1 Abs. 1 GewerkG gesetzlich geregelt und denen der freizustellenden Betriebsratsmitglieder nach § 38 BetrVG vergleichbar. Anders als im deutschen Recht (§ 37 Abs. 2 BetrVG) erfolgt die Freistellung allerdings nicht automatisch unter Fortzahlung der Bezüge. Der Anspruch auf Arbeitsvergütung wird vielmehr in einer Durchführungsvorschrift[373] und seit der Novelle des KP 1996 nach den Grundsätzen einer vom Ministerrat zu erlassenden Verfügung[374] bestimmt, Art. 31 Abs. 2 GewerkG. Demnach haben Funktionäre von **überbetrieblichen Gewerkschaften** nur dann, wenn sie nach Maßgabe des Art. 31 Abs. 1, 34, 34 ı GewerkG freigestellt sind, Anspruch auf Fortzahlung ihrer Vergütung. Darüber hinaus besteht nur ein Anspruch auf unbezahlten Sonderurlaub, soweit sonstige Mitglieder der überbetrieblichen Gewerkschaften Funktionen während der Arbeitszeit wahrnehmen müssen. Die Mitglieder der **Betriebsgewerkschaft** behalten aber auf Antrag der Gewerkschaft ihren Anspruch auf die Arbeitsvergütung, wenn sie gewerkschaftlich tätig werden. Gleiches gilt für sonstige Arbeitnehmer, die während ihrer Arbeitszeit Gewerkschaftsfunktionen ausüben müssen, Art. 31 Abs. 3 KP.

h) Schutzbestimmungen

Für die Mitglieder der Leitungsorgane aller Gewerkschaftsformen galt nach Art. 32, 34 GewerkG 1991 ein **besonderer Kündigungsschutz**: sie konnten während ihrer Amtszeit und ein Jahr nach deren Ablauf nur mit Zustimmung der Gewerkschaftsleitung gekündigt werden[375]. Gleiches galt für eine Änderungskündigung. Für die Mitglieder des Gründungskomitees einer Gewerkschaft galt dieser Kündigungsschutz für sechs Monate seit Gründung des Komitees, Art. 32 Abs. 3 GewerkG. Die Rechtslage war somit im Wesentlichen dem Sonderkündigungsschutz für Mitglieder von Betriebsrat und Wahlvorstand vergleichbar. Anders als im deutschen Arbeitsrecht (§ 15 KSchG) wird eine ordentliche Kündigung allerdings nicht grundsätzlich ausgeschlossen. Für die bereits erwähnten **gewerkschaftlichen Vertrauensleute** besteht **kein Sonderkündigungsschutz**. Weder § 15 KSchG noch § 103 BetrVG

---

[373] Vom 19.05.1992, Dz. U. 1992, Nr. 45, Pos. 201.

[374] Verfügung vom 11.06.1996, Dz. U. 1996, Nr. 71, Pos. 336.

[375] Für Mitglieder des Wahlvorstandes gilt der besondere Kündigungsschutz für den Zeitraum von 6 Monaten seit Installierung des Wahlvorstands, Art. 32 Abs. 3 GewerkG 1991.

sind auf diese analog anwendbar. Andernfalls bestünde die Gefahr, eine institutionalisierte Konkurrenz zum Betriebsrat zu schaffen[376]. Ob hiervon durch tarifvertragliche Regelungen abgewichen werden darf, ist im Hinblick auf den Grundsatz der Gleichbehandlung und das deutsche System der Trennung von Gewerkschaften und Betriebsrat umstritten[377].

Auf Drängen der Arbeitgeberverbände wurde mit der **Reform des GewerkG** im Jahr 2002[378] der persönliche Anwendungsbereich dieses Sonderkündigungsschutzes erheblich eingeschränkt. Art. 32, 34 GewerkG n.F. regeln nunmehr in einem komplizierten System den Kündigungsschutz für Repräsentanten der Betriebsgewerkschaften. Demnach müssen die Gewerkschaften Mitglieder ihres Leitungsorgans oder sonstige Gewerkschaftsmitglieder, die zu ihrer Repräsentation gegenüber dem Arbeitgeber ermächtigt sind, namentlich benennen, die dem Sonderkündigungsschutz unterfallen sollen. Nach Art. 32 Abs. 3 GewerkG dürfen die Betriebsgewerkschaften, die als repräsentativ i.S.d. Art. 241 25a KP gelten, so viele Personen benennen, die in ihrer Anzahl die Zahl der Leitungsebene des jeweiligen Betriebs, die in Art. 32 Abs. 5 GewerkG legaldefiniert ist, nicht übersteigen. Alternativ darf die Leitung einer solchen Betriebsgewerkschaft mit bis zu 20 Mitgliedern zwei Personen bestimmen und jeweils ein weiteres Mitglied, das Arbeitnehmer im Betrieb ist, für zehn weitere Mitglieder, wenn die Zahl der Mitglieder 50 nicht übersteigt. Ab dem 51 Mitglied erfolgt die Benennung eines weiteren Arbeitnehmers, für den der Sonderkündigungsschutz gelten soll, in größeren Schritten. Betriebsgewerkschaften, die nicht repräsentativ sind, dürfen nur jeweils eines ihrer Mitglieder namentlich benennen, das Sonderkündigungsschutz genießen soll (Art. 32 Abs. 5 GewerkG). Für das Gründungskomitee einer Gewerkschaft wurde der besondere Kündigungsschutz auf drei namentlich zu nennende Mitglieder beschränkt. Solange Gewerkschaften und Gründungskomitee diese nicht ausdrücklich mitteilen, kann sich nur der jeweilige Vorsitzende auf den Schutz nach Art. 32 Abs. 1 GewerkG berufen.

Der Schutz gilt auch für Arbeitnehmer, die Funktionen in einer **überbetrieblichen Gewerkschaft** ausüben und deshalb von der Erbringung von Arbeitsleistungen im Betrieb entbunden sind. Auch beim Kündigungsschutz für Mitglieder der Leitungsorgane überbetrieblicher Gewerkschaften gilt das Mitteilungsverfahren, Art. 34 Abs. 1 GewerkG. Bei der Anzahl der zu bestimmenden Personen ist wiederum zwischen Gewerkschaften, welche als repräsentativ gelten i. S. d. Art. 241 25a KP, und solchen, welche diese Voraussetzungen nicht erfüllen, zu unterscheiden, Art. 34 2 GewerkG. Im Gegenschluss folgt aus Art. 32 bis 34 2 GewerkG n.F., dass das Arbeitsverhältnis aller weiteren Mitgliedern der Gewerkschaftsleitung und des Gründungskomitees nach den allgemeinen Kündigungsregeln des KP beendet werden kann.

---

[376] Zu dieser Problematik vgl. Löwisch/Rieble, § 1 Rn. 853, 913.

[377] Für einen möglichen Sonderkündigungsschutz LAG Düsseldorf v. 25.08.1995, 17 Sa 324/95; ArbuR 1996, 338; Däubler-Hensche, § 1 Rn. 865; dagegen MüHdB ArbR-von Hoyningen-Huene, § 302 Rn. 28 ff.; GK-Kraft, § 2 BetrVG, Rn. 100?; Richardi-Richardi, § 2 BetrVG Rn. 176.

[378] Dz. U. 2002, Nr. 135 Pos. 1146.

Neben dem Kündigungsschutz dienen auch die **Antidiskriminierungsvorschriften** dem Schutz der Gewerkschaftsmitglieder. Art. 32 Abs. 2 der Verf. 1997 verbietet jede Art der Diskriminierung im politischen, gesellschaftlichen oder wirtschaftlichen Wirken. Dieser Grundsatz wird für die individuellen und kollektiven Arbeitsverhältnisse in Art. 11 3 KP[379] konkretisiert und durch das Gleichbehandlungsgebot des Art. 18 3a KP[380] ergänzt. Danach gilt das allgemeine Verbot von Diskriminierungen im Rahmen des Arbeitsverhältnisses ausdrücklich auch im Hinblick auf die Gewerkschaftsmitgliedschaft eines Arbeitnehmers. Ferner sind Arbeitnehmer unabhängig von ihrer gewerkschaftlichen Organisation im Hinblick auf die Aufnahme und Beendigung eines Arbeitsverhältnisses, ihre Arbeitsbedingungen und den Zugang zu Bildungs- und Weiterbildungsmaßnahmen grundsätzlich gleich zu behandeln. Andernfalls steht ihnen ein Schadenersatzanspruch nach Art. 18 3a § 3 KP zu[381].

Ein umfangreiches **Diskriminierungsverbot** wird im **deutschen Recht** aus Art. 9 Abs. 3 GG abgeleitet. Satz 2 dieser Vorschrift bestimmt ausdrücklich, dass dem Grundrecht auf Koalitionsfreiheit Drittwirkung, also unmittelbare Verbindlichkeit für den Privatrechtsverkehr, zukommt[382]. Demnach dürfen keinerlei Regelungen getroffen oder faktische Maßnahmen von den Tarifvertragsparteien vorgenommen werden, die einen Arbeitnehmer zur Mitgliedschaft in einer Gewerkschaft verpflichten bzw. von dieser ausschließen. Ein Arbeitgeber darf die Gewerkschaftsmitgliedschaft bzw. die fehlende Organisation des Arbeitnehmers nicht zur Voraussetzung für die Einstellung eines Bewerbers machen. Ebenso wenig darf ein Arbeitgeber im Rahmen eines Bewerbungsverfahrens nach der Gewerkschaftsmitgliedschaft des Arbeitnehmers fragen oder aber dessen Mitgliedschaft in einer Gewerkschaft in einem Arbeitszeugnis kenntlich machen. Ferner regelt § 75 BetrVG ausdrücklich ein betriebsverfassungsrechtliches Diskriminierungsverbot u.a. wegen politischer oder gewerkschaftlicher Betätigung oder Einstellung.

i) Beurteilung

Das Gewerkschaftsgesetz 1991 spiegelt das gewandelte Verständnis von Gewerkschaften im System der Arbeitsrechtsverhältnisse wieder. Art. 1 Abs. 1 GewerkG

---

379 Die Antidiskriminierungsvorschriften wurden mit der Reform des KP 2003 (Dz. U. 2003, Nr. 213, Pos. 2081) erweitert und setzten die Regelungen der Richtlinie 2000/43/EG, 2000/78/EG, 97/81/EG und 99/70/EG um. Insbesondere wurde der Schutz auf weitere Diskriminierungstatbestände erweitert. Diese wurden ausdrücklich in den Gesetzeswortlaut des Art. 11 3 KP übernommen. Hierbei handelt es sich um die diskriminierende Behandlung aufgrund der ethnischen Herkunft, der sexuellen Orientierung, befristeter oder unbefristeter Anstellung sowie der Teilzeit- oder Vollzeitbeschäftigung.

380 Die Gleichbehandlungsvorschriften wurden mit der Reform des KP 2003 novelliert und setzen die Richtlinien 75/117/EG und 2002/73/EG über die Gleichbehandlung von Männern und Frauen sowie die Richtlinie 2000/78/EG über die Gleichbehandlung bei Einstellung und Beruf um. Zu den Einzelheiten vgl. Patulski – Ciborski/A. Patulski/W. Patulski, Art. 18 3a – 3e KP, Rn. 1 ff.

381 Die Darlegungs- und Beweislast obliegt aber der Arbeitnehmer. Ciborski, Art. 18 3c KP, Anm. 2.

382 Maunz-Dürig-Scholz, Art. 9 GG Rn. 168 ff.; MüHdB ArbR-Buchner, § 39 Rn. 78 ff.

verdeutlicht den geänderten Sinn und Zweck der Gewerkschaftstätigkeit. Der Gesetzgeber stellt nunmehr klar, dass die Gewerkschaften der Sphäre der Arbeitnehmer zuzuordnen sind und ihren Interessen dienen. Diese Feststellung ist im geschichtlichen Kontext des polnischen Arbeitsrechts nicht selbstverständlich. Nachdem im sozialistischen Arbeitsrecht die Gewerkschaften zunächst personell und ihre Tätigkeit inhaltlich von der PZPR kontrolliert worden waren, wurde auch nach den Reformen zu Beginn der 80er Jahre ein freiheitliches Gewerkschaftsrecht nicht vollständig erreicht. An den Kritikpunkten zum sozialistischen Gewerkschaftsrecht[383] muss sich das reformierte Gewerkschaftsgesetz 1991 messen lassen. Allerdings ist fraglich, ob die Gewerkschaften im Hinblick auf ihre politischen Funktion, die im Folgenden dargestellt wird, tatsächlich allein als Vertreter der Arbeitnehmerinteressen bewertet werden können[384]. Dies ist im weiteren Verlauf zu untersuchen.

(1) Ansatzpunkte für weitere Reformen

Das reformierte Gewerkschaftsgesetz ist an den Kritikpunkten zu messen, welche dem alten Gewerkschaftsgesetz entgegengehalten werden. Dabei ist festzustellen, dass die gravierenden Defizite, wie die personelle Beschränkung der Koalitionsfreiheit und staatliche Einflussnahmen, beseitigt wurden. Positiv wirken sich die Kontrollrechte der Gewerkschaften insbesondere auf der Betriebsebene aus. Da die Betriebsgewerkschaften die Aufgaben eines Betriebsrats wahrnehmen (z. B. Abschluss von betrieblichen Kollektivvereinbarungen, individualrechtliche Unterstützung der Arbeitnehmer, Lösung von Kollektivstreitigkeiten, Überwachung der Schutz- und Hygienevorschriften[385]), müssten ihnen Befugnisse zur Wahrnehmung dieser Rechte gesetzlich eingeräumt werden. Allerdings fehlen Regelungen im Gewerkschaftsgesetz, welche die Regelungsbefugnis der Betriebsgewerkschaften näher konkretisieren. Das Streikrecht und die Bestimmungen zur Lösung von Kollektivstreitigkeiten wurden dem Gewerkschaftsgesetz entnommen und in einem eigenständigen Gesetz geregelt[386].

(2) Wahlverfahren

Ebenso wenig regelt das Gewerkschaftsgesetz das Verfahren zur Aufstellung eines Gründungskomitees oder der Wahl der betrieblichen Gewerkschaftsleitung. Das Fehlen von Vorschriften zum Wahlverfahren, z. B. vergleichbar mit den §§ 7 – 25 BetrVG und der Wahlordnung zum BetrVG, resultiert daraus, dass die Betriebsgewerkschaften zwar im Wesentlichen die Aufgaben wahrnehmen, die im deutschen Recht dem Betriebsrat obliegen, dennoch aber freiwillige und sich selbstverwaltende Organisationen darstellen. Folgerichtig ist auch diese Gewerkschaftsform in ihrem Satzungsrecht unabhängig vom Arbeitgeber, der staatlichen Verwaltung und

---

[383] Vgl. hierzu 2. Kapitel II. 3.

[384] Vergleiche insoweit auch die Statistik zu der Zustimmung der Gewerkschaftsmitglieder mit der Vertretung ihrer Interessen durch die Gewerkschaftsverbände NSZZ Solidarność und OPZZ unter 3. Kapitel B. V. 2.

[385] Art. 4 GewerkG.

[386] Vgl. hierzu 3. Kapitel B. V. 5.

anderen Organisationen, Art. 1 Abs. 2 GewerkG. Aus diesem Grunde regeln Gewerkschaften die Zusammensetzung der Leitungsfunktionen und die Wahlen der Gewerkschaftsvertreter in einer eigenen Satzung. Ebenso sind die Voraussetzungen einer Mitgliedschaft in der Gewerkschaft jeweils durch Satzung selbst von der Gewerkschaft zu bestimmen, Art. 10 GewerkG. Voraussetzng des aktiven und passiven Wahlrechts der Gewerkschaftsmitglieder sind anders als im deutschen Recht nicht gesetzlich geregelt. Hierin unterscheidet sich die gewerkschaftliche Situation von den Bestimmungen des deutschen Betriebsverfassungsgesetzes, das in §§ 7, 8 BetrVG besondere Voraussetzungen für die Wahl von Mitgliedern des Betriebsrats aufstellt. Allerdings dürfen Arbeitnehmer und alle sonstigen Personen, die nach Art. 2 GewerkG die Koalitionsfreiheit genießen, nicht generell von der Mitgliedschaft in einer Gewerkschaft ausgeschlossen werden.

(3) Verständlichkeit

Sprachlich ist das Gewerkschaftsgesetz 1991 klar und verständlich gefasst. Dies ist zum einen auf die Bereinigung des Gesetzes von ideologisch geprägten, „floskelartigen“ Ausdrücken zurückzuführen. Verständlicher wurden die Bestimmungen auch dadurch, dass eine Vielzahl von Ausnahmeregelungen weggefallen sind, die zuvor das grundsätzliche Recht auf Koalitionsfreiheit eingeschränkt hatten.

(4) Einschränkung des Sonderkündigungsschutzes

Problematisch ist hingegen die **Einschränkung des Sonderkündigungsschutzes** für die Mitglieder der Leitungsorgane und des Gründungskomitees der Gewerkschaften durch die Reform des GewerkG 2002. Indem nur ein Teil der Mitglieder vom besonderen Kündigungsschutz profitiert, sinkt die Motivation der Beschäftigten, sich gewerkschaftlich und damit kollektivrechtlich als Interessenvertreter der Beschäftigten zu engagieren. Zum einen steht zu befürchten, dass ein Teil der Arbeitnehmer von einer Tätigkeit in den Leitungsgremien aus Furcht vor mittelbarer Benachteiligung im Betrieb absehen wird, wenn er entgegen den Arbeitgeberinteressen kollektivrechtlich tätig wird. Zum anderen wird durch diese Regelung die Attraktivität eines gewerkschaftlichen Engagements für junge Gewerkschaftsmitglieder gesenkt: Die Gewerkschaften müssen für die Benennung von Mitgliedern, die Sonderkündigungsschutz genießen sollen, solche Regelungen aufstellen, die eine gerechte Verteilung des Kündigungsschutzes ermöglichen und dem Grunde nach „verdiente“ Gewerkschaftsfunktionäre nicht bevorteilen. Andernfalls wäre Art. 32 ff. GewerkG ein Hindernis für eine Steigerung der Mitgliedszahlen in den Gewerkschaften durch neue Mitglieder. Für die Arbeitgeberseite bringt die Reform des Kündigungsschutzes eine höhere Flexibilität bei der Personalgestaltung sowie eine Senkung der Personalkosten, da nicht für jedes freigestellte Gewerkschaftsmitglied die Vergütung fortgezahlt werden muss. Darüber hinaus kann hierdurch mittelbarer Druck auf die Gewerkschaftsleitung ausgeübt werden, die Gewerkschaftstätigkeit möglichst effektiv zu gestalten. Jedenfalls geht mit dieser Regelung grundsätzlich das Risiko innergewerkschaftlicher Auseinandersetzungen um den Status eines Gewerkschaftsfunktionärs mit Sonderkündigungsschutz und damit einer Schwächung der Gewerkschaftstätigkeit im Arbeitsverhältnis einher.

4. Kollektivvereinbarungen

Während das Gewerkschaftsgesetz die Rechtsgrundlagen für die Gründung von Gewerkschaften und ihre Struktur festlegt, normiert das KP den **Aufgabenbereich der Gewerkschaften**. Dieser wurden erst in der zweiten Reformphrase des kollektiven Arbeitsrechts durch die **Novelle des KP im Jahr 1994** neu geregelt, nachdem der Gesetzgeber die notwendigsten Änderungen des kollektiven Arbeitsrechts nach der politischen Wende durch die drei Einzelgesetze vom 23. Mai 1991 vollzogen hatte. Bemerkenswert ist, dass die erste, grundlegende Reform des individuellen Arbeitsrechts erst 1996 erfolgte, der Gesetzgeber folglich der Umgestaltung der kollektivrechtlichen Arbeitsverhältnisse Vorrang eingeräumt hatte.

Zu den Hauptaufgaben der Gewerkschaften zählt die Verhandlung und der Abschluss von Kollektivvereinbarungen mit der Arbeitgeberseite. Das polnische Arbeitsrecht kennt verschiedene Arten von Kollektivvereinbarungen. Gesetzlich geregelt sind vornehmlich **Tarifverträge** (*układy zbiorowe*) **auf betrieblicher** (*zakładowe*) und **überbetrieblicher** (*ponadzakładowe*) **Ebene**[387]. Tarifverträge auf Betriebsebene sind den deutschen Haustarifverträgen vergleichbar. Überbetriebliche Tarifverträge existieren als branchen-, flächen- oder berufsgruppenbezogene Vereinbarungen. Ergänzt werden diese durch **Betriebsvereinbarungen** (*porozumienia zakładowe*).

Mit dem Gesetz vom 29. September 1994[388] wurden die Bestimmungen über Tarifverträge im 11. Abschnitt des KP vollständig neu in drei Unterabschnitte strukturiert: in die allgemeinen Regelungen zu Tarifverträgen sowie die besonderen Bestimmungen zu überbetrieblichen und betrieblichen Tarifverträgen. Inhaltlich wurden die Bestimmungen neu gefasst und von der sozialistischen Terminologie befreit. Die Änderungen des KP mit kollektiv-rechtlichem Bezug, die mit der Reform 1996 einhergingen, beinhaltete dagegen keine wesentlichen Änderungen mehr. Spezielle Regelungen zu Betriebsvereinbarungen wurden in das KP zunächst nicht eingefügt.

a) Tarifverträge

(1) Wirkung von Tarifnormen

Tarifverträgen kommt eine **normative Wirkung** zu, d.h. sie wirken unmittelbar und zwingend für die Arbeitsvertragsparteien[389]. Dies gilt allerdings nur für die Bestimmungen, welche die Parteien freiwillig vereinbaren können und die Arbeitsbedingungen zum Inhalt haben[390]. Das bedeutet, nur Bestimmungen, die sich auf das Ar-

---

387 Henssler/Braun - Zimoch-Tuchołka/Malinowska-Hyla, Rn. 189.
388 Dz. U. 1994, Nr. 113, Pos. 547.
389 Salwa, Art. 241 2, S. 408.
390 Florek/Zieliński, Rn. 477.

beitsverhältnis selbst beziehen, wirken normativ. Wie im deutschen Tarifrecht[391] unterscheidet man den normativen Teil (*część normatywna*) eines Tarifvertrages von dem schuldrechtlichen Teil (*część obligacyjna*), sog. Doppelcharakter von Tarifverträgen. Schuldrechtliche Wirkung kommt den Tarifbestimmungen zu, die sich nicht auf den Inhalt eines Arbeitsverhältnisses beziehen, sondern die Rechte und Pflichten der Tarifvertragsparteien regeln[392]. Das KP enthält hierfür in Art. 241 $_{1}$ § 1 eine beispielhafte Aufzählung. Zu den bedeutendsten zählen die Durchführungs- und Erläuterungspflicht der tariflichen Bestimmungen sowie die Schlichtungspflicht im Streitfall.

(2) Tarifgeltung

Personeller Anwendungsbereich

Tarifverträge gelten je nach vereinbartem Anwendungsbereich für die Beschäftigten eines Betriebs oder für Betriebsgruppen. Über eine betriebliche Bindung hinaus können Tarifverträge auch für die Beschäftigten einer Branche oder eines Tätigkeits- bzw. Berufszweigs vereinbart werden[393]. Abweichend vom deutschem Recht, in dem im Rückschluss aus § 3 Abs. 1 TVG für nicht gewerkschaftlich organisierte Arbeitnehmer Tarifverträge grundsätzlich keine Rechtswirkung entfalten[394], erfasst der **persönliche Anwendungsbereich** eines Tarifvertrags in Polen **alle Arbeitnehmer**, die in seinen Regelungsbereich einbezogen sind, Art. 239 § 1 KP. Nur für leitende Angestellte, die in Art. 128 § 2 Pkt. 2 legal definiert werden, gelten Besonderheiten, Art. 241 $_{26}$ § 2 KP. Dies bedeutet, dass die Gewerkschaften auch für diejenigen Arbeitnehmer Kollektivvereinbarungen treffen können, die nicht gewerkschaftlich organisiert sind (sog. Außenseiter)[395], sondern lediglich einem bestimmten Bezirk, einer Branche oder einem Unternehmen bzw. Betrieb zugeordnet sind, für den der Tarifvertrag nach dem Willen der Vertragsparteien gelten soll[396]. Darüber hinaus können die Tarifvertragsparteien den Anwendungsbereich eines Tarifvertrages - vergleichbar mit § 12 a TVG – auf Personen erstrecken, welche Arbeit auf einer anderen Grundlage als einem Arbeitsverhältnis erbringen (Heimarbeiter, Auftragnehmer, Agenten usw.)[397]. Die Geltung eines Tarifvertrags hängt von dem Willen der Tarifparteien ab, auf welchen Personenbereich sie eine Tarifabrede erstrecken[398].

---

[391] Vgl. hierzu Herschel, S. 104; Steinmeyer/Waltermann, S. 197 ff., 222 ff.; Wiedemann - Wiedemann, § 1 Rn. 190 ff.

[392] Florek/Zieliński, Rn. 478.

[393] Florek/Zieliński, Rn. 52.

[394] Wiedemann - Wiedemann, Einl. Rn. 248; § 3 Rn. 41 ff.. Ausnahmen sind Tarifverträge, die gemäß § 5 TVG für allgemeinverbindlich erklärt werden, und solche, die durch arbeitsvertragliche Verweisung für den betreffenden Arbeitnehmer gelten.

[395] ErfK-Schaub, § 3 TVG Rn. 24.

[396] Florek/Zieliński, Rn. 471; Henssler/Braun - Zimoch-Tuchołka/Malinowska-Hyla, Rn. 191; Matey - Salwa, S. 70.

[397] Henssler/Braun - Zimoch-Tuchołka/Malinowska-Hyla, Rn. 191.

[398] Florek/Zieliński, Rn. 471, 475; Salwa, Art. 239 S. 402 f.

Damit kommt den Gewerkschaften und den Arbeitgebern eine weitaus größere Normativmacht zu, als dies im deutschen Recht der Fall ist.

Vereinbarung / Allgemeinverbindlichkeitserklärung

Die Tarifgeltung kann sich aber auch auf diejenigen Beschäftigungsverhältnisse beziehen, die von dem Regelungsgehalt der Vereinbarung nicht umfasst sind. Zum einen ist eine einzelvertragliche Vereinbarung möglich, die den Anwendungsbereich eines fremden Tarifvertrags ohne Zustimmung der Parteien, die diesen geschlossen haben, auf die Arbeitsvertragsparteien erweitert (**einzelvertragliche Verweisung**). Zum anderen kann der Minister für Arbeit und Sozialpolitik einen **überbetrieblichen Tarifvertrag** auf gemeinsamen Antrag der Arbeitgeber- und Gewerkschaftsvertretung, die diesen vereinbart haben, und nach Anhörung der betroffenen Arbeitgeber für **allgemeinverbindlich** erklären (*generalizacja*), wenn hierfür ein besonderes, öffentliches Interesse besteht, Art. 241_{18} § 1 KP. Ein solcher Fall kann beispielsweise dann eintreten, wenn sich die Tarifparteien nicht über den Inhalt einer Tarifvereinbarung einigen können oder wenn der Abschluss eines Tarifvertrags mangels Betriebsgewerkschaften nicht möglich ist[399]. Zunehmend wird die Allgemeinverbindlichkeit von Tarifverträgen auch als Mittel gegen unlauteren Wettbewerb gesehen, da durch diese vermieden werden kann, dass Wettbewerbsverzerrungen durch tarifungebundene Arbeitgeber, die geringere Sozialstandards und Personalkosten haben, entstehen bzw. vertieft werden[400]. Entgegen der deutschen Regelung in § 5 Abs. 1 und Abs. 2 TVG, wonach eine Allgemeinverbindlichkeitserklärung nur auf Antrag einer Tarifpartei und im Einvernehmen mit einem Ausschuss der Spitzenorganisationen der Arbeitgeber und der Arbeitnehmer erfolgen darf und ein Anhörungsrecht der Tarifparteien besteht, muss ein für allgemeinverbindlich erklärter Tarifvertrag nach polnischem Tarifrecht weder den Arbeitgeber- noch den Gewerkschaftsverbänden zur Stellungnahme zugeleitet werden, Art. 241_{18} § 3 KP. Dies erklärt sich dadurch, dass bereits durch die ursprünglichen Tarifparteien ein paritätisches Kräfteverhältnis beim Abschluss der Vereinbarung und damit ein ausgewogenes Ergebnis sichergestellt wird. Zum zweiten fehlt es den Tarifparteien, für die ein Tarifvertrag durch Allgemeinverbindlichkeitserklärung anwendbar werden soll, gerade an der Einigungsfähigkeit bzw. es sind keine Tarifparteien vorhanden, obschon die Notwendigkeit zum Abschluss einer Tarifvereinbarung besteht. Letztere Situation wird – wie die Erläuterungen zur Organisationsdichte zeigen[401] – häufig bei neu gegründeten Privatunternehmen vorliegen[402], denen eine Gewerkschaftstradition anders als staatlichen oder privatisierten Unternehmen fehlt. Demnach kommt dem Mittel der Allgemeinverbindlichkeit in Polen wegen der geringen Organisationsdichte ein besonderes Gewicht zu.

---

[399] Lewandowski, PiZS 2001, 7.
[400] Lewandowski, PiZS 2001, 7.
[401] Vgl. hierzu 3. Kapitel B. V. 2.
[402] Florek/Zieliński, Rn. 474.

Beschränkung des persönlichen Anwendungsbereichs

Das Recht, Tarifverträge zu schließen, wurde im Jahr 1994 erweitert, besteht aber nicht für alle Beschäftigten und Betriebe. **Beamte und einige Berufsgruppen der Angestellten im öffentlichen Dienst** sind von diesem Recht **ausgenommen**, wie z.B. Richter und Staatsanwälte sowie Beschäftigte im öffentlichen Dienst in staatlichen Behörden[403], in der Regional- und Selbstverwaltung sowie Beschäftigte aufgrund Ernennung und Berufung, Art. 239 § 3 KP. Hierdurch wird die Tariffreiheit zur Vereinbarung des persönlichen Anwendungsbereichs beschränkt, da zumindest diese Personengruppen nicht wirksam von dem Tarifvertrag erfasst werden dürfen[404].

Den Ausschluss des persönlichen Anwendungsbereichs von Tarifverträgen für einige Berufsgruppen sieht auch die geltende **deutsche Rechtslage** vor: Tarifverträge können in dem öffentlich-rechtlichen Dienstverhältnis zwischen Staat und **Beamten** nach ganz herrschender Auffassung nicht geschlossen werden, da dieses kein Arbeitsverhältnis i. S. d. § 1 Abs. 1 TVG ist[405]. Ein wesentlicher Unterschied zum polnischen Tarifrecht besteht allerdings darin, dass Tarifverträge nach bundesdeutschem Recht auch uneingeschränkt für **Angestellte im öffentlichen Dienst** vereinbart werden können. Denn auch Arbeitnehmer, deren Arbeitsverhältnis unmittelbar durch eine öffentlich-rechtliche Dienstordnung gestaltet wird, sind nach der ständigen Rechtsprechung des Bundesarbeitsgerichts Arbeitnehmer, so dass sie zum Geltungsbereich des TVG gehören[406].

Beurteilung

Die wesentliche Erweiterung des Kreises der Arbeitnehmer, die am Koalitionsrecht partizipieren, ist zu begrüßen. Da dieses Recht für alle Beschäftigten unabhängig von der Art ihres Beschäftigungsverhältnisses gilt, Art. 2 GewerkG 1991, müssen die entsprechende Mittel zur Verfügung stehen, um das Recht auf Schutz ihrer Interessen und Mitgestaltung des Arbeitsverhältnisses ausüben zu können. Ohne die Möglichkeit, Kollektivstreitigkeiten zu führen und Kollektivvereinbarungen zu schließen[407], wäre die Interessenvertretung durch Gewerkschaften nahezu ausgehöhlt. Deshalb ist es nur konsequent, wenn diesen Rechten seit Inkrafttreten der neuen polnischen Verfassung vom 02. April 1997 **Verfassungsrang** zukommt. Art. 59 Abs. 2 Verf. 1997 gewährleistet Gewerkschaften, Arbeitgebern und Arbeitgeberverbänden das Recht, Kollektivstreitigkeiten zu führen und Kollektivvereinbarungen zu treffen. Allerdings ist die Möglichkeit, den Abschluss von Tarifverträgen zu erzwingen, begrenzt, da einige Bereiche des öffentlichen Dienstes vom Streik-

---

403 Es handelt sich um diejenigen Beamten und Angestellten im öffentlichen Dienst, die auf Grundlage des Gesetzes vom 18.12.1998 (Dz.U. 1999, Nr. 40 Pos. 483) beschäftigt werden.

404 Salwa, Art. 239 KP, 402 .

405 BAG v. 19.06.1974, 4 AZR 436/73, DB 1974, 1920; Löwisch/Rieble, § 1 TVG, Rn. 27; Wiedemann - Wiedemann, § 1 TVG, Rn. 109.

406 BAG v. 25.04.1979, 4 AZR 791/77, AP Nr. 49 zu § 611 BGB Dienstordnungs-Angestellte; BAG v. 26.09.1984, 4 AZR 608/83, DB 1985, 343.

407 Vgl. unter 3. Kapitel B. V. 5.

recht ausgeschlossen sind[408]. Dies korrespondiert mit der Tatsache, dass Tarifverträge ohnehin für diese Personengruppen nicht anwendbar sind. Gleiches gilt für Beschäftigte im öffentlichen Dienst, die aufgrund Ernennung und Berufung und auf Grundlage eines Anstellungsvertrages beschäftigt werden[409]. Hiervon gibt es allerdings wieder zahlreiche Ausnahmen, wie bspw. für Lehrer, Angestellte der polnischen Staatsbahn PKP oder der Post[410]. Für diese gilt das Streikrecht nicht[411].

Zweifelsohne wird aber der Schutz der Interessen derjenigen **Angestellten im öffentlichen Dienst**, deren Beschäftigungsverhältnis auf einem Arbeitsvertrag beruht und für die nach Art. 239 KP keine Tarifbindung besteht, durch Art. 239 KP nicht gewährleistet. Anders als Beamte und Beschäftigte auf der Grundlage von Berufung und Ernennung stehen diese in keinem besonderen öffentlich-rechtlichem Gewalt- und Treueverhältnis zum Staat. Da sie vom Staat auf privatvertraglicher Grundlage beschäftigt werden, bedürfen sie auch einer kollektiven Interessenwahrnehmung, welche den Abschluss von Tarifverträgen beinhaltet. Das **deutsche Tarifrecht** gewährleistet auch den Angestellten im öffentlichen Dienst das Koalitionsrecht. Diskrepanzen zwischen Tarifvertragsinhalt und Regelungen einer Dienstordnung werden zugunsten der Dienstordnung als abschließend bedingendes staatliches Recht gelöst. Hintergrund des Vorrangs der Dienstregelungen ist das Interesse der Allgemeinheit an der Vereinheitlichung des öffentliches Dienstes und an einer sparsamen Haushaltsprüfung[412]. Durch eine entsprechende Lösung wäre es auch im polnischen Tarifrecht möglich, eine Tarifbindung für alle Gruppen der Angestellten im öffentlichen Dienst dem Grundsatz nach zu ermöglichen und nur - soweit im Interesse der Allgemeinheit erforderlich - im Einzelfall normativ einzuschränken. Demnach besteht kein rechtliches Bedürfnis, diese Personengruppe von dem verfassungsrechtlich garantierten Recht zum Abschluss von Kollektivvereinbarungen auszunehmen[413]. Eine Beschränkung der Tarifautonomie auf die haushaltsrechtlich zur Verfügung stehenden Mittel sowie überwiegende Interessen der Allgemeinheit hätte zum Schutz des Staates vor einer wirtschaftlichen Überlastung und des Gemeinwohls als milderes Mittel genügt. Denn durch dieses Mittel könnte der Steigerungsprozess der Besoldung unter Kontrolle gehalten werden[414] bzw. würden die Belange des Allgemeinwohls ausreichend geschützt.

---

[408] Vgl. unter 3. Kapitel B. V. 5. d.

[409] Lewandowski, PiZS 2001, 7.

[410] Salwa, Art. 239, 403.

[411] Vgl. hierzu 3. Kapitel B. V. 5. f. (3).

[412] BAG v. 25.04.1979, 4 AZR 791/77, AP Nr. 49 zu § 611 BGB Dienstordnungs-Angestellte; BAG v. 26.09.1984, 4 AZR 608/83, DB 1985, 343; Wiedemann - Wiedemann, § 1, Rn. 913.

[413] Im Ergebnis ebenso Florek/Zielinski, Rn. 474; a.A. Lewandowski, PiZS 2001, 7.

[414] FS-Däubler - Wratny, 603.

(3) Tariffähigkeit

Überbetriebliche Tarifverträge

Tarifparteien sind bei **überbetrieblichen Vereinbarungen** die zuständigen Gewerkschaften und Arbeitgeberverbände (Art. 241 $_{14}$ § 1 KP), während bei Haustarifverträgen neben den Betriebsgewerkschaften der Arbeitgeber selbst Tarifpartei ist[415]. Tariffähig sind grundsätzlich alle Gewerkschaften, deren Mitglieder von dem Tarifvertrag erfasst sein sollen, solange sie gemeinschaftlich, d.h. einstimmig, handeln[416]. Andernfalls sind nur „repräsentative" Gewerkschaften tariffähig, die aber ebenfalls gemeinschaftlich tätig werden müssen. Als **repräsentativ** für den Abschluss von überbetrieblichen Tarifverträgen gelten Gewerkschaften und Gewerkschaftsverbände gemäß Art. 241 $_{17}$ KP, wenn sie über 500.000 Mitglieder haben oder mindestens 10 %, wenigstens aber 10.000 der von dem Tarifvertrag umfassten Beschäftigten, Mitglieder der Gewerkschaft sind oder der größte Anteil der von den Tarifverhandlungen betroffenen Arbeitnehmer Mitglieder der Gewerkschaft sind Art. 241 $_{17}$ § 1 KP.

Betriebstarifverträge

Bei **Haustarifverträgen** galten bis zum Jahr 2000 diejenigen Gewerkschaften als repräsentativ, die mindestens 50 % der Belegschaft zu ihren Mitgliedern zählten. Es genügte, wenn mehrere Gewerkschaften zusammen 50 % erreichten und gemeinschaftlich in den Tarifverhandlungen auftraten. Folge war, dass in einem Betrieb, in dem weniger als 50 % der Belegschaft gewerkschaftlich organisiert waren bzw. gar keine gewerkschaftliche Organisation bestand, kein Haustarifvertrag vereinbart werden konnte. Hierin wurde eine Schwäche der gesetzlichen Regelungen offenbar. Sie resultierte aus dem Bestreben des Gesetzesgebers, trotz der Pluralität der gewerkschaftlichen Arbeitnehmervertretung einen Modus zu finden, der die Gewerkschaften untereinander vor Diskriminierung schützte[417]. Im Ergebnis führte sie aber dazu, dass in einem solchen Fall lediglich die gesetzlichen Mindestbedingungen Anwendung fanden bzw. der Arbeitgeber seine Interessen gegenüber einer uneinheitlich in den Tarifverhandlungen auftretenden Gewerkschaftsseite besser durchsetzen konnte.

Diese Rechtslage wurde durch die **Reform im Jahr 2000**[418] zugunsten derjenigen Betriebsgewerkschaften geändert, die einer repräsentativen überbetrieblichen Gewerkschaft i. S. d. Art. 241 $_{17}$ KP angehören. Gemäß Art. 241 $_{25}$ KP gelten diese auch für den Abschluss von Haustarifverträge als repräsentativ, wenn mindestens 7 % der Belegschaft Mitglieder der Gewerkschaft sind. Für eine unabhängige Betriebsgewerkschaft genügt zur Repräsentativität nunmehr, dass lediglich 10 % der Belegschaft in dieser organisiert sind. Sind in einem Unternehmen mehrere Gewerk-

---

415 Sieg/Prujszczyk, Rn. 9.

416 Lewandowski - Goździewicz, S. 99.

417 Goździewicz, S. 99 f.

418 Gesetz v. 09.11.2000, Dz. U. 2000, Nr. 107, Pos. 1127.

schaften tätig, die obige Voraussetzungen nicht erfüllen, so ist diejenige Gewerkschaft zum Abschluss eines Haustarifvertrages berechtigt, zu der die meisten Arbeitnehmer gehören. Allerdings sind für die Repräsentativität auf Betriebsebene nur diejenigen Gewerkschaftsmitglieder mit einzubeziehen, die mindestens sechs Monate vor Beginn der Verhandlungen über eine Kollektivvereinbarung Mitglied geworden sind[419]. Demnach können nunmehr in jedem Betrieb, in dem Gewerkschaften tätig sind, Haustarifverträge unabhängig von deren Organisationsgrad vereinbart werden.

(4) Folgerungen

Aus der differenzierenden Regelung lassen sich **Rückschlüsse auf die Gewerkschaftsstruktur** Polens ziehen.

Richtigkeitsgewähr, Normativbefugnis und Tarifkonkurrenz

Der Abschluss von sachgerechten Tarifverträgen, welche der Interessenslage beider Arbeitsvertragsseiten gerecht werden, ist nur dann zu erreichen, wenn ein Kräftegleichgewicht zwischen diesen besteht. Andernfalls kann nicht gewährleistet werden, dass ausgeglichene und damit die Arbeitnehmer nicht benachteiligende Tarifnormen ausgehandelt werden können. In solch einem Fall wäre die **Richtigkeitsgewähr**, also die im deutschen Tarifrecht gleichfalls geltende Garantie des Gleich- und Gegengewichtsprinzips der Tarifparteien[420], für die Kollektivvereinbarung nicht gegeben. Denn von der Richtigkeitsgewähr eines Tarifvertrages ist nur dann auszugehen, wenn die sozialen Gegenspieler jeweils über eine hinreichende Machtposition und Druckfähigkeit verfügen[421]. Ebenso wenig wäre es folglich gerechtfertigt, Tarifnormen unmittelbare und zwingende Wirkung wie Gesetzesnormen einzuräumen. In dem er gesetzliche Mindestvoraussetzungen für die Tariffähigkeit festgeschrieben hat, versuchte der polnische Gesetzgeber ein ausgeglichenes Kräfteverhältnis zwischen Arbeitgeberseite und Gewerkschaften zu erreichen.

Der Begriff der Repräsentativität wird im **deutschen Arbeitsrecht** für die Beurteilung der Frage, wann eine Arbeitnehmervertretung zum Abschluss eines Tarifvertrages bemächtigt ist, nicht herangezogen. Allerdings muss eine Gewerkschaft bzw. eine gewerkschaftliche Spitzenorganisation aufgrund der dargestellten Grundsätze, die auch auf das deutsche Tarifrecht Anwendung finden, **tariffähig**, d.h. machtvoll genug sein, um ein gewisses Gegengewicht gegenüber den Arbeitgebern darzustellen und dadurch die strukturelle Unterlegenheit der einzelnen Arbeitnehmer beim Abschluss von Arbeitsverträgen durch kollektives Handeln auszugleichen[422]. Hierzu genügt es, wenn die Durchsetzungsfähigkeit einer Arbeitnehmervereinigung in ei-

---

[419] Lewandowski, PiZS 2001, 7.

[420] Löwisch/Rieble, TVG Grundl., Rn. 47ff.; Wiedemann - Wiedemann, § 1 Rn. 216.

[421] BVerfG v. 20.10.1981, 1 BvR 404/78, AP TVG § 2 Rn. 36; ErfK - Schaub, § 2 TVG Rn. 10.

[422] BVerfG v. 26.06.1991, 1 BvR 779/85, BVerfGE 84, 212; vgl. zur Problematik der Tariffähigkeit von Gewerkschaften auch Kempen/Zachert, § 2 TVG, Rn. 5 ff.

nem zumindest nicht unbedeutenden Teil des von ihr in Anspruch genommenen Zuständigkeitsbereichs besteht[423].

Die Repräsentativität der polnischen Gewerkschaften muss umso dringender gewährleistet sein, als den repräsentativen Gewerkschaften die erweiterte Normativbefugnis zum Abschluss von Tarifvereinbarungen für alle vom Tarifinhalt betroffenen Arbeitnehmer zukommt. Die Normativbefugnis schließt - wie dargestellt - auch diejenigen Beschäftigten ein, die entweder einer nicht-repräsentativen Gewerkschaft angehören oder nicht gewerkschaftlich organisiert sind. Außerdem werden die handelnden Gewerkschaften dazu angehalten, beim Abschluss von Tarifverträgen einheitlich tätig zu werden[424]. Soll beispielsweise ein Branchentarifvertrag von den zuständigen und repräsentativen Gewerkschaften für alle Beschäftigten in der betreffenden Branche abgeschlossen werden, müssen die Gewerkschaften u. U. widerstreitende Interessen überwinden und Einvernehmen erzielen. Andernfalls können sie keine starke Verhandlungsposition einnehmen und folglich die Interessen der Arbeitnehmer nicht angemessen durchsetzen.

Im **deutschen Arbeitsrecht** können hingegen dem Grundsatz nach **mehrere Tarifverträge in derselben Branche bzw. in einem Betrieb** Anwendung finden, da jede Gewerkschaft allein für ihre Mitglieder Vereinbarungen mit der Arbeitgeberseite treffen kann[425]. Ebenso ist eine Gestaltung möglich, nach welcher der Arbeitgeber Mitglied in mehreren Arbeitgeberverbänden ist. Ein solcher Fall kann sich beispielsweise ergeben, wenn ein Arbeitgeber mehrere Betriebe hat, für die fachlich und räumlich verschiedene Verbände tarifzuständig sind. Wenn in einem solchen Fall die Tarifzuständigkeiten der Arbeitgeberverbände bzw. der Geltungsbereich der abgeschlossenen Tarifverträge nicht exakt von einander abzugrenzen sind, kann es zu Überschneidungen kommen[426]. Ferner ist - allerdings sehr selten - eine Doppelmitgliedschaft im Falle eines Verbandswechsels möglich. Häufig tritt auch nach einem Betriebsübergang in Folge der Bestimmung des § 613 a Abs. 1 Satz 2 BGB die Situation ein, dass für die einzelnen Mitarbeiter jeweils andere Tarifverträge gelten und dadurch eine Tarifzersplitterung innerhalb eines Betriebs entsteht.

Tarifdisziplin

Die Regelungen zur Gewerkschaftskonkurrenz bei polnischen Arbeitgebern dienen zum zweiten der **Tarifdisziplin**: Gewerkschaften, die sich untereinander auf eine einheitliche Verhandlungsposition nicht einigen können, müssen repräsentativen Gewerkschaften den Vortritt lassen. Können sich letztere ebenfalls nicht einig werden, kommt eine Tarifvereinbarung nicht zustande. Die Möglichkeit, die Vereinbarung eines Tarifvertrages durch eine Gewerkschaft zu blockieren, wurde durch die Neuregelung der Repräsentativitätsvoraussetzungen reduziert, wenn auch nicht ab-

---

[423] BAG v. 28.03.2006, 1 ABR 58/07, Pressemitteilung Nr. 19/06, bzgl. der Tariffähigkeit der Christlichen Gewerkschaft Metall (CGM).

[424] Salwa, Art. 241 2, 408.

[425] MüHdB ArbR - Löwisch/Rieble, § 255, Rn. 66.

[426] Löwisch/Rieble, § 4 TVG Rn. 116.

geschafft[427]. Es liegt demnach weiterhin an den verschiedenen Gewerkschaften, eine einheitliche Verhandlungsposition vorher zu beschließen und eine Zersplitterung ihrer Interessen zu verhindern. Darüber hinaus garantieren die Bestimmungen, dass eine möglichst große Anzahl der Arbeitnehmer das Handeln der Gewerkschaft legitimiert. Nicht zuletzt wird auch die Position der größten Gewerkschaftsverbände, insbesondere der OPZZ und NSZZ Solidarność, gestärkt[428], die geringere Anforderungen erfüllen müssen als unabhängige Betriebsgewerkschaften, um als repräsentativ zu gelten.

Minderheitenschutz

Trotz der offensichtlichen Vorteile der Regelungen, begegnen ihnen insbesondere im Hinblick auf den **Minderheitenschutz** Bedenken. In den Bereichen und Betrieben, in den die Großgewerkschaften tätig sind, ist es für mitgliederschwächere Gewerkschaften kaum möglich, eine eigene, durchsetzbare Verhandlungsposition einzunehmen. Der schematische Ausschluss von mitgliederschwachen Gewerkschaften anhand der Prozentgrenzen ist aber vertretbar, um die Funktionsfähigkeit der kollektivrechtlichen Gewerkschaftstätigkeit aufrecht zu erhalten. Andernfalls besteht ein hohes Risiko, dass gar keine Einigung auf Seiten der Arbeitnehmervertreter erreicht werden kann und somit kein Tarifvertrag zustande kommt.

Tarifgeltung für nicht gewerkschaftlich organisierte Arbeitnehmer

Aus Sicht des deutschen Arbeitsrechts ist überdies die Kompetenz der Gewerkschaften zum Abschluss von **Tarifverträgen** auch **für Außenseiter-Arbeitnehmer** fragwürdig. Zwar muss stets ein Bezug zwischen Gewerkschaft und den Beschäftigten eines Betriebs, für den der Tarifvertrag geschlossen wird, bestehen. Das bedeutet, dass die Betriebsgewerkschaft bei einem Betriebstarifvertrag oder die landesweit wirkende Gewerkschaft bei einem überbetrieblichen Tarifvertrag nur für den Betrieb bzw. die Betriebe einen Tarifvertrag schließen kann, in dem sie vertreten ist[429]. Kernproblem ist aber die Beschränkung der Koalitionsfreiheit, Art. 59 Abs. 1 Verf. 1997, genauer der negativen Koalitionsfreiheit, also des Rechts, keiner Gewerkschaft beizutreten. Dieses Recht wird dadurch berührt, dass für nicht gewerkschaftlich organisierte Arbeitnehmer dennoch Kollektivvereinbarungen getroffen werden können.

Diese Möglichkeit besteht im **deutschen Arbeitsrecht** nur für die Vereinbarung von **Betriebsvereinbarungen** sowie im Tarifvertragsrecht aufgrund einer **Allgemeinverbindlichkeitserklärung** oder eines einvernehmlichen, **einzelvertraglichen Verweises** auf einen Tarifvertrag sowie gemäß § 3 Abs. 2 TVG für Tarifregelungen über betriebliche und betriebsverfassungsrechtliche Fragen. Die einzelvertraglichen Verweisungsklauseln sind Ausfluss der Vertragsfreiheit. Sie fördern die Gleichbehandlung aller Beschäftigten eines Betriebs[430] und folglich auch den Betriebsfrie-

---

[427] Lewandowski, PiZS 2001, 7.

[428] Florek/Zieliński, Rn. 472.

[429] Matey – Salwa, S. 71.

[430] Wiedemann - Oetker, § 3 Rn. 210 ff.

den. Allgemeinverbindlichkeitserklärungen dienen dem Allgemeinwohl sowie sozialpolitischen Zwecken[431] und greifen daher zurecht in die negative Koalitionsfreiheit ein[432]. Die gleichen Zwecke verfolgen auch die entsprechenden Rechtsinstitute des polnischen kollektiven Arbeitsrechts.

Der Regelung zur Einbeziehung aller Arbeitnehmer ohne Rücksicht auf eine fehlende Gewerkschaftsmitgliedschaft in einen Tarifvertrag kommt **§ 3 Abs. 2 TVG** am nächsten. Dieser regelt, dass die sog. **Betriebsnormen**, also Rechtsnormen des Tarifvertrages über betriebliche und betriebsverfassungsrechtliche Fragen, für alle Betriebe gelten, deren Arbeitgeber tarifgebunden sind, ohne dass dies eine Tarifbindung der Arbeitnehmer voraussetzen würde. Während das BAG aber den sachlichen Anwendungsbereich des § 3 Abs. 2 TVG der betrieblichen Arbeitsorganisation und Ordnung restriktiv auslegt[433], können im polnischen kollektiven Arbeitsrecht alle zulässigen Tarifinhalte außer den in Art. 239 § 3, 240, 241 26 § 2 KP enthaltenen Ausnahmen für alle Arbeitnehmer tariflich vereinbart werden. Die Tarifinhalte des § 3 Abs. 2 TVG können Regelungsinhalte des § 87 Abs. 1 BetrVG betreffen, die durch Betriebsvereinbarung mit dem Betriebsrat für alle Arbeitnehmer eines Betriebes ohnehin unabhängig von deren gewerkschaftlicher Organisation vereinbart werden können. Es müssen aber tatsächliche Gründe vorliegen, welche eine individualvertragliche Regelung evident unzweckmäßig erscheinen lassen[434]. Demnach handelt es sich allein um Regelungsinhalte, die sinnvollerweise in einem Betrieb einheitlich geregelt sein müssen. Dies rechtfertigt wiederum die Einschränkung der negativen Koalitionsfreiheit durch einfachgesetzliche Regelungen in den Grenzen des Verhältnismäßigkeitsgrundsatzes[435]. Das polnische Tarifrecht geht über das Erfordernis einheitlicher Kollektivregelungen der Arbeitsorganisation und Betriebsordnung weit hinaus. Es schränkt die negative Koalitionsfreiheit zur Regelung aller Arbeitsbedingungen soweit ein, dass sie für nicht gewerkschaftlich organisierte Arbeitnehmer, für welche die Tarifparteien die Anwendung eines Tarifvertrages vereinbaren, faktisch ausgehöhlt werden kann, ohne dass hierfür die differenzierten Voraussetzungen einer Allgemeinverbindlichkeitserklärung erfüllt werden müssten. Der polnische Gesetzgeber überlässt den Tarifparteien die Entscheidung darüber, ob die Koalitionsfreiheit von Außenseitern durch entsprechende Ausgestaltung des persönlichen Anwendungsbereichs eines Tarifvertrages tangiert wird oder nicht. Diese Folge ist kein Scheinproblem, da in der Tarifpraxis eine Tendenz erkennbar ist, Betriebstarifverträge für alle Arbeitnehmer eines Betriebs[436] - also auch für Außenseiter - zu vereinbaren. Aufgrund des weiten sachlichen Regelungsbereichs von Tarifverträgen[437] kann diese Beschränkung der in Art. 59 Verf. 1997 garantierten Koalitionsfreiheit nicht allein dadurch gerechtfertigt werden, dass Betriebsgewerkschaf-

---

431 Wiedemann - Wank, § 5 Rn. 1 ff.

432 BVerfG v. 24.05.1977, 2 BvL 11/74, AP Nr. 15 zu § 5 TVG

433 BAG v. 26.04.1990, AP GG Art. 9 Nr. 57.

434 BAG v. 26.04.1990, AP GG Art. 9 Nr. 57.

435 Vgl. Wiedemann - Oetker, § 3 Rn. 136.

436 Towalski, Eironline 2004, Dok. PL0411105F.

437 Vgl. hierzu unter 3. Kapitel B. V. 4. a. (5).

ten in Polen Aufgabe des Betriebsrats ausfüllen und somit auch Inhalte von Betriebsvereinbarungen (§§ 87, 88 BetrVG) durch Betriebstarifvertrag für alle Beschäftigten eines Betriebs einheitlich regeln dürfen.

(5) Inhalt von Tarifverträgen

Allgemeines

Bei der Verhandlung und Vereinbarung von Tarifregelungen obliegen den **Tarifvertragsparteien gegenseitige Pflichten**. Zu den wesentlichen Grundsätzen gehören: die Pflicht zur Aufnahme von Tarifverhandlungen (Art. 241 2 3 KP), wenn eine Partei dies der anderen anträgt; der Loyalitätsgrundsatz, also die Verpflichtung der Vertragsparteien, die Verhandlungen im guten Glauben und unter Beachtung der berechtigten Interessen der anderen Vertragsseite zu führen (Art. 241 3 § 1 KP); die Pflicht des Arbeitgebers, den Gewerkschaften die zum Abschluss des Tarifvertrages notwendigen Informationen über dessen wirtschaftliche Situation zu erteilen (Art. 241 4 § 1 KP) sowie die Pflicht der Gewerkschaften, die Unternehmensgeheimnisse nach den Vorschriften über die Bekämpfung von unlauterem Wettbewerb zu wahren (Art. 241 4 § 2 KP). Ferner besteht die Pflicht zur Information aller Gewerkschaften, welche die von dem Tarifvertrag betroffenen Arbeitnehmer vertreten (Art. 241 4 § 2 KP). Hierbei handelt es sich um eine Besonderheit des polnischen Tarifrechts, die Folge der Gewerkschaftspluralität ist.

Regelungsumfang

Erfüllen die Tarifvertragsparteien die dargestellten Grundsätze, gewährt ihnen des KP einen **sehr weiten sachlichen Regelungsbereich** für Tarifverträge. Dies stellt eine bedeutende inhaltliche Änderung gegenüber dem Tarifvertragsrecht des sozialistischen KP dar. Grundsätzlich können die Arbeitsbedingungen und die gegenseitigen Pflichten aus dem Arbeitsverhältnis in Tarifverträgen umfassend geregelt werden, Art. 240 § 1, 2 KP. Inhalt von Tarifverträgen können somit alle Arbeitsbedingungen sowie Rechte und Pflichten aus dem Arbeitsverhältnis sein, die andernfalls in einem Individualarbeitsvertrag geregelt würden[438]. Die Kollektivparteien können sich auch auf diejenigen Pflichten eines Arbeitnehmers einigen, deren Beachtung als so wesentlich vereinbart wird, dass deren Verletzung zur Kündigung des Arbeitnehmers berechtigt.

Der **weite Regelungsbereich** von Tarifverträgen ergibt sich zum einen aus der Koalitionsfreiheit, die es den Arbeitnehmern in Zusammenarbeit mit der Arbeitgeberseite ermöglichen soll, die kollektivrechtlichen Bedingungen der Arbeitsverhältnisse selbständig zu gestalten. Zum anderen können für ein solches Begriffsverständnis Rückschlüsse aus den Vorschriften des Gesetzes über die Beilegung von Kollektivstreitigkeiten (KolStrG)[439] gezogen werden. Gemäß Art. 1 KolStrG kann das formelle kollektive Streitverfahren über alle Rechte und Pflichten der gewerk-

---

[438] Salwa, Art. 240 KP, S. 405.

[439] Zu den Einzelheiten vgl. 3. Kapitel B. V. 5.

schaftlich organisierten Arbeitnehmer (z. B. bezüglich Arbeits- und Entgeltbedingungen, Sozialleistungen, Koalitionsfreiheit) geführt werden. Es wäre zumindest nicht zielführend, wenn über diese Regelungsbereiche nicht auch Tarifvereinbarungen als das Arbeitsverhältnis weniger belastende Mittel vereinbart werden könnten. Im Übrigen verpflichtet der Gesetzgeber die Parteien in Art. 9 KolStrG, im Streitfall zunächst eine Vereinbarung zur Lösung des Konfliktfalls zu suchen. Hier ist insbesondere der Abschluss eines Tarifvertrages denkbar. Der gesetzlich bestimmte sachliche Regelungsbereich für Tarifverträge entspricht somit im Wesentlichen dem gem. § 1 Abs. 1 TVG sehr weiten Regelungsbereich, der nach dem **deutschen Tarifrecht** den Tarifparteien eröffnet ist. Hierzu gehören neben Rechten und Pflichten der Tarifvertragsparteien insbesondere die sog. Inhaltsnormen eines Arbeitsverhältnisses, aber auch Vorschriften über Abschluss und Beendigung von Arbeitsverhältnissen. Ferner können Tarifverträge nach deutschem Recht auch über den Gegenstand, der Inhalt von Arbeitsverträgen sein kann, hinausgehen, da darin auch betriebliche und betriebsverfassungsrechtliche Aspekte festgelegt werden können[440].

Einschränkungen - Rechtslage bis zum Jahr 2000

Allerdings galten **bis Ende des Jahres 2000** einige gesetzliche Regelungen zwingend, so dass von diesen nicht durch tarifliche Regelung abgewichen werden durfte[441]. Dies galt nach Art. 240 § 3 KP a.F. für den besonderen Kündigungsschutz, den Wiedereinstellungsanspruch, die Disziplinar- und Ordnungspflichten innerhalb des Arbeitsverhältnisses, den Mutterschafts- und Erziehungsurlaub sowie den Schutz des Mindesteinkommens. Diese **Einschränkungen des sachlichen Regelungsbereichs** der Tarifvereinbarungen ist in der Literatur auf Kritik gestoßen, weil die Bereichsausnahmen nicht nachvollziehbar waren[442] und überdies mit Art. 6 Pkt. 2 der Sozialcharta des Europarates und mit den Konventionen Nr. 87 und 98 MOP nicht im Einklang standen[443]. Aufgrund des Anwendungsvorrangs der Konventionen nach Art. 91 Abs. 2 Verf. 1997 war Art. 240 § 3 KP a. F. nach Inkrafttreten der polnischen Verfassung von 1997 ohnehin nicht mehr anwendbar[444]. Dennoch musste diese Rechtslageauch normativ umgesetzt werden.

Einschränkungen - Rechtslage seit dem Jahr 2000

Mit der **Reform des KP im Jahr 2000** wurde die Regelung daher gestrichen. Begrenzt wird der Inhalt von Tarifbestimmungen gem. Art. 240 § 3 KP n. F. nur noch insoweit, als Tarifverträge die **Rechte Dritter** nicht verletzen dürfen. Diese Einschränkung ist z. B. im Hinblick auf die Streichung der Bereichsausnahme zur Regelung des Erziehungsurlaubs notwendig, denn durch tarifliche Bestimmungen dürfen der Sozialversicherungsanstalt (ZUS) keine zusätzlichen Leistungen aufgebürdet werden. Darüber hinaus besteht für Beschäftigte, die aus Mitteln der öffentlichen

[440] Kempen/Zachert-Zachert, § 1 TVG Rn. 60 ff.

[441] Siehe Darstellung der Fallgruppen bei Florek/Zieliński, Rn. 477.

[442] FS-Däubler - Wratny, 603; Florek, PiP 1994, 7; Lewandowski, PiZS 2001, 7.

[443] Florek, PiP 1994, 7; Lewandowski, PiZS 2001, 7.

[444] SN v. 07.12.1999, I PKN 438/99, OSNAPiUS 2000, 475.

Hand vergütet werden, die weitere Einschränkung, dass tarifliche Leistungen nur im Rahmen der im **Haushaltsplan** zur Verfügung gestellten Mittel vereinbart werden können, Art. 240 § 3 KP n. F.[445].

Im Hinblick auf tarifliche Vergütungsregelungen ist auch Art. 241 26 § 2 KP zu beachten, wonach solche Vereinbarungen nicht für **leitende Angestellte** i. S. d. Art. 128 § 2 Abs. 2 KP geschlossen werden dürfen. Leitende Angestellte führen delegierte Aufgaben des Arbeitgebers aus und sind folglich der Sphäre des Arbeitgebers zuzuordnen, so dass auch Vergütungsfragen in der Regel im Rahmen individueller Vertragsverhandlungen geregelt werden. Es wäre demnach nicht interessengerecht, die Vergütung leitender Angestellter durch beide Kollektivparteien festlegen zu lassen. Mit dem Sphärenargument lässt sich im **deutschen Arbeitsrecht** auch begründen, warum leitende Angestellte keine Arbeitnehmer i.S.d. Betriebsverfassungsgesetzes sind (§ 5 BetrVG) und deshalb keine Betriebsvereinbarungen zur Regelung ihrer Arbeitsverhältnisse getroffen werden können. Ein Tarifausschluss besteht hingegen grundsätzlich nicht. Allerdings schließen die meisten Tarifverträge im persönlichen Anwendungsbereich leitende Angestellte aus. Eine wesentliche Ausnahme gilt dabei für Tarifverträge, welche die betriebliche Altersteilzeit näher regeln[446]. Im Übrigen sind gerade tariflich bestimmte Vergütungsregelungen für leitende Angestellte ohne Belang, da diese in der Regel eine deutlich höhere Vergütung arbeitsvertraglich vereinbart haben werden, als dies in Tarifverträge vorgesehen sind.

Auswirkungen auf die Tarifentwicklung

Fraglich ist jedoch, ob der erweiterte Regelungsbereich von den Tarifparteien genutzt wird und der reformierten Vorschrift **praktische Relevanz** zukommt.

- Allgemeines

Das KP enthält bereits detaillierte, gesetzliche Regelungen zum besonderen Kündigungsschutz (Art. 39 ff. KP)[447] sowie - im Vergleich zum deutschen Recht - großzügige Bestimmungen zum Mutterschutz und Erziehungsurlaub (Art. 176 – 189 1 KP)[448]. Dieser Regelungsbereich ist daher selten Gegenstand weitergehender tarifli-

---

[445] Dz. U. 2002, Nr. 135 Pos. 1146.

[446] Rittweger/Petri/Schweikert, § 2 ATzG, Rn 45; Diller, NZA 1998, 792.

[447] Vgl. hierzu Anmerkungen zu Kündigung und Mitbestimmung der Betriebsgewerkschaften 3. Kapitel B. V. 6. c. (2).

[448] Bereits das sozialistische KP hatte einen hohen Schutzstandard vorgesehen. Regelungslücken, insbesondere im Hinblick auf internationale Schutzstandards, wurden nach der Wende wie folgt geschlossen: Kündigungsverbot in der Schwangerschaft und Elternzeit mit Ausnahme des ersten Monats der Probezeit sowie des ersten Monats eines befristeten Arbeitsvertrages (Art. 177 § 1-3 KP); Zusicherung von Sozialleistungen für Schwangere und Frauen im Mutterschaftsurlaub bei Insolvenz oder Liquidation des Beschäftigungsbetriebs (Art. 177 § 4 KP) in Übereinstimmung mit der Konvention Nr. 104 der MOP; Verbot von Nachtarbeit, Überstunden sowie der Versetzung an einen anderen Arbeitsplatz entgegen dem Willen einer Arbeitnehmerin oder des erziehenden Arbeitnehmers während der ersten vier Lebensjahre ihres Kindes (Art. 178 § 2); Gleichstellung von Frauen und Männern bzgl. der arbeitsrechtlichen Schutznormen während der Elternzeit (Art. 189 1

cher Bestimmungen[449]. Die weitere Ausdehnung des Kündigungsschutzes ist im Rahmen von Sozialpaketen, z. B. als Verzicht auf betriebsbedingte Kündigungen, als Beschäftigungsgarantie denkbar und wurde im Rahmen der Vereinbarungen der Dreiparteiensektorengruppen für die Metall- und Stahlindustrie vereinbart[450]. Disziplinar- und Ordnungspflichten der Arbeitsvertragsparteien sind ebenfalls umfangreich im KP geregelt, so dass auch insoweit keine Notwendigkeit für zusätzliche tarifliche Regelung besteht[451].

- Vergütung und geldwerte Leistungen

Die größte Bedeutung kommt hingegen - wie auch im deutschen Tarifsystem[452] - Tarifverträgen zu, welche die **Vergütung und zusätzliche geltwerte Leistungen** regeln[453]. Nach der Untersuchung der staatlichen Arbeitsinspektion (PIP) von 2002[454], 2003[455] und 2004[456] regeln die Betriebstarifverträge vorrangig die Tarifvergütung sowie weitere Vergütungsbestandteile, wie z. B. Boni, Jubiläums- und Rentenzulagen, Treueprämien, Sachleistungen sowie Abfindungen bei Beendigung des Arbeitsverhältnisses. Typische Tarifbestimmungen umfassen auch Eingruppierungs- und Entgelttabellen (Stunden-, Akkord- und Prämienvergütung, Provisionen)[457]. Zum arbeitsrechtlichen Vergütungsanspruch ist anzumerken, dass jedem Arbeitnehmer ohnehin zumindest die **verfassungsrechtlich garantierte Mindestvergütung** zusteht, Art. 65 Abs. 4 Verf. 1997[458]. Von den 441 Betriebstarifverträgen, welche 2003 vereinbart wurden, enthielten z. B. 181 Regelungen, welche eine höhere Vergütung für Nachtarbeit und Überstunden vorsehen als in Art. 151 1, 151 8 KP. 57 Betriebstarifverträge enthielten Tarifbestimmungen mit für die Arbeitnehmer vorteilhafteren Regelungen zur Sonn- und Feiertagsarbeit als in Art. 151 9 KP ff.[459]. Die Tarifaktivität in diesen Regelungsbereichen kann darauf zurückgeführt werden,

---

KP); Gewährung von Mutterschaftsurlaub auch für Beschäftigte, die ein Pflegekind aufnehmen (Art. 183 KP).

449 Lewandowski, PiZS 2001, 7.

450 Vgl. hierzu unter 3. Kapitel B. VI. 4. c. (2).

451 Lewandowski, PiZS 2001, 7.

452 Allein im Jahr 2004 haben die deutschen Gewerkschaften, die dem DGB angehören, neue Vergütungstarifverträge für rd. 8 Mio. Arbeitnehmer abgeschlossen. Dies entspricht etwa 40 % aller Arbeitnehmer, auf die Tarifverträge anwendbar sind. Für weitere 8 Mio. Arbeitnehmer traten im Jahr 2004 tarifliche Vergütungserhöhungen ein. Die Vergütungserhöhung fiel mit durchschnittlich 2,0 % allerdings geringer als im Jahr 2003 aus. Damals hatte die durchschnittliche Vergütungserhöhung bei 2,5 % gelegen. Quelle: Wirtschafts- und Sozialwissenschaftliches Institut, WSI; WSI-Tarifvertragsarchiv 2005.

452 Florek/Zieliński, Rn. 480; Matey – Salwa, S. 70.

453 Florek/Zieliński, Rn. 480; Matey – Salwa, S. 70.

454 PIP, Tätigkeitsbericht 2002, Appendix Nr. 26.

455 PIP, Tätigkeitsbericht 2003, Appendix Nr. 21

456 PIP, Tätigkeitsbericht 2004, Appendix Nr. 23

457 FS-Däubler - Wratny, 603

458 Diese wird in dem Gesetz über die Mindestvergütung vom 10.10.2002, Dz. U . 2002, Nr. 200 Pos. 1679 und der jeweils aktuellen Durchführungsverordnung des Ministerrates näher bestimmt.

459 PIP, Tätigkeitsbericht 2003, Appendix Nr. 21; Towalski, Eironline 2004, Dok. PL0411105F.

dass zum 25. August 2002 Änderungen des KP verabschiedet wurden[460], welche u.a. die Verringerung des gesetzlichen Überstundenzuschlags von 150 % bzw. 200 % auf maximal 50 % bzw. 100 % vorsehen. Durch die Absenkung des gesetzlichen Anspruchs besteht somit Raum für höhere tarifliche Ansprüche, soweit sich die Tarifparteien hierauf einigen können[461].

- Geringere Tarifansprüche

Allerdings ist anzumerken, dass eine deutliche Mehrzahl der im Jahr 2004 vereinbarten Tarifverträge, die seit diesem Zeitpunkt vereinbart wurden, zwar gegenüber dem KP vorteilhaftere Regelungen enthalten, gleichzeitig aber die zuvor geltenden Tarifverträge mit weitergehenden Ansprüchen der Arbeitnehmer ablösen[462]. Diese **Verringerung der Tarifansprüche** wird nicht ausschließlich dadurch erreicht, dass geringere Beträge im Rahmen der Vergütungsbestandteile vereinbart werden. In Betracht kommt auch, dass bei Jubiläumszulagen, Treueprämien und Rentenzuschlägen nicht mehr – wie bis dahin im polnischen Arbeitsrecht üblich[463] – auf die Berufsjahre abgestellt wird, sondern vielmehr auf die Betriebszugehörigkeit[464]. Prämien und Jahressonderzahlungen werden zunehmend nur noch in Abhängigkeit vom Gewinn des Arbeitgebers vereinbart oder durch Sachleistungen, z. B. aus der Produktion des Beschäftigungsbetriebs, ersetzt.

- Arbeitszeit und sonstige Arbeitsbedingungen

Häufiger Inhalt von Tarifverträgen sind nach Erkenntnis der PIP auch Regelungen zur **Arbeitszeit**, insbesondere verschiedene Arbeitszeitmodelle[465], die Arbeitszeitverteilung sowie Ausgleichszeiträume und Urlaubsansprüche. Dennoch ist in den letzten Jahren eine Tendenz dahin gehend festzustellen, diese Arbeitsbedingungen nicht tarifvertraglich, sondern im Rahmen einer **Arbeitsordnung** (*regulamin pracy*)[466] festzulegen, da diese einfacher den aktuellen betrieblichen Belangen ange-

---

[460] Dz.U. 2002, Nr. 135, Pos. 1146; vgl. auch 3. Kapitel B. VI. 3. d.

[461] Einen wesentlichen Unterschied zum deutschen Verständnis von Überstunden statuiert Art. 129 § 1 KP. Während nach deutschem Recht Arbeitsstunden, die über die im Rahmen der durch Einzelarbeitsvertrag, Tarifvertrag oder Betriebsvereinbarung bestimmten regelmäßigen Arbeitszeit hinausgehen, Überstunden darstellen (BAG 10.06.1995, Az. 4 AZR 567/56, BB 1959, 920; ErfK-Preis, § 611 BGB Rn. 825; Henssler/Willemsen/Kalb - Thüsing, § 611 BGB Rn. 314), ist dies nach dem KP nicht der Fall, solange im viermonatigen Abrechnungszeitraum 40 Wochen- und acht Tagesstunden nicht überschritten werden. Das bedeutet, dass eine Bewertung von grundsätzlich nach Art. 151 I § 1 KP mehr zu vergütenden Arbeitsstunden erst nach Ablauf und Bewertung des Abrechnungszeitraums erfolgen kann. Geschützt werden die Arbeitnehmer aber vor einer übermäßigen Beanspruchung durch die Begrenzung der Überstundenanzahl auf insgesamt 150 Überstunden im Kalenderjahr. Allerdings können die Kollektivparteien in einem Tarifvertrag oder einer Betriebsordnung und u.U. im Arbeitsvertrag eine abweichende Regelung treffen, Art. 151 I § 4 KP.

[462] Towalski, Eironline 2005, Dok. PL0508106F.

[463] Dies ist z. B. nach wie vor bei der Berechnung des Umfangs des jährlichen Erholungsurlaubs der Fall, Art. 154 I KP.

[464] PIP, Tätigkeitsbericht 2003, Appendix Nr. 21.

[465] Ausführlich zu den Arbeitszeitmodellen in Polen: Braun / Prusak, WiRO 2004, 38.

[466] Zu den Einzelheiten vgl. 3. Kapitel B. V. 4. c.

passt werden kann als ein Tarifvertrag. Letzterer erfordert entweder den Erlass eines Zusatzprotokolls oder die Kündigung und die Vereinbarung eines neuen Tarifvertrages sowie deren Registrierung gemäß Art. 241 11 KP. Ebenso nimmt in den letzten Jahren die Zahl tariflicher Vereinbarungen von Gesundheits- und Sicherheitsbestimmungen ab[467].

- Aussetzungsvereinbarungen

Generell kann seit der Einführung des Art. 241 27 KP ein Anstieg von **Aussetzungsvereinbarungen**, also von kollektivrechtlichen Vereinbarungen, welche vorübergehend die Anwendbarkeit eines Tarifvertrages oder einzelner Tarifbestimmungen aussetzen[468], festgestellt werden[469]: Während 2000 nur 75 Vereinbarungen dieses Inhalts registriert wurden, wuchs ihre Zahl stetig auf 303 in 2003. Dieser Trend war erstmals im Jahr 2004 rückläufig. Es wurden 176 Aussetzungsvereinbarungen getroffen. Anstatt Tarifverträge auszusetzen, wurde vermehrt die Möglichkeit genutzt, Tarifansprüche durch Zusatzprotokolle langfristig zu reduzieren[470]. Inhaltlich betreffen die Aussetzungsvereinbarungen Tarifverträge, die unmittelbare finanzielle Belastungen für den Arbeitgeber beinhalten. Dies sind insbesondere Ansprüche auf Vergütungsbestandteile, Boni, Abfindungen, über die Regelungen des Art. 92 KP hinausgehende Entgeltfortzahlung im Krankheitsfall[471], Jubiläumszulagen, zusätzliche Rentenansprüche sowie Fahrtkostenzuschüsse. Noch größer als die Zahl der Aussetzungsvereinbarungen ist die der gekündigten (2003: 424) und der einvernehmlich aufgehobenen Tarifverträge (2003: 266). Darüber hinaus berichtet die PIP auch von Verstößen in größerem Umfang gegen die geltenden tariflichen Bestimmungen, insbesondere bzgl. der Arbeitszeit, der Tarifvergütung und der Regeln zur Kündigung bestehender Tarifvereinbarungen[472].

Anzahl von Tarifverträgen

Sehr unterschiedlich ist die **Entwicklung der Anzahl von Tarifverträgen** insgesamt zu bewerten. Schließlich waren und sind Gewerkschaften aufgrund der relativ geringen gewerkschaftlichen Organisation der Mitarbeiter in vielen Betrieben gar nicht tätig. In denjenigen Betrieben, in denen aber eine oder mehrere Gewerkschaften existieren, gilt mittlerweile eine **große Anzahl von Betriebstarifverträgen**. In dem Zeitraum von 1995 bis 2003 wurden insgesamt über 12.000 Betriebstarifverträ-

---

[467] European Foundation for the Improvement of living and working conditions, Eironline 2003, Dok. PL0308104n.

[468] Zu den Einzelheiten vgl. 3. Kapitel B. V. 4. b. (5).

[469] European Foundation for the Improvement of living and working conditions, Eironline 2003, Dok. PL0308104n; PIP, Tätigkeitsbericht 2003, Appendix Nr. 21.

[470] Towalski, Eironline 2005, Dok. PL0508106F.

[471] Nach der Reform des KP 2002 (Dz. U. 2002, Nr. 199 Pos. 1673) hat ein arbeitsunfähig erkrankter Arbeitnehmer grundsätzlich nur noch Anspruch auf Entgeltfortzahlung für 33 Tagen im Kalenderjahr im Umfang von 80 % der bisherigen Vergütung.

[472] PIP, Tätigkeitsbericht 2002, Appendix Nr. 26. Demnach wurden in 18 % der untersuchten 133 Betrieben mit insgesamt rund 80.000 Beschäftigten Verstöße gegen die tariflichen Arbeitszeitvorschriften und in 50 % Unregelmäßigkeiten bei der Leistung der Tarifvergütung festgestellt.

ge, von denen ca. 9.000 derzeit in Kraft sind, sowie ca. 35.000 Zusatzprotokolle registriert[473]. Im Vergleich dazu waren in der **Bundesrepublik Deutschland** im Jahr 2004 rd. 62.000 Tarifverträge in Kraft[474]. Betrachtet man aber die Zahl der **in** Polen abgeschlossenen Betriebstarifverträge genauer, ist seit der ersten Registrierung 1995 ein deutlicher Rückgang der registrierten Tarifverträge zu beobachten:

	Insgesamt	2004	2003	2002	2001	2000	'99	'98	'97	'96	'95
Tarifverträge	12.863	328	441	310	361	498	622	614	882	1.464	7,343
Zusatzprotokolle	39.380 bis 2004	2.193	3.087	2.432	2.796	3.646	5.646	4.651	5.580	5.717	3.632

Angaben der PIP 2002 bis 2005

Die sehr hohe Zahl von Betriebstarifverträgen im Jahre 1995 ist damit zu erklären, dass erst mit Inkrafttreten der kollektivrechtlichen Änderungen des KP im Jahr 1994 in Art. 241 11 KP die Pflicht zur Registrierung von Tarifverträgen eingeführt wurde. Folglich wurden die bis dahin vereinbarten Tarifverträge ebenfalls im Jahr 1995 zur Registrierung angemeldet. Seit diesem Zeitpunkt ist die **Zahl der Tarifvereinbarungen deutlich zurückgegangen**. Ein Grund hierfür wird zum einen in dem **fehlenden Interesse der Arbeitgeber** zum Abschluss von Tarifverträgen gesehen, die es vorziehen, individuelle Vereinbarungen mit den Beschäftigten zu treffen bzw. die Arbeitsbedingungen in den flexibler zu handhabenden Arbeitsordnungen, z.B. in einer Vergütungsordnung nach Art. 77 2 KP[475], zu vereinbaren[476]. Zum anderen ist auch im Laufe der Jahre eine gewisse „Sättigung“ der Betriebe mit Tarifvereinbarungen eingetreten[477]. Die Anzahl der Tarifverträge, die erstmals in einem Betrieb vereinbart wurden, ist im Vergleich mit der Zahl solcher Tarifverträge im Jahr 2003, deutlich zurückgegangen (2003: 123; 2004: 78)[478]. Bei den übrigen Tarifverträgen handelt es sich um **Folgevereinbarungen** in Betrieben, in denen bereits ein Tarifvertrag existiert hatte. Eine Trendwende zum Abschluss von mehr Tarifverträgen in einer größeren Zahl von Betrieben ist somit auch in den letzten Jahren nicht eingetreten.

Unabhängig davon ist die absolute Zahl der Tarifverträge, die für einen Betrieb vereinbart werden, hoch. Dies ergibt sich daraus, dass mangels eines Betriebsrats

[473] Czarzasty, Eironline 2002, Dok. PL0210108f; Eironline 2003, Dok. PL0308104n; PIP, Tätigkeitsberichte 2001bis 2003.

[474] Angaben des Bundesministeriums für Wirtschaft und Arbeit, BMWA, 2005; Eironline 2005, Dok. DE 0501201 F.

[475] Vgl. hierzu 3. Kapitel B. V. 4. c. (2).

[476] Czarzasty, Eironline 2002, Dok. PL0210108f.

[477] Czarzasty, Eironline 2002, Dok. PL0210108f.

[478] PIP, Tätigkeitsberichte 2003 und 2004.

viele Regelungen, die im deutschen kollektiven Arbeitsrecht eher in Betriebsvereinbarungen getroffen werden, in Polen tarifvertraglich geregelt werden[479]. Außerdem sind zu den registrierten Betriebstarifregelungen auch diejenigen Betriebsvereinbarungen[480] hinzuzählen, welche Tarifverträge befristet aussetzen und gemäß Art. 241 27 § 2 KP der Registrierung unterliegen.

Es besteht aber ein gravierender Unterschied zur deutschen Tarifvertragssituation: In Polen wird die überragende **Mehrheit** der vereinbarten Tarifverträge auf der **Betriebsebene** vereinbart. In der Bundesrepublik Deutschland überwiegen hingegen Verbandstarifverträge[481]. In deren Geltungsbereich sind etwa 21 Millionen Arbeitnehmer beschäftigt, während nur rund vier Millionen Arbeitsverhältnisse von einem Haus-/Firmentarifvertrag erfasst sind[482]. Allerdings ist auch in Deutschland eine Tendenz zur Flexibilisierung der Tarifbedingungen zu beobachten. Neben der Anwendung von sog. Tariföffnungsklauseln[483] äußert sich dies auch in der zunehmenden Ablösung von Verbandstarifverträgen durch Haustarifverträge[484].

Tarifverträge zur Regelung freiwilliger Sozialfonds

Zahlreiche Tarifverträge enthalten Regelungen zum betrieblichen Sozialfonds. Die Voraussetzungen für die Verpflichtung zur Einrichtung eines betrieblichen Sozialfonds regeln zwar ein entsprechendes Gesetz (SozialfondsG)[485] und die Verordnung des Ministers für Arbeit und Sozialpolitik über die Höhe des Beitrags für den betrieblichen Sozialfonds[486]. Die Leistungsgrundsätze werden durch die Arbeitsordnung zwischen dem Arbeitgeber und der Betriebsgewerkschaft festgelegt, Art. 8 Abs. 2 SozialfondsG i V. m. Art. 27 Abs. 1, 30 Abs. 5 GewerkG. Die Umsetzung gegenüber dem Arbeitnehmer erfolgt dann durch den Arbeitgeber, Art. 27 GewerkG. Allerdings können die Kollektivparteien den Umfang der Beiträge bei **freiwilligen betrieblichen Sozialfonds durch Tarifvertrag** gestalten oder bestimmen, dass kein Sozialfonds eingerichtet wird, Art. 4 Abs. 1 SozialfondsG. Anders als bei Sozialeinrichtungen nach § 87 Abs. 1 Nr. 8 BetrVG[487] unterliegt somit bereits die

---

[479] Zu den Einzelheiten vgl. 3. Kapitel B. V. 4. a. (5).

[480] Von den 2.742 Betriebstarifverträgen und Änderungsprotokollen zu Betriebstarifverträgen hatten 239 das Aussetzen von Tarifbestimmungen zum Inhalt. Quelle: PIP, Tätigkeitsbericht 2002, Appendix Nr. 26.

[481] Nach den Ergebnissen einer Untersuchung von *Ellguth/Kohaut* für das Jahr 2004 findet in 41 % der westdeutschen und 19 % der ostdeutschen Betriebe ein Verbandstarifvertrag Anwendung. Ein Haustarifvertrag besteht hingegen lediglich in 2 % der westdeutschen und 4 % der ostdeutschen Betriebe. Dies bedeutet, dass 61 % der westdeutschen und 41 % der ostdeutschen Arbeitnehmer von dem Anwendungsbereich eines Verbandstarifvertrages umfasst sind. Ein Haustarifvertrag findet hingegen lediglich für 7 % der westdeutschen und 12 % der ostdeutschen Arbeitnehmer Anwendung. Quelle: WSI-Mitteilungen 58, S. 389 ff.

[482] Bundesministerium für Wirtschaft und Arbeit, Tarifregister 2004, S. 5 ff.

[483] Zu diesen vergleiche 3. Kapitel B. V. 4. a. (6) (e).

[484] Zachert, AiB 2006, 166.

[485] Gesetz v. 04.03.1994, Dz. U. 1996, Nr. 70, Pos. 335.

[486] Verordnung v. 27.02.1995, Dz. U. 1995, Nr. 20, Pos. 104.

[487] Richardi - Ders.; § 87 Rn. 626 ff.

Entscheidung, **ob** überhaupt ein freiwilliger Sozialfonds errichtet **und in welcher Höhe** dieser mit finanziellen Mitteln ausgestattet wird, den Kollektivparteien und nicht dem Arbeitgeber allein.

Grundsätzlich ist jeder Arbeitgeber, der mindestens 20 Arbeitnehmer in Vollzeit beschäftigt, verpflichtet einen Sozialfond für seinen Betrieb einzurichten (*ZFŚS*). Arbeitgeber, die **weniger als 20 Arbeitnehmer** in Vollzeit beschäftigen, können unter bestimmten Umständen, die das SozialfondsG näher regelt, einen freiwilligen Sozialfonds grundsätzlich auf tarifvertraglicher Grundlage einrichten, Art. 3 Abs. 3 SozialfondsG. Pro Jahr muss ein Arbeitgeber für den Sozialfonds 37,5 % des durchschnittlichen Landeseinkommens[488] pro Monat des Vorjahres bereitstellen. Das durchschnittliche Monatseinkommen ist mit der geplanten Mitarbeiterzahl des laufenden Jahres zu multiplizieren[489]. Der Sozialfonds dient zur **Finanzierung von zusätzlichen Leistungen**, die über die Vergütungsleistungen aus dem Arbeitsverhältnis hinausgehen. Hierzu zählen Geld- und Sachleistungen, Erholungsmöglichkeiten (z.B. betriebliche Urlaubseinrichtungen, Urlaubszuschüsse), kulturelle Einrichtungen und Veranstaltungen, die Finanzierung der Sozialpflege von berenteten Arbeitnehmern sowie von Wohnungen. Anspruchsberechtigt sind neben den Beschäftigten und ihren Familien auch berentete frühere Arbeitnehmer des jeweiligen Betriebs. Seit der Einführung des Art. 241 $_{27}$ KP sieht aber die Mehrheit der Betriebstarifverträge mit Regelungen zum Sozialfonds die **Aussetzung von Sozialansprüchen** der Arbeitnehmer vor[490]. Es ist demnach ein Trend dahingehend festzustellen, Ansprüche aus dem Sozialfonds auszuschließen oder auf das gesetzliche Mindestmaß zu minimieren.

Das **deutsche Arbeitsrecht** kennt eine gesetzliche Verpflichtung zur Einrichtung eines Betriebsfonds für arbeitsfremde Leistungen nicht. Lediglich freiwillige Leistungen werden aufgrund von Betriebsvereinbarungen, Gesamtzusagen oder Betrieblicher Übung gewährt. Diese zusätzliche finanzielle Belastung der polnischen Arbeitgeber ergänzend zu den zur Hälfte vom Arbeitgeber und vom Arbeitnehmer zu tragenden Sozialabgaben stellt eine Besonderheit des polnischen Arbeits- und Sozialrechts dar, die aus der **engen Verflechtung von Arbeits- und Sozialleistungen während des Sozialismus** resultiert. Art. 94 Nr. 8, 10 KP a.F. verpflichtete den Betrieb, die sozialen und kulturellen Bedürfnisse der Werktätigen im Rahmen der vorhandenen Mittel zu erfüllen. Zur finanziellen Unterstützung der Werktätigen bestand ein Sozial- und Wohnungsfonds[491]. Die meisten Werktätigen nutzten betriebseigene Kindertagesstätten und Urlaubseinrichtungen. Sie bewohnten Werkswohnungen zu günstigen Konditionen[492]. Werkswohnungen machen nach wie vor einen bedeutenden Anteil am Gesamtwohnungsmarkt Polens aus. Diese betrieblichen So-

---

488 Dieses wird jährlich vom statistischen Amt aktualisiert und veröffentlicht, Art. 5 Abs. 7 SozialfondsG.

489 Die Berechnung der Mitarbeiterzahl wird durch eine entsprechende Anordnung vorgegeben vom 14.03.1994, Dz. U. 1994, Nr. 43, Pos. 168.

490 European Foundation for the Improvement of living and working conditions, Eironline 2003, Dok. PL0308104n.

491 Vgl. beispielsweise Art. 36 GewerkG 1982.

492 Sieg/Prujszczyk, Rn. 221.

zialleistungen stellten damit einen nicht unbeträchtlichen zusätzlichen Leistungsfaktor aus dem Arbeitsverhältnis dar. Aufgrund der Wechselwirkung der zusätzlichen Sozialleistungen aus dem Arbeitsverhältnis mit grundlegenden wirtschaftlichen Faktoren, insbesondere dem betrieblichen Wohnungswesen, kam eine Abschaffung des Systems unmittelbar nach der Wende nicht in Betracht. Es bedurfte aber einer raschen Neustrukturierung des Sozialsystems und seiner Finanzierung, die durch das SozialfondsG von 1994 verwirklicht wurde.

(6) Tarifverträge im System der Rechtsquellen

Tarifverträge sind Rechtsquellen des polnischen Rechts. Sie bedürfen daher einer Einordnung in die Normenhierarchie. Diese erfolgt unter Anwendung zweier Prinzipien, des **Rangprinzips** und des **Günstigkeitsprinzips**, die auch im deutschen Arbeitsrecht gelten:

Rangprinzip

Nach dem **Rangprinzip** gehen ranghöhere Regelungen rangniederen vor. Dies gilt jedenfalls dann, wenn sich die tariflichen Bestimmungen für den Arbeitnehmer ungünstiger darstellen. Diesen Grundsatz enthielt zunächst Art. 241 KP für Tarifverträge explizit. Der Inhalt dieser Norm wurde mit der Reform des KP 1996 in Art. 9 § 2 KP übernommen, der allgemein die **Rechtsquellen des polnischen Arbeitsrechts** aufzählt und deren hierarchisches Verhältnis zu einander erläutert[493]. Aufgrund dieser systematischen Zusammenfassung aller Rechtsquellen entfiel die Notwendigkeit einer deklaratorischen Wiederholung im 11. Abschnitt des KP.

- Rechte und Pflichten von Arbeitnehmern und Arbeitgebern

Nach Art. 9 KP sind Rechtsquellen des Arbeitsrechts solche Normen, die Rechte und Pflichten der Arbeitnehmer und der Arbeitgeber regeln. Der Hinweis auf die **Arbeitgeberrechte und -pflichten** ist besonders herauszustellen und entspricht dem reformierten Art. 1 KP, der den Regelungsinhalt des KP als **Rechte und Pflichten der Arbeitnehmer und der Arbeitgeber** definiert. Dieser nach deutschen Arbeitsrechtsverständnis vermeintlich offensichtliche Umstand markiert im Vergleich zum sozialistischen Arbeitsrecht den wesentlichen dogmatischen Unterschied im polnischen Arbeitsrecht nach der Wende. Nach Art. 1 des sozialistischen KP sollte dieses lediglich die Rechte und Pflichten der Arbeitnehmer regeln. Überdies sollte es der Stärkung der sozialistischen Arbeitsverhältnisse dienen. Nach dem politischen, gesellschaftlichen und wirtschaftlichen Systemwechsel entfiel zum einen der Auftrag an das Arbeitsrecht, dem Sozialismus zu dienen. Zum anderen musste klargestellt werden, dass sich das Arbeitsrecht im System der freien Marktwirtschaft auf dem Verhältnis zweier gleichrangiger Parteien, der des Arbeitnehmers und der des Arbeitgebers bzw. ihrer Interessenvertretungen, gründet. Ebenso wie der Arbeitnehmer ist auch der Arbeitgeber Träger von Rechten und Pflichten.

---

[493] 20.02.1996, Dz. U. 1996, Nr. 24, Pos. 110. Art. 18 § 2 KP enthält das Rangprinzip für Arbeitsverträge und sonstige individualvertraglichen Vereinbarungen.

- Rechtsquellen

Nach Art. 9 KP sind neben **Tarifverträgen** auch das **KP, Gesetze und Ausführungsverordnungen**[494]**sowie sonstige aufgrund Gesetzes vereinbarte kollektivrechtliche Verträge, Ordnungen** (z.B. die Vergütungs- und Arbeitsordnung) und **Satzungen Rechtsquellen des polnischen Arbeitsrechts**. Art. 9 KP gibt auch Aufschluss über die hierarchische Stellung der verschiedenen Rechtsquellen zueinander. Demnach dürfen Ordnungen und Satzungen keine gegenüber Tarifverträgen und sonstigen kollektivrechtlichen Verträgen für die Arbeitnehmer nachteiligen Bestimmungen enthalten. Tarifverträge und sonstige kollektivrechtlichen Vereinbarungen, die für die Arbeitnehmer nachteiligere Regelungen als die arbeitsrechtlichen Gesetze und Ausführungsverordnungen enthalten, sind unwirksam. An ihre Stelle treten die im Gesetz vorgesehenen Regelungen, Art. 9 § 2, 18 § 2 KP[495].

- Verhältnis von Tarifverträgen untereinander und zu sonstigen kollektivrechtlichen Vereinbarungen

Das Verhältnis von Tarifverträgen und sonstigen kollektivrechtlichen Vereinbarungen, z. B. Betriebsvereinbarungen, zueinander erschließt sich aus dem Wortlaut des Art. 9 KP nicht ohne weiteres. Art. 241 26 § 1 KP stellt lediglich klar, dass Bestimmungen eines **Betriebstarifvertrages** für Arbeitnehmer, die einem **betriebsübergreifenden Tarifvertrag** unterfallen, keine ungünstigeren Rechtsfolgen beinhalten dürfen, als die entsprechenden Regelungen des betriebsübergreifenden Tarifvertrages, Art. 241 26 § 1 KP. Der überbetriebliche Tarifvertrag setzt somit die Garantie- und Mindestnormen für die betriebliche Ebene[496]. Die gemeinsame Benennung in Art. 9 KP spricht dafür, dass der Gesetzgeber Tarifverträge und sonstige kollektivrechtliche Vereinbarungen grundsätzlich als gleichrangig betrachtet[497]. Unterschieden werden die Rechtsquellen durch den ihnen jeweils zugewiesenen Regelungsrahmen[498]. Da aber anders als im deutschen Arbeitsrecht[499] die Parteien von Tarifverträgen und von kollektivrechtlichen Vereinbarungen der Arbeitgeber bzw. die Arbeitgeberorganisation und die Gewerkschaften sind[500], **bedarf es im polnischen**

---

494 Z. B. das KolStrG, das Gesetz über betriebsbedingte Kündigungen, das Gesetz zur Beschäftigungsförderung und zur Vermeidung von Arbeitslosigkeit, das Gesetz über Arbeitsunfälle und Berufskrankheiten. Arbeitsrechtliche Vorschriften können auch über den Verweis in Art. 300 KP die allgemeinen zivilrechtlichen Regelungen sein, wenn diese den Grundsätzen des Arbeitsrechts nicht widersprechen. Neben den Ausführungsverordnungen existieren Verwaltungsvorschriften für den öffentlichen Dienst, bspw. für die staatliche Verwaltung, die Selbstverwaltung, für Richter, Assessoren und Referendare sowie für Lehrer usw.

495 Florek/Zieliński, Rn. 51, 469; Sieg/Prujszczyk, Rn. 9.

496 FS-Däubler - Wratny, 603.

497 Ebenso Florek/Zieliński, Rn. 52.

498 Vgl. zu den Einzelheiten für Tarifverträge (3. Kapitel B. V. 4. a. (5).) und Betriebsvereinbarungen (3. Kapitel B. V. 4. b. (4).).

499 Zu der Normhierarchie im deutschen Arbeitsrecht vgl. Steinmeyer, 1. Teil, 2. Abschnitt, S. 7 ff.

500 Hierzu vgl. die Darstellungen zu Tarifverträgen (3. Kapitel B. V. 4. a. (2).) und Betriebsvereinbarungen (3. Kapitel B. V. 4. b. (1).).

Arbeitsrecht keines Rangunterschiedes zwischen Tarifverträgen und Betriebsvereinbarungen.

Im **deutschen Arbeitsrecht** stellt ein Tarifvertrag hingegen die der Betriebsvereinbarung gegenüber ranghöhere Regelungsnorm dar, mit der Folge, dass abweichende Regelungen in Betriebsvereinbarungen oder Individualvereinbarungen nur dann zulässig sind, soweit sie durch den Tarifvertrag zugelassen sind oder für den Arbeitnehmer günstigere Inhalt regeln (§ 4 Abs. 3 TVG). Die Abgrenzung zwischen mehreren Tarifverträgen erfolgt nach dem **Spezialitätsprinzip**. Dies bedeutet, dass jeweils nur der Tarifvertrag Gültigkeit erlangen soll, der den Erfordernissen und Eigenarten des betreffenden Betriebs/Branche und den darin tätigen Arbeitnehmern am besten gerecht wird[501]. Hieraus resultiert, dass in der Regel ein Haustarifvertrag einem Verbandstarifvertrag, ein Branchentarifvertrag einem allgemeinen Tarifvertrag und ein regionaler Tarifvertrag einem Bundestarifvertrag vorgeht. In dem seltenen Fall, dass dieser Grundsatz nicht greift, entscheidet jeweils die größere Zahl der tariflich erfassten Arbeitnehmer, sog. **Mehrheitsprinzip**[502].

- Gleichbehandlungsgebot

Darüber hinaus bestimmt das KP seit seiner Novelle im Jahr 2003, dass in Tarifvereinbarungen und sonstigen Kollektivverträgen keine Regelungen getroffen werden dürfen, die gegen das **Gleichbehandlungsgebot** verstoßen[503]. Andernfalls sind diese nichtig und müssen durch entsprechende nicht diskriminierende Bestimmungen ersetzt werden, Art. 9 § 4, Art. 18 § 3 KP. Das Gleichbehandlungsgebot gilt auch für alle Arbeitsverhältnisse, die dem **deutschen Arbeitsrecht** unterliegen. Umstritten ist allerdings, ob und inwieweit das Gleichbehandlungsgebot auf Art. 3 Abs. 1 GG zurückzuführen ist. Unabhängig davon bestehen weitere Ausprägungen dieses Grundsatzes, wie beispielsweise aus dem speziellen Benachteiligungsverbot des Art. 9 Abs. 3 GG zum Schutze der Koalitionsfreiheit, dem gem. Satz 2 Abs. 3 unmittelbare Verbindlichkeit für den Privatrechtsverkehr zukommt. Besondere Bedeutung hat auch der allgemeine arbeitsrechtliche Gleichbehandlungsgrundsatz als privatrechtliche Ausgestaltung des Gleichheitssatzes.

- Arbeitsrechtliche Individualvereinbarungen

Arbeitsrechtliche Individualvereinbarungen werden nicht explizit als Rechtsquelle genannt. Aber auch in diesen können, wie der Rückschluss aus Art. 18 KP zeigt, Rechte und Pflichten der Arbeitsvertragsparteien festgelegt werden. Allerdings darf darin nicht zuungunsten des Arbeitnehmers von den Bestimmungen des Arbeitsrechts abgewichen werden. Andernfalls ist die Vertragsklausel unwirksam und es gilt statt dessen die gesetzliche Norm, Art. 18 § 2 KP. Gleiches gilt für individualvertragliche Abweichungen von Tarifnormen zuungunsten der Arbeitneh-

---

501 BAG v. 14.06.1989, 4 AZR 200/89, AP Nr. 16 zu § 4 TVG Tarifkonkurrenz.

502 BAG v. 25.07.2001, 10 AZR 599/00, AP Nr. 242 zu § 1 TVG Tarifverträge Bau; BAG v. 04.12.2002, 10 AZR 113/02, AP Nr. 28 zu § 4 TVG Tarifkonkurrenz; Kempen/Zachert-Wendeling-Schröder, § 4 TVG Rn. 177; Wiedemann-Wank, § 4 TVG Rn. 289.

503 Dz. U. 2003, Nr. 213, Pos. 2081; Einzelheiten zu den Antidiskriminierungsbestimmungen enthalten Art. 18 3a – 3e KP.

mer[504]. In einem solchen Fall gilt die entsprechende Tarifnorm. Durch diese Vorschrift wurden die in der Rechtsprechung entwickelten Grundsätze zum Rangverhältnis der Rechtsquellen gesetzlich normiert. Bereits 1994 hatte der SN[505] eine vertragliche Bestimmung, wonach beide Vertragsparteien jederzeit, ohne Einhaltung von Kündigungsfristen und ohne Angabe von Gründen das Arbeitsverhältnis kündigen dürfen, für nichtig erklärt, weil dies gegen Art. 36, 45 KP ff. verstieß, und statt dessen die gesetzlichen Kündigungsbestimmungen angewandt.

- Verfassung

Die wichtigste Rechtsquelle des Arbeitsrechts, an der alle weiteren nationalen Regelungen zu messen sind, stellt allerdings die polnische **Verfassung** vom 02. April 1997 dar[506]. Ihre hierarchisch übergeordnete Stellung ergibt sich aus dem Normsystem, so dass es ihrer deklaratorischen Benennung als Quelle des Arbeitsrechts im KP nicht bedarf. Sie enthält allgemeine Bestimmungen, die sich auf das Arbeitsverhältnis beziehen, die sog. **Staatszielbestimmungen**, Regelungen der Arbeitnehmerrechte sowie Grundsätze des kollektiven Arbeitsrechts. Zu den arbeitsrechtlich relevanten Staatszielbestimmungen gehören die soziale Gerechtigkeit, der Schutz von Arbeit und des gesellschaftlichen Dialogs, der Gleichheitsgrundsatz, der Schutz der menschlichen Würde und der Privatsphäre (Art. 20, 30, 32, 33 Verf. 1997). Als **individuelle Arbeitnehmerrechte** garantiert die Verfassung die Berufsfreiheit, einen Anspruch auf Mindestvergütung, das Recht auf Erholung, sichere und hygienische Arbeitsbedingungen sowie das Verbot, Kinder unter 16 Jahren dauerhaft zu beschäftigen (Art. 65, 66 Verf. 1997). Die weitgehendsten verfassungsrechtlichen Garantieren beziehen sich allerdings auf die **kollektivrechtlichen Aspekte** der Arbeitsverhältnisse: die Vereinigungsfreiheit, kollektivrechtliche Vereinbarungen, das Streikrecht und das Recht zu kollektivrechtlichen Streitigkeiten (Art. 59 Verf. 1997). Dabei werden die kollektiven Rechte auch der Arbeitgeberseite verfassungsrechtlich garantiert. Diese kann sich in Arbeitgeberverbänden zusammenschließen, Streitschlichtungsverhandlungen führen und kollektivrechtliche Vereinbarungen treffen (Art. 59 Verf. 1997). Beiden Teilen des Arbeitsverhältnisses als Sozialpartner soll nach polnischem Verfassungsverständnis das bereits erwähnte Recht zum sozialen Dialog dienen[507]. Auf die Bedeutung der verfassungsrechtlich garantierten Freiheiten und Rechte für die verschiedenen Regelungsbereiche des Arbeitsrechts wird an der jeweiligen Stelle im folgenden Bezug genommen.

Im Falle einer Verletzung von verfassungsrechtlich gewährten Freiheiten und Rechten kann jeder Verletzte hiergegen unter den Voraussetzungen des Art. 78 Verf. **Klage bei dem polnischen Verfassungsgericht** (*Trybunał Konstytucyjny*) erheben. Dieses Recht steht auch den Organen der landesweit tätigen Gewerkschaften und der Arbeitgeberverbände zu[508]. Bei Zweifeln über die Vereinbarkeit einer arbeitsrechtlichen Norm kann ebenso das Gericht, dessen Entscheidung von der An-

---

504 Salwa, Art. 77 1 KP, 142.

505 SN v. 15.04.1994, I PZP 14/94, Prawo & Życie 1994, Nr. 52.

506 Florek/Zieliński, Rn. 39.

507 Florek/Zieliński, Rn. 39.

508 Florek/Zieliński, Rn. 39.

wendbarkeit der in Frage gestellten Norm abhängt, diese dem Verfassungsgericht zur Entscheidung vorlegen.

Günstigkeitsprinzip

Das veränderte Tarifverständnis wird durch das nunmehr geltende **Günstigkeitsprinzip** verdeutlicht[509]. Demnach sind Tarifbestimmungen, die **zugunsten der Arbeitnehmer** von den gesetzlichen Bestimmungen abweichen, nunmehr zulässig[510]. Negativ formuliert sind Tarifbestimmungen, die für die Arbeitnehmer im Vergleich zu gesetzlichen Bestimmungen ungünstig sind, unzulässig. Sie haben folglich keine Rechtsfolgen für die Arbeitsverhältnisse und werden durch die gesetzlichen Vorschriften ersetzt[511]. Die Übereinstimmung eines Tarifvertrages mit dem Günstigkeitsprinzip wird bei der Registrierung des Tarifvertrages überprüft[512]. Dieser Grundsatz gilt - wie im deutschen Arbeitsrecht - für alle Rechtsquellen des polnischen Arbeitsrechts.

Hintergrund ist das **gewandelte Funktionsverständnis von Kollektivvereinbarungen**. Die sozialistische Planwirtschaft erforderte, dass die Arbeits- und Vergütungsbedingungen durch zentral festgelegte Vorgaben bestimmt wurden, so dass Vereinbarungen in Tarifverträgen lediglich eine konkretisierende Aufgabe zukam. Von den Vorgaben abweichende kollektivrechtliche Ansprüche waren mit dem Wirtschaftsplan nicht zu vereinbaren und deshalb unzulässig[513]. Nach marktwirtschaftlichem Verständnis dienen Kollektivvereinbarungen zur Regulierung der Arbeitsbedingungen durch den Arbeits- und Absatzmarkt. Gesetzliche Vorgaben sollen lediglich die Einhaltung von Mindestarbeitsbedingungen sichern[514] und die Arbeitnehmerinteressen vor den negativen Auswirkungen der Marktwirtschaft schützen[515]. Die Gewährung zusätzlicher Ansprüche wird hingegen durch die Arbeitsvertragsparteien autonom vereinbart und ermöglicht hierdurch grundsätzlich branchen- sowie marktgerechte und damit flexible Arbeitsbedingungen. Kollektivrechtliche Bestimmungen sind folglich gerade darauf angelegt, abweichend von gesetzlichen Mindestbestimmungen Ansprüche zugunsten der Arbeitnehmerseite zu regeln. Das Günstigkeitsprinzip ist somit im Hinblick auf die Erweiterung und Sicherung der Arbeitnehmerinteressen nicht nur sinnvoll, sondern aus wirtschaftlicher Sicht erwünscht. Eine **Ausnahme** von diesem Grundsatz begründet - wie dargestellt - **Art. 240 § 3 KP**. Demnach sind günstigere Tarifregelungen nicht anwendbar, wenn sie in Rechte Dritter eingreifen[516].

---

[509] Henssler/Braun - Zimoch-Tuchołka/Malinowska-Hyla, Rn. 188.

[510] Florek/Zieliński, Rn. 469; Salwa, Art. 240 KP, S. 405.

[511] FS-Däubler - Wratny, 603

[512] FS-Däubler - Wratny, 603; Lehnt das Registerorgan die Registrierung des betreffenden Tarifvertrages ab, kann zur Aufhebung der Ablehnungsentscheidung das Arbeitsgericht angerufen werden, Art. 241 11 § 5 KP.

[513] Zu den Einzelheiten siehe 2. Kapitel B. II. 4. b.

[514] Florek/Zieliński, Rn. 468; Lewandowski - Goździewicz, S. 98.

[515] Wagner, ZNJU, Prace Prawnicze 1991, Nr. 138, S. 30 f.

[516] Vgl. hierzu unter 3. Kapitel B. V. 4. a. (5) (d).

Auch im **deutschen Tarifrecht** gilt ausdrücklich das Günstigkeitsprinzip als Ausnahme von der unmittelbaren und zwingenden Wirkung eines Tarifvertrags, § 4 Abs. 3 TVG. Ob eine vom Tarifvertrag abweichende Regelung Arbeitnehmer begünstigt, beurteilt sich bei Inhaltsnormen nach dem Interesse des einzelnen Arbeitnehmers, bei Betriebs- und betriebsverfassungsrechtlichen Tarifnormen nach dem Gesamtinteresse der Belegschaft[517].

(7) Laufzeit / Kündigung von Tarifverträge

Tarifverträge können für eine bestimmte Zeit oder auf unbestimmte Zeit geschlossen werden. Im ersten Fall **enden** sie mit dem Zeitablauf, im zweiten Fall durch einvernehmliche Aufhebung oder Kündigung einer der Tarifparteien, Art. 241 7 § 1 KP. Soll der Inhalt eines Tarifvertrages **geändert** werden, kann dies zum einen durch Kündigung des alten und Vereinbarung eines neuen Tarifvertrages geschehen. Allerdings muss die Kündigung schriftlich gegenüber jeder Vertragspartei, also auch gegenüber allen beteiligten Gewerkschaften, erfolgen[518]. Zum anderen können Tarifverträge durch Zusatzprotokolle nach Art. 241 9 KP, die mittlerweile die überwiegende Zahl der registrierten Tarifverträge ausmachen (z.B. im Jahr 2002: 310 Tarifverträge, 2.432 Zusatzprotokolle)[519], geändert werden.

(8) Nachwirkung von Tarifverträge

Regelungsinhalt

Problematisch ist hingegen die Frage der **Nachwirkung** von beendeten Tarifverträgen. Art. 241 7 § 4 KP a. F. bestimmt bis zur Reform des KP im Jahr 2000, dass Tarifverträge auch nach Zeitablauf, Aufhebung oder Kündigung Wirkung entfalten, bis ein neuer Tarifvertrag vereinbart wird, es sei denn, das die Tarifparteien schriftlich eine abweichende Regelung treffen. Eine Unterscheidung, wie sie das BAG trifft, dass nachwirkende Tarifverträge nicht mehr zwingend, sondern nur noch unmittelbar gelten[520], enthielt die polnische Nachwirkungsnorm nicht. Bei Tarifregelungen, die durch **einzelvertragliche Verweisungsklausel** Inhalt eines Arbeitsverhältnisses geworden sind, galt grundsätzlich auch eine beendete Tarifregelung auf einzelvertraglicher Ebene fort, so dass die Tarifansprüche nur im Wege der Änderungskündigung oder der einvernehmlichen Aufhebung geändert werden oder entfallen konnten[521].

---

[517] Schaub-Schaub, § 204, Rn. 38 ff.

[518] Fjałkowski, Art. 241 7 § 4 KP, S. 153.

[519] PIP, Tätigkeitsbericht 2002, Appendix Nr. 26.

[520] BAG v. 29.01.1975, AP TVG § 4 Nachwirkung Nr. 8; BAG v. 17.05.2000, AP TVG § 3 Verbandsaustritt Nr. 8.; Löwisch/Rieble, § 4 TVG, Rn. 371ff.

[521] Salwa, Art. 241 7 KP, 417; Zu den Rechtswirkungen von Tarifverträgen bei einem Betriebsübergang vgl. 4. Kapitel B. III. 3. c.

Urteil des Verfassungstribunals vom 18.11.2002

Allerdings wurde mit Urteil des höchsten polnischen Verfassungsgerichts, des Verfassungstribunals (*Trybunał Konstytucyjny*), vom 18.11.2002[522], Art. 241 7 § 4 KP wegen Verstoßes gegen die in Art. 20 Verf. 1997 garantierten Grundsätze der sozialen Marktwirtschaft, insbesondere der freien wirtschaftlichen Betätigung, sowie gegen das Verhandlungsrecht der Kollektivparteien aus Art. 59 Abs. 2 Verf. 1997 für verfassungswidrig erklärt. Darüber hinaus verstieß die Norm nach Auffassung des Tribunals gegen Art. 4 der Konvention Nr. 4 MOP[523] sowie das Recht auf freiwillige Kollektivverhandlungen gem. Art. 6 Abs. 2 der Europäischen Sozialcharta[524]. Infolge dessen ist die Nachwirkungsregelung rechtlich nicht mehr bindend. Mangels gesetzlicher Neuregelung entfalten somit derzeit **beendete Tarifverträge keine Nachwirkung**[525] mit der Folge, dass Arbeitnehmer nach ihrer Beendigung keine tarifvertraglichen Ansprüche herleiten können, sondern die gesetzlichen Regelungen Anwendung finden. Konsequenz dessen ist, dass der Zweck der Vorschrift, die Tarifkontinuität in einem Betrieb zu erhalten[526], nicht gesetzlich sichergestellt werden kann.

Konsequenzen und Vergleich mit der deutschen Rechtslage

Zwar konnte bereits vor der Entscheidung des Verfassungstribunals die Nachwirkung von Tarifverträgen nach dem Gesetzeswortlaut des Art. 241 7 § 4 KP einvernehmlich beendet werden. Wenn allerdings die Beendigung des Tarifvertrages ohne Vereinbarung eines neuen Tarifvertrages nicht im Interesse der Gewerkschaften ist, hat die Rechtsprechung des Verfassungstribunals eine deutliche Erschwernis, den Abschluss eines neuen Tarifvertrages durchzusetzen, zur Folge. Die Gewerkschaften müssen zunächst im Rahmen der Kollektivverhandlungen den Abschluss eines neuen Tarifvertrages gegenüber dem Arbeitgeber durchsetzen, bevor die Frage des Tarifinhalts verhandelt werden kann. Es ist davon auszugehen, dass hierdurch auch die Verhandlungsposition der **Gewerkschaften geschwächt** wird. Gleichzeitig wird hierdurch der **Betriebsfrieden** deutlich mehr **beeinträchtigt** als bei einer gesetzlich vorgeschriebenen tarifvertraglichen Nachwirkung, wie sie im **deutschen Arbeitsrecht** für gekündigte Tarifverträge in § 4 Abs. 5 TVG angeordnet wird. Im Fall der Nachwirkung ist der Arbeitgeber hingegen gezwungen, einen neuen Tarifvertrag oder eine sonstige ablösende Regelung mit der Arbeitnehmerseite möglichst rasch zu vereinbaren, wenn er vermeiden will, dass andernfalls die bisherigen Tarifregelungen fortgelten. Der deutsche Gesetzgeber hat in § 4 Abs. 5 TVG eine umfassende und grundsätzlich unbefristete Ablöselast desjenigen normiert, der an Stelle der Tarifbedingungen andere Arbeitsbedingungen schaffen will. Eine Ablösung ist je nach Art der Tarifregelung nach deutschem Recht nicht nur durch Tarifvertrag - wie es

---

[522] Az. K 37/01, Dz. U. 2002, Nr. 196 Pos. 1660.

[523] Art. 4 der Konvention Nr. 4 MOP vom 01.07.1949 betrifft die Grundsätze der Koalitionsfreiheit sowie von Kollektivstreitigkeiten.

[524] Charta vom 18.10.1961, Dz. U. 1999, Nr. 8 Pos. 60; BGBl. 1964 II, S. 1262.

[525] Fjałkowski, Art. 241 7 § 4 KP, S. 153; Patulski-A. Patulski/W. Patulski, Art. 241 7 KP Rn. 3.

[526] Salwa, Art. 241 7 KP, 417.

Art. 241 7 § 4 KP a. F. allein vorsah -, sondern auch durch Betriebsvereinbarung, Individualvertrag, betriebliche Einheitsregelung oder verschlechternde betriebliche Übung möglich[527]. Funktion der weitgehenden Nachwirkung ist zum einen, die **tariflose Zeit** bis zum Abschluss der Nachfolgeregelung zu **überbrücken** und damit einen **Ausgleich für die Friedenspflicht** zu schaffen. Denn ein Arbeitskampf zum Abschluss einer tariflichen Nachfolgeregelung kann erst nach Ablauf der Friedenspflicht beginnen[528]. Zum anderen **schützt** sie die **Arbeitnehmer vor einer schlagartigen Änderung ihrer Arbeitsbedingungen bei Tarifende**[529]. Die deutsche Rechtslage ist somit deutlich schutzintensiver für die Arbeitnehmer und ihre Interessenvertretung als die polnische, da die Überbrückungs- und die Schutzfunktion der Nachwirkungsregelung in Polen nicht mehr gewährleistet sind. Diese negative Folge der Entscheidung des Verfassungstribunals vom 18.11.2002 ist nach Auffassung von Teilen der polnischen Literatur hinzunehmen, da diese in der früheren Nachwirkungsregelung des KP eine rechtswidrige Beschränkung der Vertragsfreiheit (Art. 353 1 KC) sowie des Rechts, durch Kündigung ein Dauerschuldverhältnis zu beenden, sahen[530]. Es bleibt abzuwarten, ob der polnische Gesetzgeber eine neue, verfassungsgemäße Nachwirkungsregelung beschließt. Vor dem Hintergrund der Aussetzungsmöglichkeit von Tarifverträgen und der darin erkennbaren Tendenz zu einer möglichst weiten Tariffreiheit, die individuell zwischen den Tarifparteien geregelt werden soll, ist in näherer Zeit allerdings mit einer neuen Nachwirkungsregelung nicht zu rechnen.

(9) Besonderheiten überbetrieblicher Tarifverträge

Die **Bedeutung von überbetrieblich wirkenden Tarifverträgen** wurde gegenüber Haustarifverträgen zunächst als **begrenzt** erachtet[531]. Grund hierfür waren mehrere Faktoren: Tarifparteien sind bei überbetrieblichen Vereinbarungen die zuständigen Gewerkschaften und Arbeitgeberverbände (Art. 241 14 § 1 KP), während bei Haustarifverträgen der Arbeitgeber selbst Tarifpartei ist[532]. Das Koalitionsrecht für Arbeitgeberverbände besteht aber erst seit dem Inkrafttreten des Gesetzes über Arbeitgeberorganisationen[533]. Es **fehlte** somit zunächst auf der Arbeitgeberseite an einem **Vertragspartner** für den Abschluss von überbetrieblichen Tarifverträgen. Auch nach Inkrafttreten des Gesetzes über Arbeitgeberorganisationen im Jahr 1991 be-

---

527 BAG v. 24.02.1987, 1 ABR 18/85, AP Nr. 21 zu § 77 BetrVG 1972; Löwisch/Rieble, § 4 TVG, Rn. 384 ff.; Wiedemann - Wank, § 4 TVG, Rn. 354.

528 Löwisch/Rieble, § 1 TVG, Rn. 378.

529 Löwisch/Rieble, § 4 TVG, Rn. 372 ff.

530 Patulski - A. Patulski/W. Patulski, Art. 241 7 KP Rn. 3.

531 Goździewicz - Lewandowski, S. 99; Sieg/Prujszczyk, Rn. 9

532 Sieg/Prujszczyk, Rn. 9; vgl. auch zu der Entwicklung und Tarifdichte von Betriebstarifverträgen unter 3. Kapitel B. V. 4. a. (5) (e).

533 Gesetz v. 23.05,1991, Dz. U. 1991, Nr. 55, Pos. 235; Zu den Einzelheiten der gesetzlichen Regelungen vgl. 3. Kapitel B. VII. 3.

durfte es einiger Zeit, bis sich eine ernstzunehmende Verbandsstruktur in Polen etablierte[534].

Zum zweiten wirkt sich die **schwache wirtschaftliche Situation** vieler kleinerer und mittelständischer Unternehmen negativ auf die Schaffung überbetrieblicher Tarifverträge aus. Viele Arbeitgeber, insbesondere solche in kleinen Betrieben, fürchten, die einheitlichen Anforderungen aus Branchen- und Flächentarifverträgen nicht erfüllen zu können, so dass die Bereitschaft zum Abschluss dieser Vereinbarungen gering einzuschätzen ist[535]. Dies verdeutlicht auch die kleine Zahl von überbetrieblichen Tarifverträgen. In dem Zeitraum von 1995 bis 2002 wurden lediglich 157 überbetriebliche Tarifverträge mit 137 Änderungsprotokollen registriert[536]. Bis Ende 2001 wurden sogar nur 11 überbetriebliche Tarifverträge für private Unternehmensbranchen vereinbart[537]. Diese orientieren sich ihrem Inhalt nach im Wesentlichen an Regelungen, die bereits in den Betriebstarifvereinbarungen der einzelnen Betriebe einer Branche oder einer Berufsgruppe vereinbart wurden[538].

Dennoch existieren auch einige wichtige, darüber hinaus gehende **Branchentarifverträge**, die insbesondere die sozialen Auswirkungen der **Restrukturierung** von ehemals im Sozialismus florierenden Wirtschaftszweigen abfedern sollten. Dies gilt z. B. für den *Branchentarifvertrag zur Privatisierung der Metall- und Stahlhütten* von März 1996, der für 37 Betriebe mit über 80.000 Beschäftigten geschlossen wurde[539]. Dieser hatte neben zahlreichen über die gesetzlichen Mindestbedingungen hinausgehenden Vergütungsregelungen und zusätzlichen, geltwerten Leistungen auch weitere Mitbestimmungsrechte der Betriebsgewerkschaften, z. B. bei der Personalgestaltung, zum Inhalt. Darüber hinaus wurden für die Arbeitnehmer günstigere Kündigungsbestimmungen, Weiterbildungs- und Qualifizierungsmaßnahmen sowie Informationsrechte über freie Arbeitsplätze für Arbeitnehmer, die von einer Gruppenentlassung betroffen sind[540], vereinbart[541].

b) Betriebsvereinbarungen (*porozumienia zbiorowe*)

Neben Tarifverträgen kann die Gewerkschaft auch andere Kollektivvereinbarungen mit dem Arbeitgeber abschließen. Als wichtigste Kollektivvereinbarungen kommen dabei Betriebsvereinbarungen in Betracht.

---

[534] Goździewicz - Lewandowski, S. 99; Sieg/Prujszczyk, Rn. 240; Sieg, NZA 1995, 508; Zu den Einzelheiten über Arbeitgeberverbände und Organisationsdichte vgl. vgl. 3. Kapitel B. VII. 3.

[535] Goździewicz, Tarifverträge, S. 20.

[536] Diese Tarifverträge finden auf ca. eine Million Arbeitnehmer, die bei etwa 3.400 Arbeitgebern beschäftigt sind, Anwendung. Im gleichen Zeitraum wurden hingegen 12.094 Betriebstarifvereinbarungen mit 34.100 Änderungsprotokollen registriert. Quelle: Ministerium für Wirtschaft, Arbeit und Gesellschaftspolitik, Warschau 2003; PIP, Tätigkeitsbericht 2001 – 2003.

[537] Czarzasty, Eironline 2002, Dok. PL0210108f.

[538] Czarzasty, Eironline 2002, Dok. PL0210108f.

[539] Gilejko - Towalski, S. 134 ff., 228 f.

[540] Zu den Einzelheiten dieser Kündigungsform vgl. 4. Kapitel B. III. 3. d.

[541] Gilejko - Towalski, S. 135 f.

(1) Begriff

Porozumienia zbiorowe sind wörtlich als Kollektivvereinbarungen zu übersetzen. Sie sind in Art. 9 § 1 KP als eine **Rechtsquelle** des polnischen Arbeitsrechts anerkannt. Die Bedeutung des Begriffs „porozumienia zbiorowe" ist im polnischen Arbeitsrecht vielfältig. Eine Legaldefinition ist weder in dem KP noch einem anderen arbeitsrechtlichen Gesetz enthalten. In der Literatur werden unter diesem Begriff aber üblicherweise **schriftliche Verträge** zwischen dem Arbeitgeber eines Betriebs und seiner Belegschaft verstanden, welche die **Rechte und Pflichten der Betriebsparteien regeln**[542].

Kollektivvereinbarungen im weiteren Sinn

Im weiteren Sinn können mit dem Begriff der Kollektivvereinbarung folgende Arten von Vereinbarungen bezeichnet werden:

Vereinbarungen zwischen dem Staat und Gewerkschafts- oder Arbeitgeberverbänden zur Festlegung der Grundsätze der Gesellschafts- und Wirtschaftspolitik[543]; bei Vereinbarungen zwischen Staat und Gewerkschafts- oder Arbeitgeberverbänden handelt es sich um zweiseitige schuldrechtliche Vereinbarungen, denen aber keine normative Wirkung zukommt. Arbeitnehmer können aus diesen keine unmittelbaren und zwingenden Rechte ableiten[544]; **Vereinbarungen zwischen den Gewerkschaften und dem künftigen Eigentümer eines zu privatisierenden Staatsunternehmens**[545] (sog. Sozialpakte).

Ohne normative Wirkung bleiben auch sog. **„Sozialpakte".** Diese Vereinbarungen werden im Zuge der wirtschaftlichen Umgestaltung vieler Unternehmen zwischen Gewerkschaften und der künftigen Unternehmensleitung geschlossen, um darin neben den gesetzlichen Vorgaben zusätzliche soziale und Arbeitsplatz erhaltende Ansprüche bei Wechsel der Arbeitgeberseite festzulegen[546]. Denkbar sind bspw. zusätzliche Vergütungsbestandteile zum Ausgleich der Nachteile, die den Arbeitnehmern bei Wechsel der Unternehmens-/ Betriebsleitung entstehen können, wie z. B. einen geringeren Schutz der Arbeitsplätze bei der Privatisierung von Staatsbetrieben [547]. Nach Ansicht der Rechtsprechung sind darin ebenfalls kollektivrechtliche Vereinbarungen zu sehen, denen zwar eine schuldrechtliche, nicht aber eine normative Wirkung zukommt[548]. Hierin ist aber ein Defizit dieser Ansprüche zu sehen: Ein Arbeitnehmer könnte bei Nichtleistung des neuen Arbeitgebers seine Ansprüche nicht durchsetzen, da das Schuldverhältnis nur zwischen den Vertragsparteien (Gewerkschaften und Arbeitgeber) besteht. Aus diesem Grund wird teilweise

---

[542] Florek/Zieliński, Rn. 52; Sanetra - Salwa, S. 25; Sieg, NZA 1995, 508.

[543] Sanetra - Cudowski, S. 38; Sanetra - Salwa, S. 25; Zieliński, Prawo Pracy, S. 161 m.w.N.

[544] Sanetra - Cudowski, S. 38.

[545] Sanetra - Cudowski, S. 38.

[546] Lewandowski - Goździewicz, S. 103; Iwulski/Jaśkowski, S. 63; Jończyk, S. 52

[547] Iwulski/Jaśkowski, S. 63; Jończyk, S. 52.

[548] Sąd Apelacyjny Gdańsk (Berufungsgericht Danzig), Urt. v. 26.01.1993, II Apr 4/93, OSP 1993, 11, Pos. 228; Sąd Apelacyjny Gdańsk, Beschl. v. 24.11.1993, I PZP 46/93, OSNCP 1994, 6, Pos.131.

vertreten, diese Art von Vereinbarungen als Vertrag zugunsten Dritter (*umowa na rzecz osoby trzeciej*) i.S.d. Art. 393 § 1 KC auszulegen[549]. Die Anwendbarkeit des Art. 393 § 1 KC ergibt sich aus der Generalverweisung des Art. 300 KP, wonach die Bestimmungen des KC entsprechend im Arbeitsrechtsverhältnis Anwendung finden, soweit keine arbeitsrechtliche Regelung besteht und die zivilrechtliche den Grundsätzen des Arbeitsrechts nicht widerspricht[550]. Dem Arbeitnehmer stünde dann ein eigenes Forderungsrecht auf die in dem Sozialpakt bestimmte Leistung gegen den neuen Arbeitgeber zu, obschon die Kollektivvereinbarung keine normative Wirkung, also die Verpflichtung gegenüber jedermann, für den die Voraussetzungen der Vereinbarung erfüllt sind, entfaltet. Die Leistung könnte er gegebenenfalls im eigenen Namen auf dem Klagewege geltend machen. Dies setzt allerdings voraus, dass den Willenserklärungen der die Sozialakte vereinbarenden Parteien ein entsprechender Erklärungsinhalt zukommt; dreiseitige Vereinbarungen zwischen dem Staat, Arbeitnehmerorganisationen und den Arbeitgebern zur Herstellung eines Dialogs oder von Vereinbarungen in gesellschaftlich-wirtschaftlich bedeutenden Angelegenheiten (z. B. Vereinbarung zur dynamischen Entwicklung von Grundgehältern)[551];

Einzelheiten zu **dreiseitigen Kollektivvereinbarungen** zwischen Staat, Arbeitgeber und Gewerkschaften werden hingegen im weiteren Verlauf unter dem Stichwort *Generalvereinbarungen* behandelt[552].

Kollektivvereinbarung im engeren Sinn: Betriebsvereinbarungen

Im engeren Sinne werden Kollektivvereinbarungen im polnischen Arbeitsrecht als **Betriebsvereinbarungen** verstanden. Diese regeln Rechte und Pflichten der Arbeitsparteien, wenn ein kollektiver Bezug besteht. **Parteien** einer Betriebsvereinbarung sind die zuständigen **Betriebsgewerkschaften** sowie **der Arbeitgeber**. Betriebsvereinbarungen kommt unmittelbare und zwingende Wirkung zu. Schließt eine Gewerkschaft eine Vereinbarung mit dem Arbeitgeber in eigenem Namen, beispielsweise über die Nutzungsbedingungen von Betriebsräumlichkeiten durch die Gewerkschaftsvertretung, stellt dies hingegen keine Betriebsvereinbarung, sondern einen zivilrechtlichen Vertrag dar[553]. Ebenso wenig ist eine Vereinbarung zwischen Arbeitgeber und Gewerkschaft als Betriebsvereinbarung zu qualifizieren, wenn sie die Rechte eines einzelnen Arbeitnehmers betrifft, ohne dass ein **kollektiver Bezug** besteht[554]. Dieses Verständnis von kollektivrechtlichen Vereinbarungen gilt aber nur für **Betriebsvereinbarungen im engeren Sinn**.

Im Folgenden wird der Begriff der Kollektivvereinbarungen zur Vermeidung von Missverständnissen nur für die Betriebsvereinbarungen genutzt.

---

[549] Lewandowski - Goździewicz, S. 103.

[550] Florek/Zieliński, Rn. 47 ff.; Salwa, Art. 300, S. 493 f.

[551] Goździewicz, S. 102.

[552] Vergleiche zu den Einzelheiten 3. Kapitel B. VI. 2. und Goździewicz, S. 102.

[553] Sanetra - Cudowski, S. 39.

[554] Sanetra - Salwa, S. 28.

(2) Historie

Betriebsvereinbarungen existierten im sozialistischen Arbeitsrecht nicht. Ausdrücklich als Rechtsquelle des polnischen Arbeitsrechts werden sie erst seit der Änderung des KP vom 20.02.1996 erwähnt[555]. Allerdings wurden Betriebsvereinbarungen bereits zu Beginn der Transformationsphase des Arbeitsrechts als kollektive Rechtsquellen anerkannt[556], auch wenn ihnen zunächst keine praktische Bedeutung zukam. Dies liegt darin begründet, dass nach Art. 9 § 1 KP Betriebsvereinbarungen **nur auf gesetzlicher Grundlage**, welche die Parteien einer solchen Vereinbarung und den Regelungsbereich normiert, vereinbart werden können[557]. Die entsprechenden Normen, welche den Abschluss einer Betriebsvereinbarung vorsehen, mussten aber erst im Laufe der Zeit erlassen werden.

(3) Rechtswirkungen

Der **normative Charakter** von Betriebsvereinbarungen war zunächst umstritten[558]. Inzwischen wurden jedoch Betriebsvereinbarungen ausdrücklich als Quelle des Arbeitsrechts normiert. Wie Tarifverträgen kommt auch Betriebsvereinbarungen normative Wirkung zu, soweit sie sich auf das Arbeitsverhältnis selbst beziehen. Sie wirken **unmittelbar und zwingend** für die Betriebsparteien und können einzelvertragliche Regelungen ablösen[559]. Art. 9 § 1 KP setzt allerdings voraus, dass nur diejenigen Vereinbarungen auf betrieblicher Ebene normativ wirken, die zwischen zwei gleichberechtigten Parteinen geschlossen werden. Keine Betriebsvereinbarung und folglich auch keine normativen Rechtsquellen sind daher **einseitige Anordnungen, Richtlinien** usw., die lediglich im Einvernehmen mit der Betriebsgewerkschaft vom Arbeitgeber erlassen werden dürfen, wie z. B. eine Verordnung über die Zulässigkeit eigener Mittel zum Arbeitsschutz, Art. 237 $_7$ § 2 KP. Ebenso bedarf die Aufstellung der Urlaubsordnung[560] seit der Reform des KP 2002 keiner Abstimmung mit den Gewerkschaften, Art. 163 § 1 KP[561].

(4) Kollektivrechtlicher Bezug

Aus Art. 9 § 1 KP ergibt sich, dass alle Rechtsquellen des Arbeitsrechts Rechte und Pflichten von Arbeitgebern und Arbeitnehmern begründen. Betriebsvereinbarungen können sowohl **kollektive** als auch **individuelle Rechte und Pflichten** aus dem Arbeitsverhältnis bestimmen, solange sie nicht an einen einzelnen, sondern an die Belegschaft oder einen Teil dieser adressiert sind[562] und somit ein **kollektivrechtlicher**

---

555 Ausdrückliche Anerkennung als Rechtsquelle durch die Änderung des KP vom 20.02.1996, Dz. U. 1996, Nr. 24, Pos. 110.

556 Sanetra - Cudowski, S. 37; Goździewicz, S. 95, Sanetra - Salwa, S. 25, 29.

557 Goździewicz, S. 100.

558 Vgl. Sanetra - Cudowski, S. 39; Sanetra - Salwa, S. 26.

559 Sanetra - Salwa, S. 26; Sieg/Prujszczyk, Rn. 11.

560 Zu den Einzelheiten zu den Beteiligungsrechten der Gewerkschaft bei Erlass einer Urlaubsordnung vgl. Lewandowski – Goździewicz, S. 110 f.; Pörnbacher, WiRO 2003, 99.

561 Diese war vor der Reform des KP vorgeschrieben.

562 Sanetra - Salwa, S. 31

Bezug hergestellt ist. Allerdings dürfen sie nicht zu ungunsten der Arbeitnehmer von gesetzlichen Bestimmungen und Tarifnormen abweichen, Art. 9 § 2 KP (Rangprinzip)[563]. Rangniedere Rechtsquellen, die sog. innerbetrieblichen Akte (*akty wewnątrzzakładowe*) müssen hingegen mindestens so günstige Bestimmungen für den Arbeitnehmer enthalten, wie sie sich aus den Regelungen in Betriebsvereinbarungen ergeben[564]. Das bedeutet, ihr Inhalt ist an bestehenden Betriebsvereinbarungen zu messen. Zu den innerbetrieblichen Akten zählen die Arbeitsordnung (*regulamin pracy*), Art. 104 KP, die Vergütungs- und Prämienordnung (*regulamin wynagrodzania*), Art. 77 2 KP[565] und Betriebsstatute von Selbstverwaltungsorganisationen (*statuty*)[566].

(5) Allgemeine Regelungsinhalte

Betriebsvereinbarungen können nur solche Angelegenheiten eines Betriebs regeln, die **nicht bereits Gegenstand eines Tarifvertrages** sind[567]. Sie dienen der Umsetzung bzw. Konkretisierung von Tarifvereinbarungen oder der kurzfristig notwendigen Regelung betrieblicher Sachverhalte, die gesetzlich oder tariflich nicht geregelt sind. Dies entspricht im Grundsatz der deutschen Rechtslage in Art. 77 Abs. 3, 87 Abs. 1 BetrVG. Allerdings geht das **deutsche Arbeitsrecht** noch darüber hinaus, indem es auch **tarifübliche Arbeitsbedingungen der Regelung durch Betriebsvereinbarungen entzieht**, und zwar auch dann, wenn eine Tarifregelung nicht besteht, § 77 Abs. 3 BetrVG. Hintergrund dieser strengen Trennung der zulässigen Regelungsinhalte von Betriebsvereinbarungen und Tarifverträgen ist die **Zweiteilung der kollektiven Vertretung der Arbeitnehmerinteressen** zwischen Gewerkschaften und Betriebsrat[568]. Der verfassungsrechtlich garantierte **Tarifautonomie** nach Art. 9 Abs. 3 GG räumt der deutsche Gesetzgeber gegenüber der einfach normierten Betriebsverfassung **Priorität** ein und schützt dadurch die Tarifautonomie vor der Konkurrenz durch die Betriebsparteien[569]. Diese strikte Trennung ist dem polnischen Arbeitsrecht aufgrund des monistischen Modells der Arbeitnehmervertretung durch die Gewerkschaften, die Partei von Tarif- und von Betriebsvereinbarungen sind, fremd.

Voraussetzung für den Abschluss einer Betriebsvereinbarung ist – wie dargestellt – stets eine gesetzliche Grundlage. Der Gesetzgeber hat Betriebsvereinbarungen nunmehr zur Regelung verschiedener Sachverhalte vorgesehen. Zu den wichtigsten gehören Vereinbarungen, die im Anschluss an ein Schlichtungsverfahren zur Lö-

---

563 Vgl. zum Rangprinzip und den polnischen Rechtsquellen des Arbeitsrechts 3. Kapitel B. V. 4. a. (6) (a).

564 Florek/Zieliński, Rn. 52 ff.

565 Zu Einzelheiten zu diesen Betriebsordnungen vgl. 3. Kapitel B. V. 4. c.

566 Statute existieren im Genossenschaftsrecht und im Hochschulrecht. Vgl. hierzu Florek/Zieliński, Rn. 55.

567 Sieg/Prujszczyk, Rn. 11.

568 Kempen/Zachert, TVG Grundlagen, Rn. 316 ff.

569 BVerfG Urt. v. 01.03.1979, AP Nr. 1 zu § 1 MitbestG. BAG GS v. 03.12.1991, Az. 1/90, AP Nr. 51 zu § 87 BetrVG 1972 Lohngestaltung; Fitting, § 77 BetrVG, Rn. 67 m.w.N.

sung einer betrieblichen Kollektivstreitigkeit getroffen werden, **Art. 9 KolStrG**[570], sowie **Durchführungsvereinbarungen** im Sinne des Art. 4 Abs. 1 des Gesetzes über die besonderen Grundlagen für die Auflösung von Arbeitsverhältnissen aus betriebsbedingten Gründen[571], des heutigen Gesetzes über die besonderen Grundlagen für die Beendigung von Arbeitsverhältnissen aus nicht personenbedingt Gründen. Letzteres setzt die Vorgaben der Richtlinie 59/98/EG vom 20.07.1998 zur Angleichung der Vorschriften der Mitgliedsstaaten zu Gruppenentlassungen[572] um und stellt somit einen gemeinschaftsrechtlichen Aspekt des transformierten polnischen Arbeitsrechts dar. Aus diesem Grunde wird auf die Gewerkschaftsrechte, die sich aus dem Gesetz ergeben, sowie auf Betriebsvereinbarungen, die auf Grundlage der Bestimmungen dieses Gesetzes vereinbart werden können, im vierten Kapitel näher eingegangen.

(6) Betriebsvereinbarungen zur Aussetzung von Tarifverträgen und sonstigen arbeitsrechtlichen Bestimmungen

Regelungsinhalt und Regelungsformen

Ein weiterer, besonders bedeutsamer Regelungsbereich von Betriebsvereinbarungen ist die - bereits erwähnte - Möglichkeit, **Tarifverträge** aufgrund der finanziellen Situation des Arbeitgebers zeitweilig auf Betriebsebene **durch den Abschluss einer Betriebsvereinbarung auszusetzen**. Diese Möglichkeit besteht gemäß Art. 241 $_{27}$ KP sowohl für die Anwendbarkeit eines Haustarifvertrages als auch eines betriebsübergreifenden Tarifvertrages in dem Betrieb, für welchen die Betriebsparteien eine Betriebsvereinbarung entsprechenden Inhalts treffen. Hierdurch verstößt der Gesetzgeber in Art. 241 $_{27}$ KP weder gegen die Normenhierarchie des Art. 9 § 2 KP noch gegen das Rangprinzip, denn ein Unterordnungsverhältnis zwischen Tarifvertrag und Betriebsvereinbarung existiert im polnischen Arbeitsrecht nicht[573].

Voraussetzungen und Motive

Bei Haustarifverträgen müssen alle Parteien des auszusetzenden Tarifvertrages die Betriebsvereinbarung schließen. Zur Aussetzung eines überbetrieblichen Tarifvertrages ist eine Vereinbarung aller Tarifparteien des Betriebs notwenig, für den die Betriebsvereinbarung gelten soll[574]. Daraus ist zu folgern, dass Gewerkschaftsverbände, welche den überbetrieblichen Tarifvertrag abgeschlossen haben, an dessen Aussetzung nicht beteiligt werden müssen[575]. Die Vereinbarung nach Art. 241 $_{27}$ KP muss anders als gewöhnliche Betriebsvereinbarungen das komplizierte Registrierungsverfahren für Tarifverträge durchlaufen, Art. 241 $_{27}$ § 2 i. V. m. Art. 241 $_{11}$ ff. KP.

---

[570] Diese werden im weiteren Verlauf näher erörtert, vgl. 3. Kapitel B. V. 5.

[571] Florek/Zieliński, Rn. 52; Salwa, Art. 9, S. 18.

[572] Amtliche Veröffentlichungen der EG L 225 vom 12.08.1998.

[573] Zu dessen Grundsätzen vgl. 3. Kapitel B. V. 4. a. (6) (a).

[574] Salwa, Art. 241 $_{27}$ KP, S. 457.

[575] Ebenso: Patulski - A.Patulski/W. Patulski, Art. 241 $_{27}$ KP, Rn. 4.

Eine Betriebsvereinbarung zur Aussetzung der tariflichen Bestimmungen setzt voraus, dass diese **aufgrund der finanziellen Situation des Betriebs notwendig** geworden ist[576]. Dies ist beispielsweise dann der Fall, wenn andernfalls betriebsbedingte Entlassungen vorgenommen werden müssten[577]. Sinn dieser Vorschrift ist es, den Betriebsparteien zu ermöglichen, in finanziellen Notsituationen **flexibel** auf die **veränderten Rahmenbedingungen** reagieren und die Bedingungen des Arbeitsverhältnisses für einen begrenzten Zeitraum diesen anpassen zu können. Hintergrund der Einführung dieser Ausnahmevorschrift war die instabile wirtschaftliche Situation und die anhaltend hohe Arbeitslosenquote[578] in Polen seit Beginn des Transformationsprozesses. Ferner soll diese Gestaltungsmöglichkeit auch dazu beitragen, die **wirtschaftlichen Bedenken** der Arbeitgeber kleinerer und mittelständischer Unternehmen gegenüber dem Abschluss von Tarifverträgen[579] zu **mindern** und das Niveau der Arbeitsbedingungen für einen größeren Kreis von Arbeitnehmern durch den Abschluss von Tarifverträgen zu erhöhen.

Folgen

Für den Arbeitgeber hat Art. 241 27 KP den Vorteil, dass er die Arbeitsbedingungen seinen finanziellen Möglichkeiten anpassen kann, ohne dass es hierfür der Voraussetzungen einer Änderungskündigung[580] oder einer Kündigung des Tarifvertrages gemäß Art. 241 7 KP bedürfte. Die Betriebsgewerkschaften können hingegen die Änderung der Arbeitsbedingungen mitgestalten und den Zeitraum, für den der Tarifvertrag ausgesetzt werden soll, begrenzen, ohne dass der Tarifvertrag insgesamt beendet werden müsste. Dies kann für die Arbeitnehmer von Vorteil sein, da bei einer Aussetzung oder Ersetzung durch eine Betriebsvereinbarung zumindest die tarifvertragliche Regelung nach Zeitablauf wieder gilt, während nach polnischem Kollektivrecht ein gekündigter Tarifvertrag keine Nachwirkung entfaltet[581]. Ferner können flexible, der aktuellen Betriebslage entsprechende Regelungen getroffen werden, in denen - je nach Bedürfnis - nur ein Teil der Bestimmungen eines Tarifvertrags ausgesetzt wird, z. B. betreffend Sozialleistungen und Prämienzahlungen[582]. Im Rahmen einer Betriebsvereinbarung können durch eigene Bestimmungen Tarifregelungen ersetzen werden. Alternativ kann bestimmt werden, dass die gesetzlichen Vorschriften zur Anwendung kommen sollen. Es besteht zudem die Möglichkeit, die Aussetzung unter der Bedingung zu schließen, dass der Arbeitgeber in dem Zeitraum keine betriebsbedingten Kündigungen tätigt[583]. Hierdurch wird gewähr-

---

[576] Henssler/Braun - Zimoch-Tuchołka/Malinowska-Hyla, Rn. 206.

[577] Patulski - A.Patulski/W. Patulski, Art. 241 27 KP, Rn. 2.

[578] Trotz des anhaltenden Wirtschaftswachstums stieg die Arbeitslosenquote von 1998 (9,5 %) auf 18,9 % im Jahresdurchschnitt 2004. Besonders hoch ist die Arbeitslosigkeit bei jungen Menschen (15 – 24 Jährige), bei denen die Quote 2004 bei 40 % lag, vgl. Eurostat, Pressemitteilung 130/2004 v. 04.11.2004.

[579] Goździewicz, Tarifverträge, S. 20.

[580] Salwa, Art. 241 27 KP, S. 457.

[581] Zu den Einzelheiten dieser Problematik vgl. 3. Kapitel B. V. 4. a. (8).

[582] Salwa, Art. 241 27 KP, S. 457.

[583] Salwa, Art. 241 27 KP, S. 457.

leistet, dass die negativen Folgen für die Arbeitnehmer, die zweifellos mit der Aussetzung eines Tarifvertrages einhergehen, begrenzt werden und die Interessen der Arbeitnehmerschaft einerseits an möglichst günstigen Arbeitsbedingungen, andererseits am Erhalt von Arbeitsplätzen entsprechend von der Gewerkschaftsseite gewahrt bleiben.

Dennoch geht mit der Aussetzung von Tarifverträgen auf der Betriebsebene die Gefahr einer erheblichen **Schwächung der überbetrieblichen Gewerkschaften** einher. In den Wirkungsbereich der von ihnen vereinbarten überbetrieblichen Tarifverträge wird grundlegend eingegriffen, wenn solche Tarifverträge auf Betriebsebene für einen erheblichen Zeitraum ausgesetzt oder durch betriebliche Regelungen ersetzt werden können. Das Ziel, einheitliche Arbeitsbedingungen für eine Branche oder in einem bestimmten Gebiet zu erreichen, wird hierdurch konterkariert. Folge dessen ist eine **uneinheitliche Tarifstruktur** und ein **Verlust der Machtposition** der über der Betriebsebene hinaus wirkenden Gewerkschaften. Die zeitweilige Aussetzung von Betriebstarifverträgen dürfte sich hingegen nicht wesentlich auf die Position der Betriebsgewerkschaften auswirken, da diese sowohl Partei von Betriebstarifverträgen als auch der Betriebsvereinbarungen sind. Allerdings wird der **Betriebsfrieden** durch die Möglichkeit der vorzeitigen Aufhebung von Tarifverträgen berührt, da es somit noch vor Ablauf der üblicherweise vereinbarten Laufzeit eines Betriebstarifvertrages zu Verhandlungen über diesen kommen kann.

Vergleich zur deutschen Rechtslage

Die Möglichkeit, Tarifverträge durch eine Betriebsvereinbarung zeitweilig auszusetzen bzw. zu ändern, stellt einen **wesentlichen Unterschied zur deutschen Rechtslage** dar. Das deutsche Arbeitsrecht kennt eine solche Möglichkeit grundsätzlich nicht. Allenfalls annähernd vergleichbar ist der Fall des Abschlusses eines Haus-/Firmentarifvertrages für einen Betrieb, für den ein Verbandstarifvertrag gilt. In diesem Fall gilt nach dem Prinzip der betrieblichen, fachlichen, persönlichen und räumlichen Nähe das **Spezialitätsprinzip**[584], so dass der Haus-/Firmentarifvertrag als speziellere Regelung dem Verbandstarifvertrag vorgeht, vorausgesetzt, dass sowohl Arbeitgeber als auch Arbeitnehmer tarifgebunden sind[585]. Allerdings handelt es sich hierbei um einen Fall der Tarifkonkurrenz, also um den Vorrang eines Tarifvertrages unter mehreren anwendbaren und nicht um die vorübergehende Aussetzung eines Tarifvertrages durch eine nach deutschem Arbeitsrecht rangniedere Rechtsquelle.

Für das Verhältnis von Tarifverträgen zu Betriebsvereinbarungen gilt im deutschen Recht § 4 Abs. 3 TVG[586], wonach von Tarifverträgen abweichende Regelungen nur zulässig sind, soweit der Tarifvertrag dies vorsieht (Tarifdisposivität) oder diese Bestimmungen zugunsten der Arbeitnehmer enthalten (Günstigkeitsprinzip[587]).

---

[584] Kempen/Zachert - Wendeling-Schröder, § 4 TVG, Rn. 177; Wiedemann - Wank, § 4 TVG, Rn. 289; vgl hierzu auch 3. Kapitel B. V. 4. a. (6) (a).

[585] BAG v. 20.03.1991, AP § 4 TVG Nr. 20 Tarifkonkurrenz Wiedemann - Wank, § 4 Rn. 290.

[586] Steinmeyer/Waltermann, S. 217.

[587] Zu den Grundsätzen vergleiche 3. Kapitel B. V. 4. a. (6) (b).

Allerdings dürfen nach §§ 77 Abs. 3, 87 Abs. 1 BetrVG Betriebsvereinbarungen keine Regelungen über Inhalte treffen, die solche eines Tarifvertrages sind oder üblicherweise in Tarifverträgen geregelt werden, wenn nicht der Tarifvertrag den Abschluss einer Betriebsvereinbarung ausdrücklich zulässt[588]. Solche sog. Tariföffnungsklauseln werden zunehmend von den Arbeitgeberverbänden zur Flexibilisierung der Arbeitsbedingungen durchgesetzt[589]. Eine entsprechende Regelung enthält beispielsweise der Tarifvertrag für die Metall- und Elektroindustrie für die Tarifgebiete Nord-Württemberg/Nord-Baden sowie Süd-Württemberg / Hohenzollern und Süd-Baden vom 12.02.2004[590]. Hintergrund einer solchen Veränderung ist stets die Hoffnung, hierdurch eine nachhaltige Verbesserung der Beschäftigungsentwicklung zu ermöglichen und zu sichern. Forderungen der Arbeitgeberverbände sowie einiger Parteien, Öffnungsklauseln auch unabhängig von den Tarifparteien gesetzlich zu normieren und die sog. betrieblichen Bündnisse, also eine betriebliche Regelung des bislang dem Tarifvorbehalt unterfallenen Arbeitsbedingungen unabhängig von Tarifbestimmungen zu ermöglichen, konnte auch nach dem Regierungswechsel Ende des Jahres 2005 nicht erreicht werden. Demnach bestimmen nach deutschem Recht die Parteien des Tarifvertrages darüber, ob von diesem durch Betriebsvereinbarungen abgewichen werden darf und dies bereits zu dem Zeitpunkt, in dem der Tarifvertrag vereinbart wird. Nach polnischem Recht steht die Entscheidungsgewalt hierüber den Parteien der Betriebsvereinbarung zu, wobei allerdings aufgrund der geringen Anzahl von überbetrieblichen Tarifverträgen in den meisten Fällen die Parteien des Tarifvertrages und der ihn aussetzenden Betriebsvereinbarung identisch sind. Dies ist immer dann der Fall, wenn durch eine Betriebsvereinbarung ein Betriebstarifvertrag ausgesetzt wird. Dennoch zeigt die Gesetzeslage in Polen, dass das polnische Arbeitsrecht anders als nach der Rechtsprechung des BAG[591] der Sicherung des Vorrangs der Tarifautonomie keine Priorität einräumt.

Bedeutung von Aufhebungsvereinbarungen

Mit der Gesetzesänderung des KP vom 09.11.2000[592] hat der Gesetzgeber die Höchstgrenze des Aussetzungszeitraums von einem auf drei Jahre erweitert[593]. Grund hierfür war, dass sich die Aussetzung für ein Jahr in vielen Fällen als zu kurz erwiesen hatte, um eine Verbesserung der Wirtschaftslage eines Unternehmens her-

---

588 Steinmeyer/Waltermann, S. 316; Wiedemann - Oetker, § 3 Rn. 266.

589 Zachert, AiB 2006, 166: demnach wurden im Jahr 2002 bereits in 35 % der Betriebe tarifliche Öffnungsklauseln angewendet.

590 Tarifvereinbarung zwischen dem Verband der Metall- und Elektroindustrie Baden-Württemberg und der Industriegewerkschaft Metall Bezirksleitung Baden-Württemberg vom 12.02.2004, veröffentlicht u.a. unter Eironline 2004, Dok. DE0403203F.

591 BAG v. 05.03.1997, 4 AZR 532/95, NZA 1997, 951 (953).

592 Dz. U. 2000, Nr. 107, Pos. 1127.

593 Teilweise wurde auch eine inhaltliche Erweiterung des Anwendungsbereichs von Aussetzungsvereinbarungen auf Vorschriften des KP gefordert. Eine gesetzliche Umsetzung dieser Idee scheiterte aber an dem Widerstand der Gewerkschaften. Vgl. hierzu Gardawski, Eironline 2002, Dok. PL0212108f.

beizuführen[594]. Fraglich ist aber, ob das beabsichtigte Ziel, dass der Flexibilisierung der Tarifpolitik auf betrieblicher Ebene zugrunde liegt, langfristig eine unmittelbare Verbesserung der wirtschaftlichen Lage vieler Betriebe zu bewirken, hierdurch erreicht wird. Denkbar ist ebenso, dass nach Ablauf von drei Jahren und Wiederinkrafttreten der Tarifregelung erneut eine Verschlechterung eintritt. Darüber hinaus kann ein deutlicher Anstieg von Aussetzungsvereinbarungen in den letzten Jahren festgestellt werden, aus dem sich ergibt, dass die Möglichkeit zur Aussetzung von Tarifverträgen zu einem **etablierten, kollektivrechtlichen Gestaltungsmittel** auf Betriebsebene geworden ist. In dem Zeitraum von 2000 bis 2003 vergrößerte sich die Anzahl der Betriebsvereinbarungen zur Aussetzung von Tarifverträgen von 75 (2000) auf 303 (2003)[595]. Inhaltlich betroffen sind z. B. Tarifregelungen über zusätzliche Überstundenvergütung und Rentenleistungen sowie Prämien[596], also insbesondere solche Bestimmungen, welche unmittelbare, finanziell belastende Auswirkungen für den Arbeitgeber haben. Allerdings nutzen Arbeitgeber die Möglichkeit zur Aussetzung eines Tarifvertrages in einer noch größeren Zahl nicht, sondern entscheiden sich dafür, den Tarifvertrag insgesamt zu kündigen[597] - sofern dies unter Berücksichtigung der Kündigungsfristen möglich ist - bzw. einvernehmlich mit den Gewerkschaften aufzuheben.

Die Gründe für die Verlängerung des zulässigen Aussetzungszeitraums sowie den Anstieg der Zahl solcher Betriebsvereinbarungen bzw. der Beendigung von Tarifverträgen sind in der allgemein angespannten wirtschaftlichen Situation Polens zu suchen[598]. Letztlich muss angesichts dieser Entwicklung die **Tarifpolitik in Polen** grundsätzlich hinterfragt werden. Die Vorschrift, die 1994 in das KP eingefügt wurde[599], sollte als Ausnahmefall aufgrund der schwierigen wirtschaftlichen Lage Polens zu Beginn des Transformationsprozesses die Tariflandschaft flexibilisieren. Tatsächlich birgt der verlängerte Höchstzeitraum für die Aussetzung sowie die rechtlich nicht eingegrenzten Voraussetzungen an eine Verschlechterung der betrieblichen Finanzsituation aber die Gefahr einer Tarifzersplitterung innerhalb einer Branche. Überdies wird die Tarifmacht auf überbetrieblicher Ebene, auf der ohnehin die Anzahl von Tarifverträgen bislang gering ist, zusätzlich verkleinert. Ferner besteht die Gefahr des Missbrauchs von Aussetzungsvereinbarungen zur Personalkostenreduzierung ohne zwingende betriebliche Notlage. Andererseits stellt sich die Frage, inwiefern in großem Maße in Tarifverträge Vereinbarungen zulasten des Arbeitgebers getroffen wurden, die praktisch von diesem nicht (mehr) finanzierbar sind. In der Praxis liegt es in der Verantwortung der Betriebsgewerkschaften, die erforderlichen Informationen über die finanzielle Situation des Arbeitgebers anzu-

---

594 Lewandowski, PiZS 2001, 7.

595 PIP, Jahresbericht 2003, Appendix Nr. 21.

596 PIP, Jahresbericht 2003, Appendix Nr. 21.

597 2003 wurden 424 Tarifverträge gekündigt und 266 einvernehmlich aufgehoben. Vgl. PIP, Jahresbericht 2003, Appendix Nr. 21.

598 Towalski, Eironline 2003, PL0307107F.

599 Dz. U. 1994, Nr. 113, Pos. 547.

fordern und darüber zu entscheiden, ob diese die Aussetzung von Tarifregelungen tatsächlich erfordern.

Vereinbarungen zur Aufhebung arbeitsrechtlicher Bestimmungen

Regelungsformen

Neben der befristeten Aufhebung von Tarifregelungen sieht das KP in Art. 9 1 KP die Möglichkeit vor, durch eine **Betriebsvereinbarung** arbeitsrechtliche Bestimmungen, die nicht in Gesetzen, sondern in **Betriebsordnungen oder innerbetrieblichen Statuten** festgelegt sind, für einen Zeitraum von höchstens drei Jahren auszusetzen[600]. Voraussetzung ist ebenfalls, dass die finanzielle Situation des Arbeitgebers die Aussetzung notwendig macht. Die Vorschriften des Art. 241 27 KP kommen entsprechend zur Anwendung. Mangels der Regelungsform der Betriebsordnungen und der innerbetrieblichen Statute im **deutschen Arbeitsrecht** besteht keine Vergleichsmöglichkeit mit diesem Rechtssystem. Neben Betriebsvereinbarungen und Individualvereinbarungen können die betrieblichen Arbeitsbedingungen nach deutschem Arbeitsrecht aber auch durch **Gesamtzusagen, Einheitsregelungen und betriebliche Übung** gestaltet werden[601]. Wenn sich aus diesen individual-rechtliche Ansprüche des Arbeitnehmers ergeben, können diese durch nachteilige Regelungen in Betriebsvereinbarungen nicht kollektiv-rechtlich abgelöst werden. Denn es gilt auch im Verhältnis dieser Rechtsquellen das **Günstigkeitsprinzip**.

Darüber hinaus besteht im polnischen Kollektivrecht, anders als im Falle der Aussetzung von Tarifverträgen, die Möglichkeit, eine **Vereinbarung** zur Aussetzung arbeitsrechtlicher Bestimmungen mit den sog. „**Vertretern der Belegschaft**", die aufgrund betrieblicher Vereinbarung gewählt wurden, zu treffen[602]. Diese Möglichkeit sieht Art. 9 1 § 2 KP, für den Fall vor, dass in dem betroffenen Betrieb keine Gewerkschaft tätig ist.

Beurteilung

Art. 9 1 KP wurde im Zusammenhang mit der im Folgenden dargestellten Möglichkeit zur Aussetzung von arbeitsvertraglichen Bestimmungen nach Art. 23 1a KP mit der Reform des KP im Jahr 2002[603] eingeführt und ergänzt die Aussetzungsregelung nach Art. 241 27 KP. Die Einführung dieser weiteren Aussetzungsmöglichkeit ist konsequent, da sie berücksichtigt, dass in der Mehrzahl der Betriebe Kosten belastende Ansprüche der Arbeitnehmer, insbesondere die Vergütungs- und sonstigen Entgeltbestandteile, nicht in Tarifverträgen geregelt sind, sondern in einer Betriebsordnung. Dies liegt zum einen darin begründet, dass in vielen dieser Betriebe keine Gewerkschaften tätig sind, so dass dementsprechend kein Tarifvertrag vereinbart werden kann. Zum anderen trägt die Bestimmung dem Umstand Rechnung, dass

---

[600] Pörnbacher, WiRO 2003, 99.

[601] Im Einzelnen zu den Rechtsquellen des deutschen Arbeitsrechts vgl. ErfK - Preis, § 611 BGB, Rn. 235 ff.

[602] Zu den Einzelheiten zu der Rechtsform der Vertreter der Belegschaft vgl. 3. Kapitel B. VII. 4.

[603] Dz. U. 2002, Nr. 135, Pos. 1146.

viele Arbeitgeber es vorziehen, Ansprüche der Arbeitnehmer in einer Betriebsordnung und nicht in einem Tarifvertrag mit den Betriebsgewerkschaften zu vereinbaren, selbst wenn eine Betriebsgewerkschaft existiert[604]. Wenn der Gesetzgeber die rechtspolitische Entscheidung getroffen hat, Ansprüche der Beschäftigten eines Betriebes, der in eine finanzielle Schieflage geraten ist, durch einvernehmliche Entscheidung der kollektiven Betriebsparteien befristet aussetzen zu können, ist es nur folgerichtig, diese Möglichkeit auch auf die arbeitsrechtlichen Bestimmungen ausweiten zu können, die unmittelbare finanzielle Belastungen für den Arbeitgeber nach sich ziehen.

Im Falle der Aussetzung nach Art. 9^{1} § 1 KP stellt sich die Problematik der Durchbrechung der Normenhierarchie nach Art. 9 KP ebenfalls nicht, da Betriebsordnungen und innerbetriebliche Statute gem. Art. 9 § 3 KP die gegenüber einer Betriebsvereinbarung rangniederen Rechtsquellen des polnischen Arbeitsrechts sind. Im Falle einer Einigung mit den Vertretern der Belegschaft ergibt sich keine Kollision mit höherrangigen Rechtsquellen, da es sich bei einer kollektivrechtlichen Vereinbarung nach Art. 9^{1} § 2 KP um eine solche Vereinbarung aufgrund Gesetzes i. S. d. Art. 9 § 1 KP handelt, die ebenfalls ranghöher ist als Betriebsordnungen und innerbetriebliche Statute. **Verletzt** wird allerdings das **Günstigkeitsprinzip**, da das Gesetz auch rangniederen Rechtsquellen den Vorrang vor ranghöheren einräumt, wenn diese für den Arbeitnehmer günstigere Regelungen enthalten. Dies hat der polnische Gesetzgeber im Rahmen der Aussetzungsregelung nach Art. 9^{1} § 1 KP zugunsten der Arbeitgeberseite in Kauf genommen.

Vereinbarungen zur Aufhebung arbeitsvertraglicher Bestimmungen

Ergänzt werden die Regelungen zur Aussetzung von Kollektivvereinbarungen, Betriebsordnungen und innerbetrieblichen Statuten durch Art. 23^{1a} KP. Nach dieser Bestimmung können Arbeitgeber durch **Betriebsvereinbarung** mit den Betriebsgewerkschaften oder, sofern solche im Betrieb nicht existieren, durch **Kollektivvereinbarung** mit den Vertretern der Belegschaft für die Arbeitnehmer weniger günstige Arbeitsbedingungen einführen als die arbeitsvertraglich zugesicherten. Eine solche Vereinbarung kommt nur in Betracht, wenn dies die finanzielle Situation des Arbeitgebers erfordert.

Die zu verringernden Ansprüche dürfen nicht bereits in einem Tarifvertrag geregelt sein. Denn in einem solchen Fall müsste die Aussetzung nach den spezielleren Voraussetzungen des Art. 241^{27} KP erfolgen. Darüber hinaus gilt Art. 23^{1a} KP nur für Arbeitgeber, die **weniger als 20 Arbeitnehmer** beschäftigen. Diese Einschränkung dürfte mit dem Umstand zu erklären sein, dass in Betrieben mit mindestens 20 Arbeitnehmern gem. Art. 77^{2} KP die finanziell belastenden Ansprüche der Arbeitnehmer in einer Vergütungs- und Prämienordnung zu regeln sind. Problematisch an dieser Einschränkung des Anwendungsbereichs des Art. 23^{1a} KP ist allerdings, dass auch in Betrieben, die zum Erlass einer Vergütungs- und Prämienordnung verpflichtet sind, die Situation entstehen kann, dass es mangels Einigung zwischen Arbeitge-

---

[604] PIP, Jahresbericht 2003, Appendix 21; Zu den Hintergründen dieser Entwicklung vgl. 3. Kapitel B. V. 4. c. (4).

ber und Betriebsgewerkschaft weder zum Abschluss eines Tarifvertrages noch einer Betriebsordnung kommt[605]. In diesem Fall könnte dem Gesetzeswortlaut folgend nach keiner Vorschrift des KP eine Aussetzungsvereinbarung getroffen werden, auch wenn dies aufgrund der finanziellen Situation des Arbeitgebers erforderlich wäre. Der Gesetzgeber hat aber mit der Reform des KP im Jahr 2002 zum Ausdruck gebracht, dass grundsätzlich eine Möglichkeit zur Aussetzung aller den Arbeitgeber finanziell belastender, nicht gesetzlicher Ansprüche bestehen soll. Darüber hinaus hat er offensichtlich auch die Möglichkeit, dass weder eine Betriebsordnung noch ein Tarifvertrag in Betrieben mit mindestens 20 Arbeitnehmern vereinbart werden kann, gesetzlich nicht geregelt. Demnach besteht sowohl eine vergleichbare Interessenlage als auch eine planwidrige Regelungslücke, so dass in einem solchen Fall eine analoge Anwendung des Art. 23 1a KP in Betracht kommt.

Wie bei den bereits dargestellten Aussetzungsmöglichkeiten kommt den Kollektivparteien des Betriebs die Entscheidung darüber zu, in welchem Umfang die arbeitsvertraglichen Regelungen auszusetzen sind[606]. Bedeutend ist, dass Art. 23 1a KP **keinen Höchstzeitraum** vorsieht, für den eine Aussetzung vereinbart werden kann, sondern die Entscheidung hierüber ausdrücklich den Parteien der Aussetzungsvereinbarung überlässt. Ein solcher Eingriff in individuell vereinbarte Ansprüche des Arbeitgebers ohne zeitliche Begrenzung kann m.E. nur in den Fällen gerechtfertigt sein, in denen aufgrund der finanziellen Lage des Arbeitgebers auch eine Änderungskündigung unter den Voraussetzungen des Art. 42 f. KP ausgesprochen werden könnte. Denn bei einer Änderungskündigung würden die geänderten Arbeitsbedingungen unbefristet gelten. Der Arbeitgeber könnte demnach nur mit einer solchen Begründung eine Aussetzungsvereinbarung herbeiführen, die den Anforderungen an eine betriebsbedingte Kündigung entsprechen würden.

c) Betriebsordnungen

(1) Allgemeines

Betriebsordnungen (*regulaminy*) sind ebenfalls eine **Rechtsquelle** des polnischen Arbeitsrechts, Art. 9 § 1 KP, die hierarchisch unter den Betriebsvereinbarungen einzuordnen ist, Art. 9 § 3 KP. Folglich dürfen sie keine ungünstigeren Bestimmungen enthalten, als gesetzliche und tarifliche Regelungen oder Betriebsvereinbarungen. Ihre ausdrückliche Benennung als arbeitsrechtliche Rechtsquelle und die Festlegung der hierarchischen Stellung der Rechtsquellen zueinander ist aufgrund neuer, kollektivrechtlicher Normierungsarten und der in ihrer Bedeutung deutlich aufgewerteten Betriebsordnungen und Satzungen notwendig. Letztere sind wie auch die kollektivrechtlichen Normen ein rechtliches Mittel, um den Betrieben größere Freiheit bei der Gestaltung der Arbeitsbedingungen einzuräumen und folglich auf die individuellen Bedürfnisse eines Betriebs zugeschnittene Voraussetzungen für Arbeitsleistungen zu ermöglichen.

---

605 Vgl. hierzu 3. Kapitel B. V. 4. c. (3).

606 Patulski - A. Patulski, Art. 23 1a KP, Rn. 1, Art. 9 1 KP, Rn. 1.

Da Betriebsordnungen auch als einseitige Anordnungen des Arbeitgebers erlassen werden können[607] und demnach nicht zwingend einer Vereinbarung mit den Betriebsgewerkschaften bedürfen, können sie dem Grundsatz nach nicht zu den kollektivrechtlichen Rechtsquellen des polnischen Arbeitsrechts gezählt werden. Dennoch bestehen Wechselwirkungen zwischen dem Erlass einer Betriebsordnung und der Vereinbarung eines Tarifvertrages auf Betriebsebene. Darüber hinaus sind aus ihren gesetzlichen Regelungen Rückschlüsse auf die Funktion der Betriebsgewerkschaften zu ziehen.
Eine inhaltsgleiche Rechtsquelle existiert im **deutschen Arbeitsrecht** nicht. Zwar können auch in deutschen Betrieben Einheitsregelungen, Gesamtzusagen oder das Weisungsrecht des Arbeitnehmers konkretisierende Regelungen bestehen, die als „Betriebsordnung" bezeichnet sind. Diese werden allerdings erst durch Bezugnahme im Arbeitsvertrag, - nicht zwingend ausdrückliche - einzelvertragliche Abrede oder Verweis in einer Betriebsvereinbarung Inhalt des Arbeitsverhältnisses.

(2) Regelungsinhalte

Das KP sieht für mehrere Regelungsbereiche die Möglichkeit bzw. Pflicht zum Erlass einer Betriebsordnung vor. Soweit eine solche erlassen wird, bindet der Inhalt der Arbeitsordnung beide Arbeitsvertragsparteien[608]. Wichtigste Fälle sind die Pflicht zum Erlass einer **Arbeitsordnung** gem. Art. 104 KP ff., welche die Organisation sowie die Ordnung im Betrieb und die hieraus resultierenden Rechte und Pflichten von Arbeitgeber und Arbeitnehmer festlegt, sowie einer **Vergütungs- und Prämienordnung** (nachfolgend: Vergütungsordnung) nach Art. 77 2 KP ff.. Darüber hinaus ist im KP die Ordnung des Betriebsfonds für Sozialleistungen geregelt.

Einer umfassenden **Neustrukturierung** bedurften insbesondere die Regelungen zur **Vergütung** der Arbeitnehmer. In der Planwirtschaft wurden die Vergütung und sonstige geltwerten Leistungen zentral durch den Ministerrat festgelegt (Art. 79 des sozialistischen KP). Unter den Bedingungen der freien Marktwirtschaft, in der die Frage der Vergütung der Vertragsfreiheit der Arbeitsparteien unterfällt, bedarf es hingegen grundlegender Schutzbestimmungen, welche den Vergütungsanspruch, der in den meisten Fällen die Existenzgrundlage der Arbeitnehmer und ihrer Familien darstellt, gesetzlich absichern.

Aus den gesetzlichen Bestimmungen des novellierten KP geht hervor, dass die Arbeitsbedingungen grundsätzlich **durch betriebliche und übertarifliche Tarifverträge** bestimmt werden sollen. Es ist folglich primär Aufgabe der Gewerkschaften, diese mit den Arbeitgebern bzw. Arbeitgeberorganisationen nach den Grundsätzen des 11. Abschnitts des KP zu verhandeln und zu vereinbaren. Diese können aber - abgesehen von der Möglichkeit, Tarifverträge für allgemeinverbindlich zu erklären (Art. 241 18 § 1 KP) – nur in den Betrieben tätig werden, in den Gewerkschaften tätig sind. Durch das Rechtsinstitut der Arbeitsordnungen hat der Gesetzgeber angesichts der geringen Organisations- und Tarifdichte, insbesondere in kleinen und mit-

---

607 Henssler/Braun - Zimoch-Tuchołka/Malinowska-Hyla, Rn. 28 f.; Patulski - Ciborski/A. Patulski/W. Patulski, Art. 9 KP, Rn. 2.
608 Salwa, Art. 77 2 KP, Rn. 1.

telständischen Betrieben, ein neues Rechtsinstitut zur Sicherung der Mindestarbeitsbedingungen außerhalb von Tarifverträgen mit der Reform des KP im Jahr 1996[609] eingeführt. Beide Ordnung sind zwingend zu erlassen, wenn der Arbeitgeber **mindestens 20 Arbeitnehmer** beschäftigt und in dem Betrieb **kein Tarifvertrag** mit diesen Regelungsinhalten Anwendung findet[610]. Für die Bestimmung der Anzahl von Arbeitnehmern kommt es nicht darauf an, ob diese in Teil- oder Vollzeit, befristet oder unbefristet oder in Probezeit beschäftigt sind[611].

(3) Beteiligungsrechte der Gewerkschaften

Zu unterscheiden sind die **Beteiligungsrechte der Gewerkschaften** beim Erlass einer Betriebsordnung:

Arbeitsordnung

Im Hinblick auf die **Arbeitsordnung** muss der Arbeitgeber deren Inhalt lediglich mit den Betriebsgewerkschaften beraten und versuchen eine Einigung herbeizuführen (Art. 104 2 KP)[612]. Wenn aber eine Einigung nicht erreicht werden kann oder in dem Betrieb keine Gewerkschaft tätig ist, darf der Arbeitgeber die Arbeitsordnung selbst erlassen[613].

Vergütungsordnung

Über den Inhalt der **Vergütungsordnung** darf der Arbeitgeber hingegen nur dann allein entscheiden, wenn in dem Betrieb keine Gewerkschaft tätig ist oder die Betriebsgewerkschaften innerhalb von 30 Tagen (Art. 30 Abs. 5 GewerkG) keinen einvernehmlichen Standpunkt zu deren Inhalt einnehmen[614]. Andernfalls ist er verpflichtet, eine Einigung mit den Betriebsgewerkschaften über den Inhalt der Vergütungsordnung herbeizuführen, Art. 77 2 § 4 KP[615]. Dem Gesetz ist allerdings keine Regelung für den Fall zu entnehmen, dass eine Einigung zwischen dem einvernehmlichen Standpunkt der Betriebsgewerkschaften und dem des Arbeitgebers nicht erreicht werden kann[616]. Folge dessen ist eine **Pattsituation**, die dazu führt, dass Vergütungsfragen weder durch eine Tarifregelung noch eine Betriebsordnung geregelt werden[617]. Entgegen dem in Art. 77 2 § 4 KP zum Ausdruck kommenden Willen des Gesetzgebers, Vergütungsfragen für Betriebe mit mindestens 20 Arbeitnehmern

---

[609] Gesetz v. 20.02.1996, Dz. U. 1996, Nr. 24 Pos. 110.

[610] Florek/Zieliński, Rn. 53 f.; Henssler/Braun – Zimoch-Tuchołka/Malinowska-Hyla, Rn. 28 f.

[611] Salwa, Art. 77 2 KP, Rn. 2.

[612] Patulski – Orłowski, Art. 77 2 KP, Rn. 3; a.A. Henssler/Braun – Zimoch-Tuchołka/Malinowska-Hyla, Rn. 28.

[613] Florek/Zieliński, Rn. 53; Patulski - W.Patulski, Art 104 8 KP, Rn. 2.

[614] Florek/Zieliński, Rn. 54; Patulski – Orłowski, Art. 77 2 KP, Rn. 3; Salwa, Art. 77 2 KP, Rn. 4.

[615] SN v. 18.12.2002, I PKN 693/01, OSNAPiUS 2003, Nr. 12 Pos. 8; Florek – Seweryński, S. 112.

[616] SN v. 21.03.2001, I PKN 320/00, OSNAPiUS 2002, Nr. 24 Pos. 599.

[617] Patulski – Ciborski/A. Patulski/W. Patulski, Art. 9 KP, Rn. 2; Patulski – Orłowski, Art. 77 2 KP, Rn. 3.

durch eine Vereinbarung zwischen den Kollektivparteien zu regulieren, kommen in einer solchen Situation mithin nur die arbeitsvertraglichen Bestimmungen zur Anwendung. Diese werden nach unten begrenzt durch die gesetzliche Mindestvergütung. Da diese Rechtsfolge nicht im Sinne des Gesetzgebers sein kann, bedarf das KP an dieser Stelle einer klarstellenden Regelung.

(4) Verhältnis der Betriebsordnungen zu Tarifverträgen

Problematisch ist auch das **Verhältnis zwischen Betriebsordnungen und Tarifverträgen**. Zwar ist das hierarchische Verhältnis der Rechtsquellen in Art. 9 § 3 KP ausdrücklich geregelt. Darüber hinaus bestimmt Art. 77 2 § 3 KP, dass die Vergütungsordnung nur solange für das Arbeitsverhältnis mit einem Arbeitnehmer gilt, bis ein Betriebstarifvertrag oder überbetrieblicher Tarifvertrag für diesen in Kraft tritt. Eines Widerrufs der Vergütungsordnung oder einer sonstigen Maßnahme bedarf es in einem solchen Fall nicht[618]. Aus Art. 77 2 § 1 KP, 104 § 2 KP ist aber im Rückschluss zu folgern, dass Arbeits- und Vergütungsordnung Inhalte regeln, die andernfalls in einem Tarifvertrag vereinbart würden. Anders als es **§ 77 Abs. 3 BetrVG** für Tarifverträge und Betriebsvereinbarungen nach **deutschem Recht** vorsieht, kennt das polnische Arbeitsrecht keine Regelung, die Arbeitsentgelte und Arbeitsbedingungen, die üblicherweise Inhalt eines Tarifvertrages sind, von der Regelung durch Betriebsvereinbarungen oder -ordnungen ausschließen würde. Demnach gibt es **Überschneidungen der sachlichen Anwendungsbereiche von Betriebsordnungen und Tarifvereinbarungen**. Den Kollektivparteien steht es frei, Organisation und Ordnung im Betrieb sowie Vergütungsfragen entweder durch Tarifvertrag oder in einer Betriebsordnung zu regeln, sofern überhaupt eine Gewerkschaft in dem Betrieb tätig bzw. für die Branche zuständig ist und damit als Kollektivpartei zur Verfügung steht. In den letzten Jahren ist eine Tendenz der Arbeitgeber festzustellen, den Erlass von Betriebsordnungen Tarifverträgen vorzuziehen[619]. Ein Grund hierfür ist in einfacheren Verfahren zum Erlass und zur Änderung von Betriebsordnungen zu sehen[620]. Insbesondere muss weder bei Erlass noch bei Änderung ein förmliches Registrierungsverfahren durchgeführt werden. Des weiteren kann der Arbeitgeber selbst über den Inhalt der Betriebsordnungen entscheiden, wenn keine Betriebsgewerkschaft existiert oder die bestehenden untereinander uneins sind. Demnach stellt die Möglichkeit zum Erlass einer Betriebsordnung durchaus ein **Druckmittel des Arbeitgebers** dar, seine Position im Rahmen von Tarifverhandlungen durchzusetzen. Dies wird auch im Fall der beschriebenen Pattsituation bei Uneinigkeit der Kollektivparteien über den Inhalt der Vergütungsordnung nicht geschmälert, denn der Arbeitgeber kann darauf verweisen, dass andernfalls die Entgeltbedingungen allein im Wege einer Individualvereinbarung mit dem Arbeitnehmer geregelt werden.

Letztlich kann daraus geschlossen werden, dass der polnische Gesetzgeber zwar durch die Einführung der Pflicht zum Erlass von Betriebsordnungen ab einer gewissen Belegschaftsgröße bemüht ist, die Inhalte von Organisation und Ordnung im Be-

---

[618] Patulski – Orłowski, Art. 77 2 KP, Rn. 4.

[619] PIP, Jahresbericht 2003, Appendix 21.

[620] Czarzasty, Eironline 2002, Dok. PL0210108f; PIP, Jahresbericht 2003, Appendix 21.

trieb sowie Vergütungsfragen kollektivrechtlich unter Einbeziehung der Gewerkschaften einvernehmlich zu regeln[621]. Allerdings wirkt sich die Ausgestaltung dieser Rechtsinstrumente auf die Erhöhung des Anteils von Tarifverträgen eher kontraproduktiv aus.

5. Kollektivrechtliche Streitigkeiten und Streikrecht

Ein wesentliches Mittel zur Erfüllung der gesetzlichen Aufgaben der Gewerkschaften ist die kollektivrechtliche Durchsetzung der Arbeitnehmerinteressen. Dies erfolgt durch Verhandlungen mit der Arbeitgeberseite über den Abschluss von Kollektivvereinbarungen, in erster Linie von Tarifverträgen. Anders als das deutsche Arbeitsrecht[622] sieht das polnische Recht ein **gesetzliches Schlichtungsverfahren** für den Fall vor, dass die Kollektivparteien nicht zu einer einvernehmlichen Vereinbarung gelangen. In diesem Fall folgt das polnische Kollektivstreitrecht den historischen Vorgaben, die sich aus dem sozialistischen Arbeitsrecht ergeben (Art. 40 ff. GewerkG 1982).

a) Systematische Einordnung

Mit dem Gesetz über die Beilegung von Kollektivstreitigkeiten vom 23. Mai 1991 (KolStrG) wurden das Streitschlichtungsverfahren sowie die rechtlich zulässigen Arbeitskampfmaßnahmen vollständig neu geregelt. Die entsprechenden Bestimmungen im Gewerkschaftsgesetz von 1982 wurden aufgehoben. Die **Rechte und Pflichten der Gewerkschaften** sind im Rahmen von Kollektivstreitigkeiten und Arbeitskampfmaßnahmen anders als im deutschen Recht **gesetzlich normiert**.

Das Gesetz ist eines der drei Einzelgesetze vom selben Datum[623], mit denen die kollektivrechtlichen Arbeitsverhältnisse nach der Wende neu gestaltet wurden. Die Abtrennung der Vorschriften über kollektivrechtlich Streitigkeiten und Arbeitskampfmaßnahmen aus dem zeitgleich neu gefassten Gewerkschaftsgesetz im Jahr 1991 ist die logische Konsequenz daraus, dass die Koalitionsfreiheit nunmehr auch der Arbeitgeberseite gewährt wird und dem hieraus entstandenen neuen Kräfteverhältnis beider arbeitsrechtlicher Parteien Rechnung getragen werden soll. Die Bestimmungen über kollektivrechtliche Streitigkeiten enthalten Rechte und Pflichten beider Parteien, so dass ihre bisherige Regelung im Gewerkschaftsgesetz systematisch verfehlt war. Dies hat der polnische Gesetzgeber korrigiert, indem er ein eigenes Gesetz geschaffen hat.

b) Voraussetzungen einer Kollektivstreitigkeit

Das Gesetz über die Beilegung von Kollektivstreitigkeiten konkretisiert das Verfahren zum Ausgleich **widerstreitender Interessen über Beschäftigungsbedingungen**. Der Begriff „Kollektivstreit" stellt einen Fachterminus dar, der in Art. 1

---

[621] Matey - Salwa, S. 73.

[622] Vgl. hierzu Steinmeyer/Waltermann, 3. Abschnitt, Arbeitskampf, S. 226.

[623] Zu dem Gewerkschaftsgesetz vgl. 3. Kapitel B. V. 3. sowie zu dem Arbeitgebergesetz vgl. 3. Kapitel B. V. 5.

KolStrG inhaltlich definiert wird. Im rechtlichen Sinne kann er nur bei Vorliegen folgender Voraussetzungen verwendet werden:
Streit über **Bedingungen im Sinne des Art. 1 KolStrG**; hierunter sind Streitigkeiten über Arbeits- und Entgeltbedingungen, Sozialleistungen, Gewerkschaftsrechte sowie über die Ausübung der Koalitionsfreiheit zu verstehen;

Keine Erfüllung der Arbeitnehmerforderungen innerhalb von drei Tagen, seitdem diese der Arbeitgeberseite vorgetragen wurden (Art. 7 Abs. 1 KolStrG) und Vertretung der Belegschaft durch die zuständige Gewerkschaft.

In dem Streitschlichtungsverfahren werden die Interessen der Arbeitnehmerseite nicht durch die einzelnen Arbeitnehmer, sondern durch die jeweiligen Gewerkschaften wahrgenommen, Art. 2 Abs. 1 KolStrG. Insbesondere ist es nicht gestattet, einen Kollektivstreit zu führen, um individuelle Forderungen der Arbeitnehmer durchzusetzen, Art. 4 Abs. 1 KolStrG. Sind in einem Betrieb mehrere Gewerkschaften bzw. Gewerkschaftsorganisationen tätig, kann jede der Organisationen die Interessen der Beschäftigten vertreten. Alternativ steht es den Gewerkschaften frei, eine **gemeinsame Vertretung** zu bilden. Wenn in einem Betrieb keine Gewerkschaften tätig sind, können sich die Beschäftigten durch eine von ihnen bestimmte Gewerkschaftsorganisation vertreten lassen. Der betroffene Arbeitgeber kann seine Interessen im Schlichtungsverfahren selbst wahrnehmen oder die Vertretung durch den Arbeitgeberverband in Anspruch nehmen, wenn er in diesem Mitglied ist (Art. 2 Abs. 2 KolStrG).

c) Schlichtungsverfahren

Das gesetzliche Streitschlichtungsverfahren sieht vor, dass die Arbeitgeberseite unverzüglich **Verhandlungen** (*rokowania*) aufnimmt, um den Kollektivstreit im Wege einer Vereinbarung zu lösen (Art. 8 KolStrG)[624]. Gelingt dies nicht, wird das Schlichtungsverfahren unter Teilnahme eines unabhängigen **Mediators**[625] fortgesetzt. Die Person des Mediators wird von beiden Streitparteien gemeinsam gewählt oder bei fehlendem Einvernehmen vom Minister für Arbeit und Sozialpolitik bestimmt, Art. 11 Abs. 2 KolStrG. Der Mediator wird üblicherweise aus einer Liste von Mediatoren ausgewählt, die nach Art. 11 Abs. 1 KolStrG gemeinsam zwischen dem Ministerium und den repräsentativen landesweiten Gewerkschaftsverbänden vereinbart wird.

Kann der Streit auch im Schlichtungsverfahren nicht beigelegt werden, sind die Parteien anders als im Gewerkschaftsgesetz von 1982 nicht verpflichtet, den Streit einem gerichtlichen Schlichtungskollegium zur Entscheidung vorzulegen, sondern können unmittelbar ein Streikverfahren einleiten. Den Gewerkschaften steht aber das Recht zu, im Interesse der Beschäftigten zunächst das zuständige **Wojwodschaftsgericht** (bei betriebsinternen Streitigkeiten) bzw. das **Oberste Gericht** (bei betriebsübergreifenden Streitigkeiten) anzurufen, Art. 16 KolStrG. Die gerichtliche Entscheidung bindet die Streitparteien, soweit keine Seite vor Beginn des Gerichtsverfahrens dem widersprochen hat.

[624] Sieg, NZA 1995, 508; ders./Prujszczyk, Rn. 241.
[625] Dies ist gemäß Art. 10 KolStrG eine Person, deren Unparteilichkeit garantiert ist.

Abweichend von dem dargestellten Verfahren räumt Art. 241 3 § 2 KP den Parteien das Recht ein, in einer Tarifvereinbarung ein **individuelles Streitverfahren** zum Abschluss eines Tarifvertrages zu regeln. Darin können z. B. die Teilnehmer, der Schlichtungsort und die Verfahrensdauer individuell vereinbart werden[626]. Ist dies der Fall, finden die Bestimmungen des Gesetzes über die Beilegung von Kollektivstreitigkeiten nur Anwendung, soweit die Tarifparteien dies vorsehen. Demnach eröffnet der Gesetzgeber den Kollektivparteien die Möglichkeit zu einer betriebsnäheren und individuellen Vorgehensweise als **Alternative zu einem staatlichen Zwangsschlichtungsversuch**, wenn diese ein geregeltes Verfahren zur Lösung von Kollektivkonflikten vereinbaren.

d) Streikrecht

Das Streikrecht besteht nur unter der Voraussetzung, das die gesetzlich vorgesehene Mediation scheitert bzw. ein gerichtliches Streitschlichtungsverfahrens durchgeführt wurde, Art. 15 KolStrG. Demnach zeichnet sich das polnische Arbeitsrecht durch ein **zweistufiges Arbeitskampfverfahren** aus.

In rechtlicher Hinsicht ist unter einem Streik die **kollektive Arbeitsniederlegung** zur Lösung eines Streits über Bedingungen im Sinne des Art. 1 KolStrG zu verstehen. Hierin wird deutlich, dass die Beschäftigten nur solche Forderungen mit einem Arbeitskampf rechtmäßig durchzusetzen versuchen dürfen, die im engen Sinne ihre eigenen Interessen im Arbeitsverhältnis betreffen. Ein Streik, der dazu dient, andere als arbeitsspezifische Interessen durchzusetzen oder Entscheidungen der Unternehmenspolitik abzuändern, verbietet sich daher. Das Recht zum Arbeitskampf mit den Mitteln des Streiks wird in Art. 59 Abs. 3 Verf. 1997 **verfassungsrechtlich garantiert. Einschränkungen** des Rechts sind nur **aufgrund Gesetzes** möglich. Sie können sich auf bestimmte Kategorien von Beschäftigten oder auf spezielle Arbeitsbereiche beziehen. Allerdings ist aus Art. 241 3 § 2 KP zu folgern, dass die Gewerkschaften das Recht haben, in einem Tarifvertrag auf die Ausübung ihres Streikrechts für einen festgelegten Zeitraum zu **verzichten**[627].

Ein rechtmäßiger Streik setzt voraus, dass das Streitschlichtungsverfahren zuvor gescheitert ist (**ultima ratio – Prinzip**[628]) und seit der Eröffnung des Schlichtungsverfahrens mindestens 14 Tage vergangen sind, es sei denn, dass ein unrechtmäßiges Verhalten des Arbeitgebers die Durchführung des Verfahrens verhindert hat, Art. 17 Abs. 2 KolStrG. Nur in diesem Fall darf trotz Missachtung des zweistufigen Arbeitskampfverfahrens rechtmäßig gestreikt werden. Bei der Entscheidung über die Ausrufung sollen die Vertreter der Arbeitnehmerinteressen - wie es auch das im deutschen Streikrecht anzuwendende **Verhältnismäßigkeitsprinzip** vorsieht[629] - berücksichtigen, ob ihre Forderungen zu den aus dem Streik entstehenden Verlusten in einem angemessenen Verhältnis stehen (*zasada ekwiwalentności*[630] =). Einem

---

626 Patulski – A. Patulski/W. Patulski Art. 241 3 KP, Rn. 2.

627 Florek/Zieliński, Rn. 478.

628 Florek/Zieliński, Rn. 501.

629 ErfK - Dieterich, Art. 9 GG, Rn. 123.

630 Florek/Zieliński, Rn. 501.

Streik muss die Mehrheit der Beschäftigten bei einer Abstimmungsbeteiligung von mindestens 50 % der Betriebsbelegschaft zugestimmt haben und er soll mindestens fünf Tage vor seinem Beginn ausgerufen werden. Die Teilnahme an einem gesetzmäßigen Streik ist freiwillig und stellt keine Verletzung der Arbeitspflichten dar, Art. 23 Abs. 1 KolStrG. Daraus ergibt sich *e contrario*, dass die Beteiligung an einem **rechtswidrigen Streik** arbeitsrechtliche Folgen bis hin zu einer Kündigung des Arbeitsverhältnisses[631] nach sich ziehen kann. Nach Rechtsprechung des SN[632] bedarf es im Hinblick auf ein **Organisationsverschulden** aber der Unterscheidung zwischen den Organisatoren eines rechtswidrigen Streiks und lediglich an diesem beteiligten Arbeitnehmern. Ersteren obliegt eine gesteigerte Verantwortung. Die teilnehmenden Arbeitnehmer begehen nur dann eine schwerwiegende Verletzung ihrer Arbeitspflichten, wenn sie sich der Rechtswidrigkeit ihres Handelns bewusst waren und trotz Warnungen sowie der Aufforderung, sich nicht weiter an dem Streik zu beteiligen, diesen fortgesetzt haben.

Für die Dauer eines **legalen Streiks** behalten die beteiligten Arbeitnehmer alle Rechte auf Leistungen aus der Sozialversicherung und aus dem Arbeitsverhältnis mit Ausnahme des Vergütungsanspruchs, Art. 23 Abs. 2 KolStrG. Dies gilt auch für Ansprüche wegen eines Arbeitsunfalls, der sich während eines Streiks ereignet, da die Beteiligung an einem Streik den Kausalzusammenhang zwischen Unfall und Arbeitstätigkeit nicht ausschließt[633]. Allerdings sehen Vereinbarungen zur Beendigung eines Streiks häufig vor, dass der Arbeitgeber das Arbeitsentgelt auch für die Zeit des Streiks schuldet.

Gestrichen wurde unter anderem das **Verbot eines politischen Streiks**, das im sozialistischen Recht zum Arbeitskampf eine beträchtliche Rechtsunsicherheit im Hinblick auf die Rechtmäßigkeit eines Streiks beinhaltete. Statt dessen werden nunmehr - wie dargestellt - bereits in Art. 1 KolStrG die Sachgebiete konkretisiert, zu deren Klärung ein Arbeitskampf durchgeführt werden darf.

Außerdem werden von dem Recht zum Kollektivstreit keine, von dem Recht zum Arbeitskampf nur noch **wenige Berufsgruppen ausgenommen**. Zu diesen zählen Staatsbedienstete, und zwar unabhängig davon, ob sie als Beamte oder als Angestellte im öffentlichen Dienst beschäftigt werden[634]. Dies entspricht der Rechtslage im Bezug auf die fehlende Möglichkeit, Tarifverträge für diese Beschäftigten abzuschließen[635]. Auf Positionen und an Arbeitsmitteln, bei denen eine Arbeitsniederlegung zu einer **Lebens- oder Gesundheitsgefährdung** führen oder die **nationale Sicherheit** gefährden würde, ist ein Streik ebenfalls unzulässig. Damit findet nunmehr eine **individuelle Beurteilung** statt, ob eine tatsächliche Bedrohung durch die Arbeitsniederlegung besteht, ohne dass gesetzlich ganze Berufsgruppen vom Streikrecht ausgenommen werden würden, die beispielsweise im Gesundheitswesen oder in der Energieversorgung tätig sind.

---

[631] Florek/Zieliński, Rn. 501.

[632] Urt. v. 18.03.1992, I PRN 11/92, n.v.

[633] SN, Urt. v. 25.07.1990, II PRN 5/90, n.v.

[634] Florek/Zieliński, Rn. 500

[635] Zu den Einzelheiten vgl. unter 3. Kapitel B.V.4.a. (2) (c).

Ferner besteht für alle Arbeitnehmer, d.h. auch die ansonsten vom Streikrecht ausgenommenen, die Möglichkeit, gemäß Art. 25 Abs. 1 KolStrG nach ergebnislos verlaufendem Schlichtungsverfahren andere Mittel des Arbeitskampfes zu nutzen, ohne die Arbeitstätigkeit niederzulegen oder die Rechtsordnung zu verletzen. In Betracht käme hier beispielsweise ein Bummelstreik, d.h. die Nicht- oder Schlechterfüllung von Arbeitspflichten oder die übergenaue Befolgung von Ordnung- und Sicherheitsvorschriften, die den Betrieb zum Erliegen bringen[636]. Denkbar ist auch, dass die Beschäftigten „Dienst nach Vorschrift" tätigen, der jegliche Überstunden und überobligatorische Anstrengungen ausschließt.

e) Aussperrung

Hingegen sieht auch das Gesetz über die Beilegung von Kollektivstreitigkeiten eine Aussperrung (*lokaut*) als Kampfmittel des Arbeitgebers[637] nicht vor[638]. Unter einer Aussperrung ist von der Arbeitgeberseite planmäßig erfolgende Arbeitsausschließung mehrerer Arbeitnehmer unter Verweigerung der Entgeltfortzahlung zur Erreichung bestimmter Ziele zu verstehen[639], im Rahmen dessen stets der Verhältnismäßigkeitsgrundsatz zu beachten ist[640]. Dies gilt sowohl für die Angriffs- wie für die Abwehraussperrung. Die Angriffsaussperrung leitet einen Arbeitskampf ein, während die Abwehraussperrung lediglich die Reaktion der Arbeitgeberseite auf den Streik der Arbeitnehmer darstellt[641]. Der Arbeitgeber ist ebenso wenig berechtigt, eine vorbeugende Aussperrung gegen einen angekündigten rechtswidrigen Streik vorzunehmen (Präventivaussperrung). Trotz Kritik von Teilen der Literatur sowie der Arbeitgeberorganisationen, nach deutschem Vorbild zumindest die **Abwehraussperrung** zuzulassen[642], konnten sich die Gewerkschaften, welche die Einführung des Aussperrungsrechts heftig bekämpfen, bislang durchsetzen[643]. Allerdings sieht der Entwurf eines reformierten KP, der von der **Kommission zur Kodifizierung des Arbeitsrechts** im Oktober 2005 vorgelegt wurde, die Einführung eines Rechts zur Aussperrung vor. Dem Recht zur Aussperrung soll eine gerichtliche Entscheidung vorgehen, mit der festgestellt wird, dass der Streik rechtswidrig ist. Ob der Gesetzesentwurf angenommen wird und, wenn ja, mit welchem Inhalt, ist derzeit allerdings noch offen[644].

---

[636] Schaub, § 192, Rn. 6.
[637] Tschöpe - Wieland, 4 C, Rn. 53.
[638] Nowak - Lata, Band 15, S. 130; Towalski, Eironline 2002, PL0207103f
[639] Schaub, § 192, Rn. 4.
[640] BAG v. 12.03.1985, 1 AZR 636/82, NZA 1985, 537.
[641] Nowak - Lata, Band 15, S. 155; Tschöpe - Wieland, 4 C, Rn. 54.
[642] Forderungen der Präsidenten der PKPP und des BCC, vgl. Nowak - Lata, Band 15, S. 156 f.; Cudowski, S. 166; Świątkowski, Yearbook of Polish Labour Law and Social Policy 1993, Band 3, 161; Matey - Zieliński, S. 29.
[643] Nowak - Lata, Band 15, S. 155 f.; Sieg, NZA 1995, 508; Towalski, Eironline 2002, Dok. PL0207103f.
[644] Towalski, Eironline 2005, Dok. PL0510105F.

f) Beurteilung

(1) Kodifizierung und staatliche Einflussnahme

Das Gesetz über die Beilegung von Kollektivstreitigkeiten zeichnet sich, wie schon die entsprechenden Regelungen im Gewerkschaftsgesetz von 1982, durch seine klare Strukturierung aus. Im Vergleich zum deutschen Arbeitskampfrecht, das neben vereinzelten gesetzlichen Regelungen[645] hauptsächlich auf der Rechtsprechung des Bundesverfassungsgerichts (BVerfG) zum Art. 9 GG[646] und des BAG sowie auf von den Verbänden geregelten Arbeitskampfrichtlinien[647] beruht[648], ist die Tatsache bemerkenswert, dass diese Vorschriften in einem Gesetz kodifiziert und der Verfahrensablauf zur zwingend vorgeschriebenen Schlichtung geregelt wurden. Dies trägt zur **Rechtsklarheit** und **Rechtssicherheit** im kollektiven Arbeitsrecht bei.

Das gestraffte Verfahren und die nicht mehr zwingend erforderliche gerichtliche Entscheidung ermöglichen der Arbeitnehmerseite eine raschere und damit effektivere Wahrnehmung des Arbeitskampfrechts zur Durchsetzung ihrer Interessen. Darüber hinaus ermöglicht der Gesetzgeber den Kollektivparteien, eigenverantwortlich ein **individuelles Schlichtungsverfahren** gem. Art. 241 3 § 2 KP durchzuführen. Der Kodifizierung des Schlichtungsverfahrens spiegelt allerdings ein Verständnis vom Grad der **staatlichen Einflussnahme auf die Tarifautonomie** wieder, der sich von der deutschen Situation deutlich unterscheidet. Das **deutsche Tarifrecht** gewährleistet das **Aushandeln der Tarifverträge frei von jeglicher staatlichen Einflussnahme**[649]. Damit ist nach der Rechtsprechung des BAGjegliche unmittelbare, aber auch eine mittelbare Prüfung des Tarifinhalts ausgeschlossen[650]. Eine gerichtlich überprüfbare Verhandlungspflicht wäre diesen Grundsätzen zuwider. Ein gesetzlicher Schlichtungszwang verstieße gegen Art. 9 Abs. 3 GG. Demnach darf das Scheitern eines Schlichtungsverfahrens auch nicht zur Voraussetzung für rechtmäßige Arbeitskampfmaßnahmen gemacht werden. Allerdings gewährleistet die Tarifautonomie, auch nach deutschem Recht Schlichtungen tariflich zu vereinbaren. In diesem Lichte ist auch das ebenfalls im deutschen Streikrecht geltende *ultima ratio-*

---

[645] Z.B. in § 2 Abs. 1 Nr. 2 ArbGG, § 74 Abs. 2 BetrVG, § 66 Abs. 2 BPersVG, Art.1 § 11 Abs. 5 AÜG, § 25 KSchG, §§ 36 Abs. 3, 146, 174 SGB Abs. 3.

[646] Nach h.M. ist das Recht zum Arbeitskampf in Art. 9 Abs. 3 GG institutionell gesichert und aus der Garantie der Koalitionsfreiheit und dem Bekenntnis des Grundgesetzes zum sozialen Rechtsstaat abzuleiten; Schaub, § 193, Rn. 1.

[647] Z.B. Richtlinien zur Führung von Arbeitskämpfen, DGB, 1974, RdA 1974, 306; Arbeitskampfrichtlinien Gesamtmetall, Fassung vom Oktober 1980.

[648] Z. B. BVerfG, Beschl. v. 26.06.1991, AP Art. 9 GG Arbeitskampf Nr. 117; BAG GS Beschl. v. 21.04.1971, AP Art. 9 GG Arbeitskampf Nr. 43; EK-Schlachter, 10 Art. 9, Rn. 83 f., 95; Kissel, NZA 1990, 545; Müller, DB 1992, 269.

[649] Eine staatliche Zwangsschlichtung existierte hingegen vor dem Zweiten Weltkrieg auch im deutschen Streikrecht (1923 - 1934). Später wurde sie lediglich für die durch Kontrollratsgesetz Nr. 35 von 1946 geregelten Fällen wieder eingeführt, erlangte aber wenig praktische Bedeutung. Vgl. hierzu Kempen/Zachert, Geschichte des Tarifvertrages, Rn. 32 ff., § 1 TVG 630.

[650] BAG v. 14.07.1981, NJW 1982, 2395; vgl. hierzu Steinmeyer/Waltermann, 3. Anschnitt. Arbeitskampfrecht, S. 226 f.

Prinzip auszulegen. Dies setzt **keine förmliche Erklärung des Scheiterns der Tarifverhandlungen vor Streikbeginn** voraus[651]. Vielmehr liegt bereits in der Einleitung von Arbeitskampfmaßnahmen die freie und nicht nachprüfbare Entscheidung einer Koalitionspartei, dass die Verhandlungsmöglichkeit als erschöpft anzusehen sind[652]. Im Gegensatz zu der deutschen Rechtslage unterwirft der **polnische Gesetzgeber** den Arbeitgeber ausdrücklich einer Verhandlungspflicht sowie zwingend einem vor geschalteten **Schlichtungsverfahren** und eröffnet dadurch die Möglichkeit zu einer gerichtlichen Prüfung der Tarifverhandlungen.

(2) Gegenstand einer Arbeitskampfmaßnahme

Eine bedeutende Abweichung zum deutschen Arbeitskampfrecht besteht ferner in dem **Zweck**, den die Gewerkschaften durch Arbeitskampfmaßnahmen rechtmäßig verfolgen können. Nach **bundesdeutschem Recht** darf ein **Arbeitskampf** allein mit dem Ziel geführt werden, den **Abschluss eines Tarifvertrages** zur Wahrnehmung und Förderung der Arbeits- und Wirtschaftsbedingungen zu erzwingen[653]. Das Arbeitskampfrecht leitet sich aus der Koalitionsfreiheit des Art. 9 Abs. 3 GG ab und dient zur Sicherstellung einer funktionierenden Tarifautonomie[654]. Ein Arbeitskampf darf demnach „nur als Instrument zur Durchsetzung tariflicher Regelungen eingesetzt werden“[655]. Das **polnische Arbeitskampfrecht** verfolgt hingegen einen umfassenden Ansatz. Es unterwirft **alle kollektivrechtlichen Differenzen** des in Art. 1 KolStrG bestimmten Inhalts einer Lösung nach den Regeln des Arbeitskampfes, wenn die Verfahrensvoraussetzungen des Gesetzes erfüllt sind. Zudem bestimmt Art. 4 Abs. 2 KolStrG, dass ein Kollektivstreit, der sich auf die Änderung eines Tarifvertrags oder einer anderen von einer Gewerkschaft getroffenen Vereinbarung bezieht, erst in dem Zeitpunkt entsteht, wenn diese gekündigt wird. Diese Regelung statuiert nicht nur das auch dem deutschen Streikrecht zu Grunde liegende Prinzip der **Friedenspflicht**[656], also der Pflicht, während der Dauer eines Tarifvertrages Arbeitskampfmaßnahmen zur Änderung von tariflichen Regelungen zu unterlassen und auf kampfbereite Mitglieder einzuwirken. Sondern aus ihr ergibt sich *a contrario*, dass ein Kollektivstreit nicht allein zur Durchsetzung einer tariflichen Regelung geführt werden darf, sondern bei allen Differenzen der Arbeitsparteien mit kollektivrechtlichem Bezug. Ein Grund hierfür ist in dem polnischen System einer Kollektivpartei als Interessensvertreter der Arbeitnehmer zu sehen, das nicht nach Aufgaben der Gewerkschaft und eines Betriebsrats unterscheidet. Da demnach in Betrieben, in denen eine Gewerkschaft tätig ist, diese alle gesetzlichen kollektiven Rechte und Pflichten wahrnimmt, steht ihr das Recht offen, diese auch umfassend im Wege des Arbeitskampfes durchzusetzen.

---

651 ErfK - Dieterich, Art. 9 GG, Rn. 126 f.

652 BAG v. 21.06.1988, 1 AZR 651/86, AP Nr. 108 zu Art. 9 GG Arbeitskampf.

653 BVerfG v. 26.06.1991, 1 BvR 779/85, BVerfGE 84, 212.

654 BVerfG v. 04.07.1995, AP § 116 AFG Nr. 4.

655 BAG v. 05.03.1985, AP Art. 9 GG Arbeitskampf Nr. 85.

656 ErfK - Dieterich, Art. 9 GG, Rn. 119.; Kempen/Zachert, § 1 TVG, Rn. 675 ff.

(3) Persönlicher Anwendungsbereich

Problematisch ist es zu bewerten, dass bei der Ausnahme vom **Streikrecht im öffentlichen Dienst** nicht zwischen **Beamten und Angestellten** unterschieden wird. Zwar gilt auch im **bundesdeutschen Streikrecht** der alt hergebrachte Grundsatz des Berufsbeamtentums, wonach die Treuepflicht des Beamten sein Streikrecht ausschließt[657]. Angestellte und Arbeiter des öffentlichen Dienstes dürfen hingegen grundsätzlich streiken. Umstritten ist lediglich, ob das Arbeitskampfrecht für diese Arbeitnehmergruppe eingeschränkt ist, wenn sie in der Hoheitsverwaltung beschäftigt werden oder aber mit Aufgaben lebenswichtiger Daseinsvorsorge betraut sind. Jedenfalls wird für solche Tätigkeiten eine weitgehende Pflicht zur Organisation von sog. Notarbeiten gefordert[658]. Durch eine solche **Differenzierung** wird der sowohl in der polnischen Verfassung als auch im Deutschen Grundgesetz garantierten Koalitionsfreiheit und dem Streikrecht eine weitmögliche Effektivität gewährleistet. Diese ist für Arbeitnehmer im öffentlichen Dienst auch interessengerecht, da diese anders als Beamte in keinem besonderen Treuverhältnis zu dem Staat als Arbeitgeber stehen. Bei der Durchsetzung ihrer Interessen sind sie ebenso die schwächere Partei im Arbeitsverhältnis wie Arbeitnehmer in der Privatwirtschaft, auch wenn der Staat keine privaten Interessen auf Arbeitgeberseite verfolgt[659]. Grundsätzlich ist ein modifiziertes Streikrecht zumindest für Angestellte im öffentlichen Dienst sinnvoll. Abgeschwächt wird diese Problematik im polnischen Streikrecht aber dadurch, dass die Bereichsausnahme nicht für alle Anstellungsverhältnisse im öffentlichen Dienst gilt, sondern auf die Staats- und Kommunalverwaltung, Gerichtswesen sowie den polizeilichen und militärischen Bereich beschränkt ist[660]. Für weite Teile des Öffentlichen Dienstes, wie z. B. das Gesundheits- und Schulwesen, kommt dann allenfalls eine **individuelle Beschränkung des Streikrechts** aus einem besonderen öffentlichen Interesse (z.B. Staatssicherheit) in Betracht. Eine solche Einschränkung ist im Sinne des Allgemeinwohls gerechtfertigt und daher hinzunehmen.

(4) Aussperrung

Erhebliche Kritik begegnet dem fehlenden Recht des Arbeitgebers zur **Aussperrung**. Es fehlt an der Waffengleichheit der Konfliktparteien[661], die beiden Seiten eine faire Verhandlungsposition garantiert. Das Gleichgewicht im Arbeitskampf wird gestört, wenn nur einer und nicht beiden Streitparteien ein Druckmittel zur Durchsetzung der wechselseitigen Forderungen zur Verfügung steht[662]. Halten die Arbeitnehmer ihre geschuldete Arbeitsleistung im Rahmen eines Streiks zurück, hat dies für den Betrieb je nach Umfang und Dauer der Maßnahme ernsthafte wirtschaftliche Auswirkungen. Obwohl der Arbeitgeber den Streikenden keine Vergü-

---

[657] BVerfG, v. 11.06.1958, 1 BvL 149/52, BVerfGE 8, 1; OVG Hamburg, v. 07.03.1989, Bs I 7/89, NJW 1989, 2705; vgl. hierzu auch Schaub-Koch, § 193, Rdnr. 32.

[658] Vgl. hierzu Schaub-Koch, § 193 Rdnr. 32.

[659] MüHdB ArbR - Otto, § 285, Rn. 202.

[660] Florek/Zieliński, Rn. 500.

[661] Matey - Zieliński, S. 29

[662] Cudowski, S. 166; Nowak - Lata, Band 15, S. 156 f.

tung schuldet, muss er für Sozialleistungen aufkommen, Art. 23 Abs. 2 KolStrG. Zudem erleidet er einen Produktions- oder sonstigen Leistungsausfall[663], so dass er vertraglich zugesicherte Leistungen für seine Kunden nicht erbringen kann. Hieraus kann erheblicher finanzieller Schaden entstehen, beispielsweise in Form von Vertragsstrafen usw. Darüber hinaus können aus einem Streik erhebliche mittelbare Folgen resultieren, beispielsweise wenn ein Zulieferbetrieb bestreikt wird und deshalb die Gesamtproduktion nicht ausgeführt werden kann. In diesem Fall verstärkt sich der Druck auf den bestreikten Arbeitgeber vor diesem Hintergrund durch die Abnehmer.

Sinn der Aussperrung ist es, dem Arbeitgeber vor diesem Hintergrund ein vergleichbar wirkungsvolles Druckmittel zur Durchsetzung seiner Position im Fall von widerstreitenden Interessen der Arbeitsparteien an die Hand zu geben. Hierdurch werden das Gleichgewicht der Kollektivparteien garantiert und damit gleichwertige Verhandlungschancen erreicht[664]. Mit der Aussperrung seiner Arbeitnehmer verbunden mit der Vergütungsverweigerung verfolgt der Arbeitgeber zwei Ziele: Zum einen bewirkt sie die Spaltung der Belegschaft. Denn während die finanziellen Folgen der gewerkschaftlich organisierten Arbeitnehmer durch Zahlungen aus Gewerkschaftskassen für den Fall eines Arbeitskampfes aufgefangen werden, müssen die nicht organisierten Beschäftigten die finanziellen Einbußen grundsätzlich selbst tragen. Leisten die beteiligten Gewerkschaften auch an letztere Arbeitnehmer einen finanziellen Ausgleich, damit eine Spaltung der Arbeitnehmer aus finanziellen Gründen vermieden und die gemeinsamen Interessen der Gesamtbelegschaft verfolgt werden können, verringern sich zum anderen die finanziellen Ressourcen der Gewerkschaften. Die Handlungsfähigkeit der Gewerkschaften wird eingeschränkt. Hierdurch wird das Arbeitskampfrecht der Arbeitnehmerseite nicht unverhältnismäßig begrenzt, weil eine Aussperrung vergleichbare wirtschaftlichen Folgen für den Arbeitgeber nach sich zieht, wie die Arbeitsniederlegung im Rahmen eines Streiks[665]. Der Arbeitgeber wird demnach nur im Ausnahmefall zum Mittel der Aussperrung greifen. Dies belegen auch die Angaben der *Hans-Böckler-Stiftung*, wonach auf dem bundesdeutschen Gebiet in den vergangenen Jahren keine Aussperrungen vorgenommen wurden[666]. Unabhängig davon ist stets der Verhältnismäßigkeitsgrundsatz zu beachten, so dass eine Aussperrung dann nicht in Betracht kommen kann, wenn sie in einem solchen Maße eingesetzt würde, dass der Sinn des Aussperrungsrechts, gleichwertige Verhandlungspositionen der Kollektivparteien zu gewährleisten, verfehlt würde[667]. Grundsätzlich gewährleistet das Recht zur Aussperrung aber ausgeglichene Verhandlungspositionen. Indem das polnische Arbeit-

---

[663] In den Jahren von 1997 bis 2001 entfielen in Polen durchschnittlich pro Jahr über 50.000 Arbeitstage aufgrund von Streiks. Vgl. hierzu Towalski, Eironline 2002, PL0207103f.

[664] BAG v. 10.06.1980, 1 AZR 822/79, NJW 1980, 1642.

[665] Ebenso Nowak - Lata, Band 15, S. 156.

[666] Übersichtstabelle Streiks und Aussperrungen in West- und Ostdeutschland, 2003

[667] BAG v. 12.03.1985, 1 AZR 636/82, NZA 1985, 537.

kampfrecht die Aussperrung verbietet, wird das Kräftegleichgewicht zwischen den Arbeitskampfparteien zu Lasten der Arbeitgeberseite empfindlich gestört[668].

Im Übrigen sollte das Aussperrungsrecht auch im Hinblick auf die Regelung der Europäischen Sozialcharta in Art. 6 Nr. 4 der Charta eingeführt werden. Nach Art. 6 Nr. 4 der Charta ist das Recht der Arbeitnehmer und der Arbeitgeber auf kollektive Maßnahmen einschließlich des Streikrechts im Falle von Interessenkonflikten anzuerkennen. Diese Vorschrift wird dahingehend ausgelegt, dass sie sowohl das Recht zum Streik, als auch der Aussperrung als zulässiges Mittel des Arbeitskampfs umfasst[669]. Das polnische Arbeitskampfrecht verstößt gegen diese Pflicht. Allerdings hat Polen diesen Teil der Europäischen Sozialcharta nicht ratifiziert, so dass es zur Einführung des Aussperrungsrechts jedenfalls nicht verpflichtet ist[670]. Allerdings bleibt zu wünschen, dass ein solches Recht, wie in dem Kommissionsvorschlag zur Kodifizierung eines Arbeitsgesetzes vorgesehen, umgesetzt wird.

(5) Streikmaßnahmen

Es bleibt festzuhalten, dass weder das Gesetz vom 23. Mai 1992 noch spätere Regelungen im Recht der Kollektivstreitigkeiten ein ausgeglichenes Kräfteverhältnis geschaffen haben[671].. Hieraus ergibt sich ein Eingriff in die Regulierungsfähigkeit der Arbeitsbedingungen durch die Arbeitsparteien. Der polnische Gesetzgeber gleicht dies bislang durch andere rechtspolitische Mittel aus. Zur Vermeidung des Missbrauchs des Arbeitskampfrechts dient zum einen das *ultima ratio-Prinzip* und zum anderen das zwingend vorgeschaltete Schlichtungsverfahren. Diese Vorgehensweise hat seit Ende der neunziger Jahre dazu geführt, dass etwa zwei Drittel aller angemeldeten Kollektivstreitigkeiten im Rahmen des Schlichtungsverfahrens beigelegt werden konnten[672]. Die Anzahl von kollektivrechtlichen Streitigkeiten und Streiks ist nach einer sehr großen Anzahl in den ersten Transformationsjahren[673] seit dem Jahr 1994 mit Ausnahme des Jahres 1999, in dem zahlreiche Streiks im Erziehungswesen durchgeführt wurden, stets unter 50 pro Jahr geblieben[674]. In der Literatur wird dies insbesondere darauf zurückgeführt, dass im privaten Sektor die Organisationsdichte so gering ist, dass Streiks mangels gewerkschaftlicher Organisation

---

[668] Ebenso Cudowski, S. 166; Świątkowski, Yearbook of Polish Labour Law and Social Policy 1993, Band 3, 161.

[669] Blanpain/Matey, S. 82; Cudowski, S. 166; Nowak - Lata, Band 15, S. 156.

[670] Towalski, Eironline 2005, Dok. PL0510105F.

[671] Auch die aktuelle Fassung des Gesetzes über die Lösung von Kollektivstreitigkeiten von 2002 (Dz. U. 2002, Nr. 74, Pos. 676) sieht kein Aussperrungsrecht vor.

[672] Towalski, Eironline 2002, Dok. PL0207103F.

[673] 1992 wurden 6.362, 1993 7.443 Streiks registriert, an denen bis zu 720.000 Arbeitnehmer insbesondere aus dem Erziehungswesen teilgenommen haben. Vgl. hierzu Towalski, Eironline 2002, Dok. PL0207103F; European Foundation for the Improvement of Living and Working conditions, Eironline 2003, Dok. PL0307103N.

[674] Während 2002 wurde sogar nur ein Streik registriert wurde, wurden 2003 24 Streiks insbesondere im Gesundheitswesen, in der Landwirtschaft bei der Bahn und im Bergbau durchgeführt. Gardawski, Eironline 2004, Dok. PL0401104F; Ders., 2004, Dok. PL0410105F.

praktisch nicht vorkommen[675]. In staatlichen Unternehmen, in denen je nach Branche Gewerkschaften stärker tätig sind, hat sich nach den ersten Transformationsjahren, in denen die Folgen des Balcerowicz-Plans auf die Beschäftigungssituation besonders spürbar waren, eine **kooperativere Verhandlungsposition der Gewerkschaften** durchgesetzt[676]. Ein weiterer Grund für die relativ geringe Anzahl von registrierten Streiks ist die Massenarbeitslosigkeit in Polen, aufgrund derer lediglich eine geringe Kampfbereitschaft der Beschäftigten besteht[677].

(6) Fazit

Abschließend ist somit festzustellen, dass den **polnischen Gewerkschaften weitergehende Rechte im Rahmen von Kollektivstreitigkeiten zustehen** als nach dem deutschen Arbeitsrecht, wenn auch die **staatliche Einflussnahme** auf die Koalitionsfreiheit aufgrund des zwingend vorgeschriebenen Schlichtungsverfahrens **ebenfalls größer** ist. Die vorteilhaftere Situation der Gewerkschaften kommt insbesondere in der Verhandlungspflicht und dem fehlenden Aussperrungsrecht des Arbeitgebers sowie der Möglichkeit, Arbeitskampfmittel zur Durchsetzung aller kollektivrechtlicher Forderungen anzuwenden, zum Ausdruck. Die tatsächliche Umsetzung dieser Rechte und Pflichten scheitert allerdings häufig an dem geringen Organisationsgrad der Gewerkschaften, so dass das Kollektivstreit- und Arbeitskampfrecht eine geringe tatsächliche Bedeutung hat, auch wenn hiervon Ausnahmen für bestimmte Zeiträume (1993-94 / 1999) und einzelne Branchen (z.B. das Erziehungswesen) zu machen sind.

6. Gewerkschaftsrechte bei individual-rechtlichen Fragestellungen

Neben dem Verhandeln und dem Abschluss von Kollektivvereinbarungen notfalls mit den Mitteln des Arbeitskampfes weist der Gesetzgeber den polnischen Gewerkschaften gemäß Art. 26 Nr. 1, 3 bis 5 GewerkG weitere Aufgaben zu, um ihren gesetzlichen Auftrag zur Vertretung und zum Schutz der Rechte und Interessen der Arbeitnehmer erfüllen zu können. Neben der Sorge für berentete Arbeitnehmer sind dies die Kontrolle der Einhaltung der arbeitsrechtlichen Vorschriften, insbesondere zur Arbeitssicherheit und zum Arbeitsschutz[678], und die Kooperation mit der allgemeinen und staatlichen Arbeitsinspektion. Weggefallen ist hingegen der sozialistische Erziehungsauftrag an die Gewerkschaften, den das GewerkG von 1982 enthalten hatte.

---

[675] Towalski, Eironline 2002, Dok. PL0207103F.

[676] Gilejko - Gilejko, S. 221 ff.; Vgl. zu der Streiksituation in den privatisierten Branchen auch 3. Kapitel B. V. 5. d., 3. Kapitel B. VI. 3. c. und 3. Kapitel B. VI. 4. c. (2).

[677] Gardawski, Eironline 2004, Dok. PL0410105F.

[678] Die Rechte und Pflichten im Hinblick auf die Arbeitssicherheit und den Arbeitsschutz sind im 10. Abschnitt des KP geregelt. Einzelheiten zu den Beteiligungsrechten der Betriebsgewerkschaften beschreibt Lewandowski – Goździewicz, S. 111.

a) Arbeitsschutz und Arbeitssicherheit

Die Vorschriften zum Arbeitsschutz und zur Arbeitssicherheit werden im polnischen Recht unter dem Kürzel „BHP“ (*bezpieczeństwo i higiena pracy*) zusammengefasst. Zur Prüfung der Einhaltung der Vorschriften des BHP sind in erster Linie die staatlichen **Arbeitsinspektoren** sowie die staatlichen **Sanitärinspektoren** berufen[679], bei denen jeder neue Betrieb innerhalb von 30 Tagen seit Geschäftsaufnahme gemeldet werden muss (Art. 209 KP). Bei Pflichtverstöße bzgl. der Einhaltung der Vorschriften des BHP haftet der Arbeitgeber, Art. 283 KP.

Allerdings wurde auch die betriebliche Kontrolle durch die Arbeitnehmer selbst, die **allgemeine Arbeitsinspektion**, im System der Kontrollorgane beibehalten. Sie findet ihre gesetzlich Grundlage nunmehr in Art. 18 5 KP. Ihre Aufgabe ist es, die Betriebsleitung zur Einhaltung der Vorschriften des BHP anzuhalten und die Beachtung dieser sowie der Bestimmungen zum Schutz der Arbeitnehmerrechte zu kontrollieren[680]. Die allgemeine Arbeitsinspektion wird auf Grundlage einer von den Betriebsgewerkschaften zu erlassenen Betriebsordnung gewählt[681] und von den **Betriebsgewerkschaften** in ihrer Tätigkeit **geleitet**, was konkret bedeutet, dass sie nur in den Betrieben, in denen Betriebsgewerkschaften existieren, tätig wird[682]. Hierin zeigt sich eine Schwäche dieses betrieblichen Kontrollorgans. In neu gegründeten und kleinen sowie mittelständischen Betrieben sind in der Mehrzahl keine Betriebsgewerkschaften installiert. Unabhängig hiervon müssen allerdings in Betrieben mit mehr als 100 bzw. 250 Beschäftigten die sog. „Dienste des BHP“ eingerichtet werden, die Beratungs- und Kontrollfunktionen im Bereich des BHP ausüben (Art. 237 11 , 237 12 KP). Folglich wird in großen, gewerkschaftslosen Betrieben die Kontrolle nicht einzig durch die staatlichen Behörden gewährleistet. Dies sind neben der Arbeits- und der Sanitärinspektion auch die Staatsanwaltschaft, die Arbeitsgerichte, die Bergbaubehörde und die Behörde zur technischen Überwachung (*Urząd Dozoru Technicznego*).

Insoweit unterscheidet sich die rechtliche Situation von den **bundesdeutschen Vorschriften zum Arbeitsschutz und zur Arbeitssicherheit**. In deutschen Betrieben wird die staatliche Kontrolle der Arbeitsnehmerschutzbestimmungen, insbesondere der Sicherheit und des Gesundheitsschutzes, nur in den Betrieben durch Kontrollrechte des Betriebsrats[683] ersetzt, die ständig über fünf Arbeitnehmer beschäftigen (§ 1 Abs. 1 BetrVG) und in denen ein Betriebsrat gewählt ist. Andernfalls verbleibt es bei der Aufsicht und Kontrolle durch die zuständige Landesbehörde, § 21 ArbSchG, §§ 12 ff. ASiG, § 17 ArbZG. Ansonsten obliegt es dem Arbeitgeber über die Einhaltung der Sicherheits- und Schutzvorschriften zu wachen und hierzu nach Maßgabe des ASiG, Betriebsärzte und Fachkräfte für Arbeitssicherheit zu bestellen.

---

679 Zu der hierarchischen Organisation und regionalen Zuständigkeiten, vgl. Florek/Zieliński, Rn. 397 f.

680 Patulski – Ciborski/A. Patulski/W. Patulski, Art.18 5 KP, Rn. 4; Salwa, Art. 18 5 KP.

681 Patulski – Ciborski/A. Patulski/W. Patulski, Art.18 5 KP, Rn. 2.

682 Florek/Zieliński, Rn. 397.

683 Z.B. in §§ 80, 81, 87, 89, 90 BetrVG.

b) Beteiligungsrechte

(1) Grundsätze

Die größte Bedeutung bei individual-rechtlichen Sachverhalten kommt aber den **Beteiligungsrechten** der Gewerkschaften zu. Diese Beteiligungsrechte ermöglichen es den Betriebsgewerkschaften, Einfluss auf konkrete Entscheidung des Arbeitgebers in individual-rechtlichen Angelegenheiten der Beschäftigten zu nehmen. Sie dienen in erster Linie dem Erhalt des Arbeitsverhältnisses[684]. Art. 26 Nr. 1 GewerkG **schränkt die Beteiligungsrechte** der Gewerkschaften bei individual-rechtlichen Sachverhalten anders als bei einem kollektiven Bezug sowohl bzgl. des persönlichen als auch des sachlichen Anwendungsbereichs ein.

Im Hinblick auf den **persönlichen Regelungsbereich** kann die Gewerkschaftsleitung nur Rechte und Interessen derjenigen Arbeitnehmer wahrnehmen, die Mitglied der Gewerkschaft sind. **Auf Antrag** eines nicht gewerkschaftlich organisierten Arbeitnehmers können sie auch dessen Rechte vertreten. Eine entsprechende Vorschrift sah bereits Art. 37 Abs. 3 GewerkG 1982 vor. Allerdings regelt das reformierte GewerkG nunmehr auch das Verfahren zur **Bekanntmachung** der Vertretung eines Außenseiter-Arbeitnehmers durch eine Betriebsgewerkschaft sowie die Rechtsfolge bei Unterlassen oder Verfristung der Anzeige gegenüber dem Arbeitgeber. Der Arbeitgeber ist zunächst verpflichtet, bei den Betriebsgewerkschaften die Information einzuholen, ob der betroffenen Arbeitnehmer von dieser vertreten wird. Die Gewerkschaft hat diesen Umstand dem Arbeitgeber innerhalb von fünf Tagen nach Zugang der Anfrage anzuzeigen[685], damit dieser in die Lage versetzt wird, das Beteiligungsverfahren der Gewerkschaft durchzuführen. Bei Nichtbeachtung der Frist ist der Arbeitgeber von der Beteiligung der Gewerkschaft befreit, Art. 30 Abs. 2 1 GewerkG. Ein solches Verfahren ist aufgrund der **einheitlichen Arbeitnehmervertretung** auf Betriebsebene **durch den Betriebsrat** im **deutschen Arbeitsrecht** nicht erforderlich. Je nachdem, ob in einem Betrieb ein Betriebsrat bzw. Personalrat installiert ist, besteht ein Beteiligungsrecht bzgl. aller Arbeitnehmer, die dem Anwendungsbereich des BetrVG unterfallen. Ist dies nicht der Fall, besteht auch bei Gewerkschaftsmitgliedschaft eines Arbeitnehmers, dessen Interessen betroffen sind, keine ersatzweise Beteiligungspflicht der Gewerkschaft.

In diesem Zusammenhang ist zu beachten, dass die Betriebsgewerkschaften auch Rechte von Mitarbeitern vertreten können, deren Beschäftigungsverhältnis auf einem **Dienstvertrag** beruht, wenn tatsächlich die Voraussetzungen eines Arbeitsverhältnisses erfüllt sind und folglich das Problem einer **Scheinselbständigkeit**[686] besteht. Der reformierte Art. 22 KP definiert den Arbeitsvertrag als Vereinbarung eines Arbeitsverhältnisses, im Rahmen dessen sich der Arbeitnehmer verpflichtet, festgelegte Tätigkeiten für den Arbeitgeber auf dessen Weisung hin auszuführen,

---

684 Florek/Zieliński, Rn. 454.

685 Matey – Salwa, S. 75.

686 Unter diesem Begriff wird die Umgehung der zwingenden arbeits- und sozialrechtlichen Vorschriften durch den Abschluss von zivilrechtlichen Dienstverträgen zusammengefasst. Vgl. Pörnbacher, WiRO 2003, 99.

und den Arbeitgeber die Pflicht trifft, den Arbeitnehmer gegen Zahlung einer Vergütung zu beschäftigen. Der neu eingefügte Art. 22 § 1 1 KP stellt klar, dass, wenn diese Voraussetzungen erfüllt ist, ein Arbeitverhältnis unabhängig von der Bezeichnung des Vertrages entsteht mit der Folge, dass die arbeitsrechtlichen und sozialrechtlichen Bestimmungen auf das Vertragsverhältnis anwendbar sind. Hierdurch soll ein effektiver Rechtsschutz der Arbeitnehmer erreicht werden, die aufgrund ihrer meist schwächeren Verhandlungsposition den Abschluss bspw. eines Dienstvertrages zu einer freien Mitarbeiterschaft (*freelancer*) hinnehmen müssen[687].

Zum anderen ist der **sachliche Zuständigkeitsbereich** der Betriebsgewerkschaften nur auf die gesetzlich ausdrücklich geregelten Fälle beschränkt.

(2) Inhalt und Umfang der Beteiligungsrechte

Bei der Art der Beteiligung ist zwischen der Anhörungspflicht und einer echten Mitbestimmung zu unterscheiden. Die Wahrnehmung dieser Rechte obliegt der zuständigen Gewerkschaftsleitung. Lediglich eine **Anhörungspflicht** der Gewerkschaft besteht - wie bereits nach sozialistischem Recht - vor Durchführung der Maßnahmen des Arbeitgebers[688] in folgenden Fällen:

- Kündigung[689] eines unbefristeten Arbeitsverhältnisses, Art. 38 KP;
- Änderungskündigung, Art. 42 § 1 KP;
- Außerordentliche Kündigung des Arbeitsverhältnisses, Art. 52 § 3, Art. 53 § 4 KP[690];

[687] Beachtet ein Arbeitgeber Art. 22 § 1 KP nicht, stellt dies einen strafbewährten Pflichtverstoß nach Art. 281 Nr. 1 KP dar. Neben diesem und den bereits in dem sozialistischen KP bezeichneten Pflichtverstößen, sind folgende Verstöße des Arbeitgebers unter Strafe gestellt: Die fehlende schriftliche Bestätigung der Bedingungen des Arbeitsverhältnisses sowie die mangelhafte Dokumentation der für das Arbeitsverhältnis wesentlichen Angelegenheiten und die fehlerhafte Führung von Personalakten, Art. 281 KP. Die Verantwortlichkeit für diese Pflichtverstöße liegt allein auf Seiten des Arbeitgebers, so dass dieser und nicht der Arbeitnehmer Adressat von Geldbußen ist.

[688] Kündigt der Arbeitnehmer, ist die Betriebsgewerkschaft nicht zu beteiligen. Der novellierte Art. 55 KP 1996 erweitert aber die Möglichkeiten, die auch den Arbeitnehmer dazu berechtigen, das Arbeitsverhältnis ohne Einhaltung einer Frist, also außerordentlich, beenden zu können. Dies ist nunmehr spiegelbildlich zu Art. 52 § 1 Nr. 1 KP möglich, wenn „der Arbeitgeber gegen seine grundlegenden Pflichten aus dem Arbeitsverhältnis verstößt". Denkbar ist dies beispielsweise bei erheblichen Vergütungsrückständen oder mangelnder Abführung von Sozialabgaben· Auch für den Arbeitnehmer gilt eine Einmonatsfrist zur Kündigung des Arbeitsverhältnisses seit Kenntnis von den die Beendigung begründenden Tatsachen, denn auch der Arbeitgeber hat einen Anspruch auf rasche Klärung der arbeitsrechtlichen Folgen seiner Pflichtverletzung.

[689] Neben der Kündigung kennt auch das moderne KP die bereits im sozialistischen KP geregelten Formen zur Beendigung eines Arbeitsverhältnisses: die Aufhebungsvereinbarung, die fristlose Auflösung durch den Arbeitgeber bzw. die fristlose Auflösung durch den Arbeitnehmer (außerordentliche Kündigung), die Auflösung durch gerichtliches Urteil sowie das Erlöschen des Arbeitsverhältnisses. Darüber hinaus endigt ein befristetes Arbeitsverhältnis durch Zeitablauf, Zweckerreichung oder Beendigung der Amtszeit.

[690] Der Gesetzgeber verzichtete bei der Neufassung des Art. 52 § 1 Nr. 1 KP auf die bisherige Aufzählung von Verstößen gegen die Arbeitspflichten, die zu einer fristlosen Kündigung berechtigen. Vielmehr erfordert es nunmehr „eines schweren Verstoßes gegen grundlegende Pflichten aus dem Arbeitsverhältnis". Auf diese Weise wurde dem Umstand Rechnung getragen, dass eine Vielzahl

- Verwerfung des Widerspruchs eines Arbeitnehmers gegen eine gegen ihn verhängte Ordnungsstrafe, Art. 112 § 1 KP.

Wie im **deutschen Arbeitsrecht** kann sich auch in Polen der Arbeitgeber nur auf solche Gründe für eine Kündigung[691] stützen, die er der Gewerkschaftsleitung im Rahmen des Anhörungsverfahrens mitgeteilt hat[692]. Ebenso ist die Rechtslage insoweit vergleichbar, als der Arbeitgeber wie bei einem Widerspruch des Betriebsrats gem. § 102 BetrVG die Argumente der Gewerkschaftsleitung lediglich zur Kenntnis nehmen muss. Hingegen kennt das polnische Arbeitsrecht einen Weiterbeschäftigungsanspruch vergleichbar mit dem Anspruch nach § 102 Abs. 5 BetrVG als gesetzliche Rechtsfolge eines Widerspruchs nicht. Demnach ergeben sich keine Rechtsfolgen aus einer ablehnenden Stellungnahme der Gewerkschaftsleitung zu einer beabsichtigten Maßnahme[693].

Mit der Reform des KP im Jahr 2002 hat der Gesetzgeber überdies das **Anhörungsverfahren gestrafft**, denn in Art. 38 KP war bis zu diesem Zeitpunkt ein zweistufiges Anhörungsverfahren, wie es noch das sozialistische KP vorgesehen hatte, geregelt. Das bedeutet, dass der Arbeitgeber nach Ablehnung der Maßnahme durch die Betriebsgewerkschaft, anschließend den Gewerkschaftsverband anhören musste, wenn die Betriebsgewerkschaft einem solchen angehörte, Art. 38 § 3 und § 4 des sozialistischen KP. Erst nach Einbeziehung der Stellungnahme des Gewerkschaftsverbandes konnte der Arbeitgeber die Maßnahme durchführen. Ein solches mehrstufiges Verfahren kennt das deutsche Arbeitsrecht nur bei der Beteiligung des Personalrats[694]. Allerdings ist zu beachten, dass das individuelle Anhörungsverfah-

---

von kündigungsrelevanten Sachverhalten denkbar ist, wie die umfangreiche Rechtsprechung der Arbeitsgerichte zeigt (Vgl. Florek/Zieliński, Rn. 144; Stępińska - Krajewski, S. 12), die sich praktikabel nur durch eine Generalklausel gemeinsam regeln lassen. Außerdem konnten durch diese Auffangvorschrift im KP verstreute Kündigungsgründe, wie die bislang in Art. 64 des sozialistischen KP geregelte Aufgabe des Arbeitsplatzes, zusammengefasst werden. Dies dient der Systematisierung der Beendigungsvorschriften im KP. Als weitere Gründe für eine fristlose Kündigung wurden die Begehung einer strafbaren Handlung sowie der vom Arbeitnehmer verschuldete Verlust seiner Eignung, die vertraglich geschuldeten Arbeitsleistungen zu erfüllen, ausdrücklich beibehalten. Die fristlose Kündigung kann nur innerhalb eines Monats seit Kenntnis von den für die Entlassung maßgeblichen Tatsachen und nach Anhörung der zuständigen Betriebsgewerkschaft ausgesprochen werden. Dies muss schriftlich und unter Angabe des Entlassungsgrundes erfolgen, Art. 30 § 4 KP.

[691] Die zulässigen Kündigungsgründe werden in der Literatur (z.B. Florek/Zieliński, Rn. 120) - vergleichbar mit dem deutschen Arbeitsrecht - in arbeitgeberseitige, also betriebsbedingte, Gründe sowie in solche, die auf der Arbeitnehmerseite liegen, eingeteilt. Bei letzteren sind die fehlende Eignung des Arbeitnehmers, die geschuldeten Arbeitsleistungen vertragsgemäß zu erfüllen (personenbedingte Kündigungsgründe), sowie pflichtwidriges Verhalten (verhaltensbedingte Kündigungsgründe) zu unterscheiden. Das KP enthält auch nach mehrfachen Reformen keine Vorschriften, die den sachlichen oder persönlichen Anwendungsbereich dieser Kündigungsgrundsätze grundsätzlich beschränken würden, wie dies z.B. durch §§ 1 Abs. 1, 23 Abs. 1 KSchG im deutschen Arbeitsrecht der Fall ist.

[692] Florek/Zieliński, Rn. 119; Patulski – A. Patulski, § 38 KP Rn. 1.

[693] Matey – Salwa, S. 78.

[694] Vgl. z.B. § 69 BPersVG.

ren der Betriebsgewerkschaft entfällt, wenn die Kündigung aufgrund des Gesetzes über die besonderen Grundlagen für die Beendigung von Arbeitsverhältnissen aus nicht personenbedingten Gründen vom 13. März 2003 ausgesprochen wird[695].

Hingegen bedarf es der **Zustimmung** der Gewerkschaftsleitung zur Kündigung des Arbeitsverhältnisses einer Arbeitnehmerin während Schwangerschaft und Mutterschutz (Art. 177 § 1 und § 4 KP) und zur Kündigung des Arbeitsverhältnisses mit einem Mitglied der Gewerkschaftsleitung oder der Änderungskündigung eines solchen Arbeitsverhältnisses mit einem Mitglied der Gewerkschaftsleitung, der besonderen Kündigungsschutz nach den dargestellten Grundsätzen[696] genießt (Art. 32 GewerkG).

Die **vorherige Zustimmung** ist materielle Voraussetzung einer wirksamen Kündigung. Fehlt sie, erfolgt die Maßnahme rechtswidrig. Wurde die Betriebsgewerkschaft zu einer Kündigung zuvor nicht angehört bzw. fehlt die notwendige Zustimmung, berechtigt dies den betroffenen Arbeitnehmer, nach Art. 45 KP Klage auf Feststellung zu erheben, dass die Kündigung wirkungslos ist und das Arbeitsverhältnis fortbesteht, oder auf Zahlung einer Abfindung zu klagen. Die Rechtsfolge einer rechtswidrigen Kündigung bei fehlender vorherige Zustimmung besteht nach **deutschem Recht** ebenfalls für Mitglieder der betrieblichen Arbeitnehmervertretung (vor allem des Betriebsrats, der Jugend- und Auszubildendenvertretung, des Wahlvorstand und die Wahlbewerber), § 103 BetrVG. **Zustimmungsorgan** ist allerdings der **Betriebsrat**. Bei Kündigung von anderen Arbeitnehmern, die Sonderkündigungsschutz genießen, wie z. B. von schwangeren oder schwerbehinderten bzw. gleichgestellten Mitarbeitern sowie Mitarbeitern in Elternzeit bedarf es hingegen der vorherigen Zustimmung der **zuständigen staatlichen Stellen**, §§ 9 MuSchG, 85 ff. SGB IX, 18 BErzGG. Der Betriebsrat ist dann lediglich gem. § 102 BetrVG zur geplanten Kündigung anzuhören.

(3) Sonstige individual-rechtliche Maßnahmen

Das reformierte individuelle Arbeitsrecht kennt nach wie vor **keine Beteiligungspflicht** der Gewerkschaftsleitung **bei der Begründung eines Arbeitsverhältnisses**. Das polnische Arbeitsrecht geht von der Vertragsfreiheit und daraus resultierend von dem Recht des Arbeitgebers aus, seine Mitarbeiter frei zu wählen[697]. Dem Arbeitgeber obliegt es auch, die Vertragsart[698] zu bestimmen. Allerdings darf kein

---

[695] Zu den Voraussetzungen einer Kündigung und der notwendigen Beteiligung der Betriebsgewerkschaften nach dem Gesetz vom 13.03.2003 vgl. 4. Kapitel B. III. 3. d.

[696] Vgl. zu den Einzelheiten 3. Kapitel B. V. 3. f.

[697] Lewandowski – Góral, S. 9 ff. Lewandowski – Goździewicz, S. 109 f.; Allerdings ist der Arbeitgeber nach Art. 94 2 KP verpflichtet, seine Mitarbeiter über die Möglichkeiten von Voll- und Teilzeitarbeit sowie befristet beschäftigte Arbeitnehmer über freie Arbeitsplätze zu unterrichten. Hierdurch soll der Informationsfluss der Arbeitnehmer gewährleistet werden, damit diese die Möglichkeit bekommen, sich auf freie Arbeitsplätze zu bewerben.

[698] An den bereits aus dem sozialistischen KP bekannten Vertragsarten wird auch nach der Reform festgehalten. Allerdings wurden die Vorschriften zu Probezeiten vereinheitlicht. Eine vertragliche Verlängerung des maximal zulässigen Probezeitraums von drei Jahren ist nicht zulässig, Art. 25 § 2 KP. Befristete Arbeitsverträge können nur zweimal hintereinander geschlossen werden, wenn

Dienstvertrag vereinbart werden, wenn nach den tatsächlichen Gegebenheiten die Voraussetzungen zum Abschluss eines Arbeitsvertrages vorliegen, Art. 22 § 1 und § 1 2 KP. Ist dies der Fall, wird der Vertrag wie ein Arbeitsvertrag behandelt, Art. 22 § 1 1 KP. Insoweit entspricht die polnische Gesetzeslage der deutschen Rechtslage bei Scheinselbständigkeit. Ebenso wenig bestehen - anders als in § 99 BetrVG für Betriebsräte vorgesehen - individual-rechtliche Beteiligungsrechte bei Ein- und um Gruppierung oder Versetzung. Diese können jedoch im Rahmen eines **Betriebstarifvertrages** vereinbart werden. Tarifliche Bestimmungen zur „Beschäftigungspolitik" eines Betriebs können darüber hinaus Grundsätze der Anstellungspolitik, Auswahlrichtlinien, abzuschließende Vertragsarten, Art und Umfang von Teilzeitbeschäftigung und von freien Mitarbeitern regeln[699]. Zum Abschluss eines entsprechenden Tarifvertrages kann ein Kollektivstreitverfahren durchgeführt werden.

Darüber hinaus kann der Arbeitgeber bei seiner Entscheidung ein Arbeitsverhältnis zu begründen, beschränkt sein, wenn einem früheren Arbeitnehmer ein Wiedereinstellungsanspruch zusteht. Dies kommt bei einer rechtswidrigen Kündigung (Art. 45 § 1 KP)in Betracht oder wenn das Arbeitsverhältnis aus Gründen geendet hat, die dieser nicht zu vertreten hatte (Art. 53 § 5 KP). Ein solcher Anspruch ist auch bei Verfahrensfehlern im Rahmen von Gruppenentlassungen anerkannt (Art. 45 § 1 KP in analoger Anwendung)[700].

Auch das **deutsche Arbeitsrecht** kennt einen Weiterbeschäftigungsanspruch bei rechtswidriger Kündigung oder Widerspruch des Betriebsrats gem. § 102 Abs. 5 BetrVG sowie einen Wiedereinstellungsanspruch, wenn ein Arbeitsplatz im Falle einer betriebsbedingten Kündigung vor Ablauf der Kündigungsfrist doch nicht wegfällt bzw. ein anderer Arbeitsplatz, der mit dem gekündigten Arbeitnehmer besetzt werden kann, frei wird bzw. neu entsteht.

(4) Beurteilung

Beibehaltung der alten Rechtslage

Der den Betriebsgewerkschaften zugewiesene gesetzliche Aufgabenbereich umfasst im Wesentlichen die individual-rechtlichen Regelungsinhalte, bei denen bereits nach

---

zwischen den Arbeitsverhältnissen nicht mehr als ein Monat Unterbrechung liegt. Bei einer weiteren Verlängerung gilt das Arbeitsverhältnis als unbefristet, Art. 25 1 KP vgl. Pörnbacher, WiRO 2003, 99). Das Verbot eines dritten, aufeinander folgenden Arbeitsvertrages auf bestimmte Zeit gilt aber nur bei Anschlussbeschäftigung mit einer maximalen Unterbrechung von einem Monat. Wird mit einer zuvor befristet beschäftigten Person nach einer Unterbrechung von über einem Monat ein neuer Befristungsvertrag geschlossen, gilt dieser wiederum als erster befristeter Arbeitsvertrag (Salwa, Art. 25 1), so dass eine Umgehung der Befristungsbeschränkung nicht gewährleistet werden konnte. Im Übrigen fehlt es auch an einer Beschränkung der Länge befristeter Arbeitsverträge. Allerdings verstoßen sehr lange Befristungen (bspw. für 10 Jahre), die ohne besondere Rechtfertigung vereinbart werden, gegen den gesetzlichen Sinn von Befristungen, so dass ein solches Arbeitsverhältnis als unbefristetes gilt, Art. 18 § 2 i.V.m. Art. 8 KP (Florek/Zieliński, Rn. 87).

[699] Lewandowski – Goździewicz, S. 109.

[700] SN v. 23.01.1991, I PR 450/90, OSP 3/1992, Pos. 57.

dem sozialistischen Arbeitsrecht Beteiligungs- und Mitbestimmungsrechte der Betriebsgewerkschaften bestanden haben[701]. Ebenso wurden auch die Grundsätze des Kündigungsrechts, insbesondere ein stets notwendiger Kündigungsgrund, beibehalten und von der Rechtsprechung weiterentwickelt[702]. Der Gesetzgeber war augenfällig darum bemüht, die bereits **vorhandene Struktur zur Begründung und Beendigung von Arbeitsverhältnissen unverändert** zu lassen[703].

Im Zuge der gesetzgeberischen Bemühungen zur Flexibilisierung der Beschäftigungsverhältnisse ist allerdings im Vergleich zum deutschen Kündigungsrecht auffällig, dass der polnische Gesetzgeber von der Möglichkeit, den **Anwendungsbereich des Kündigungsschutzes zu begrenzen** - wie sie § 23 Abs. 1 KSchG vorsieht -, **keinen Gebrauch gemacht**, sondern lediglich die in dem Gesetz über die besonderen Grundlagen für die Auflösung von Arbeitsverhältnissen aus betriebsbedingten Gründen enthaltenen Erleichterungen beibehalten hat[704]. Konsequenz hiervon ist, dass entgegen der deutschen Rechtslage auch in Kleinstbetrieben Kündigungen, die in der Person des Arbeitnehmers begründet sind oder an sein Verhalten anknüpfen, eines Kündigungsgrundes bedürfen. Der polnische Gesetzgeber bewertet bei diesen Kündigungsarten den Schutz der Arbeitnehmerrechte höher als eine flexible Be-

---

701 Zu den Einzelheiten vgl. 2. Kapitel B. III.

702 Die Einzelheiten des polnischen Kündigungsrechts beschreiben z. B. Florek/Zieliński, Arbeitsrecht, III. Abschnitt, 6. Aufl., Warschau 2004.

703 Eine Änderung wurde allerdings im Hinblick auf die Pflichten des Arbeitgebers bei Beendigung des Arbeitsverhältnisses eingefügt: Verzichtet wurde auf das Rechtsinstitut der schriftlichen Beurteilung des Arbeitnehmers durch den Arbeitgeber (Art. 98 des sozialistischen KP). Bei Beendigung des Arbeitsverhältnisses wird nur noch ein Arbeitszeugnis erteilt. Die unverzügliche Erteilung des Arbeitszeugnisses bei Beendigung des Arbeitsverhältnisses gehört zu den wesentlichen Pflichten des Arbeitgebers, deren Erfüllung er nicht von dem vorherigen Ausgleich aller gegenseitigen Ansprüche aus dem Arbeitsverhältnis abhängig machen kann. Das Arbeitsverhältnis Angaben über Art und Dauer der Beschäftigung beim Arbeitgeber, die Bezeichnung des Arbeitsplatzes, den Grund der Beendigung des Arbeitsverhältnisses, die Befugnisse des Arbeitnehmers, seine sozialversicherungsrechtlichen Ansprüche sowie einen Vermerk über die Pfändung der Arbeitsvergütung, wenn eine solche erfolgt ist, enthalten. Auf Wunsch des Arbeitnehmers kann das Arbeitszeugnis auch Angaben über die Bestandteile und die Höhe der Vergütung sowie über die erworbenen Qualifikationen des Arbeitnehmers enthalten. Hierdurch wird das Selbstbestimmungsrecht des Arbeitnehmers wesentlich gestärkt und ihm ein fairer Zugang zum Arbeitsmarkt ermöglicht. Stellt ein Arbeitgeber kein Zeugnis aus, tut er dies nicht rechtzeitig oder enthält das erteilte Zeugnis falsche Angaben und entsteht dem Arbeitnehmer hieraus ein Schaden aufgrund einer nicht erfolgten Einstellung durch einen neuen Arbeitgeber, steht dem Arbeitnehmer ein Ersatzanspruch bis zur Höhe der Arbeitsvergütung für sechs Wochen zu, Art. 99 §§ 1, 2 KP. Eine Korrektur kann der Arbeitnehmer nur innerhalb von sieben Tagen nach Erhalt des Zeugnisses verlangen. Wird dies abgelehnt, muss der Arbeitnehmer innerhalb von weiteren sieben Tagen seit der Mitteilung der Ablehnung Klage beim Arbeitsgericht auf Änderung des Zeugnisses erheben, Art. 97 § 2 1 KP. Hierdurch wird der Anspruch des Arbeitnehmers unzureichend beschränkt, als dieser binnen einer Woche Rechtsrat einholen muss, ob das ihm erteilte Zeugnis den gesetzlichen Anforderungen entspricht. Andererseits gewährleistet das verkürzte Verfahren, dass der Arbeitnehmer in relativ kurzer Zeit ein ordnungsgemäßes Zeugnis zur Bewerbung um eine neue Tätigkeit erhalten kann. Hierdurch wird den Arbeitnehmern der Wechsel des Arbeitsplatzes erleichtert.

704 Zu den Einzelheiten der Einschränkungen des Kündigungsschutzes vgl. 4. Kapitel B. III. 3. d. (3).

schäftigungspolitik in Kleinstbetrieben. Dies wiegt umso schwerer, als die Möglichkeit der Erprobung eines Arbeitnehmers nicht bis zu sechs Monate betragen kann (so aber § 622 Abs. 3 BGB), sondern auf drei Monate beschränkt ist und der Arbeitgeber nach Ablauf der Probezeit nur bei Vorliegen eines kündigungsrelevanten Sachverhaltes das Arbeitsverhältnis beenden kann. Eine Wartezeit entsprechend § 1 KSchG ist im KP nicht geregelt. Diese Tatsache lässt aus Arbeitgebersicht die Möglichkeit zum Abschluss von befristeten Arbeitsverträgen noch attraktiver erscheinen und dient demnach nicht zwingend den Interessen der Arbeitnehmer.

Auch das System der Mitbestimmung über individual-rechtliche Sachverhalte wurde nicht grundlegend geändert. Jedoch wurden diese Rechte modifiziert. Ziel des polnischen Gesetzgebers bei der Reform der vertraglichen Rahmenbedingungen von Arbeitsverhältnissen war es, die rechtliche Grundlage für flexibel gestaltbare Arbeitsbedingungen zu schaffen und gleichzeitig die Rechte und Interessen beider Arbeitsvertragsparteien zu schützen[705]. Letzteres soll durch die Mitbestimmungsrechte der Betriebsgewerkschaften gewährleistet werden.

Änderungen des Anhörungsverfahrens

Positiv zu beurteilen ist die **Straffung des Anhörungsverfahrens**, indem nunmehr nur noch die Leitung der Betriebsgewerkschaft bei einer Maßnahme zu beteiligen ist. Hierdurch wird zusätzlicher, organisatorischen Aufwand für den Arbeitgeber vermieden und durch den Bürokratieabbau ein Beitrag zur flexibleren Personalgestaltung erbracht. Auf der anderen Seite werden die Rechte des betroffenen Arbeitnehmers durch die Anhörung der sachnäheren Betriebsgewerkschaft gewahrt. Überdies bleibt einem gekündigten Arbeitnehmer stets die Möglichkeit, eine ihn betreffende individual-rechtlichen Maßnahme gerichtlich prüfen zu lassen. An dieser Stelle ist aber anzumerken, dass das finanzielle Risiko des Arbeitgebers bei einem Urteil, das die ausgesprochene Kündigung für rechtswidrig erklärt und das Fortbestehen des Arbeitsverhältnisses ausspricht, anders als im deutschen Arbeitsrecht im Hinblick auf den Schaden, der durch die **Nachzahlung von Verzugslohn** für die Dauer des streitigen Verfahrens entstehen kann, gering ist. Dem Grundsatz nach kann ein Arbeitnehmer für die Dauer des Zeitraums, indem er wegen einer rechtswidrigen Kündigung nicht beschäftigt wurde, lediglich die durchschnittliche Vergütung für einen bis zwei Monate verlangen, Art. 47 KP[706]. Anders als im Falle einer Kündigungsschutzklage nach § 11 Nr. 1 KSchG wird der bei einem anderen Arbeitgeber erzielte Zwischenverdienst entgegen §§ 615 S. 2 BGB, 11 KSchG nicht angerechnet[707]. Ebenso ist der **Abfindungsanspruch** für den Verlust des Arbeitsplatzes auf den Verdienst auf den Zeitraum von zwei Wochen bis drei Monate begrenzt, Art. 47 ı KP.

---

[705] Stępińska - Krajewski, S. 4 ff.

[706] Allerdings steht Arbeitnehmer, die besonderen Kündigungsschutz genießen, die volle Ausfallvergütung zu.

[707] Patulski – A. Patulski, Art. 47 KP Rn. 1.

Problematik bei Vertretung von Außenseiter-Arbeitnehmern

Die Kürzung des Anhörungsverfahrens ist auch deshalb sinnvoll, weil ein Arbeitgeber für die Durchführung einer beteiligungspflichtigen Maßnahme aufgrund des komplizierten **Informationsverfahrens** zur Klärung der Frage, ob der betroffenen Arbeitnehmer von einer Betriebsgewerkschaft vertreten wird, ohnehin eine längere Vorlaufzeit benötigen wird. Nach Art. 30 Abs. 2 1 S. 1 GewerkG ist der **Arbeitgeber** verpflichtet, zu ermitteln, ob der betroffenen Arbeitnehmer von dieser vertreten wird. Ist dies nicht der Fall oder äußert sich diese nicht, bedarf es keines Anhörungsverfahrens. Aus Art. 30 Abs. 2 1 S. 1 GewerkG geht allerdings nicht hervor, wann sich der Arbeitgeber an die Betriebsgewerkschaften wenden soll und welche Informationen er über eine mögliche Maßnahme mitteilen muss. Denn ein Außenseiter-Arbeitnehmer wird die Frage, ob er sich von einer Betriebsgewerkschaft vertreten lassen will, in der Regel von der Art der beabsichtigten Maßnahme abhängig machen. Aufgrund der ungeklärten Rechtslage wenden sich die Arbeitgeber, wenn sie nicht wissen, ob und welche Betriebsgewerkschaft den betroffenen Arbeitnehmer vertritt, in der Praxis regelmäßig an alle Betriebsgewerkschaften, und zwar unmittelbar mit dem Anhörungsschreiben zur beabsichtigten Maßnahme, auch wenn der Gesetzgeber gerade dies durch die Einführung des Art. 30 Abs. 2 1 S. 1 GewerkG vermeiden wollte[708]. Denn nach Art. 30 Abs. 1 GewerkG gilt der Grundsatz, dass eine Betriebsgewerkschaft nur für ihre eigenen Mitglieder Beteiligungsrechte zustehen. Da aber die Kündigung eines Außenseiters, der sich anschließend von einer Gewerkschaft vertreten lässt, mangels Anhörung der Gewerkschaftsleitung rechtswidrig wäre und – soweit zulässig - eine erneute Kündigung ausgesprochen werden müsste, ist diese Vorgehensweise der Arbeitgeber nachvollziehbar. Allerdings ist nach der Rechtsprechung des SN[709] eine beteiligungspflichtige **Maßnahme nicht** schon deshalb **rechtswidrig**, weil ein Arbeitgeber das Verfahren nach Art. 30 Abs. 2 1 GewerkG nicht durchführt. Er wird in einem solchen Fall lediglich nicht mit der Einwendung gehört, er habe das Anhörungs- oder Zustimmungsverfahren nur deshalb nicht durchgeführt, weil er keine Kenntnis von der Vertretung des Arbeitnehmers durch eine Betriebsgewerkschaft hatte[710]. Wird aber ein Arbeitnehmer nicht gewerkschaftlich vertreten und hat der Arbeitgeber kein Informationsverfahren durchgeführt, hat dies keinen Einfluss auf die Rechtmäßigkeit der individualrechtlichen Maßnahme. Abschließend ist festzustellen, dass das polnische Arbeitsrecht aufgrund der Gewerkschaftspluralität einige Rechtsunsicherheiten im Hinblick auf das Beteiligungsverfahren der Betriebsgewerkschaften beinhaltet, die einer Klarstellung bedürfen. An dieser Stelle zeigt sich ein Vorteil des dualen Systems von Betriebsrat und Gewerkschaftsvertretung im deutschen Betriebsverfassungsrecht.

Die Problematik des Informationsverfahrens ist auch Ausfluss der unterschiedlichen **personellen Zuständigkeit von Betriebsgewerkschaften** für individualrechtliche und kollektive Sachverhalte. Bei den Gewerkschaftsrechten mit individu-

[708] Patulski – A. Patulski, Art. 38 KP Rn. 1 f.

[709] Urt. v. 11.01.2001, I PKN 186/00, PiZS 2002, Nr. 1, S. 38.

[710] SN v. 23.11.2001, III ZP 16/01, OSNP 2002, Nr. 12, S. 283.

al-rechtlichem Bezug wird die negative Koalitionsfreiheit sowohl für den Außenseiter-Arbeitnehmer als auch für die Gewerkschaft gewahrt. Der Außenseiter-Arbeitnehmer muss auch dann keiner Gewerkschaft beitreten, wenn er sich von dieser in individual-rechtlichen Angelegenheiten vertreten lassen will. Er kann unabhängig von einer gewerkschaftlichen Beteiligung eine streitige Maßnahme gerichtlich klären lassen. Der Gewerkschaft steht es im Gegenzug frei, ob sie einen Außenseiter auf dessen Antrag hin gegenüber dem Arbeitgeber vertritt (Art. 30 Abs. 2 GewerkG). Ein solches **Wahlrecht** kommt ihr gegenüber ihren eigenen Mitgliedern nicht zu. Anders als bei kollektivrechtlichen Angelegenheiten besteht auch keine Notwendigkeit zu einer einheitlichen Vertretung der Arbeitnehmerrechte durch eine Betriebsgewerkschaft. Denn individuellen Sachverhalten ist es gerade immanent, dass sie keiner einheitlichen Lösung für die Beschäftigten bedürfen. Überdies steht es den Betriebsparteien offen, abweichende Regelungen von diesem Grundsatz in Tarifverträgen zu vereinbaren.

VI. Rechte der Gewerkschaften im Verhältnis zum Staat bei der Reform des Arbeitsrechts

Gewerkschaften sind aber nicht nur Partei im Rahmen der betrieblichen Arbeitsverhältnisse. Vielmehr besteht für die **landesweit wirkenden Gewerkschaften und Gewerkschaftsverbände** die Möglichkeit, unmittelbar im Rahmen ihrer Rechte und Pflichten gegenüber dem Staat Einfluss auf die Entwicklung des Arbeitsrechts zu nehmen.

1. Allgemeine Mitwirkungsrechte

Ein Mittel hierzu stellt nach Art. 19 ff. GewerkG das – bereits dargestellte[711] – Recht zur Abgabe von **Stellungnahmen** zu Gesetzesvorschlägen und Durchführungsverordnungen sowie das **Initiativrecht** zu neuen bzw. zur Änderung von Gesetzen dar. Hierdurch hat der Gesetzgeber den Gewerkschaften die rechtliche Möglichkeit eingeräumt, bereits zu einem frühen Zeitpunkt des Gesetzgebungsprozesses in diesen eingebunden zu werden und auf diese Weise Einfluss auf den Inhalt des zu erlassenen Gesetzes zu nehmen[712]. Neben diesem Weg haben Gewerkschaften auch als **politische Parteien** unmittelbar auf den Gesetzgebungsprozess eingewirkt, da insbesondere die NSZZ Solidarność und die OPZZ bis Anfang des Jahres 2000 auch als politische Partei im polnischen Parlament vertreten waren.

Ein weiteres Mittel zur Einflussnahme auf die Entwicklung des Arbeitsrechts ist der **Abschluss von Vereinbarungen mit dem Staat** sowie von Dreiparteienvereinbarungen zwischen Gewerkschaften, Staat und Arbeitgebern. Diese werden in der

[711] Vgl. hierzu 3. Kapitel B. V. 3. c.
[712] Matey – Salwa, S. 64 ff.

polnischen Rechtsliteratur teilweise als **Betriebsvereinbarungen im weiteren Sinne** bezeichnet[713].

2. Generalvereinbarungen

a) Begriff

Über die gesetzlichen Rechte und Pflichten hinaus hat sich seit dem Beginn der aktiven politischen Tätigkeit von Gewerkschaftsorganisationen eine neue Art der Rechtsgrundlage für Rechte und Pflichten der Gewerkschaften herausgebildet: die sog. Generalvereinbarungen (*porozumienia generalne*). Diese Vereinbarungen können verallgemeinernd als **vertragliche Abreden mit rechtlicher Bindungswirkung** zwischen der Staatsgewalt und den Vertretern der polnischen Gesellschaft charakterisiert werden[714].

b) Entwicklung

Als erste Vorläufer dieser Art von Vereinbarung gelten die **Sozialvereinbarungen** (*Porozumienia Społeczne*), die im August 1981 zwischen der sozialistischen Regierung und den streikenden Belegschaften der Staatsbetriebe geschlossen wurden. Anders als die heutigen Generalvereinbarungen entfalteten sie keine rechtliche Bindungswirkung, sondern stellten **politische Verpflichtungserklärungen** dar. Dies gilt ebenso für die Vereinbarungen, welche die sozialistische Regierung 1989 mit den Vertretern der NSZZ Solidarność im Rahmen der Verhandlungen am sog. „Runden Tisch" getroffen hat[715]. Inhalt dieser waren die Verpflichtung zu politischen und wirtschaftlichen Reformen sowie die rechtliche Anerkennung der freien Gewerkschaften. Diesen Vereinbarungen war mit den Generalvereinbarungen gemein, dass sie ebenfalls einen Konsens zwischen Staatsmacht und Gesellschaft auf vertraglicher Basis darstellten. Nach der politischen Wende nutzen auch die folgenden Regierungen zwei- bzw. mehrseitige Vereinbarungen, aus denen Rechte und Pflichten abgeleitet werden können. Als frühes Beispiel dient der „Pakt über den Staatsbetrieb in der Transformation", welcher 1993 zwischen der Regierung, den Gewerkschaftsverbänden und den Arbeitgeberverbänden geschlossen wurde[716]. Im Rahmen dieses Paktes einigten sich die drei Parteien auf neue Gesetzes- und Verordnungsentwürfe bzw. Entwürfe zur Novellierung bestehender Gesetze, welche die rechtlichen Grundsätze der Führung von Staatsbetrieben zum Inhalt hatten. Die Reformentwürfe betrafen die Arbeitsverhältnisse, z.B. den Betriebsfonds für Sozialleistungen, den Schutz der Arbeitnehmeransprüche bei Insolvenz des Arbeitgebers sowie die kollektivrechtlichen Verhältnisse im Betrieb und garantierten die Beteiligung der Vertreter der Arbeitnehmerschaft in den Aufsichtsräten privatisierten Un-

---

[713] Vgl. hierzu 3. Kapitel B. V. 4. b. (1).
[714] Lewandowski - Goździewicz, S. 95.
[715] Lewandowski - Goździewicz, S. 95.
[716] Der Pakt ging auf eine Initiative des damaligen polnischen Arbeits- und Sozialministers Jacek Kuron zurück.

ternehmen[717]. Die Gesetze und Verordnung traten zwar erst nach Durchlaufen des legislativen Prozesses in Kraft, fußten aber auf dem breiten Konsens der Vertreter aller Arbeitsparteien und erfuhren somit eine besondere Legitimierung.

3. Dreiparteienkommission

a) Zusammensetzung und Aufgaben der Dreiparteienkommission

Außerdem wurde im Rahmen des Paktes über den Staatsbetrieb in der Transformation auch die Einberufung der Dreiparteienkommission (*Komisja Trójstronna*)[718] für Sozial- und Wirtschaftssachen beschlossen. Dieser war eine Reaktion der Regierung auf die zunehmenden Proteste der Arbeitnehmer gegen die Umsetzung des Balcerowicz-Plans[719], d.h. der Deregulierung des Arbeitsmarktes und der Privatisierung staatlicher Unternehmen, und den damit verbundenen sprunghaften Anstieg der Arbeitslosigkeit. Der Unzufriedenheit in der Bevölkerung sollte durch einen „sozialen Pakt", an dem die Interessensvertreter aller Konfliktparteien beteiligt waren, begegnet werden. Die Kommission hatte die Aufgabe, die wirtschaftlichen Mechanismen zu bewerten, den Meinungsaustausch über die Beschäftigungs- und Vergütungspolitik auf dem öffentlichen Sektor und die sozialen Sicherungssystem zu ermöglichen sowie diesbezüglich gemeinsame Beschlüsse zu treffen[720]. Sie bestand zunächst neben den Regierungsvertretern aus der KPP (der größten Arbeitgeberorganisation) und neun Gewerkschaften und wurde mit je vier Vertretern der Regierung, der KPP, der NSZZ Solidarność und der OPZZ sowie je einem Vertreter der sieben weiteren Gewerkschaftsorganisationen besetzt.

b) Rechtsnatur der Generalvereinbarungen der Dreiparteienkommission

Auch wenn die Rechtsnatur der Einsetzung einer Dreiparteienkommission rechtlich umstritten ist[721], ergeben sich die Befugnisse der Kommission zur Gestaltung der Vergütungspolitik aufgrund gesetzlicher Ermächtigung[722]. Hierdurch wird der Dreiparteienkommission die Kompetenz verliehen, die **Richtwerte der Vergütung** und ihrer Erhöhung für Betriebe des herstellenden Gewerbes und für den öffentlichen Sektor mit mehr als 50 Arbeitnehmern festzulegen[723]. Zwar sind die Beschlüsse für die drei Parteien bindend, bedürfen aber der Umsetzung durch die Regierung[724]. Die

---

[717] III. Teil des Paktes über den Staatsbetrieb in der Transformation.

[718] Vgl. ausführlich zu der Entwicklung der Dreiparteienkommission: Gardawski, Eironline 2002, Dok. PL0210106f.

[719] Vgl. hierzu oben unter 3. Kapitel B. II. 1.

[720] Gardawski, Eironline 2002, Dok. PL0210106f.

[721] Beschluss des Ministerrates Nr. 7 vom 15.02.1994, vgl. Sobótka, S. 1.

[722] Gesetz v. 16. und 23.12.1994, Dz. U. 1995, Pos. 163.

[723] FS-Däubler – Wratny, 603; Können sich die drei Parteien nicht auf eine gemeinsame Position einigen, entscheidet der Ministerrat.

[724] FS-Däubler – Wratny, 603; Gardawski, Eironline 2002, Dok. PL0210106f; Lewandowski - Goździewicz, S. 97 f.

Umsetzung der Beschlüsse auf Betriebsebene soll durch Tarifverträge erfolgen[725]. Wie bereits dargestellt, muss andernfalls der Arbeitgeber eine Vergütungsordnung erlassen[726].

Da den **Entscheidungen der Dreiparteienkommission** rechtliche Bindungswirkung zukommt und sie Staat sowie Arbeitgeber- und Arbeitnehmerseite verpflichten, sind sie als **echte Generalvereinbarungen** zu bewerten. Dieses Instrument stellt eine Besonderheit polnischer kollektivrechtlicher Vereinbarungen dar. Der Gesetzgeber begibt sich aufgrund gesetzlicher Ermächtigung eines Teils seiner Legislativgewalt über arbeitsrechtliche Inhalte, wenn und soweit dies durch Gesetz vorgesehen ist. Er ermächtigt die Exekutive und die kollektiven Vertreter der Arbeitgeber- und der Arbeitnehmerseite, aufgrund ihrer Sachnähe selbständig rechtlich bindende Entscheidungen zu treffen, welche den Rahmen für tarifvertragliche Regelungen vorgeben.

Mit Tarifverträgen ist den Generalvereinbarungen folglich die **Delegierung eines Teils der Legislativgewalt** auf die Arbeitgeber- und Gewerkschaftsverbände gemein. Dies ist damit zu rechtfertigen, dass auch bei der Dreiparteienkommission dem Grundsatz nach gewährleistet ist, dass sich dort drei gleichwertige Parteien gegenüberstehen, die ausgewogene Regelungen beschließen können, welche der Interessenslage aller Arbeitsparteien sowie dem Allgemeinwohl gerecht werden. Demnach besteht grundsätzlich nicht die Gefahr, dass eine Partei solcher Vereinbarungen benachteiligt würde. Sie unterscheiden sich aber durch die staatliche Beteiligung in Form der Regierungsvertreter als Partei der dreiseitigen Kommission sowie der **fehlenden unmittelbaren Wirkung** der Beschlüsse auf das Arbeitsverhältnis. Denn anders als Tarifverträge müssen Generalvereinbarungen von der Regierung umgesetzt werden. Plastisch können daher die Generalvereinbarungen als dem polnischen Arbeitsrecht eigentümliche Zwischenstufe zwischen parlamentarischen Gesetzen und Tarifvereinbarungen charakterisiert werden. Dies gilt sowohl im Hinblick auf den Grad staatlicher Beteiligung an der rechtlichen Regelung der Arbeitsverhältnisse, als auch bzgl. der Konkretisierung rechtlicher Vorgaben.

Fraglich ist die rechtliche Einordnung von Generalvereinbarungen in die arbeitsrechtliche Normpyramide. In Art. 9 KP werden die Rechtsquellen des polnischen Arbeitsrechts definiert[727]. Zu den kollektivrechtlichen Rechtsquellen gehören nach Art. 9 § 1 KP neben Tarifverträgen auch „sonstige auf Gesetz beruhende kollektivrechtliche Vereinbarungen". Wichtigstes Beispiel für letztere Gruppe ist die Betriebsvereinbarung. Da aber Generalvereinbarungen ebenfalls unter Gesetzesvorbehalt stehen und kollektivrechtliche Arbeitsverhältnisse durch Vereinbarung regeln, stellen sie eine weitere **Rechtsquelle** des Arbeitsrechts i. S. d. Art. 9 § 1 KP dar.

---

725 Lewandowski - Goździewicz, S. 97; Kommen entsprechende Tarifvereinbarungen nicht zustande, erfolgt die Festlegung der Vergütungssteigerung durch Verfügung des Arbeitgebers.

726 Zu den Einzelheiten zur gewerkschaftlichen Beteiligung an dem Erlass vgl. 3. Kapitel B. V. 4. c. (2, 3).

727 Zu den Einzelheiten des Art. 9 KP und dem Rangverhältnis unter den Rechtsquellen vgl. 3. Kapitel B. V. 4. a. (6) (a).

c) Bewertung der Dreiparteienkommission

(1) Rechtsgestaltende Wirkung

Die Idee der Drei-Partei-Kommission, den Arbeitsparteien eine möglichst große Regulierungsmacht für sachnahe Entscheidungen unter Mitwirkung der Regierung zu übertragen und damit Grundsatzfragen der Arbeitsbedingungen auf einen breiten gesellschaftlichen Konsens zu stellen, ist positiv zu bewerten. Sie ermöglicht eine frühe Diskussion und Entscheidung arbeitsrechtlicher Bedingungen, welche den Interessen des Staates, der Arbeitgeber- und der Arbeitnehmerseite entsprechen. Hierdurch werden die Repräsentanten der Arbeitsparteien an der Gestaltung von Rahmenbedingungen beteiligt, welche nach den gesetzlichen Vorgaben nicht der autonomen Entscheidung der Arbeitsparteien durch Tarifvertrag oder Betriebsvereinbarung überlassen sind. Anders als aus den politischen Gesprächen zwischen Regierung, Arbeitgeberverbänden und Gewerkschaftsorganisationen, welche in der **Bundesrepublik Deutschland** in den vergangenen Jahren als sog. **„Bündnis für Arbeit"**[728] mehrfach ohne Erfolg betrieben wurden, können aus den Entscheidungen der Dreiparteienkommission Generalvereinbarungen mit rechtlicher Bindungswirkung hervorgehen, deren Ergebnisse somit **nicht nur politische Absichtserklärungen, sondern rechtsgestaltende Vereinbarungen** sein können. Es ist Aufgabe des polnischen Gesetzgebers, die Regelungsbereiche festzulegen, welche zwar nicht der vollständig autonomen Entscheidung der Tarifparteien überlassen sein sollen, die aber sinnvoll und verbindlich von diesen mitgestaltet werden können.

(2) Strukturelle Schwächen

Fraglich ist aber, inwiefern diese begrüßenswerte Grundidee tatsächlich zur positiven Gestaltung der Arbeitsbedingungen beigetragen hat. Strukturelles Grundproblem der Dreiparteienkommission war und ist seit ihrer Gründung der **geringe Organisationsgrad der Arbeitgeberseite**[729] einerseits und die **schwindenden Mitgliedschaftszahlen**[730] sowie **widerstreitenden Interessen und Auffassungen unter den Gewerkschaften** andererseits[731]. Darüber hinaus ist zu bemängeln, dass in der Kommission die Interessen privater - insbesondere kleiner und mittelständischer - Arbeitgeber mangels Mitgliedschaft in der KPP nicht vertreten waren[732]. Hierdurch wurde folglich eine wichtige Gruppe, welche die Entscheidungen der Kommission unmittelbar betreffen, von dem Gestaltungsprozess ausgeschlossen. Die Idee der

---

[728] Vgl. zum Begriff und fehlender rechtlicher Wirkung: Kempen/Zachert, § 1 TVG, Rn. 751.

[729] Arbeitgeberverbände und Zahlen der Beschäftigten aller Arbeitgeber, die von dem Verband vertreten werden in 2002: KPP ca. 2,5 Mil., PKPP ca. 320.000, ZPR ca. 1,5 Mil., BCC ca. 500.000; Insbesondere auf Betriebsebene sind nur ca. 20 % aller Arbeitgeber Mitglied einer Arbeitgebervertretung; vgl. hierzu auch Towalski, Eironline 2002, Dok. PL02109104f.

[730] 1981 waren ca. 80 % aller Arbeitnehmer Gewerkschaftsmitglieder. 2002 waren nur noch 14 % gewerkschaftlich organisiert (ca. 3 Mil.). Damit hat Polen eine der geringsten Gewerkschaftsdichte in der EU; Gardawski, Eironline 2002, Dok. PL02108105f.

[731] Die NSZZ Solidarność weigerte sich bspw. bereits, den Pakt für Staatsunternehmen mit der vormals staatlichen Gewerkschaft OPZZ zu verhandeln, so dass dieser getrennt mit beiden unterzeichnet werden musste.

[732] Gardawski, Eironline 2002, Dok. PL0210106f.

Konsensentscheidungen aller Parteien der Arbeitsverhältnisse wurde hierdurch merklich verletzt.

(3) Fehlende Sanktionsmöglichkeiten

Eine weitere Schwäche der von der Kommission getroffenen Generalvereinbarungen ist, dass sie die Regierung zwar rechtlich zu deren Umsetzung verpflichten, es allerdings an gesetzlich bestimmten **Sanktionsmöglichkeiten** im Falle des pflichtwidrigen Unterlassens oder der Abänderung der Umsetzung **fehlt**. In Betracht kämen in einem solchen Fall Arbeitskampfmaßnahmen zur Durchsetzung des Inhalts von Generalvereinbarungen[733]. Solche Konfliktszenarien widersprechen allerdings dem Grundgedanken der konsensualen Entscheidung über die Bedingungen der Arbeitsverhältnisse, der Grund für die Schaffung der Dreiparteienkommission war.

(4) Interessenkonflikte der Gewerkschaften

Der Wirkungsbereich der Kommission in den neunziger Jahren wird als gering beurteilt, insbesondere wegen der **Rolle der Gewerkschaftsverbände**[734]. Zum einen agierten die Gewerkschaftsverbände häufig uneinheitlich. Dies gilt insbesondere für die NSZZ Solidarność und die OPZZ, die wegen ihrer Ursprünge – erstere als treibende Reformkraft vor der Wende und letztere als zunächst staatlich instrumentalisierte „freie" Gewerkschaft – uneins sind[735]. Zum anderen nehmen die Gewerkschaften in Polen verschiedene Rollen ein, die zwangsläufig zu **Interessenkonflikten** führen: Gewerkschaftsverbände müssen die Interessen der Betriebsgewerkschaften und der überbetrieblich tätigen Gewerkschaften sowie darüber hinaus auch ihre eigenen Verbandsinteresse vertreten. In Folge dessen kann in wirtschaftlichen Krisenzeiten die Bereitschaft auf Betriebsebene, flexiblere Arbeitsbedingungen zum Erhalt von Arbeitsplätzen zu vereinbaren, mit den Interessen des Gewerkschaftsverbandes kollidieren. Dies gilt jedenfalls dann, wenn der Gewerkschaftsverband auf nationaler Ebene Maximalforderungen zu Gunsten der Arbeitnehmer durchzusetzen versucht. Eine ähnliche Situation kann in deutschen Betrieben bei Interessenkonflikten von Betriebsrat und Gewerkschaft auf Betriebsebene entstehen. Umgekehrt trat auch die Situation ein, dass auf Betriebsebene wegen des Abbaus von Arbeitsplätzen und Sozialleistungen im Rahmen der Privatisierung von Staatsbetrieben Kollektivstreitigkeiten und Streiks geführt wurden, während die Gewerkschaftsverbände auf nationaler Ebene harten Einschnitten im Zuge der Transformation der polnischen Wirtschaft zustimmten, andererseits aber mit massiven Gewerkschaftsaustritten und dem eigenen Machtverlust rechnen mussten[736].

Diese Problematik wurde dadurch verschärft, dass sich eine größere Anzahl von Gewerkschaftsmitglieder nach der Wende in **politischen Parteien** engagierten. In ihrer Funktion als Abgeordnete im Sejm und zeitweilig als Mitglieder der Regie-

---

733 Lewandowski - Goździewicz, S. 98.

734 Gardawski, Eironline 2002, Dok. PL0210106f.

735 Gardawski, Eironline 2002, Dok. PL0308106f.

736 Gilejko - Gilejko, S. 235 f.

rungspartei waren[737] diese zugleich Gewerkschafts- als auch Konsolidierungsinteressen verpflichtet. Je nach Regierungsbeteiligung der konkurrierenden Gewerkschaftsparteien wurde die Auffassung des oppositionsnahen Gewerkschaftsverbandes im Rahmen der Kommissionstätigkeit oder bei der Umsetzung ihrer Entscheidungen häufig von der Regierung nicht beachtet. Dieser Aspekt führte dazu, dass die **Dreiparteienkommission** in dem Zeitraum von 1996 bis 2001 weitgehend **handlungsunfähig** war[738]. In diesem Zeitraum verbrachten die Mitglieder der Dreiparteienkommission einen beträchtlichen Teil ihrer Tätigkeit mit politischen Kontroversen über institutionelle und strukturelle Reformen, insbesondere bzgl. der Bergbauindustrie, der Gesundheitsreform und der Reform der Sozialsysteme[739].

Erfolgreich gestaltete sich hingegen die Zusammenarbeit in der Kommission im Hinblick auf die **Vergütungspolitik**. Dies lag darin begründet, dass sich die konkurrierenden Gewerkschaftsverbände in der Vergütungspolitik einigungsfähig zeigten und die Verhandlungen über die Vergütungsgrundsätze ohne größere Einflussnahme der Arbeitgeberseite geführt wurden. Die Regierung konzentrierte sich hierbei auf die Begrenzung der Vergütungsansprüche im öffentlichen Dienst.

(5) Fazit

Nach alledem ist festzustellen, dass die **Ergebnisse** der Tätigkeit der Dreiparteienkommission mit Ausnahme der Gestaltung der Vergütungspolitik für einige Wirtschaftsbereiche trotz eines begrüßenswerten Ansatzes **negativ** zu beurteilen sind. Die beabsichtigte konsensuale Rechtsfindung scheiterte an den realen Machtverhältnissen in Polen.

d) Reform der Dreiparteienkommission 2001

(1) Schwächen der Dreiparteienkommission

Die **Schwächen** der Kommission lassen sich wie folgt zusammenfassen:
Der Kommission fehlten gesetzliche Mechanismen zur Durchsetzung der getroffenen Vereinbarungen.
Die Gewerkschaften waren untereinander zerstritten und in ihrer Rolle als politische Parteien und Vertreter der Arbeitnehmerinteressen erheblichen Interessenkonflikten und einem Glaubwürdigkeitsdefizit ausgesetzt.

Schließlich wurden Arbeitgeber kleinerer und mittelständischer Unternehmen von der KPP nicht repräsentiert.

---

[737] NSZZ Solidarność war bspw. von 1997 bis 2001 Mitglied der Regierungskoalition. Vgl. auch European Foundation for the Improvement of Living and Working Conditions, Eironline 2002, Dok. PL0216101n.

[738] Gardawski, Eironline 2002, Dok. PL0210106f; European Foundation for the Improvement of Living and Working Conditions, Eironline 2002, Dok. PL0216101n.

[739] Gardawski, Eironline 2002, Dok. PL0210106f.

(2) Reform

Um ein Scheitern der Kommission zu verhindern, bedurfte es folglich einer grundlegenden Umgestaltung. Diese erfolgte im Jahr 2001 durch die Reform der gesetzlichen Grundlagen der Kommission sowie aufgrund der politischen Entscheidung der Gewerkschaften, sich von ihrem Engagement als politische Parteien zurückzuziehen[740]. Folge dessen war die Trennung zwischen legislativer und politischer Tätigkeit einerseits sowie der Repräsentation der Arbeitnehmerinteressen durch die Gewerkschaften andererseits[741]. Hierdurch sollten die Interessenskonflikte innerhalb eines Gewerkschaftsverbandes beseitigt und die Gewerkschaften auf ihre eigentliche, verfassungsrechtliche Aufgabe, also die Wahrnehmung der Arbeitnehmerinteressen, zurückgeführt werden. Auch die Zusammenarbeit zwischen der OPZZ und der NSZZ Solidarność gestaltet sich seit dem Wechsel der Führungsspitze der NSZZ Solidarność im September 2002[742] kooperativer, wenngleich nach wie vor nicht harmonisch[743].

Mitglieder der Dreiparteienkommission

Durch das neue Gesetz über die Dreiparteienkommission[744] vom Juli 2001 wurde die Struktur der durch die Mitglieder der Kommission vertretenen Arbeitnehmer und Arbeitgeber festgelegt und vereinheitlicht: Die **Mitgliedschaft** in der Kommission auf der Arbeitnehmerseite wird darin der OPZZ und der NSZZ Solidarność sowie **jeder repräsentativen Gewerkschaft zugesichert**. Als repräsentativ gilt eine Gewerkschaft, welche mindestens 300.000 Mitglieder zählt[745]. Dies führte auch zur Begründung eines neuen Gewerkschaftsbundes, des FZZ (*Forum Związków Zawodowych* = Gewerkschaftsforum), indem sich 17 kleinere Gewerkschaften zu einem Bund zusammenschlossen, der über 300.000 Mitglieder zählt[746]. Für die Arbeitgeber bleibt die KPP Mitglied der Kommission. Dies gilt nach dem neuen Gesetz aber

---

740 Nach den Wahlen 2001 waren zwar noch 19 Parlamentsabgeordnete Gewerkschaftsmitglieder der OPZZ. Sie betätigten sich aber nicht als einheitliche politische Gruppierung im Sejm. Gardawski, Eironline 2002, Dok. pl0210106f; Ders., Eironline 2002, Dok. PL0308106F; European Foundation for the Improvement of Living and Working Conditions, Eironline 2002, Dok. PL0216101n.

741 Allerdings existieren auch noch kleinere Gewerkschaften, wie z.B. die aus Vertretern der Landwirtschaft gebildete *Samoobrona* (Selbstverteidigung), die nach wie vor als politische Parteien tätig sind, vgl. Czarzasty, Eironline 2004, Dok. PL0407104F.

742 Eironline, European Foundation for the Improvement of Living and Working Conditions, Eironline 2002, Dok. PL0210103N.

743 Gemeinsame Positionen gab es gegen den Gesetzesentwurf 2002 zur Erleichterung der Kündigungsmöglichkeiten im KP, s. European Foundation for the Improvement of Living and Working Conditions, Eironline 2002, Dok. PL0216101n.

744 Dz.U. 2001 Nr. 100, Pos. 1080.

745 Die OPZZ und die NSZZ Solidarność hatten Ende 2002 über 700.000 Mitglieder. Zu den Einzelheiten s. CBOS, Stand Ende 2002, Bericht 2003.

746 Mittlerweile gehören dem FZZ, der sich aus einer Abspaltung der OPZZ entwickelt hat, weit über 30 Gewerkschaften an. Zu den Einzelheiten vgl. Gardawski, Eironline 2002, Dok. PL0212109F. Die FZZ wurde 2003 Mitglied der Dreiparteienkommission, Gardawski, Eironline 2004, Dok. PL0401104F.

auch für zwei weitere Arbeitgeberverbände, die Polnische Konföderation privater Arbeitgeber (PKPP) und die Vereinigung polnischer Handwerker (ZPR), sowie für andere **Arbeitgeberorganisation, deren Mitglieder Betriebe mit mehr als 300.000 Beschäftigten leiten**[747].

Kompetenzen

Das Gesetz über die Dreiparteikommission legte überdies die **Kompetenzen** der Kommission bzgl. ihrer beratenden Funktion fest. Demnach müssen alle Gesetzesentwürfe, welche im Zusammenhang mit Rechten der Gewerkschaften oder der Arbeitgeberverbände stehen, zunächst der Kommission zur Beratung zugeleitet werden. Diese kann eine **Stellungnahme** zum Gesetzesentwurf abgeben. Diese ist für den Gesetzgeber allerdings nicht bindend[748]. Gleichzeitig wurden Art. 19 ff. GewerkG, die bislang dieses Recht landesweit wirkenden Gewerkschaftsorganisationen sowie Gewerkschaften, die als repräsentativ in der Mehrzahl der Betriebe gelten, zusicherten[749], angepasst. Nunmehr sollen die Gewerkschaften, welche als repräsentativ i.S.d. des Gesetzes über die Dreiparteienkommission gelten, dieses Recht ausüben. Gleiches gilt für das in Art. 16 ArbGOG verankerte Recht der Arbeitgeberverbände zur Stellungnahme. De facto wurde damit dieses Recht denjenigen landesweit wirkenden Gewerkschaftsorganisationen und Gewerkschaften sowie Arbeitgeberverbänden entzogen, welche die Repräsentativitätsbedingungen der Dreiparteienkommission nicht erfüllen. Denn nach der bisherigen Fassung des ArbGOG stand dieses Recht allen Verbänden von Arbeitgeberorganisationen, wie sie in Art. 2 ArbGOG rechtlich definiert werden, zu ohne das Erfordernis einer Mindestzahl von Beschäftigten[750]. Auch das GewerkG kannte vor der Reform im Jahr 2001 keine weitere Begrenzung des Stellungnahmerechts, als es in Art. 19 ff. GewerkG festgelegt war.

Auswirkungen der Reform

Fraglich ist aber, ob die strukturellen Änderungen die **Effektivität der Dreiparteienkommission** erhöht haben. Insoweit wurde die geplante Reform des KP in den Jahren 2001/2002 zur Bewährungsprobe. Aufgrund des Widerstandes der OPZZ und der NSZZ Solidarność gegen Maßnahmen zur Flexibilisierung der Arbeitsverhältnisse gelang es nicht, im Rahmen der Kommission einen einvernehmlichen Reformvorschlag zu erarbeiten[751]. Daher brachte der Minister für Arbeit und Sozialpolitik einen eigenen Gesetzentwurf in das polnische Parlament ein, der den Interessen der Arbeitgeber entgegenkam und am 25. August 2002 verabschiedet wurde[752]. Dieser

---

[747] Auf Grundlage dieser Voraussetzungen wurde auch die Arbeitgeberorganisation Business Center Club (BCC) 2002 vom Premierminister als Mitglied der Drei-Parteienkommission berufen. Towalski, Eironline 2003, Dok. PL0209104f.

[748] Gardawski, Eironline 2002, Dok. PL0212109f.

[749] Vgl. hierzu unter 3. Kapitel B. V. 3. c.

[750] Dz. U. 1991, Nr. 55, Pos. 235.

[751] Czarzasty, Eironline 2002, Dok. PL0209107f; Gardawski, Eironline 2004, Dok. PL0401104F.

[752] Dz.U. 2002, Nr. 135, Pos. 1146.

sah auch die Verringerung des Überstundenzuschlags von 150 bzw. 200 % auf maximal 50% vor und erleichterte die Voraussetzungen zum Abschluss von befristeten Arbeitsverträgen. Genau an diesen Maßnahmen waren die Verhandlungen im Rahmen der Dreiparteienkommission gescheitert[753].

Demnach stellt das Gesetz über die Dreiparteienkommission nunmehr die Kompetenzen der Kommission klar. Ferner hat die gesetzliche Festlegung der Voraussetzungen für die Mitgliedschaft in der Kommission zu einer Demokratisierung geführt. Es können grundsätzlich die Interessen aller Arbeitsnehmer- und Arbeitgebergruppen kollektiv vertreten werden, sofern diese in repräsentativen Gewerkschaften oder Arbeitgeberverbänden organisiert sind. Dennoch zeigt sich an den gescheiterten Verhandlungen zur Reform des KP 2002 die **Abhängigkeit** der Ergebnisse der Dreiparteienkommission von der **politischen Auffassung** ihrer Mitglieder. Sofern dort kein Einvernehmen erreicht werden kann, kommt nicht der Kommission, sondern der Legislative die Entscheidungsbefugnis zu, so dass die Dreiparteienkommission bei fehlendem Einvernehmen ihrer Mitglieder lediglich ein zusätzliches Forum zur Debatte ohne Durchsetzungsmechanismen darstellt.

4. Drei-Parteien-Sektorengruppen

Eine weitere Institution, welche eine Besonderheit der Entwicklung des polnischen Arbeitsrechts darstellt, sind die Drei-Parteien-Sektorengruppen (*Trójstronne Zespoły Branżowe*).

a) Aufgaben und Zusammensetzung

Diese agieren **unabhängig** von der Dreiparteienkommission und sind **selbständig**, d.h. sie geben sich ein eigenes Regelwerk. Mit der Dreiparteienkommission haben sie gemeinsam, dass sie ebenfalls aus mehreren kollektiven Parteien der Arbeitsverhältnisse bestehen, den Gewerkschaften, Arbeitgebern aus bestimmten Wirtschaftszweigen und Vertretern der Regierung[754]. Darüber hinaus können auch Vertreter der Handelskammern und der betroffenen Stadt oder Wojwodschaft auf Einladung der Mitglieder der jeweiligen Sektorengruppe hinzugezogen werden.

Jede Sektorengruppe ist jedoch **nur für einen Industriezweig zuständig**, wie den Bergbau[755], die Stahl- und Metallindustrie[756] sowie die Energiewirtschaft[757]. Diesen ist gemein, dass sie besondere arbeits- und sozialrechtliche Probleme aufgrund von Restrukturierung, Privatisierung und Reorganisation bewältigen müssen.

---

[753] Czarzasty, Eironline 2002, Dok. PL0209107f; European Foundation for the Improvement of living and workung conditions, Eironline 2002, Dok. PL0206101n.

[754] Gilejko - Ders., S. 224; Towalski, Eironline 2003, Dok. PL0308101f.

[755] Diese wurde bereits 1992 begründet. Die im Rahmen dieser Sektorengruppe geschlossenen Sozialpakete dienten als Vorbild für die Entscheidungen weiterer Sektorengruppen. Ausführlich hierzu: Gilejko - Siewierski, S. 132.

[756] Diese wurde nach Streiks im Jahre 1995 tätig.

[757] Diese ist seit März 1998 tätig.

Daher wurden die jeweiligen Sektorengruppen erst nach Bedarf im Laufe der Neunziger Jahre gegründet[758]. Meist gingen ihren Gründungen Kollektivstreitigkeiten und Proteste über die Auswirkungen der freien Wirtschaft in den Branchen voraus. Die Sektorengruppen entwickeln gemeinsame **Richtlinien zur Restrukturierung des jeweiligen Wirtschaftszweiges** und vereinbaren **„Sozialpakete"** für die betroffenen Arbeitnehmer. Darüber hinaus überwachen sie die Umsetzung der Richtlinien und der Erfüllung der Ansprüche aus Sozialpakten[759].

Umstrukutierung und Regelung eines Sozialausgleichs für die betroffenen Arbeitnehmer waren typischerweise in denjenigen Wirtschaftszweigen erforderlich, die unter der zentral gesteuerten Planwirtschaft in dem Zeitraum von 1945 bis 1989 von einer privilegierten Behandlung profitiert haben, insbesondere der Bergbau, die Stahl- und Metallindustrie, die Wehrindustrie[760], die Landwirtschaft und die Staatseisenbahn (PKP). Im Rahmen der freien Marktwirtschaft mussten die bisherigen staatlichen Zuwendungen neu strukturiert werden. Insbesondere im Bergbau und in der Metallindustrie kam es daraufhin zu einer erheblichen Absenkung der Produktion, zur Stilllegung von Betrieben und somit auch zu einer deutlichen Verringerung des Arbeitskräftebedarfs[761]. Andere Wirtschaftszweige, wie z. B. die Energiewirtschaft, haben auch in der freien Wirtschaft gute Entwicklungschancen. Die Schwerpunkte des Reformbedarfs liegen dort in der Anpassung an die aktuellen technischen Standards der Reorganisation, Privatisierung und Öffnung für den freien Markt[762].

b) Rechtlicher Status

Die Sektorengruppen werden dem Ministerium für Wirtschaft, Arbeit und Sozialpolitik zugeordnet, das u.a. auch für den sozialen Dialog und die soziale Sicherheit von Arbeitnehmern und Arbeitslosen verantwortlich ist[763]. Sie wurden von dem zuständigen Minister nach Beratungen mit den Sozialpartnern ins Leben gerufen, **ohne** dass für diese eine **Rechtsgrundlage** geschaffen worden wäre. Der Versuch, die Sektorengruppen in das System der Dreiparteienkommission einzufügen und ihrer Tätigkeit damit eine gesetzliche Grundlage zu geben, scheiterte im Jahr 2002 an dem Widerstand der Gewerkschaften, welche den Verlust der Selbstbestimmung der Sektorengruppen befürchteten[764]. Der eigentliche Grund für die Ablehnung wird al-

---

[758] Derzeit existieren sieben Sektorengruppen, die dem Ministerium für Wirtschaft, Arbeit und Sozialpolitik zugeordnet sind, z.B. für die Soziale Sicherheit der Beschäftigten im Bergbau und für die Metallarbeiter, für die Restrukturierung der Wehrindustrie und die Meeresfischerei.

[759] Towalski, Eironline 2003, Dok. PL0308101f.

[760] Towalski, Eironline 2003, Dok. PL0308101f.

[761] Gilejko - Ders., S. 226 ff; Eine erhebliche Absenkung der Beschäftigungszahlen ergab sich auch bei der polnischen Staatsbahn (PKP), bei der allein im Zeitraum von 1999 bis 2000 21.000 Arbeitsplätze abgebaut wurden, vgl. Gilejko - Książkiewicz, S. 201 ff.

[762] Gilejko - Ders., S. 231.

[763] Gilejko - Ders., S. 224.

[764] Die Gewerkschaft NSZZ Solidarność fürchtete bei Anwendung des Regelwerks der Dreiparteienkommission, dass hierdurch die einvernehmliche Arbeit der Parteien der Sektorengruppen behindert würde.

lerdings darin gesehen, dass bei der Anwendung der für die Dreiparteienkommission geltenden Regelungen[765] auch alle der Kommission angehörenden Arbeitgeberverbände in den Sektorengruppen beteiligt werden müssten[766]. Bislang ist es so, dass nur die betroffenen Arbeitgeber und u. U. ein Arbeitgeberverband, dem diese angehören, an der jeweiligen Sektorengruppe beteiligt sind. Eine größere Einflussnahme der Arbeitgeberseite liegt nicht im Interesse der Gewerkschaften. Dennoch konnte zumindest erreicht werden, dass sich die verschiedenen Sektorengruppen dazu verpflichteten, ihre jeweilige Organisation und die ihrer Tätigkeit zugrunde liegenden Regelungen für alle Sektorengruppen zu vereinheitlichen[767]. Dies ist mittlerweile auf einer Plenarsitzung Ende des Jahres 2002, an der die Vertreter aller bestehenden Sektorengruppen teilnahmen, umgesetzt worden. Die **Selbständigkeit der Sektorengruppen** wurde aber **beibehalten**.

c) Ziele und Ergebnisse der Sektorengruppen

Um die Gewerkschaftstätigkeit im Rahmen der Sektorengruppen bewerten zu können, bedarf es einer Analyse der Positionen der Gewerkschaften, ihrer Vorgehensweise zur Durchsetzung der Ziele und den erreichten Ergebnissen. Eine ausführliche Darstellung wurde in der Literatur unter der Redaktion von *Gilejko*[768] vorgenommen. Daraus lassen sich **Grundzüge der Gewerkschaftstätigkeit** identifizieren, die anhand dreier Sektoren beispielhaft [769] dargestellt werden:

(1) Bergbau

Im **Bergbau** verfolgten die Gewerkschaften im Rahmen ihrer Tätigkeit in der Sektorengruppe folgende **Restrukturierungsziele**: Die Hütten sollten vollständig entschuldet werden, die Liquidation der Hütten und ihre Privatisierung sollte durch staatliche Finanzunterstützung gestoppt und statt dessen die Hütten zu einer Aktiengesellschaft zusammengefasst werden. Darüber hinaus sollte der Abbau von Arbeitsplätzen beendet und eine aktive Beschäftigungspolitik betrieben werden. In dem Zeitraum von 1998 bis 2001 wurden mehrere solcher Programme und Sozialpakete vom Ministerrat beschlossen[770]. Hierdurch wurde allerdings die beabsichtigte Beendigung des Arbeitskräfteabbaus nicht erreicht. Allein in dem Zeitraum zwischen 1999 und 2001 wurde ein Drittel der Arbeitsplätze abgebaut[771]. Als Sozialausgleich vereinbarten die Parteien sozialverträgliche Maßnahmen, wie z.B. Frühverrentung und Schulungen sowie - im Verhältnis zu anderen Branchen – hohe,

---

765 Vgl. zu den Einzelheiten 3. Kapitel B. VI. 3.

766 Gilejko - Siewierski, S. 133; Towalski, Eironline 2003, Dok. PL0308101f.

767 Towalski, Eironline 2003, Dok. PL0308101f.

768 Gilejko – Ders./Sierwierski/Gardawski/Książkiewicz/Towalski/Czarzasty, Gewerkschaften und Restrukturierung, Warschau 2003.

769 Das Autorenteam um Gilejko untersucht darüber hinaus auch die Restrukturierungsmaßnahmen der polnische Staatsbahn und der Energiewirtschaft.

770 Sozialpaket des Bergbaus 1999, Restrukturierungsprogramme vom 30.06.1998 vom Oktober 2000 und Juni 2001 .

771 Gilejko - Siewierski, S. 129.

einmalige Abfindungszahlungen[772]. Darüber hinaus kam es zu Spannungen innerhalb dieser Sektorengruppe, weil die damalige Regierung die Beteiligungsrechte der Gewerkschaftsverbände missachtete, indem Novellierungsentwürfe der Restrukturierungsprogramme von der Regierung unmittelbar den Betriebsgewerkschaften zur Stellungnahme unter Umgehung der Gewerkschaftsverbände zugesandt wurden. Dies war ein Verstoß gegen das Recht der Gewerkschaftsverbände zur Information und Stellungnahme, wie es Art. 19 ff. GewerkG a.F. garantierten. Die Gewerkschaften führten daraufhin ein Referendum unter den Beschäftigten des Bergbaus durch, in dessen Rahmen sich 90 % gegen die Regierungspläne aussprachen.

(2) Metall- und Stahlindustrie

Nach massiven Streiks kooperierten die Gewerkschaften im Rahmen der geschaffenen Sektorengruppen in der **Metall- und Stahlindustrie** seit Mitte der 90er Jahre bei der Entwicklung von Restrukturierungsprogrammen. Darüber hinaus wurde für die Branche im Jahr 1996 ein Branchentarifvertrag der Arbeitgebervertreter mit der NSZZ Solidarność und der OPZZ geschlossen, der gegenüber den Ansprüchen, die sich aus dem KP ergeben, zahlreiche vorteilhafterer Regelungen für die Beschäftigten vorsah. Dies betrifft z. B. Vergütung, Kündigung und sonstige Sozialansprüche[773]. Im Rahmen der Sektorengruppe wurde darüber hinaus die finanzielle Unterstützung der Branche aus der Staatskasse zur Modernisierung der Werke und der Verbesserung des Immissionsschutzes erreicht[774]. Derzeit bestehen aber Pläne für weitere, einschneidende Strukturänderungen, die mit der Schließung von Werken und einer verringerten staatliche Unterstützung einhergehen und neue kollektivrechtliche Konflikte absehbar machen.

(3) Wehrindustrie

In einer wirtschaftlich besonders schwierigen Situation befand sich die polnische **Wehrindustrie**, in der nach dem politischen Systemwechsel zunächst keinerlei Reformen durchgeführt wurden und die bis Ende der neunziger Jahre keine nennenswerte politische und wirtschaftliche Perspektive erhielt[775]. Erst auf Drängen der Gewerkschaften wurde im Jahr 1998 eine eigene Sektorengruppe gegründet[776]. Auf Grundlage deren Tätigkeit wurde im Jahr 1999 ein Restrukturierungsprogramm zu dem wirtschaftlich nutzbaren Potential der Wehrindustrie und der Modernisierung der Verteidigungskräfte gesetzlich verabschiedet[777]. Dieses enthielt allerdings nur wirtschaftliche Restrukturierungspläne ohne arbeitsrechtliche Relevanz. Die Ge-

[772] Diese standen aber in der Kritik, da zum einen die Entlassenen teilweise kurzfristig die Gelder ausgaben, ohne sich für die Zukunft abzusichern, und zum anderen das Gesamtvolumen der Abfindungen den Staatshaushalt belastete, ohne einen Aufschwung für die Branche zur Folge zu haben, vgl. Gilejko - Ders., S. 235.

[773] Gilejko - Siewierski, S. 134 ff..

[774] Gilejko - Ders., S. 229.

[775] Ohne größere Bedeutung blieb ein erster Entwurf zur Restrukturierung von 1996.

[776] Gilejko - Ders./Czarzasty, S. 153 ff.

[777] Dz.U. 1999, Nr. 83 Pos. 932 m.w.Ä.

werkschaften konzentrierten sich insoweit lediglich auf den Abschluss eines Sozialpakets, dass zwar ebenfalls Frühberentungsmöglichkeiten vorsah, aber aufgrund der unterschiedlichen Auffassungen der beiden großen Gewerkschaftsverbände im Umfang der sozialen Ansprüche, welche bspw. die Sozialpakete im Bergbau und in der Metall- und Stahlindustrie enthielten, nicht erreichte. Erst das novellierte Programm aus dem Jahr 2002[778] sah erstmals arbeitsrechtlich relevante Restrukturierungsmaßnahmen vor, und zwar zur Bekämpfung der Arbeitslosigkeit in Regionen dieses Wirtschaftsbereiches und zur Reorganisation der Beschäftigungsverhältnisse[779].

d) Bewertung der Rolle der Gewerkschaften in den Sektorengruppen

Eine Analyse der Beteiligung der Gewerkschaften an der Arbeit der Sektorengruppen ergibt, dass sich die Gewerkschaften trotz einer teilweise hohen Bereitschaft zum Arbeitskampf, wie z.B. der Gewerkschaften in der Landwirtschaft[780] und im Bergbau[781], welcher nach wie vor die größte Organisationsdichte aufweist[782], und zahlreicher Streiks, insbesondere im Bergbau und der Stahl- und Metallindustrie in der ersten Hälfte der 90er Jahre[783], konstruktiv an den Restrukturierungsplänen beteiligten. Dies gilt jedenfalls dann, wenn die Restrukturierung auf Grundlage von gesetzlich verankerten staatlichen Programmen erfolgte und Sozialpakete für die betroffenen Arbeitnehmer geschlossen wurden[784].

(1) Erzwingung staatlicher Restrukturierungsprogramme

Hieraus resultieren zwei wesentliche Aspekte: Zum einen ist dies die generelle Bereitschaft des Staates, neben seiner **normativen und** wirtschaftspolitischen auch eine **finanzielle** Verantwortung bei der Restrukturierung der polnischen Wirtschaft und ihrer Auswirkungen auf den Arbeitsmarkt wahrzunehmen. Dies erfolgt durch die Vereinbarung staatlicher Restrukturierungsprogramme, ihre gesetzliche Umsetzung sowie durch die Finanzierung der in den vereinbarten Sozialpaketen zugesicherten Leistungen. Hierin haben sich die Gewerkschaften durch die Organisation von Arbeitskampfmaßnahmen und politischen Druck mit Ihrer Auffassung durchgesetzt, dass der Staat die Verantwortung für die Restrukturierung der Unternehmen trägt und dass die Unternehmen ohne **staatlich organisierte und finanzierte Programme** nicht in der Lage sein würden, sich den neuen wirtschaftlichen Bedingun-

---

[778] Dz.U. 2001, Nr. 100 Pos. 1080.

[779] Eine detaillierte Gegenüberstellung der Programme präsentieren Gilejko - Ders./Czarzasty, S. 154 ff.

[780] Allein in dem Zeitraum von 1989 bis 1993 wurden 112 Protestaktionen von Landwirten dokumentiert, s. Czarzasty, Eironline 2004, Dok. PL0407104f.

[781] Zu nennen sind hier u.a. der Bergbaubereich der Solidarność und der OPZZ, WZZ August'80, ZZ der Ingenieure und Techniker und die Föderation des Bergbaus ZZ.

[782] Rund 60 % der Arbeitnehmer sind gewerkschaftlich organisiert. Angaben aus CBOS, Stand Ende 2001, Bericht 2003.

[783] In der Stahl- und Metallindustrie wurde 1994 im Rahmen der Restrukturierungsvorhaben mit einem Generalsstreik gedroht, in 23 Betrieben hatten Streiks begonnen, in 80 Betrieben erfolgten Warnstreiks.

[784] Gilejko - Ders., S. 228.

gen anzupassen[785]. Bemerkenswert ist insoweit, dass die Gewerkschaften auch in den Betrieben und Unternehmen, die mittlerweile weitestgehend privatisiert sind, im Rahmen von Sozialausgleichsverhandlungen weiterhin die Verantwortung des Staaten sowie weitere Zuwendungen einfordern[786].

Entsprechende gesellschaftspolitische Forderungen begleiteten auch den **bundesdeutschen Restrukturierungsprozess** nach der Wende. Tatsächlich brachte der deutsche Staat aus seinen Haushaltsmitteln in immensen Umfang Finanzleistungen zur Privatisierung früherer Staatsunternehmen auf. Diese Aufgabe wurde von der **Treuhandanstalt**[787] auf Grundlage des Treuhandgesetzes vom 17.06.1990 erfüllt[788]. Im Rahmen ihrer Aufgaben zur Privatisierung, Sicherung der Effizienz und Wettbewerbsfähigkeit der Unternehmen sowie Stilllegung und Verwertung des Vermögens von nicht sanierungsfähigen Unternehmen oder Unternehmensteilen (§ 8 Abs. 1 Treuhandgesetz) erbrachte die Treuhand an die zu privatisierenden Unternehmen eine Vielzahl von Leistungen: Sie glich die laufenden Betriebsverluste aus, gewährte Bürgschaften für Bankkredite, Zuschüsse zu Eigenkapitalerhöhungen und Verlustausgleichsdarlehen und übernahm in vielen Fällen die Altschulden und einen Teil der ökologischen Altlasten. Des Weiteren wurden die negativen Folgen der Stilllegung und Privatisierung der Staatsunternehmen für die hiervon betroffenen Arbeitnehmer durch **Sozialplanleistungen** kompensiert[789]. Dennoch gelang es der Treuhandanstalt, nur etwa ein Drittel der Arbeitsplätze, die in den ihr unterstellten Unternehmen bestanden (4,1 Mio. Arbeitsplätze), bis zu ihrer Auflösung am 31.12.1994 zu erhalten (rd. 1,5 Mio. Arbeitsplätze)[790]. Insgesamt hatte die Treuhandanstalt bis Ende des Jahres 1994 den Privatisierungsprozess in den ostdeutschen Bundesländern mit Ausgaben von rd. 300 Mrd. DM finanziert[791].

(2) Starke Gewerkschaftsposition

Zum anderen ist die **Kooperationsbereitschaft der Gewerkschaften** nach einer Phase der hohen Konfliktbereitschaft - insbesondere in den Jahren 1990 bis 1994 – positiv herauszustellen. Die Untersuchungen von Gilejko[792] haben ergeben, dass die

---

[785] Gilejko - Ders., S. 225, 228

[786] Towalski, Eironline 2003, Dok. PL0308101f.

[787] Die Treuhandanstalt hieß zunächst Anstalt zur treuhänderischen Verwaltung des Volkseigentums und wurde am 01.03.1990 durch Beschluss des Ministerrats der DDR gegründet. Mit dem Beitritt der ostdeutschen Bundesländer zur Bundesrepublik Deutschland wurde die Treuhandanstalt zur bundesunmittelbaren Anstalt des öffentlichen Rechts umgewandelt, und zählte bis zu 4.600 Mitarbeiter.

[788] Gesetz zur Privatisierung und Reorganisation des volkseigenen Vermögens (Treuhandgesetz) vom 17.06.1990, Gesetzblatt 1990 Teil I Nr. 33.

[789] Allein im Jahr 1991 leistete die Treuhandanstalt Zahlungen in Höhe von rd. 5 Mrd. DM für Sozialplanleistungen.

[790] Zu Einzelheiten vgl. Andersen/Wichard, Treuhandanstalt, 2. Die Praxis der THA.

[791] Vgl. hierzu Andersen/Wichard, Treuhandanstalt, 2. Die Praxis der THA; dem standen Privatisierungserlöse von lediglich 60 Mrd. DM gegenüber. Die Gesamtverschuldung der Treuhandanstalt wurde Ende 1994 auf 260-270 Mrd. DM geschätzt.

[792] Gilejko – Ders./Sierwierski/Gardawski/Książkiewicz/Towalski/Czarzasty, Gewerkschaften und Restrukturierung, Warschau 2003.

Gewerkschaften in den verschiedenen Sektorengruppen im Grundsatz rational und verhandlungsbereit agierten. Das Verhältnis zwischen den Beteiligten der Dreiparteiensektorengruppen wird als kooperativ beurteilt[793].

Die Haltung der Gewerkschaften im Rahmen der Diskussion um die rechtliche Einbindung der Sektorengruppen in die Dreiparteienkommission verdeutlicht, dass diesen in den Sektorengruppen ein überproportional großen Einfluss gegenüber der Arbeitgeberseite zu kommt. Dies ist unter anderem damit zu erklären, dass aufgrund der ursprünglich überwiegend staatlichen Eigentumsverhältnisse in den Wirtschaftszweigen, für die Sektorengruppen bestehen, die den Betrieb oder das Unternehmen übernehmenden Arbeitgeber die Vereinbarung von Sozialpaketen zugunsten der Beschäftigten in der Regel mittragen. Grund hierfür ist, dass die finanziellen Belastungen durch soziale Ausgleichszahlungen, wie bspw. Abfindungen, von der Staatskasse getragen werden. Darüber hinaus handelt es sich bei den Unternehmen, für die Sektorengruppen bestehen, um ehemals staatliche Unternehmen. In diesen ist die Anzahl von gewerkschaftlich organisierten Mitarbeitern deutlich höher als in privaten Unternehmen. Ferner wirkt sich aus, dass die betroffenen Arbeitgeber in den meisten Fällen nicht von Arbeitgeberorganisationen vertreten werden, sondern sich selbst repräsentieren. Auch aufgrund dieser Tatsache werden in den Sektorengruppen häufig einvernehmliche Vorschläge der Gewerkschafts- und der Arbeitgeberseite getroffen. Denn die Ergebnisse müssen nicht zusätzlich übergeordneten Interessen der Arbeitgeberorganisationen entsprechen. Dies ist einer der Gründe, warum die Tätigkeit der Sektorengruppen als in der Regel effektiv beurteilt wird[794]. Andererseits wird dadurch die Einflussnahme der Arbeitgeberseite auf die Ergebnisse der Sektorengruppe ebenfalls geschmälert.

Ein anderer Grund für die **Effektivität der Sektorengruppen** liegt darin, dass die rivalisierenden Gewerkschaftsorganisationen[795] im Rahmen der Verhandlungen für einzelne Branchen mit mehr Einigkeit handeln als in der Dreiparteienkommission[796]. Eine Erklärung hierfür ist in der einzelfallspezifische Vorgehensweise zu suchen, die es den zerstrittenen Gewerkschaften erleichtern, problemorientierte Lösungen zu suchen, ohne gleichzeitig allgemeinpolitische Positionen besetzen zu müssen. Das Beispiel des Sozialpaketes für die Beschäftigten in der Wehrindustrie, das deutlich geringere soziale Ausgleichsansprüche enthielt als die zuvor für die Beschäftigten im Bergbau und in der Metall- und Stahlindustrie vereinbarten Sozialpakete, verdeutlicht die negativen Auswirkungen auf die Durchsetzbarkeit der Arbeitnehmerinteressen, wenn die Gewerkschaften uneins agieren.

(3) Wechselwirkung mit politischer Einflussnahme der Gewerkschaften

Ohnehin ist es schwierig nachzuweisen, welche konkreten Inhalte der Restrukturierungsprogramme Ergebnis der Gewerkschaftstätigkeit sind. Dies gilt insbesondere für die wirtschaftspolitischen Entscheidungen, die naturgemäß stark von der Positi-

---

[793] Towalski, Eironline 2003, Dok. PL0308101f.

[794] Gilejko - Ders., S. 224; Towalski, Eironline 2003, Dok. PL0308101f.

[795] Vgl. 3. Kapitel B. VI. 3. c.; Gardawski, Eironline 2003, Dok. PL0308106f.

[796] Gilejko - Ders., S. 234.

on des Investors und der jeweiligen Regierung abhängen. Da die beiden großen Gewerkschaftsverbände OPZZ und NSZZ Solidarność zudem bis Ende der neunziger Jahre selbst Parteien teilweise in Regierungsverantwortung waren bzw. Parlamentsabgeordnete stellen[797], können sie auch auf diese Weise unterschiedlichen Einfluss auf die politischen Entscheidungen nehmen, ohne dass eine einheitliche gewerkschaftliche Position im Rahmen der Sektorengruppen identifiziert werden kann[798]. Sicher ist allerdings, dass sie Einfluss auf die **Restrukturierung der Beschäftigung** genommen haben. Dies betrifft die Reduzierung von Kündigungen, auch wenn die Forderungen der Gewerkschaftsseite – wie das Beispiel des Bergbaus im Zeitraum von 1998 bis 2002 zeigt – nicht in dem geforderten Umfang erfüllt wurden[799]. Darüber hinaus haben die Gewerkschaften Mechanismen entwickelt und in den Sozialpaketen eingebracht[800], welche die Folgen des Verlustes des Arbeitsplatzes abmildern sollen, wie die staatliche Hilfe bei der Suche eines neuen Arbeitsplatzes, Schulungs- und Weiterbildungsprogramme, Abfindungszahlungen und Frühberentung sowie Beschäftigungsgarantien[801].

(4) Rolle des Staates

Ferner wirft die **staatliche Beteiligung** im Rahmen von weiteren Umstrukturierungen bei bereits privatisierten Unternehmen Fragen auf. In der freien Marktwirtschaft sollte es grundsätzlich den Parteien der Arbeitsverhältnisse überlassen bleiben, Verhandlungen über die Umstrukturierung von Betrieben und Unternehmen zu führen und für die sozialen Folgen der erzielten Ergebnisse aufzukommen. Hierbei sollte der Staat den gesetzlichen Rahmen vorgeben und die Einhaltung dieser Regeln überwachen und – soweit notwendig – als Mediator im Fall von Streitigkeiten eintreten. Umgekehrt erfordert dies eine größere **Verantwortung der privaten Arbeitgeber**, insbesondere betreffend den sozialen Ausgleich für die Beschäftigten für getroffene Unternehmensentscheidungen, aber auch ein verändertes **Verständnis der Gewerkschaften** hinsichtlich der Rolle des Staates in der freien Marktwirtschaft. Die Sektorengruppen setzen ein solches Verständnis der Parteien der Arbeitsverhältnisse nicht um.

(5) Fazit

Die Sektorengruppen ebenso wie die Dreiparteienkommission sind ein System des Zusammenwirkens von Staat und Koalitionen, das der deutschen Arbeits- und Sozialpolitik fremd ist. Sie stellen eine weitere Besonderheit des „polnischen Wegs“ zur

---

797 Gardawski, Eironline 2003, Dok. PL0308106f.

798 Zu beachten ist, dass die OPZZ und die FZZ eher die politische Haltung der linksorientierten postkommunistischen Parteien (insb. der SLD) unterstützen, während die NSZZ Solidarność der politischen Rechte und Mitte (insb. der AWS) zuzuordnen ist, vgl. CBOS, Bericht 2003.

799 Insgesamt wurden über 450.000 Arbeitsplätze in den Branchen Bergbau, Metall- und Stahlindustrie, Bahn, Wehrindustrie sowie in der Energiewirtschaft in dem Zeitraum von 1990 bis 2003 abgebaut, s. Gilejko - Ders., S. 235.

800 Gardawski/Gąciarz/Mokrzyszewski/Pańków-Pańków , S. 167.

801 Gilejko - Książkiewicz, S. 201.

Transformation der Wirtschaft und der Arbeits- und Sozialbedingungen der Arbeitnehmer dar. Die Sektorengruppen sind zu einer bedeutenden und dauerhaften Institution im Restrukturierungsprozess geworden, welche politische und rechtliche Änderungen durch Verhandlungen bewirken und hierdurch die Gefahr kollektivrechtlicher Konflikte und von Arbeitskämpfen verringern. Das Beispiel der neueren Entwicklungen im Bergbau sowie der Metall- und Stahlindustrie belegt aber, dass der Prozess der Restrukturierung auch über 15 Jahre nach der Wende andauert und die Rolle der Gewerkschaften in den Sektorengruppen je nach Sektor und Zusammenarbeit mit der aktuellen Regierung differenziert zu beurteilen ist. Im Grundsatz ist die Politik der Gewerkschaften zur Umsetzung ihrer eigenen Interessen im Rahmen der Sektorengruppen als geschickt zu beurteilen.

VII. Entwicklung sonstiger kollektivrechtlicher Bedingungen

1. Ausgangsthese

Neben den Gewerkschaften und ihren Verbänden nehmen Arbeitgeberorganisationen sowie die sonstigen Mitbestimmungsorgane Einfluss auf die kollektivrechtlichen Verhältnisse in Polen. Nachfolgend werden ihr Reformprozess sowie die gewandelten, gesetzlichen Grundsätze des **Zusammenwirkens aller Kollektivparteien** untersucht. Ziel ist es, die Auswirkungen dieser Reformen auf die Tätigkeit der Gewerkschaften zu definieren, um die Entwicklungen im kollektiven Arbeitsrecht Polens in einem Zusammenhang nachzuvollziehen. Vor dem Hintergrund des Zusammenspiels der Kollektivparteien im Rahmen der Dreiparteikommission und der Sektorengruppen liegt die Annahme nahe, dass die **Entwicklung der Gewerkschaften und von Kollektivvereinbarungen maßgeblich von der Entwicklung der Arbeitgeberorganisationen beeinflusst** wurde. Dies ist im folgenden zu untersuchen.

2. Arbeitgeber

Der Arbeitgeber ist Partei der individuellen und kollektivrechtlichen Arbeitsverhältnisse. Das Verständnis davon, wer Arbeitgeber ist, musste mit dem Wechsel von der sozialistischen zu einer freiheitlichen, demokratischen Arbeitsrechtsordnung grundlegend geändert werden. Das sozialistische Arbeitsrecht ging davon aus, dass der Staat alle Werktätigen beschäftigte. Der Staat war somit Arbeitgeber[802]. Das sozialistische KP knüpfte bei der Benennung der Arbeitsparteien aber nicht an „den Arbeitgeber", sondern in Art. 3 KP an den „(Staats-)Betrieb" an[803].

Das transformierte KP benennt die Arbeitsrechtsparteien mit Arbeitnehmer und Arbeitgeber. Art. 3 KP definiert den Arbeitgeber entweder als **„natürlichen Per-**

---

[802] Matey - Zieliński, S. 15.

[803] Vgl. 2. Kapitel A. III.

son", wenn diese Arbeitnehmer beschäftigt, oder als „**organisatorische Einheit**", gleich ob dieser Rechtspersönlichkeit zukommt[804]. Nach der Rechtsprechung des SN[805] genügt es, wenn eine organisatorische Einheit selbständig ist und aus personellen und technischen Mitteln besteht, die zur Erbringung der jeweiligen Leistungen und des Arbeitsprozesses erforderlich sind. Wer nach polnischem Recht als Arbeitgeber gilt, besitzt auch Partei- und Prozessfähigkeit, unabhängig von seiner Rechtsfähigkeit[806].

Im **deutschen Arbeitsrecht** fehlt eine Legaldefinition des Arbeitgeberbegriffs. Die von der Rechtsprechung entwickelte Definition leitet sich vielmehr mittelbar vom Arbeitnehmerbegriff ab. Demnach ist Arbeitgeber, wer mindestens einen Arbeitnehmer beschäftigt[807]. Ein Arbeitgeber besitzt nach deutschem Recht stets Rechtspersönlichkeit, da es sich um eine **natürliche oder eine juristische Person** handeln muss. Demnach muss ein Arbeitgeber mindestens teilrechtsfähig sein, wie z. B. eine Gesellschaft bürgerlichen Rechts[808].

Soweit im KP noch vom „**Betrieb**" die Rede ist, sind damit der Ort und die Betriebsmittel gemeint, die eine Wirtschaftseinheit darstellen[809]. Bereits diese Änderung erklärt die hohe Zahl von 215 Änderungen[810], die mit der Reform individualrechtlicher Vorschriften 1996 in das KP eingefügt wurden.

3. Arbeitgeberorganisationen und -verbände

Arbeitgeberorganisationen sind das kollektivrechtliche Gegenstück zu den Gewerkschaften. Da nach dem sozialistischen Verständnis von einem Arbeitsverhältnis grundsätzlich der Staat Arbeitgeber war, bedurfte es nach dieser Ideologie keiner Organisation, welche die Einhaltung der Rechte und Interessen der Arbeitgeberseite wahrnahm oder diese gegenüber der Arbeitnehmerseite oder dem Staat vertrat. Dennoch existierten im Jahr 1989 in Polen einige tausend private Unternehmen, bei denen es sich in der Regel um kleine Betriebe im Dienstleistungsbereich handelte. Interessensverbände der Arbeitgeber entstanden erst seit der Wende 1989[811]. Diese bedurften einer gesetzliche Grundlage, die im Rahmen der drei kollektivrechtlichen Gesetze vom 23. Mai 1991[812] geschaffen wurde.

---

804 Rechtsfähig sind juristische Personen, wie Kapitalgesellschaften, Genossenschaften, Staatsunternehmen, Banken, Stiftungen und Vereine. Teil- oder nicht rechtsfähig Arbeitgeber sind nach polnischem Recht nichtrechtsfähige Organisationen, Ämter, Schulen, Werkstätten und Religionsgemeinschaften.

805 Urt. v. 05.09.2001, I PKN 830/00, OSNP 2003, Nr. 15, Pos. 219.

806 Art. 460 § 1 KPC (polnische Zivilprozessordnung); SN 04.07.2001, I PKN 523/00, OSNP 2003, Nr. 10 Pos. 246.

807 BAG v. 21.01.1999, 2 AZR 648/97, AP Nr. 9 zu § 1 KSchG 1969 Konzern.

808 BGH v. 29.01.2001, II ZR 331/00, AP Nr. 9 zu § 50 ZPO.

809 Stępińska - Krajewski, S. 4; Patulski – Ciborski/A. Patulski/W. Patulski, Art. 3 Rn. 1.

810 Stępińska - Krajewski, S. 5.

811 Towalski, Eironline 2002, Dok. PL0209104f.

812 Bei den beiden anderen Gesetzen handelt es sich um das reformierte Gewerkschaftsgesetz sowie das Gesetz über die Beilegung von Kollektivstreitigkeiten, deren Einzelheiten bereits vorste-

a) Koalitionsfreiheit und Aufgaben

Mit dem Gesetz über Arbeitgeberorganisationen (ArbGOG) vom 23. Mai 1991[813] wurde in Art. 1 ArbGOG den Arbeitgebern i. S. d. Art. 3 KP zum ersten Mal das Recht eingeräumt, sich ohne Zustimmungserfordernis in Arbeitgeberorganisationen (*związki pracodawców*) und Verbänden zu organisieren[814]. Damit wurde der Anwendungsbereich der **Koalitionsfreiheit auf Arbeitgeber erweitert** und die Rechtsgrundlage dafür geschaffen, selbständige, vom Staat unabhängige Organisationen zu gründen, wie sie für die Arbeitnehmerseite formal bereits seit dem Jahr 1982 bestand. Dieses Recht wurde unter Hinweis auf die Regelungen in den entsprechenden Einzelgesetzen auch im KP verankert. Der Gesetzgeber stellte auf diese Weise in Art. 18 ı § 2 KP die systematische Verknüpfung zwischen dem KP, dem Gewerkschaftsgesetz und dem Gesetz über Arbeitgeberorganisationen her, ohne diese in das KP zu implementieren. Die Koalitionsfreiheit der Arbeitgeber wird im deutschen Arbeitsrecht hingegen dem Grundsatz nach allein durch Art. 9 Abs. 3 GG geregelt. Rechte und Pflichten im Zusammenhang mit dem Abschluss von Tarifverträgen regelt das TVG für Arbeitgeber / Arbeitgeberverbände und Gewerkschaften.

Art. 3 ArbGOG garantiert den Verbänden echte **Autonomie** im Hinblick auf ihre Selbstverwaltung und das Recht, sich unabhängig von staatlicher Einflussnahme ein eigenes Statut zu geben. Aus diesem Grund enthält das ArbGOG ebenso wie das GewerkG keine näheren Angaben zu Gründungs- und Verwaltungsvoraussetzungen. Es bedarf lediglich eines formellen Gründungsbeschlusses von mindestens zehn Arbeitgebern und der Registrierung des Verbandes samt Satzung beim zuständigen Wojwodschaftsgericht, Art. 9 ArbGOG, entsprechend der Verordnung des Justizministers vom 02.08.1991[815]. Mit der Registrierung erwirbt ein Arbeitgeberverband Rechtsfähigkeit. Eine Mindestzahl der von einem Verband zu vertretenen Arbeitgeber existiert im deutschen Koalitionsrecht nicht, da die Koalitionsfreiheit nach deutschem Verfassungsverständnis auch die uneingeschränkten Satzungsautonomie eines Verbandes beinhaltet und damit auch die Entscheidung, unter welchen Bedingungen welche Arbeitgeber dem Verband beitreten dürfen. Allerdings ist das **Gebot demokratischer Koalitionsstrukturen** einzuhalten. Dieses ergibt sich aus dem staatlichen Schutzauftrag der Koalitionen nach Art. 9 Abs. 3 Satz 2 GG und umfasst auch die Garantie der formellen Wahlrechtsprinzipien (allgemeine, gleiche, freie, prinzipiell unmittelbare und geheime Wahlen)[816]. Hiervon zu unterscheiden ist die Frage der **Tariffähigkeit** eines Arbeitgeberverbandes. Da Arbeitgeberverbänden gemäß § 2 TVG ebenfalls Normativbefugnis als Partei eines Tarifvertrages zu-

hend erörtert wurden, vgl. zum Gewerkschaftsgesetz (3. Kapitel B. V. 3.) und zum KolStrG (3. Kapitel B. V. 5.).

[813] Dz. U. 1991, Nr. 55, Pos. 235 m.w.Ä.

[814] Allerdings existierten in Polen nach dem 2. Weltkrieg noch 11. Industrie- und Handelskammern, die 1950 aufgelöst und durch die verstaatlichte Nationale Polnische Kammer für Auslandshandel ersetzt wurden.

[815] Verordnung über das Verfahren zur Registrierung von Arbeitgeberverbänden, Dz. U. 1991, Nr. 77, Pos. 341.

[816] Kempen/Zachert, Grundlagen TVG, Rn. 72, 205.

kommt, erfordert dies, dass der jeweilige Verband über eine ausreichende Mächtigkeit verfügt, die Interessen der von ihm vertretenen Arbeitgeber gegenüber den Gewerkschaften durchzusetzen. Da der Gesetzgeber allerdings von einer strukturellen Unterlegenheit der Arbeitnehmer- gegen über der Arbeitgeberseite ausgeht, sind an die Prüfung der ausreichenden „Mächtigkeit" eines Arbeitgeberverbandes geringere Anforderungen als bei Gewerkschaften und Gewerkschaftsverbänden[817] zu stellen[818]. Denn der Tarifpartei kann nach dem Wortlaut des § 2 TVG auch ein nicht von einem Verband repräsentierte Einzelarbeitgeber sein. Hierdurch wird seine Tariffähigkeit nicht beeinträchtigt. Gemäß Art. 5 ArbGOG ist es Aufgabe der Arbeitgeberorganisationen und -verbände, die **Rechte der in ihnen organisierten Arbeitgeber zu schützen** und ihre Interessen gegenüber den Gewerkschaften, den Arbeitnehmern, dem Staat, der Verwaltung und den territorialen Selbstverwaltungsorganen wahrzunehmen. Arbeitgeberverbände stehen im Gesetzgebungsverfahren die gleichen **Beteiligungsrechte** wie den Gewerkschaften zu[819]. Darüber hinaus sind sie bei der Lösung kollektivrechtlicher Streitigkeiten zu beteiligen und zum Abschuss von Tarifverträgen und sonstigen kollektivrechtlichen Vereinbarungen berechtigt, Art. 17 ArbGOG. Im Gegenzug sind ihnen alle Aktivitäten verboten, deren Ziel es ist, die Gründung von Gewerkschaften zu verhindern oder deren Tätigkeit zu kontrollieren, Art. 4 ArbGOG.

b) Organisationsdichte

Tatsächlich wurde die Möglichkeit, sich erstmals in Verbänden zusammenzuschließen, in den ersten Transformationsjahren nur von einer geringen Anzahl der Arbeitgeber genutzt[820]. Zum einen hat dies einen **finanziellen Hintergrund**, da junge Unternehmen die Kosten zur Etablierung einer Organisation und deren laufender Mitgliedsbeiträge einsparen wollten[821]. Gewichtiger war aber die Skepsis, ob die einheitlichen Anforderungen aus Flächentarifverträgen erfüllt werden könnten[822]. Zum anderen besteht nach Auffassung der **privatisierten und privaten kleinen und mittelständischen Unternehmen** keine Notwendigkeit, die Arbeitgeberinteressen gegenüber den Gewerkschaften organisiert vertreten zu lassen[823], da insbesondere in diesen Unternehmen **in der Regel keine Gewerkschaften** tätig sind[824]. Diese Arbeitgeber nehmen vielmehr die Unterstützung von lokalen Industrie- und Handelskammern in Anspruch, deren Ziel es ist, den Handel zu fördern, und die somit die für kleinere und mittlere Unternehmen vorrangigen wirtschaftlichen Interessen ver-

---

817 Zur Frage der Tariffähigkeit von Gewerkschaften und Gewerkschaftsverbänden vgl. 3. Kapitel B. V. 4. a. (4) (a).

818 BVerfG v. 26.06.1991, 1 BvR 779/85, BVerfGE 84, 212; vgl. zur Problematik der Tariffähigkeit von Gewerkschaften auch Kempen/Zachert, § 2 TVG, Rn. 5 ff.

819 Sieg/Prujszczyk, Rn. 240; vgl. Art. 19 ff. GewerkG 1991 und Art. 16 ff ArbGOGG.

820 Sieg/Prujszczyk, Rn. 240.

821 Towalski, Eironline 2002, Dok. PL0209104f.

822 Goździewicz, Tarifverträge, S. 20.

823 Towalski, Eironline 2002, Dok. PL0209104f.

824 Vgl. zu den Einzelheiten 3. Kapitel B. V. 4. a. (8).

folgen sowie Lobby-Arbeit betreiben[825]. Folge hiervon war, dass in den ersten Transformationsjahren auch die **Tarifpolitik** im Wesentlichen noch **von den Gewerkschaften und den einzelnen Arbeitgebern selbst bestimmt** wurde[826]. Aus diesem Grunde wird der Einfluss der Arbeitgeberorganisationen in der ersten Transformationsphase als gering eingeschätzt[827].

Mittlerweile existieren auf **nationaler Ebene vier Arbeitgeberverbände**, die auf Grundlage des ArbGOG tätig sind und Unternehmen vertreten, die im Jahr 2002 insgesamt ca. 4,5 Millionen[828] Arbeitnehmer beschäftigten. Der größte und älteste Verband ist die KPP (*Konfederacja Pracodawców Polskich* = Vereinigung polnischer Arbeitgeber)[829], die im Jahr 1991 gegründet wurde und aus etwa 80 regionalen oder nach Branchen ausgerichteten Arbeitgeberorganisationen besteht. In ihr sind vorwiegend staatliche oder privatisierte Unternehmen aus der Schwerindustrie, dem Bergbau und Landwirtschaft organisiert. Um die Interessen privater Unternehmer angemessen zu repräsentieren, wurde im Jahr 1999 die PKPP (*Polska Konfederacja Pracodawców Prywatnych* = Polnische Vereinigung privater Arbeitgeber) gegründet[830]. Im Jahr 2001 folgte die ZPR (*Związek Rzemiosła Polskiego* = Vereinigung polnischer Handwerker), die 300.000 Kleinunternehmer, die wiederum über 1.5 Millionen Arbeitnehmer beschäftigen, vereinigt. Im selben Jahr reorganisierte sich auch der BCC-ZP (*Business Center Club* = Club des Wirtschaftszentrums-Arbeitgeberverband), der seit dem Jahr 1991 als Lobby-Verein für Privatunternehmer tätig war, zum Arbeitgeberverband für mittlere und große Unternehmen[831]. Die Gründung der PKPP fußte auf der Erkenntnis, dass auf nationaler Ebene einzig die KPP die Interessen der Arbeitgeberseite gegenüber Gewerkschaftsverbänden sowie Staat und Kommunen als Kollektivpartei vertrat. Dies bedeutet, dass die Interessen privater sowie kleiner und mittelständischer Unternehmen weder im Rahmen der Dreiparteienkommission[832], noch im Rahmen des legislativen Prozesses organisiert vertreten wurden. Gemäß Art. 16 ArbGOG a.F. stand das Recht zur Stellungnahme zu Gesetzesentwürfen lediglich denjenigen Arbeitgeberorganisationen zu, die auf Grundlage des ArbGOG tätig und gerichtlich registriert waren. Bis zu diesem Zeitpunkt wurden die Interessen dieser Arbeitgebergruppen folglich nur mittelbar durch Lobbygruppen, die Industrie- und Handelskammern bzw. durch unmittelbare Kon-

---

[825] Carley, Eironline 2002, Dok. TN0207104f.

[826] Goździewicz, Tarifverträge, S. 20; Sieg/Prujszczyk, Rn. 240.

[827] Sieg/Prujszczyk, Rn. 240; Towalski, Eironline 2002, Dok. PL0209104f; Carley, Eironline 2002, Dok. TN0207104f

[828] Angaben aus Towalski, Eironline 2002, Dok. PL0209104f. Allerdings ist hierzu anzumerken, dass die Angaben der KPP, wonach die von ihr vertretenen Unternehmen 2,5 Millionen Arbeitnehmer vertreten, als zu hoch angesehen werden.

[829] Weitere Informationen unter www.pracodawcy-konfederacja.pl.

[830] Die PKPP besteht aus 17 Branchen- und 4 regionalen Arbeitgeberorganisationen, die über 200 Unternehmen mit über 320.000 Beschäftigten vereinigen.

[831] Mitglieder des BCC sind über 1.200 Unternehmen mit teilweise ausländischen Beteiligungen, die insgesamt über 500.000 Arbeitnehmerbeschäftigen. Nähere Informationen unter www.bccnet.com.pl.; Sroka, Eironline 2005, Dok. PL0505102F.

[832] Vgl. hierzu 3. Kapitel B. VI. 3. c.

takte der Unternehmensführung gegenüber Staat, Kommunen und Gewerkschaften vertreten.

Die Gründung und Registrierung der ZPR und des BCC-ZP im Jahre 2001 stehen im **Zusammenhang** mit dem Gesetz über die **Dreiparteikommission**[833], das im selben Jahr in Kraft trat und objektive Kriterien für die Mitgliedschaft in der Kommission festlegte. Bis zu diesem Zeitpunkt war auf der Arbeitgeberseite nur die KPP Mitglied der Kommission. Voraussetzung für die Mitgliedschaft ist nach dem Gesetz über die Dreiparteienkommission, dass die Mitglieder der Arbeitgeberorganisation Betriebe mit insgesamt mehr als 300.000 Beschäftigten leiten. Alle vier Arbeitgeberverbände erfüllen diese Voraussetzungen und konnten somit stimmberechtigtes Mitglied der Drei-Partei-Kommission werden[834]. Auf diese Weise können sie unmittelbar an dem Gesetzesgebungsprozess bzgl. derjenigen Angelegenheiten, welche die Interessen der Arbeitgeber tangieren, durch **Informations-, Beratungs- und Initiativrechte** nach dem Gesetz über die Dreiparteienkommission und durch das Recht zur **Stellungnahme zu Gesetzesentwürfen** nach dem ArbGOG partizipieren. Denn im Anschluss an das Gesetz über die Dreiparteienkommission wurde auch Art. 16 ArbGOG n.F. dahingehend geändert, dass das Recht zur Stellungnahme zu Gesetzesentwürfen nur noch den Arbeitgeberverbänden zusteht, welche als repräsentativ i. S. d. Gesetzes über die Dreiparteienkommission gelten[835].

Weniger positiv entwickelte sich die Struktur der Arbeitgeberorganisationen auf **regionaler Ebene**. Ende der neunziger Jahre waren nur 20 % der Arbeitgeber Mitglied einer Arbeitgeberorganisation[836]. Darüber hinaus wirken in Polen Arbeitgeberorganisationen nur zu einem geringen Teil am Abschluss von Tarifverträgen mit. In dem Zeitraum von 1995 bis 2002 wurden lediglich 157 überbetriebliche Tarifverträge mit 137 Änderungsprotokollen registriert[837]. Die überragende Mehrheit der vereinbarten Tarifverträge sind solche, die auf der Betriebsebene zwischen den Betriebsgewerkschaften und dem jeweiligen Arbeitgeber vereinbart werden. In der Bundesrepublik liegt hingegen der Anteil an Haus- /Firmentarifverträge unterhalb dem der Verbandstarifverträge[838]. Abgesehen davon existiert in der **Bundesrepublik Deutschland** eine historisch gewachsene, dichte Verbandsstruktur. Allein bei der Bundesvereinigung der Deutschen Arbeitgeberverbände (BDA) sind 54 Bundesfachverbände und 14 Landesvereinigungen organisiert. Insgesamt sind die deutschen Arbeitgeber in über 1.000 Arbeitgeberverbänden zusammengefasst[839]. In Folge der bestehende Verbandsstruktur wird die Mehrzahl der Arbeitsverhältnisse in der Bundesrepublik entweder aufgrund Mitgliedschaft in den vertragsschließenden

---

[833] Dz. U. 2001 Nr. 100, Pos. 1080.

[834] European Foundation for the Improvement of Living and Working Conditions, Eironline 2002, Dok. PL0206101n.

[835] Dz. U. 2001 Nr. 100, Pos. 1080.

[836] Towalski, Eironline 2002, Dok. PL0209104f.

[837] Ministerium für Wirtschaft, Arbeit und Gesellschaftspolitik, Warschau 2003; PIP, Tätigkeitsberichte 2001bis 2003.

[838] Bundesministerium für Wirtschaft und Arbeit, Tarifregister 2004, S. 5 ff.

[839] Informationen des BDA unter www.bda-online.de.

Verbänden oder aber durch einzelvertragliche Verweisung bzw. Allgemeinverbindlichkeitserklärung auf Verbands-, Branchen- und Flächentarifverträge geregelt[840].

c) Wechselwirkungen

Die Entwicklung der Arbeitgebervertretungen auf nationaler Ebene steht nach obigen Erkenntnissen in engem Zusammenhang mit der Entwicklung der Gewerkschaften und der Dreiparteienkommission. Die rückläufigen Mitgliedschaftszahlen der Gewerkschaften führte - neben der Kostenfrage - zu Beginn des Transformationsprozesses dazu, dass kleine und mittlere Unternehmen und deren Organisationen keine Notwendigkeit für eine nationale Vertretung ihrer Interessen sahen. Dies hatte wiederum zur Folge, dass der Abschluss von Tarifverträge mangels flächendeckender Arbeitgeberverbände in der Regel auf die Betriebsebene beschränkt blieb[841]. Aber auch die Zahl von **Betriebstarifverträgen** war und ist begrenzt[842], da in vielen Betrieben mangels betrieblich tätiger Gewerkschaften der Kollektivpartner zum Abschluss eines Tarifvertrages fehlt.

Auf nationaler Ebene änderte sich dies mit der Erweiterung der Kompetenzen der Gewerkschaftsverbände und der **Installierung der Dreiparteienkommission sowie der Dreiparteien-Sektorengruppen** und der damit wachsenden Bedeutung einer organisierten Interessenvertretung der Arbeitnehmer auf dieser Ebene. Dies mag ein Grund für die leicht gestiegene Zahl von überbetrieblichen Tarifvereinbarungen im Jahr 2003 sein[843]. Dennoch ist diese im Vergleich zu Tarifverträgen auf betrieblicher Ebene weiterhin - wie dargestellt - sehr gering, ebenso wie der Anteil überbetrieblicher Tarifvereinbarungen für private Unternehmen[844]. Eine Trendwende zur Steigerung des Abschlusses von Branchen-, Flächen- und Berufgruppenbezogenen Tarifvereinbarungen ist bislang aber nicht zu beobachten.

Unmittelbare Auswirkungen auf die Struktur der Arbeitgeberverbände in Polen hat auch die **Reform des Gesetzes über die Dreiparteienkommission** von 2001. Die darin gesetzlich vorgeschriebenen hohen Anforderungen an die Mitgliedszahlen der Gewerkschafts- und der Arbeitgeberverbände als Voraussetzung für eine Mitgliedschaft in der Kommission haben dazu geführt, dass sich Arbeitgeberorganisationen zu Verbänden nach den Voraussetzungen des ArbGOG zusammenschlossen und folgerichtig eine Pluralität der Interessenvertretungen verschiedener Unternehmenstypen in Polen entstanden ist. Hierdurch verbesserte sich die demokratische Struktur in der Dreiparteienkommission, die damit grundsätzlich allen Unternehmern der verschiedenen Branchen die Teilnahme am legislativen Prozess durch ihre Verbände ermöglicht. Allerdings wird teilweise gefordert, die Rolle der Sozialpartner in der Dreiparteienkommission durch einen unter allen Mitgliedern rotierenden

[840] Vgl. hierzu auch 3. Kapitel B.V.2.

[841] European Foundation for the Improvement of Living and Working Conditions, Eironline 2003, Dok. PL0308104n.

[842] Towalski, Eironline 2005, Dok. PL0508106 f.; Vgl. 3. Kapitel B. V. 4. a. (5) (e).

[843] Towalski, Eironline 2004, Dok. PL0411105f.

[844] Von den bis Ende 2001 vereinbarten überbetrieblichen Tarifverträgen galten nur 11 für private Unternehmensbranchen. Vgl. hierzu Czarzasty, Eironline 2002, Dok. PL0210108f.

Kommissionsvorsitz zu stärken[845]. Bislang wird der Vorsitz durch die staatlichen Vertreter wahrgenommen.

d) Einfluss auf Gesetzgebung

Die gesteigerte Bedeutung der Arbeitgeberverbände zeigt sich auch in deren **Einflussnahme auf die Änderungen des KP** seit dem Ende der neunziger Jahre[846], welche die Arbeitgeberinteressen besonders berücksichtigen. Die Arbeitgeberverbände konnten im Rahmen des Gesetzgebungsprozesses gegen den Widerstand der OPZZ und der NSZZ Solidarność[847] Änderungen des KP im Jahr 2002[848] durchsetzen, welche die **Arbeitsvertragsverhältnisse flexibilisieren** sowie die **Arbeitskosten** und den mit der Anstellung von Arbeitnehmern verbundenen **Verwaltungsaufwand** reduzieren sollten, um die Wettbewerbsfähigkeit der polnischen Wirtschaft zu erhöhen[849]. Zu den gesetzlich umgesetzten Maßnahmen gehören u.a. eine Verringerung des Entgeltfortzahlungsanspruchs im Krankheitsfall von 35 auf 33 Tage sowie die Nichtleistung am ersten Krankheitstag, wenn die Erkrankung nicht mehr als sieben Tage dauert (sog. Karenztagsregelung)[850], der Abschluss weitestgehend unbeschränkter befristeter Arbeitsverträge[851], die Reduzierung des Überstundenzuschlags auf 50 % sowie die Möglichkeit zu flexiblerer Arbeitszeitgestaltung. Außerdem wurde das Beteiligungsverfahren der Gewerkschaftsleitung zu Kündigungen von einem zwei- auf ein einstufiges Verfahren gekürzt und auf die Anhörung des Gewerkschaftsverbandes nach Ablehnung der beabsichtigten Maßnahme durch die Betriebsgewerkschaft ebenso abgeschafft (Art. 38 KP)[852] wie die Pflicht des Arbeitgebers, sich mit den Gewerkschaften vor Erlass einer Urlaubsordnung mit den Betriebsgewerkschaften abzustimmen, Art. 163 § 1 KP. Ergänzend gibt nunmehr Art. 167 ı KP dem Arbeitgeber das Recht, dem Arbeitnehmer während des Laufs der Kündigungsfrist auch ohne dessen Zustimmung Urlaub zu erteilen. Hierdurch kann die Abgeltung von Resturlaub nach Ende des Anstellungsverhältnisses vermieden werden[853].

---

[845] Sroka, Eironline 2005, Dok. PL0505102f.

[846] European Foundation for the Improvement of Living and Working Conditions, Eironline 2002, Dok. PL0206101n; Gardawski, Eironline, 2002, Dok. PL0212108f; Towalski, Eironline 2002, Dok. PL02091404f.

[847] Gardawski, Eironline, 2002, Dok. PL0212108f.

[848] Dz.U. 2002, Nr. 135, Pos. 1146.

[849] Begründung des Regierungsentwurfs vom 20.03.2002, Sejm-Drucks., IV. Legislaturperiode, Nr. 335, S. 17.

[850] Pörnbacher, WiRO 2003, 99.

[851] Die Aussetzung der Voraussetzung zum Abschluss von befristeten Arbeitsverträgen galt allerdings nur bis zum EU-Beitritt Polens. Seit dem 01.05.2004 gelten strenge Voraussetzungen, insbesondere für Kettenbefristungen nach Umsetzung der Richtlinien 97/81/EG und 99/70/EG. Vgl. hierzu Ciborski, Art. 25 ı KP, Rn. 1-5.

[852] Zu den Beteiligungsrechten der Betriebsgewerkschaften an individual-rechtlichen Maßnahmen vgl. 3. Kapitel B. V. 6.

[853] Pörnbacher, WiRO 2003, 99.

Bereits zuvor hatten die Arbeitgeberverbände durchgesetzt, dass das KP die einvernehmliche **Aussetzung von** betrieblichen und überbetrieblichen **Tarifregelungen** durch Betriebsvereinbarung zwischen Arbeitgeber und im Betrieb wirkenden Gewerkschaften für einen Zeitraum von drei Jahren, anstatt von einem Jahr ermöglicht, wenn dies aufgrund der finanziellen Situation des Betriebs notwendig wird (Art. 241 27 KP)[854]. Außerdem wurde das Verfahren zum Abschluss einer Aussetzungsvereinbarung deutlich vereinfacht[855]. Mit der Reform des KP im Jahr 2002 wurde überdies die gesetzliche Grundlage für die Aussetzung von **Betriebsordnungen und innerbetrieblichen Statuten** (Art. 9 1 KP) sowie **arbeitsvertraglicher Bestimmungen** (Art. 23 1a KP) geschaffen[856]. Entgegen weitergehender Forderungen der Arbeitgebervertreter[857] wurde die Regelungsbefugnis der Kollektivparteien aber nicht dahingehend erweitert, dass durch Betriebsvereinbarung auch zulasten der Beschäftigten von den gesetzlichen Vorschriften abgewichen werden könnte, Art. 9 § 2 KP.

Auch im Hinblick auf die **künftigen Reformen** der Arbeitsgesetze haben die Arbeitgeber ihre Vorstellungen zumindest im **Entwurf der Kommission zur Kodifizierung des Arbeitsrechts** einbringen können, der im Oktober 2005 vorgestellt wurde. Zu den dort vorgeschlagenen Änderungen gehört neben der Einführung eines Aussperrungsrechts der Arbeitgeber im Falle eines Arbeitskampfes eine weitere Einschränkung des besonderen Kündigungsschutzes sowie des Anhörungsrechts der Gewerkschaften sowie Einschränkungen der Entgeltfortzahlung im Krankheitsfall für kleinere Unternehmen[858]. Es bleibt abzuwarten, ob die Arbeitgeberseite diese Forderungen im Laufe des Gesetzgebungsprozesses wird durchsetzen können. Mit dem Abschluss ist allerdings vor dem Jahr 2007 nicht zu rechnen.

e) Schlussfolgerungen

Aus dem Vorstehenden folgt, dass die Arbeitgeberinteressen nunmehr effektiver durchgesetzt werden. Gleichzeitig verminderte sich zumindest auf nationaler Ebene der direkte, politische Einfluss der Gewerkschaften, welche sich seit 2001 aus der Parteitätigkeit im polnischen Parlament zurückgezogen haben[859]. Zusammenfassend hat somit die Tätigkeit der Arbeitgeberverbände in der dritten Transformationsphase **entscheidenden Einfluss auf** die Entwicklung der **individuellen und kollektivrechtlichen Arbeitsgesetze** Polens genommen. Sie haben zumindest auf nationaler Ebene aus der Bedeutungslosigkeit zu Beginn des Transformationsprozesses herausgefunden und es in den letzten Jahren - im Gegensatz zu den Gewerkschaftsverbänden - verstanden, ihre Interessen politisch durchzusetzen. Neben den gesetzlichen Grundlagen liegt dies auch in dem Zusammenschluss von Arbeitgeberorgani-

---

[854] Zu den Einzelheiten vgl. 3. Kapitel B. V. 4. b. (5).

[855] Lewandowski, PiZS 2001, 7.

[856] Patulski – A. Patulski, Art. 9 1 KP, Rn. 1, Art. 23 1a KP, Rn. 1; Zu den Einzelheiten vgl. 3. Kapitel B. V. 4. b. (5) (e).

[857] Gardawski, Eironline 2002, Dok. PL0212108f.

[858] Towalski, Eironline 2005, Dok. PL0510105f.

[859] Gardawski, Eironline 2002, Dok. PL0212108f.

sationen zu Verbänden begründet. Zu der Effektivität der von den Arbeitgeberverbänden durchgesetzten Flexibilisierung der Arbeitsbedingungen ist allerdings festzustellen, dass diese bislang zu keiner deutlichen Erholung am Arbeitsmarkt geführt haben. Nachdem die Arbeitslosenquote im Jahr 2004 sogar auf 18,9 % und folglich auf den höchsten Jahresdurchschnitt nach der Wende gestiegen war[860], ging diese im Jahr 2005 leicht auf 17,6 % zurück[861]. Allerdings haben sich die wirtschaftlichen Bedingungen erholt[862]. Es bleibt abzuwarten, ob sich diese Entwicklung fortsetzen wird[863]. Vor diesem Hintergrund hat die Regierung am 06.09.2005 eine nationale Arbeitsstrategie für den Zeitraum von 2007 bis 2013 beschlossen (*Krajowa Strategia Zatrudnienia na lata 2007-2013, KSZ*). Demnach sollen bis zum Jahr 2013 1,5 Mill. neue Arbeitsplätze entstehen und hierdurch die Arbeitslosenquote auf 10-12 % abgesenkt werden.
Hingegen zeigt die geringe Anzahl von überbetrieblichen Tarifverträgen, dass die Arbeitgeberorganisationen **in der Tarifpolitik bislang kaum Bedeutung** erlangt haben. Demnach hat sich die These, dass die Arbeitgeberorganisationen auch die Gestaltung von Kollektivvereinbarungen maßgeblich beeinflusst haben, nicht bestätigt.

4. Vertreter der Belegschaft

In den letzten Jahren hat der Gesetzgeber in einigen gesetzlichen Bestimmungen[864] ein neues Rechtsinstitut zur Vertretung der kollektivrechtlichen Interessen der Beschäftigten eingeführt: die sog. „**Vertreter der Belegschaft**". Dieses stellt eine kollektivrechtliche Besonderheit des polnischen Arbeitsrechts dar.

a) Befugnisse

Vertreter der Belegschaft können Rechte der Betriebsgewerkschaften wahrnehmen, wenn diese in einem Betrieb nicht existieren. Allerdings kommen diese Befugnisse der Belegschaftsvertretung nur dann zu, wenn der Gesetzgeber dies ausdrücklich vorsieht. Nach der derzeitigen Rechtslage können Vertreter der Belegschaft somit nur **punktuell und subsidiär zu den Betriebsgewerkschaften** tätig werden. Aus dem klaren Wortlaut des Gesetzes ist m.E. zu folgern, dass ihnen auch dann keine Befugnisse zukommen, wenn zwar eine Betriebsgewerkschaft in dem Betrieb tätig ist, ihre Rechte und Pflichten aber nicht wahrnimmt.

---

860 Sula, Eironline 2005. Dok. PL 051105 f.

861 Sula, Eironline 2005. Dok. PL 051105 f.

862 2003 wuchs das Bruttoinlandsprodukt um 3,6 %. Ebenso konnten die Anlageninvestitionen Ende 2003 leicht gesteigert werden. Die Inflation liegt bei unter 2 %. Allerdings hat Polen das Maastrichterkriterium für das maximal zulässige Haushaltsdefizit von 3 % - allerdings wie viele Staaten der Eurozone ebenso - verfehlt (2003: 6 %).

863 Eurostat, Pressemitteilung 130/2004 v. 04.11.2004.

864 Z. B. in Art. 9_1, 23_{1a} und 237_{13a} § 2 KP, Art. 8 Abs. 2 des Gesetzes über den Betriebsfond. Vorgesehen ist es auch im Gesetzesentwurf zur Umsetzung der Richtlinie 2002/14/EG über die Information und Konsultation der Arbeitnehmer, vgl. hierzu 4. Kapitel B. III. 3. a.

Rechte stehen den Vertretern der Belegschaft z. B. dann zu, wenn ein Betrieb von **Gruppenentlassungen** betroffen ist, in dem keine Betriebsgewerkschaft existiert. Dann können diese deren Informations-, Verhandlungs- und Stellungnahmerechte nach dem Gesetz über die besonderen Grundlagen für die Beendigung von Arbeitsverhältnissen aus nicht personenbedingten Gründen vom 13. März 2003[865] wahrnehmen (Art. 2 Abs. 7, 3 Abs. 5, 4 Abs. 3 des Gesetzes vom 13. März 2003). Die Vertreter der Belegschaft sind auch berechtigt, arbeitsrechtliche Vorschriften, die nicht in Gesetzen enthalten sind, oder arbeitsvertragliche Bestimmungen durch Betriebsvereinbarungen mit dem Arbeitgeber nach Art. 9 I § 2 und 23 Ia § 2 KP befristet **auszusetzen**, sofern keine Gewerkschaft in dem Betrieb tätig ist[866]. Ist dies der Fall, können sie auch einige Befugnisse, die andernfalls Betriebsgewerkschaften zustehen, im Bereich des **Arbeitsschutzes und der Arbeitssicherheit** wahrnehmen (237 13a KP) und die **Betriebsordnung** über die Voraussetzungen und Bedingungen für Ansprüche aus dem Sozialfond mit dem Arbeitgeber erlassen (Art. 8 Abs. 2 des Gesetzes über den Betriebsfond).

b) Gesetzliche Normierung

Bei den Vertretern der Belegschaft handelt es sich um ein **neues**, bislang im polnischen Arbeitsrecht unbekanntes **Rechtsinstitut**. Der Gesetzgeber hat zwar mit den Reformen des KP im Jahr 2002 sowie des Gesetzes über den Betriebsfond im Jahr 2002[867] die Belegschaftsvertretung eingeführt. Gesetzlich sind das **Verfahren und die Voraussetzungen zur Einsetzungen** einer betrieblichen Belegschaftsvertretung allerdings **nicht geregelt**. Das KP erwähnt diese lediglich im Rahmen der Vorschriften, welche diesen Befugnisse zusprechen und begnügt sich mit dem Hinweis, dass die Vertreter der Belegschaft nach den jeweiligen, betrieblich vorgesehenen Auswahlverfahren zu bestimmen sind. Das im Betrieb vereinbarte Verfahren muss von der *Bezirkskommission für den sozialen Dialog*, deren Mitglieder auch Vertreter der Gewerkschaften sind, gebilligt werden[868].

c) Bewertung und Ausblick

Bei den Fällen, in denen das Gesetz den Vertretern der Belegschaft Kollektivrechte zuspricht, handelt es sich um solche, in denen wesentliche kollektivrechtliche Interessen der Arbeitnehmer mangels Betriebsgewerkschaft andernfalls nicht wahrgenommen werden könnten. Der Gesetzgeber ermöglicht auf diese Weise eine **alternative kollektivrechtliche Vertretung der Arbeitnehmer auf Betriebsebene**[869]. Hierin ist ein Kompromiss zu Gunsten der Arbeitnehmerinteressen zu sehen, da – wie dargestellt – in der Mehrzahl der Betriebe, insbesondere in kleinen und mittel-

---

[865] Zu den Einzelheiten vgl. 4. Kapitel B. III. 3. d.

[866] Zu den Einzelheiten vgl. 3. Kapitel B. V. 4. b. (5).

[867] Dz. U. 2002, Nr. 135, Pos. 1146.

[868] Gardawski, Eironline 2002, Dok. PL0212108F.

[869] Gardawski, Eironline 2002, Dok. PL0212108F; Patulski – Ciborski/A. Patulski/W. Patulski, Art. 9 I KP, Rn. 3.

ständischen privaten Unternehmen, keine Gewerkschaftsvertretung existiert[870] und folglich andernfalls keine Möglichkeit zur Wahrnehmung der Rechte und Pflichten der Betriebsgewerkschaften in diesen Betrieben bestünde. Allerdings besteht diese Möglichkeit bislang nur in den beschriebenen, wenigen Fällen, welche das Gesetz vorsieht. Darin liegt keine Lösung des generellen Problems der Wahrnehmung kollektiver Interessen der Arbeitnehmer in den Betrieben, in denen keine Gewerkschaften tätig sind. Darüber hinaus wirkt die Auswahl der Rechte, welche den Vertretern der Belegschaft gesetzlich zugewiesen sind, willkürlich. Es leuchtet beispielsweise nicht ein, warum die Beteiligungsrechte im Falle von individual-rechtlichen Maßnahmen oder aber bei dem Abschluss sonstiger Betriebsvereinbarungen und -ordnungen nicht ebenfalls von den Vertretern der Belegschaft bei fehlender Gewerkschaftsvertretung wahrgenommen werden sollten, sofern die Arbeitnehmer ein solches Vertretungsorgan wünschen und installieren.

Zahlreiche offene Fragen ergeben sich aus der gesetzlichen Anordnung, wonach es den Betriebsparteien überlassen ist, die Regelungen zur Wahl und der Tätigkeit der Vertreter der Belegschaft zu bestimmen[871]. Daraus folgt, dass der Gesetzgeber von einer autonomen Kollektivvertretung ausgeht. Problematisch ist insoweit, dass der Gesetzgeber **keine Mindestbestimmungen zur Wahlform und Wahlbeteiligung** dieser kollektivrechtlichen Arbeitnehmervertretung vorgegeben hat, so dass die Rechtmäßigkeit dieses Amtes zur Vertretung der Rechte der gesamten Belegschaft in Zweifel gezogen werden kann[872]. Unklar ist, ob sich eine Belegschaftsvertretung „ad hoc“ aus der Belegschaft heraus wählen kann oder ob es einer Vereinbarung hierüber mit dem Arbeitgeber bedarf. Für eine einvernehmliche Lösung spricht der Gesetzeswortlaut, wonach zwar die Vertreter der Belegschaft von den Beschäftigten zu wählen sind, das Verfahren aber „im Betrieb vereinbart“ werden muss. *Ciborski*[873] geht daher davon aus, dass der Arbeitgeber sich mit den Arbeitnehmern auf eine Verfahrensordnung zur Wahl der Belegschaftsvertreter einigen muss. Ebenso ist bislang ungeklärt, ob in allen Betrieben, also auch **Kleinstbetrieben**, die Vertreter gewählt werden können, in welcher Form die Beschäftigten an der Vereinbarung der Verfahrensvereinbarung zu beteiligen sind, in welchem Turnus gewählt wird und ob die Vertreter einen besonderen Kündigungsschutz für sich beanspruchen können. Interessant ist auch das **Verhältnis der Belegschaftsvertretung zu einer Betriebsgewerkschaft**, wenn diese nach Installierung der Belegschaftsvertretung gegründet wird.

Ähnliche Fragestellungen ergeben sich bei den nach dem **deutschen Betriebsverfassungsrecht** durch Tarifvertrag bzw. Betriebsvereinbarung[874] regelbaren **Arbeitnehmervertretungsstrukturen**, die **alternativ bzw. zusätzlich zum Betriebs-**

[870] Nach Angaben von Towalski waren 2004 nur noch in einem von zehn Betrieben Gewerkschaften tätig, vgl. Eironline 2004, Dok. Pl.0409102f.

[871] Patulski – Ciborski/A. Patulski/W. Patulski, Art. 237 13a § 2 KP Rn. 4.

[872] Ebenso Gardawski, Eironline 2002, Dok. PL0212108F.

[873] In Patulski, Art. 237 13a KP, Rn. 4.

[874] Durch Betriebsvereinbarung können aber nur zusätzliche Arbeitnehmervertretungsstrukturen zum Betriebsrat geschaffen werden, § 3 Abs. 2 BetrVG.

rat installiert werden können, § 3 Abs. 1 Nr. 3 - 5 BetrVG. Denn auch für diese fehlen ausdrückliche Wahl- und Durchführungsvorschriften im BetrVG[875]. Nach herrschender Auffassung kommt den Tarif- bzw. Betriebsparteien ein weit gehender Gestaltungsspielraum bei der Regelung dieser Arbeitnehmervertretung zu, solange die tragenden Grundsätze der Betriebsverfassung beachtet werden[876].

Es bleibt abzuwarten, ob und, wenn ja, in welchem Umfang der polnische Gesetzgeber von dieser alternativen Kollektivvertretung der Arbeitnehmer weiter Gebrauch machen wird und ob sich hierdurch eine ernstzunehmende Alternative gegenüber den Betriebsgewerkschaften zur Vertretung der Arbeitnehmerinteressen entwickeln wird. Die Vertreter der Belegschaft könnten auch als Vorgabe für die Umsetzung der Richtlinie der 2002/14/EG zur Information und Konsultation von Arbeitnehmern[877] dienen, auf die im folgenden Kapitel eingegangen wird.

5. Selbstverwaltung / Mitbestimmung der Arbeitnehmer

Neben der gewerkschaftlichen Vertretung der Arbeitnehmerinteressen kannte bereits das sozialistische Arbeitsrecht auch die unmittelbare Mitbestimmung der Werktätigen an einem Staatsbetrieb durch Initiativ-, Antrags- und Kontrollrechte der Organe der Selbstverwaltung[878]. Ebenso existieren im aktuellen Arbeitsrecht Formen der unmittelbaren Beteiligung der Arbeitnehmer an der Unternehmens- und Betriebsführung.

a) Regelungen im KP

Das **Partizipationsrecht**[879] der Arbeitnehmer wurde unter Hinweis auf die Regelungen in den entsprechenden Einzelgesetzen nunmehr als eines der Grundsätze des polnischen Arbeitsrechts im KP verankert. Der Gesetzgeber stellte auf diese Weise in Art. 18 2 KP die systematische Verknüpfung zwischen dem KP sowie den Gesetzen über die Mitbestimmung der Arbeitgeber an der Unternehmensführung her, ohne diese in das KP zu implementieren. Um die Umsetzung der darin enthaltenen Rechte und Pflichten zu gewährleisten, nahm der Gesetzgeber in Art. 18 3 KP als weiteren Grundsatz des polnischen Arbeitsrechts die Verpflichtung des Arbeitgebers und der Unternehmensleitung auf, Bedingung herzustellen, welche die Wahrnehmung der in Art. 18 2 KP garantierten Rechte ermöglichen.

Allerdings müssen die Mitbestimmungsrechte der Arbeitnehmer von staatlichen Unternehmen einerseits und von privatisierten bzw. neu gegründeten privaten Unternehmen auf der anderen Seite unterschieden werden:

---

875 Zu den Möglichkeiten und Grenzen der Schaffung anderer Arbeitnehmervertretungsstrukturen nach § 3 Abs. 1 BetrVG vgl. ErfK - Eisemann, § 3 BetrVG, Rn. 6 ff.; Fitting, § 3 BetrVG, Rn. 48 ff.; ausführlich zu § 3 Abs. 1 Nr. 3 BetrVG: Kania/Klemm, RdA 2006, 22;

876 ErfK - Eisemann, § 3 BetrVG, Rn. 6 ff.; Fitting, § 3 BetrVG, Rn. 54.

877 Hierzu nachfolgend 4. Kapitel B. III. 3. a.

878 Zu den Einzelheiten vgl. 3. Kapitel B. VII. 5.

879 Patulski – P. Ciborski/A. Patulski/W. Patulski, Art. 18 2 KP, Rn. 1.

b) Mitbestimmung der Arbeitnehmer in Staatsunternehmen

Für staatliche Unternehmen wurden die bestehenden Regelungen zum Selbstverwaltungsrecht auch nach der Wende übernommen. Beachtlich ist, dass das **Selbstverwaltungsgesetz** (SVwG) von 1981 im Wesentlichen in der Form fortgilt, in der es erlassen wurde. Eine wichtige Änderung besteht aber bei der Ernennung des Direktors. Die Regelung des Art. 34 SVwG 1981, wonach dieser von der staatlichen Aufsichtsbehörde oder dem Betriebsrat ernannt werden sollte und zudem in Unternehmen von „grundsätzlicher Bedeutung" der Aufsichtsbehörde allein das Recht zur Ernennung des Direktors inne hatte, wurde nach der Wende gestrichen[880]. Statt dessen bestimmen Art. 24 Abs. 2 SVwG[881] und Art. 33 des Gesetzes über Staatsbetriebe[882] nunmehr, dass das Recht der Direktorenwahl allein dem Betriebsrat zusteht. Unter Betriebsrat ist nach dem Verständnis des polnischen Selbstverwaltungsrechts ein von den Arbeitnehmern gewähltes Vertretungsorgan zu verstehen, dass Rechte der Arbeitnehmer nach dem Selbstverwaltungsgesetz wahrnimmt, jedoch nach seinem Aufgabenbereich nicht mit dem deutschen Betriebsrat i.S.d. BetrVG vergleichbar ist.

Da das Selbstverwaltungsgesetz nur für staatliche Betriebe gilt, nimmt die Bedeutung dieser Form der Arbeitnehmermitbestimmung mit der voranschreitenden **Privatisierung staatlicher Unternehmen** stetig ab[883]. Dies wird durch folgende Zahlen verdeutlicht:

In dem Zeitraum von 1990 bis 2001 wurden bereits 6.845 vormals staatliche Unternehmen privatisiert[884]. Dies sind 78 % der 1990 bestehenden Staatsunternehmen[885]. Daraus ist aber nicht zu schließen, dass diese Form der Arbeitnehmermitbestimmung folglich noch in etwa 2.000 Unternehmen Anwendung findet. Ihre Zahl dürfte deutlich geringer einzuschätzen sein. Denn nach den Angaben der *European Foundation for the Improvement of Living and Working Conditions*[886] wurden rund 25 % der 1990 existierenden Staatsunternehmen aus wirtschaftlichen Gründen liquidiert, 22 % wurden umgestaltet, lediglich 28 % konnten unmittelbar privatisiert werden. Bei rund einem Viertel der damaligen staatlichen Unternehmen handelte es sich um sog. PGR (*Państwowe Przedsiębiorstwa Gospodarki Rolnej*), d.h. landwirtschaftliche Genossenschaften im Staatseigentum, die liquidiert und in die AWRPS (*Agencja Własności Rolnej Skarbu Państwa* = Agentur für das landwirtschaftliche Eigentum im Staatsvermögen) eingebracht wurden.

Allerdings stehen den Arbeitnehmern eines Staatsunternehmens in der Privatisierung auch **Beteiligungsrechte** nach dem Gesetz über die Kommerzialisierung und

---

[880] Änderung des Selbstverwaltungsgesetzes v. 09.03.1990, Dz. U. 1990, Nr. 47, Pos. 99.

[881] Änderung des Selbstverwaltungsgesetzes v. 20.12.1990, Dz. U. 1991, Nr. 2, Pos. 6.

[882] Gesetzes v. 25.09.1981 in der Version von 2002, Dz. U. 2002, Nr. 112, Pos. 981.

[883] Lado, Eironline 2002, Dok. TN0207102F.

[884] Zu beachten ist, dass sich die Privatisierung bis 1996 sehr dynamisch entwickelt hatte. 1997 war die Privatisierung in mehr als der Hälfte der ursprünglich 8.000 Staatsunternehmen eingeleitet und davon in über 2.000 Unternehmen abgeschlossen und seit dem abgeflacht ist.

[885] Towalski, Eironline 2002, Dok. PL0209103f.

[886] Towalski, Eironline 2002, Dok. PL0209103f.

Privatisierung staatlicher Unternehmen vom 30.08.1996[887] zu. Dies gilt insbesondere für das Recht zum Erwerb von Gesellschaftsanteilen nach Art. 36 ff. des Gesetzes vom 30.08.1996[888]. Außerdem gilt für die Arbeitnehmer, die **Mitglieder eines Selbstverwaltungsorgans** waren, auch nach Ablauf von einem Jahr nach der Privatisierung ein **besonderer Kündigungsschutz** nach Art. 45 des Gesetzes vom 30.08.1996.

Auch das Treuhandgesetz, das die rechtliche Grundlage für die Privatisierung und die Reorganisation des volkseigenen Vermögens der **ehemaligen DDR** regelte, sah ausdrücklich eine **Beteiligung der Arbeitnehmervertretung** vor. Gem. § 10 Abs. 2 des Treuhandgesetzes wurde der Aufsichtsrat der Treuhand-Aktiengesellschaften auch mit Mitgliedern der Arbeitnehmervertretung auf Vorschlag der in den Kapitalgesellschaften vertretenen Gewerkschaften ernannt. Ferner wurden Gewerkschaftsvertreter in den Verwaltungsrat der Treuhandanstalt gewählt[889]. Sonderkündigungsschutz bestand für die Arbeitnehmervertreter hingegen nicht.

c) Mitbestimmung der Arbeitnehmer in Privatunternehmen

Für privatisierte sowie neu gegründete Unternehmen sind die Bestimmungen des **Selbstverwaltungsgesetzes nicht anwendbar**. Eine Mitbestimmung erfolgt aber durch den **Aufsichtsrat** (*rada nadzorcza*) als Kontrollorgan. Dieser ist für kommerzialisierte Gesellschaften gem. Art. 11 des Gesetzes vom 30.09.1996 einzusetzen. Aufsichtsräte bestehen zwingend in Aktiengesellschaften und in GmbHs, wenn das Stammkapital der GmbH mindestens Zł. 500.000,00 beträgt oder die GmbH mehr als 25 Gesellschafter hat. Anders als im **deutschen Recht** ist die Zahl der von der Arbeitnehmerseite zu wählenden Mitglieder des Aufsichtsrats nicht von der Anzahl der im Unternehmen beschäftigten Arbeitnehmer abhängig. Vielmehr bestimmt Art. 11 Abs. 1 des Gesetzes vom 30.09.1996, dass den Arbeitnehmern das Recht zusteht, zwei Fünftel der Mitglieder des Aufsichtsrats zu wählen[890].

Ein Arbeitnehmer, der Mitglied des Aufsichtsrats ist, genießt während seiner Amtszeit sowie bis zum Ablauf eines Jahres nach Beendigung seiner Amtszeit **besonderen Kündigungsschutz**, Art. 15 des Gesetzes vom 30.09.1996. Im **deutschen Arbeitsrecht** besteht hingegen **kein Sonderkündigungsschutz** für Arbeitnehmer im Aufsichtsrat, sofern sie nicht gleichzeitig Mitglieder des Betriebsrats sind[891].

Außerdem ergeben sich aus der Richtlinie 94/45/EG über Europäische Betriebsräte[892] Unterrichtungs- und Anhörungsrechte der Arbeitnehmer, die eine Partizipation der Arbeitnehmer an der Unternehmensführung garantieren. Hierauf wird im Einzelnen im vierten Kapitel eingegangen.

---

887 Ursprüngliche Fassung: Dz. U. 1996, Nr. 118, Pos. 561; Aktuellste Fassung: Dz. U. 2002, Nr. 171, Pos. 139 m.w.Ä.

888 Patulski – P. Ciborski/A. Patulski/W. Patulski, Art. 18 2 KP, Rn. 2.

889 Andersen/Wichard, Treuhandanstalt 2. Die Praxis der THA.

890 Henssler/Braun - Malinowska-Hyla, Arbeitsrecht in Polen, Rn. 182.

891 BAG v. 04.04.1974, 2 AZR 452/73, BB 1974, 1067; ErfK-Ascheid, § 15 KSchG Rn. 8; v. Hoyningen-Huene/Linck, § 15 KSchG Rn. 28.

892 BGBl. I 1996, 1548.

C. Bewertung der Gewerkschaftstätigkeit im Transformationsprozess

Trotz der herausragenden Rolle der Gewerkschaften bei der Beendigung des Sozialismus in Polen und der Begründung eines freien, demokratischen Rechtsstaats sowie des enormen Zuspruchs der Gesellschaft, den die freien Gewerkschaften seit 1980 genossen haben, ist es den Gewerkschaften und ihren Verbänden **nicht gelungen**, in dem Zeitraum von 15 Jahren seit der politischen Wende ihre Position als **politische Macht zu verfestigen** sowie Ansehen und Mitgliedschaft in den Gewerkschaften auch nur annähernd zu erhalten. Ihre Einflussnahme auf die Entwicklung des Arbeitsrechts ist differenziert zu bewerten.

I. Geringe Gewerkschaftsmitgliedschaft

Als **Kernergebnis** der Untersuchung haben sich die **geringen Mitgliedszahlen der Gewerkschaften**, also der schwache Organisationsgrad der polnischen Arbeitnehmer, erwiesen. Die Gründe für den Austritt der polnischen Arbeitnehmer aus einer Gewerkschaft bzw. die geringe Bereitschaft, einer Gewerkschaft beizutreten, sind in den verschiedenen Funktionen, welche die Gewerkschaften ausgeübt haben bzw. noch ausüben, und den daraus resultierenden Interessenkonflikten und einem einhergehenden Vertrauensverlust zu suchen.

1. Interessenkonflikt auf Grund politischer Funktion

Zum einen waren die Gewerkschaftsverbände bzw. ihre Mitglieder noch bis vor wenigen Jahren als aktive politische Parteien bzw. als Parteimitglieder in der Regierungs- oder Oppositionsverantwortung. Die direkte Beteiligung der Gewerkschaften an Legislative und Exekutive ist mit der historischen Funktion der Gewerkschaften als politische Macht in Polen seit 1980 zu erklären. Mit der Beteiligung der Vertreter der freien Gewerkschaften an den Verhandlungen am „Runden Tisch" und dem Sturz der sozialistischen Machthaber traten diese zunächst in **politische Funktionen** ein. In diesen mussten sie teils unpopuläre Entscheidung im Rahmen der Transformation der polnischen Wirtschaft und der Arbeitsbedingungen mittragen und waren somit verantwortlich für Massenarbeitslosigkeit und soziale Einschnitte. Zum anderen sind sie nach Verfassung, Gewerkschaftsgesetz und KP Vertreter der **Arbeitnehmerinteressen**. Auch in dieser Funktion kam es zu Interessenkonflikten, da in wirtschaftlichen Krisenzeiten auf Betriebsebene eher eine Bereitschaft zur Flexibilisierung der Arbeitsbedingungen zum Erhalt von Arbeitsplätzen besteht, die mit den Verbandsinteressen und drohendem Machtverlust auf regionaler und nationaler Ebene kollidiert. Folge dessen ist, dass sich die Mehrzahl der Arbeitnehmer in ihren Interessen nicht von den Gewerkschaften vertreten sieht und sich gegen eine Mitgliedschaft in einer Gewerkschaft entscheidet.

2. Mangelnde Einigungsfähigkeit der Gewerkschaften

Negativ wirkten sich auch die Konflikte und offenen Auseinandersetzungen zwischen den Gewerkschaftsverbänden aus, die aus der historisch zu begründenden Rivalität und wohl auch einem gegenseitigen Misstrauen zwischen freien und ehemals sozialistischen Gewerkschaften entstammen und dazu geführt haben, dass insbesondere im Rahmen der Dreiparteienkommission und der Sektorengruppen, eine **einheitliche Interessenvertretung der Arbeitnehmer** in der Regel **nicht möglich** war. Dieser Aspekt beschädigte ebenfalls das Ansehen der Gewerkschaften in der Gesellschaft.

3. Einschnitte im Sonderkündigungsschutz

Überdies schmälert der mit der Reform des Gewerkschaftsgesetzes 2002 deutlich verringerte besondere Kündigungsschutz für die Mitglieder der Gewerkschaftsleitung sowie sonstiger als Repräsentant der Gewerkschaften ermächtigter Personen die Attraktivität, sich in der Kollektivvertretung zu engagieren.

4. Ausblick

Es gibt wenige Anzeichen, welche eine Verbesserung der Mitgliedschaftszahlen der Gewerkschaften und Gewerkschaftsverbände möglich erscheinen lassen. Zwar stabilisieren sich die Mitgliedschaftszahlen, so dass ein weiteres Absinken der Organisationsdichte und folglich eine völlige Bedeutungslosigkeit der Gewerkschaften als Partei der Arbeitsrechtsverhältnisse derzeit nicht zu befürchten ist. Das Niveau bewegt sich allerdings immer noch am unteren Ende der EU-Mitgliedstaaten[893]. Positive Impulse können sich auch aus dem Rückzug der Gewerkschaften aus der aktiven Politik ergeben, der zumindest die Interessenkonflikte der Gewerkschaften vermindern und folglich auch die Wahrnehmung der Gewerkschaften in der Öffentlichkeit als Interessensvertreter der Arbeitnehmer verbessern sollte. Entscheidend wird es aber darauf ankommen, die Kooperation zwischen den Gewerkschaftsverbänden zu verbessern und auf diesem Wege eine einvernehmlich Lobbyarbeit im Interesse der Arbeitnehmer bei der Gestaltung der Arbeitsgesetze zu praktizieren.

II. Auswirkungen der geringen Organisationsdichte der Arbeitnehmer

Folge der geringen Mitgliedschaftszahlen ist, dass in der überwiegenden **Mehrheit der Betriebe keine Gewerkschaften** tätig sind. Dies gilt insbesondere für kleine

[893] Der Organisationsgrad der polnischen Arbeitnehmer lag in den vergangenen Jahren bei unter 20 %. Hingegen waren nach Angaben der European Foundation for the Improvement of Living and Working Conditions aus dem Jahr 2002 im EU-Durchschnitt 43,8 % der Arbeitnehmer gewerkschaftlich organisiert. Carley, Eironline 2002, Dok. TN0207104F.

und mittelgroße Unternehmen, die aus privatisierten Staatsunternehmen hervorgegangen sind oder neu gegründet wurden.

1. Fehlen einer Kontrollinstanz und Interessenvertretung der Arbeitnehmer

Für das System der Kollektivvertretung im polnischen Arbeitsrecht bedeutet dies, dass in diesen Betrieben eine Kontrollinstanz und Interessenvertretung der Arbeitnehmer fehlen. Lediglich die staatlichen Kontrollorgane, insbesondere die staatliche Arbeitsinspektion und die Arbeitsgerichte, wachen über der Einhaltung der Arbeitsgesetze. Damit **fehlt** es aber an der notwendigen **Kollektivpartei**, um die individual- und kollektivrechtlichen Befugnisse, welche vor allem das KP vorsieht, wahrzunehmen. Der polnische Gesetzgeber hat auf diese Situation teilweise reagiert. Beispielsweise sind nunmehr in Betrieben mit mehr als 20 Beschäftigten auch ohne Beteiligung von Gewerkschaften **zwingend Betriebsordnungen** zu erlassen, welche insbesondere die Vergütung und die Arbeitsbedingungen kollektiv regeln sollen. Darüber hinaus hat er ein neues Institut der Kollektivvertretung, die **Vertreter der Belegschaft**, eingeführt, welchen nach der bisherigen Rechtslage allerdings nur punktuell und subsidiär zu den Betriebsgewerkschaften tätig werden können. Die gesetzliche Ausgestaltung der Rechte der Belegschaftsvertreter und die weitere Entwicklung dieser Kollektivvertretung bleiben abzuwarten.

2. Legitimierungsdefizit

In Betrieben, in den Gewerkschaften tätig sind, ergeben sich Bedenken im Hinblick auf ihre gesetzliche Legitimierung. Fragwürdig ist die **Vertretung der gesamten Belegschaft** eines Betriebs durch die Gewerkschaften **in kollektiv-rechtlichen Angelegenheiten**. Die Gewerkschaften sind berechtigt, auch für die Außenseiter-Arbeitnehmer Tarifverträge, Betriebsvereinbarungen und Betriebsordnungen zu verhandeln, obwohl diese keiner Gewerkschaft angehören. Hierdurch kann ihr **negatives Koalitionsrecht**, also das Recht keiner Gewerkschaft beizutreten, im Hinblick auf die unmittelbare und zwingende Wirkung von Kollektivvereinbarungen ausgehöhlt werden. Den Kollektivparteien kommt die Entscheidungsbefugnis darüber zu, ob ein Tarifvertrag auch auf **Außenseiter-Arbeitnehmer** anwendbar ist, und dies, ohne dass die differenzierten Voraussetzungen einer Allgemeinverbindlichkeit des Tarifvertrages erfüllen zu müssen. Aufgrund des weiten sachlichen Regelungsbereichs von Tarifverträgen besteht folglich die Allgemeinzuständigkeit der Gewerkschaften auch für kollektive Sachverhalte, die eine einheitliche Regelung, anders als die Arbeitsorganisation und Betriebsordnung, nicht erfordern. In diesem Zusammenhang ist zu bedenken, dass der aus dem deutschen Tarifrecht bekannte Begriff des „Außenseiter-Arbeitnehmers“ auf das polnische Arbeitsrecht schlecht übertragbar ist, da die gewerkschaftliche Vertretung der Arbeitnehmer bei ca. einem Fünftel liegt und folglich ein nichtorganisierter Arbeitnehmer nur schwerlich als „Außenseiter“ bezeichnet werden kann. Darüber hinaus besteht ein **Demokratiedefizit** im Hinblick auf die Leitung der Betriebsgewerkschaft, da die nichtorganisierten Arbeitnehmer keine rechtliche Möglichkeit haben, auf deren Wahl und Zusammensetzung Einfluss zu nehmen.

3. Eingeschränkte Machtposition

Beim Abschluss von Tarifverträgen bestehen **Bedenken** im Hinblick auf eine hinreichende **Machtposition und Druckfähigkeit der Gewerkschaften** und daraus resultierend bzgl. der Richtigkeitsgewähr, die Tarifnormen immanent sein soll. Die tarifliche Garantie des Gleich- und Gegengewichtsprinzips der Tarifparteien legitimiert die unmittelbare und zwingende Wirkung von Tarifnormen. Es ist zweifelhaft, ob Tarifvereinbarungen, die durch Gewerkschaften getroffen werden, die nur eine geringe Zahl der Arbeitnehmer vertreten, diesen Grundsätzen des Tarifrechts noch gerecht werden können.

Um Konflikte aufgrund der Gewerkschaftspluralität zu verhindern und ein einheitliches Vorgehen der Gewerkschaften zu fördern, so dass ihre Tätigkeit von einer größeren Zahl von Arbeitnehmern getragen wird, führte der Gesetzgeber das Institut der **„repräsentativen Gewerkschaften"** ein und zwingt die Betriebsgewerkschaften, z. B. durch die Regelungen zum Kollektivstreit oder zum Erlass von Betriebsordnungen, zu einer einvernehmlichen Interessenvertretung der Arbeitnehmer. Andernfalls kann keine Kollektivvereinbarungen oder Betriebsordnung mit Einvernehmen der Gewerkschaften vereinbart werden bzw. der Inhalt dieser Regelungen bleibt allein dem Arbeitgeber überlassen.

III. Einfluss von überbetrieblichen Gewerkschaften und Gewerkschaftsverbänden

1. Mitwirkung am Gesetzgebungsprozess

Die Gewerkschaftsparteien bzw. die Gewerkschaftsmitglieder, die als Abgeordnete im Sejm vertreten waren, übten bis zu Beginn des 21. Jahrhunderts als politische Kräfte unmittelbar Einfluss auf die **arbeitsrechtliche Gesetzgebung** aus. Darüber hinaus sind die als repräsentativ geltenden Gewerkschaften durch ihre **Informations-, Beratungs- und Initiativrechte** nach dem Gesetz über die Dreiparteienkommission und durch das Recht zur Stellungnahme zu Gesetzesentwürfen am **Gesetzgebungsprozess** beteiligt. Die Tätigkeit der Gewerkschaften im Rahmen der Dreiparteienkommission zeigt aber, dass der Einfluss der Gewerkschaften auf nationaler Ebene stark **von den jeweiligen politischen Machtverhältnissen abhängig** ist. Die Gewerkschaften waren auf dieser Plattform nur dann durchsetzungsfähig, wenn sie - wie in der Vergütungspolitik - untereinander einig verhandelten. An einem solchen Vorgehen mangelte es aber bislang ebenso wie an Sanktionsmöglichkeiten, um die Beschlüsse der Dreiparteienkommission durchzusetzen.

Deutlich erfolgreicher gestaltete sich im Vergleich hierzu die Einflussnahme der **Arbeitgeberverbände** im Rahmen der Dreiparteienkommission und der diesen ebenfalls zustehenden Initiativ- und Stellungnahmerecht zu Gesetzesentwürfen. Die Reform der Rechtsgrundlagen der Dreiparteienkommission nutzten sie, um die Verbandsstrukturen effektiver zu gestalten. Mangels Einigung mit den Gewerkschaften über die Reform des KP in den Jahren 2001/2002 konnten die Arbeitgeberverbände ihre wesentlichen Forderungen zur Flexibilisierung der Arbeitsvertragsverhältnisse und zur Kostenreduzierung, insbesondere durch die Erweiterung und Verlängerung der Aussetzungsmöglichkeit von Regelungen in Tarifverträgen, Betriebsordnungen und Arbeitsverträgen, im Gesetzgebungsprozess durchsetzen.

2. Dreiparteien-Sektorengruppen

Positiver ist aus Sicht der Gewerkschaften ihre Rolle im Rahmen der **Dreiparteien-Sektorengruppen** zu bewerten. Im Rahmen der Sektorengruppen als einer Eigenheit des polnischen Transformationsprozesses von Wirtschaft und Arbeitsverhältnissen setzten die Gewerkschaften durch Arbeitskampfmaßnahmen und politischen Druck ihre Forderung durch, dass der Staat die Verantwortung für die Restrukturierung und Privatisierung ehemaliger Staatsbetriebe trägt und es deshalb staatlich organisierter und finanzierte Programme bedufte, die insbesondere die sozialen Folgen für die Arbeitnehmer auffangen sollten. Im Zuge der Verhandlungen in den Sektorengruppen haben die Gewerkschaften Mechanismen entwickelt und in die Sozialpakete, die mit dem Staat und den Arbeitgebern ausgehandelt wurden, eingebracht, welche die Folgen der Restrukturierung und des Verlustes von Arbeitsplätzen abmilderten. Hierzu gehören staatliche Unterstützungsmaßnahmen bei der Arbeitssuche, Schulungs- und Weiterbildungsmaßnahmen, Abfindungszahlungen und Frühberentung sowie Beschäftigungsgarantien. Kritisch ist in diesem Zusammenhang die weitgehende, staatliche Einflussnahme auf die Entwicklung der polnischen Wirtschaft durch Subventionen zu sehen, die ein Phänomen der ersten und zweiten Transformationsphase des Wirtschafts- und Rechtssystems Polens war.

3. Überbetriebliche Tarifentwicklung

Ebenso wenig wie die Arbeitgeberverbände haben die Gewerkschaften wesentliche Fortschritte in der überbetrieblichen Tarifpolitik im Laufe der Transformationsphasen herbeigeführt. Die Zahl der Tarifvereinbarung, die überbetriebliche Wirkung entfalten, ist nach wie vor sehr gering. Eine weitere Schwächung dieser Art der Tarifverträge resultiert aus der Möglichkeit, Branchen-, Flächen- und berufsgruppenbezogene Tarifverträge gem. Art. 241 27 KP durch Betriebsvereinbarung unter Ausschluss der überbetrieblich wirkenden Gewerkschaften und Arbeitgeberorganisationen auszusetzen bzw. nach ordnungsgemäßer Kündigung ohne Nachwirkung zu beenden. Folge dessen ist eine **Tarifzersplitterung**, uneinheitliche Branchenbedingungen sowie ein genereller **Machtverlust** der Gewerkschafts- und Arbeitgeberverbände in der Tarifpolitik. Eine vergleichbare **Entwicklung von Verbands-, Flächen- und Branchentarifverträgen ist in der Bundesrepublik Deutschland** nach der geltenden Rechtslage nicht möglich. Vor dem Hintergrund des verfassungsrechtlich geschützten Koalitionsrechts wird den Tarifparteien gegenüber den Betriebsparteien in Polen ein größerer Schutz gewährleistet. Eine Aussetzungsmöglichkeit besteht nur bei ausdrücklicher Regelung einer Öffnungsklausel im Tarifvertrag selbst und unterliegt somit dem Willen der Tarifparteien. Gekündigte Tarifverträge haben Nachwirkung, solange sie nicht durch andere Regelungen inhaltlich ersetzt werden. Dennoch ist auch in Deutschland in den letzten Jahren ein **Rückgang** der Anzahl vereinbarter Verbands-, Flächen- und Branchentarifverträge **zugunsten von Haustarifverträgen** festzustellen. Durch betriebsnahe Tarifregelungen sollen flexiblere, auf die betrieblichen Belange individuell zugeschnittene Tarifbedingungen geschaffen werden. Die Folgen dieser Entwicklung stellen sich nicht anders dar als in Polen: Tarifzersplitterung aufgrund uneinheitlicher Tarifbedingungen und letztlich eine Schwächung der Gewerkschaftsverbände. Allerdings wirken sich diese Folgen vor dem Hintergrund einer weiterhin hohen Tarifdichte und Inbezugnahme eines großen Teils der Arbeitsverhältnisse in den Anwendungsbereich von überbetrieblichen Tarifverträgen durch arbeitsvertragliche Verweisungsklausel deutlich geringer auf die Tarifstruktur aus, als dies in Polen der Fall ist.

IV. Einfluss der Betriebsgewerkschaften

1. Allgemeines

Bei der Bewertung der Einflussnahme der Betriebsgewerkschaften ist zu differenzieren. Ob Betriebsgewerkschaften eine besondere Rolle bei der Entwicklung des polnischen Arbeitsrechts zukommt, hängt davon ab, ob diese überhaupt in einem Betrieb existieren. In der überwiegenden Zahl der Betriebe ist dies nicht der Fall. Wenn Sie aber in einem Betrieb tätig sind, nehmen Betriebsgewerkschaften vorrangig durch den Abschluss von **Kollektivvereinbarungen** und **Betriebsordnungen** Einfluss auf die Entwicklung der kollektiven Arbeitsrechtsverhältnisse. Darüber hinaus kommen ihnen umfangreiche **Kontroll- und Fürsorgepflichten sowie Beteiligungsrechte** im Rahmen von **individual-rechtlichen Sachverhalten** zu, deren Umfang im Wesentlichen mit dem des sozialistischen Arbeitsrechts vergleichbar ist. Insoweit hat der Gesetzgeber nach der Wende keinen Systemwechsel durchgeführt.

Grundlegend reformiert wurden die **kollektiven Rechte und Pflichten** der Betriebsgewerkschaften in der polnischen Verfassung, KP und Gewerkschaftsgesetz. Auf der betrieblichen Ebene stellt sich allerdings die dargestellte Problematik des Abschlusses von Kollektivvereinbarungen für Außenseiter-Arbeitnehmer ebenso wie im Hinblick auf überbetriebliche Tarifverträge.

2. Betriebstarifverträge

Das polnische Kollektivrecht sieht nunmehr einen **sehr weiten sachlichen und persönlichen Regelungsbereich für Betriebstarifverträge** vor. Inhaltliche Beschränkungen wurden mit der Reform des KP im Jahr 2000 nahezu vollständig beseitigt. Praktische Relevanz hat dies nach obigen Erkenntnisse allerdings nur für Tarifregelungen zur Vergütung und zusätzlichen geltwerten Leistungen. Allerdings sind tarifliche Leistungspflichten des Arbeitgebers in diesem Bereich durch Kündigung bzw. Beendigung von Tarifverträgen, Änderungsprotokolle oder durch Aussetzung solcher Tarifvereinbarungen in den letzten Jahren deutlich reduziert worden. Über dies hat in vielen Betrieben die Möglichkeit, die Vergütungsansprüche der Arbeitnehmer statt in Tarifverträgen in einer Betriebsordnung zu regeln, zu einem **Rückgang von Vergütungstarifverträgen** auf Betriebsebene geführt.

3. Kollektivstreit und Arbeitskampf

Ebenso hat der Gesetzgeber die kollektivrechtlichen Sachverhalte, wegen derer ein **Kollektivstreit und Arbeitskampfmaßnahmen** geführt werden können, sehr weit geregelt und den Gewerkschaften damit weitergehende Befugnisse eingeräumt, als dies im deutschen Arbeitsrecht der Fall ist. Dies liegt zum einen in der **allgemeinen Zuständigkeit der Betriebsgewerkschaften** auch für Sachverhalte, für die nach dem deutschen Recht ein Betriebs- oder Personalrat zuständig wäre, begründet. Zweifel an einem ausgewogenen Kräfteverhältnis und vergleichbaren Verhandlungschancen der Kollektivparteien im Arbeitskampf ergeben sich wegen des **fehlenden Aussperrungsrechts** des Arbeitgebers. Die Einführung eines Aussperrungsrechts scheiterte bislang an dem Widerstand der Gewerkschaften. Der Kommissionsvorschlag zur Kodifizierung eines Arbeitsgesetzes, der von einer unabhängigen Expertengruppe erarbeitet und im Oktober 2005 vorgelegt wurde, enthält allerdings ein Recht zur Aussperrung. Unklar ist aber, ob und, wenn ja, mit welchem Inhalt der Kommissionsvorschlag umgesetzt wird. Zusammenfassend ist daher für den Bereich der Kollektivstreitigkeiten und Arbeitskampfmaßnahmen festzustellen, dass die Gewerkschaften in den Reformen des kollektiven Arbeitsrechts, insbesondere durch die Gesetze vom 23. Mai 1991[894] und des KP im Jahr 1994, gegenüber den Arbeitgeberrechten vorteilhaftere Rechte durchsetzen und bis heute erhalten konnten. Trotz der Kritik an der rechtlichen Ausgestaltung des polnischen Arbeitskampfrechts verdeutlicht die **geringe Anzahl der registrierten Streiks** in der zweiten und dritten Transformationsphase und die Pflicht zur Durchführung eines den Arbeitskampfmaßnahmen vorgeschalteten Schlichtungsverfahrens, dass kein grundsätzlicher Missbrauch von Arbeitskampfmaßnahmen festgestellt werden kann. Ein weiterer Grund hierfür ist in der geringen Zahl von Betriebsgewerkschaften zu sehen, die somit von vornherein legale Streiks in gewerkschaftslosen Betrieben ausschließt.

4. Tariffreiheit

Generell kann in der gesetzlichen Ausgestaltung des polnischen Kollektivrechts eine **Tendenz zu einer weitgehenden Tariffreiheit auf Betriebsebene** festgestellt werden. Ein wesentlicher Aspekt hierzu sind die mit der Reform des KP im Jahr 2002 erweiterten **Aussetzungsmöglichkeiten** von Regelungen in Tarifverträgen, Betriebsordnungen und Arbeitsverträgen durch Kollektivvereinbarung zwischen Ar-

---

[894] Gemeint sind das GewerkG, das ArbGOG und das KolStrG.

beitgeber und Betriebsgewerkschaften. Hierin ist ein bedeutender Unterschied zum geltenden Tarifrecht der Bundesrepublik Deutschland zu sehen, dass Abweichungen von tarifvertraglichen Regelungen zu Lasten der Arbeitnehmer nur bei Vereinbarung einer tariflichen Öffnungsklausel ermöglicht, § 3 Abs. 3 TVG. Die von der *PIP* veröffentlichten Zahlen[895] belegen, dass dieses Rechtsinstitut zu einem etablierten, kollektivrechtlichen Gestaltungsmittel der Betriebsparteien geworden ist. Demnach ist davon auszugehen, dass die Betriebsgewerkschaften bei einer wirtschaftlich schlechten Situation des Betriebs kompromissbereit handeln, um Arbeitsplätze zu sichern. Hierzu mag beitragen, dass ein Arbeitgeber nach Ablauf der Kündigungsfristen eines Tarifvertrages diesen auch vollständig beenden und nicht nur aussetzen kann, **ohne** dass dem Tarifvertrag **Nachwirkung** zukommen und daraus eine mittelbare Pflicht zum Abschluss eines neuen Tarifvertrages resultieren würde. Des weiteren kann der Arbeitgeber betriebsbedingte Kündigung in Aussicht stellen, wenn Personalkosten, die sich aus einem Tarifvertrag ergeben, nicht reduziert werden. Demnach besteht ein Verhandlungsvorteil für den Arbeitgeber gegenüber den Betriebsgewerkschaften, in wirtschaftlich schwierigen Zeiten Tarifregelungen zu seinen Gunsten abzuändern bzw. befristet auszusetzen. Von diesen Möglichkeiten wurde in den letzten Jahren in größerem Umfang Gebrauch gemacht.

D. Ergebnisse der Transformation des polnischen Arbeitsrechts

Nach der Zusammenfassung des gewerkschaftlichen Einflusses auf die Entwicklung des Arbeitsrechts stellen sich die Ergebnisse der Untersuchung des Transformationsprozesses in den letzten 15 Jahren wie folgt dar:

I. Notwendige Transformation des Arbeitsrechtssystems

1. Arbeitsrechtliche Transformation

Während die sozialistischen Arbeitsgesetze noch von einer zentralen Verwaltung der Betriebe und dem staatlichen Eigentum an allen Produktionsmitteln ausging, wurden diese Grundsätze bereits zum 01. Januar 1990 abgeschafft und die freiheitliche, demokratische Grundordnung (Art. 2, 5 Verf.), die soziale Marktwirtschaft (Art. 20 Verf.) und Dezentralisierung staatlicher Gewalt (Art. 15 Verf.) in der polnischen Verfassung 1997 garantiert. Die Umsetzung dieser Grundsätze in das Arbeitsrecht bereits vor Inkrafttreten der polnischen Verfassung erfolgte in erster Linie durch die Reform des KP im Jahr 1996 und die Neuregelung des Arbeitgeberbeg-

[895] PIP, Tätigkeitsbericht 2002, Appendix Nr. 26, Tätigkeitsbericht 2003, Appendix Nr. 21, Tätigkeitsbericht 2004, Appendix Nr. 23.

riffs in Art. 3 KP. Darüber hinaus wurden die sonstigen Sozialleistungen von den eigentlichen Arbeitsbedingungen teilweise abgekoppelt und durch die Regelungen des Gesetzes über den Sozialfonds neu strukturiert.

2. Staatliche Sozialpakete

Dennoch haben die Gewerkschaftsverbände durchgesetzt, dass der **Staat** bei der Restrukturierung und Privatisierung von Staatsbetrieben neben seiner gesetzlichen auch eine **finanzielle Verantwortung** übernahm. Dies zeigt sich an seiner Beteiligung an der Dreiparteienkommission und den Sektorengruppen sowie der Finanzierung von Sozialpaketen zum Ausgleich der sozialen Folgen für die Beschäftigten transformierter Staatsbetriebe. Neben dem reformierten Gesetz über Staatsbetriebe stellt das Gesetz über die Kommerzialisierung und Privatisierung aus dem Jahr 1996 die gesetzliche Grundlage für Transformation und Privatisierung dar. Wesentliche Unterschiede bestehen im Hinblick auf die Rechte und Pflichten der Arbeitnehmer im öffentlichen Dienst gegenüber sonstigen Beschäftigten. Die Tariffreiheit und das Recht zum Führen von Kollektivstreitigkeiten der Beschäftigten im öffentlichen Dienst unterliegen gesetzlichen Beschränkungen. Demnach differenziert das moderne polnische Arbeitsrecht nach den Eigentumsverhältnissen an den Betrieben.

3. Differenzierung nach Betriebsgröße

Im Hinblick auf unterschiedliche Anforderungen an die Rechte und Pflichten der Arbeitsparteien wird nunmehr an die Betriebsgröße angeknüpft. Dies gilt beispielsweise für die Pflicht zum Erlass von Betriebsordnungen ab 20 Arbeitnehmern (Art. 77 2, 104 KP)[896] sowie zur Einrichtung eines Sozialfonds ab gleicher Beschäftigtenzahl. Für die Gründung einer Betriebsgewerkschaft und folglich die gewerkschaftliche Vertretung der Arbeitnehmerinteressen bedarf es mindestens zehn Arbeitnehmer. Gesteigerter Verpflichtungen des Arbeitgebers sind folglich von dessen **wirtschaftlicher und organisatorischer Belastbarkeit** abhängig, wobei der polnische Gesetzgeber davon ausgeht, dass diese **mit der Betriebsgröße steigt**. Gleichzeitig verdeutlicht dies den gesetzgeberischen Willen, dass ab einer bestimmten Betriebsgröße die wesentlichen **Arbeitsbedingungen und die Vergütungsansprüche** der Arbeitnehmer **kollektivrechtlich geregelt** werden sollen. Wie die Untersuchung gezeigt hat, wird dieses Ziel im Falle der Vergütungsordnung teilweise verfehlt. Bemerkenswert ist, dass der Kündigungsschutz unabhängig von der Betriebsgröße gilt. Folglich bedarf jede Kündigung auch in einem Kleinstbetrieb eines Kündigungsgrundes.

Durch die Neustrukturierung der sozialen Absicherung der Arbeitnehmer wird auch der **Wechsel des Arbeitsverhältnisses** erleichtert. Dies war im Sozialismus aufgrund der Abhängigkeit der Arbeitnehmer von den Sozialleistungen, die der Beschäftigungsbetrieb gewährte, nur unter erschwerten Bedingungen möglich. Abge-

---

[896] Bis zur Reform des KP 2002 bestand diese Pflicht bereits dann, wenn der Arbeitgeber mindestens fünf Arbeitnehmer beschäftigte.

sehen von Betriebsübergängen und der Berechnung des Jahresurlaubs nach Art. 154 1 KP sind Vorbeschäftigungszeiten bei früheren Arbeitnehmern bei der Berechnung der Ansprüche aus dem Arbeitsverhältnis grundsätzlich nicht mehr von Bedeutung. Die Kündigungsfristen sind weiterhin relativ kurz, ebenso die Probezeit.

4. Privatautonomie und Koalitionsfreiheit

Die reformierten Arbeitsgesetze gewährleisten die Privatautonomie der Arbeitsvertragsparteien sowie die Koalitionsfreiheit. Der **Gesetzgeber** reduziert seine Aufgabe auf die Festlegung von **gesetzlichen Mindestbestimmungen** und überträgt deren Ausgestaltung sowie die Vereinbarung darüber hinausgehender Ansprüche - konträr zum sozialistischen Wirtschafts- und Rechtssystem - auf die Kollektiv- und die Arbeitsvertragsparteien. Der Regelungsbereich von Tarifverträgen ist sehr weit gefasst. Darüber hinaus steht den Betriebsparteien – wie bereits dargestellt – eine flexible Handhabung von Kollektivvereinbarung auf der Betriebsebene offen. Dies gilt auch für die Entscheidungen, ob Arbeitsbedingungen und Vergütungsregelungen durch Tarifvertrag oder Betriebsordnung geregelt werden. Seit einigen Jahren ist es zunehmend den Betriebsparteien überlassen, auf die wirtschaftliche Situation eines Betriebs durch Maßnahmen, z.B. wie die Aussetzung von Regelungen in Tarifvertrag, Betriebsordnung und Arbeitsvertrag, einvernehmlich zu reagieren. Gleichzeitig wird hierbei die Schwächung von überbetrieblichen Gewerkschaften und Gewerkschaftsverbänden zur Flexibilisierung der Arbeitsbedingungen in Kauf genommen.

Dennoch ergeben sich **Eingriffe** in die Privatautonomie und Koalitionsfreiheit. Beschränkungen der Koalitionsfreiheit bestehen z. B. aufgrund des zwingend durchzuführenden Schlichtungsverfahrens im Falle von kollektivrechtlichen Streitigkeiten und den Beschränkungen der Tariffähigkeit. Eingriffe in die Privatautonomie liegen beispielsweise in der gesetzlichen Festlegung einer Mindestvergütung, die Auslegungsregel des Art. 22 KP zur Gleichbehandlung von Dienst- und Arbeitsverträgen unter den dort dargestellten Bedingungen sowie den Weiterbeschäftigungsanspruch des Arbeitnehmers in besonderen Fällen.

5. Befreiung von sozialistischen Grundsätzen

Ein weiterer notwendiger Schritt zur Transformation des polnischen Arbeitsrechts war die Streichung sozialistischer Programmsätze. Im kollektiven Arbeitsrecht erfolgte dies bereits frühzeitig durch die Gesetze vom 23. Mai 1991. Das KP wurde hingegen erst durch die Reformen in den Jahren 1994 und 1996 dahin gehend modernisiert[897]. Dies geschah allerdings nur in geringem Umfang durch vollständige Streichung eines Artikels[898]. In der Regel wurden die Bestimmungen an die Bedürf-

---

[897] Gestrichen wurden insbesondere diejenigen Pflichten, die sich auf den sozialistischen Erziehungsauftrag des Arbeitgebers gegenüber seinen Arbeitnehmern bezogen (Art. 94 Nr. 3, 8, 10, Art. 95 und 96 des sozialistischen KP). Verzichtet wurde überdies auf die Überwachung der sozialistischen Arbeitsordnung und Disziplin.

[898] So aber im Falle der sozialistischen Arbeitsdisziplin, die Art. 12 des sozialistischen KP regelte.

nisse einer freien Marktwirtschaft, insbesondere privater und staatlicher Arbeitgeber, der Privatautonomie und eines größeren Rechtsschutz für Arbeitnehmer angepasst. Dies war aufgrund der im zweiten Kapitel dargestellten, weit reichenden Regelungen des sozialistischen Arbeitsrechts systematisch ohne weiteres umsetzbar. Stark umstritten war allerdings im Vorfeld der Reformen die Frage, ob die in Art. 16 des sozialistischen KP geregelte Verpflichtung des Arbeitgebers, auf die **tatsächlichen, sozialen und kulturellen Bedürfnisse der Arbeitnehmer** zu achten, in der freien Marktwirtschaft, insbesondere für nichtstaatliche Arbeitgeber, ihre Daseinberechtigung verloren hat. Dennoch wurde auf Druck der Gewerkschaften diese soziale Verpflichtung, allerdings mit eingeschränkter Bedeutung, beibehalten[899]. Zum einen soll diese nur „soweit möglich und an die Umstände angepasst" gelten. Zum anderen kann ein Arbeitnehmer aus Art. 16 KP keine unmittelbaren Rechtsansprüche ableiten[900].

II. Transformationsprozess

Die inhaltliche Transformation des polnischen Arbeitsrechts vollzog sich in den dargestellten **drei Transformationsphasen**.

1. Erste Transformationsphase (1989 - 1993)

Bemerkenswert ist die frühe Reform des kollektiven Arbeitsrechts mit den Gesetzen vom 23. Mai 1991 durch die Transformation des Gewerkschaftsrechts sowie der Bestimmungen zum Kollektivstreit einerseits und der erstmaligen Regelung des Streikrechts und des Systems der Arbeitgeberorganisationen und –verbände andererseits. Hierdurch wurden **kollektivrechtliche Strukturen** geschaffen, welche den Anforderungen eines **demokratischen, marktwirtschaftlichen Arbeitssystems** entsprachen[901]. Die gesetzgeberische Aktivität im Bereich des kollektiven Arbeitsrechts zu einem frühen Zeitpunkt des Transformationsprozesses ist auf die aktive Rolle der Gewerkschaften in diesem Bereich zurückzuführen und spiegelt ihren in diesem Zeitraum noch bestehenden, großen politischen Einfluss wieder. Ebenso spielt hier die geschichtliche Entwicklung des kollektiven Arbeitsrechts eine wesentliche Rolle. Während das individuelle Arbeitsrecht bereits im Sozialismus weitestgehend kodifiziert war, begann die einfachgesetzliche Normierung des kollektiven Arbeitsrechts erst in den achtziger Jahren. Entscheidende Änderungen wie die Pluralität von Gewerkschaften, die Erweiterung des Streikrechts sowie der Abschluss von Betriebsvereinbarungen bestehen erst seit der politischen Wende in den Jahren 1989/90. Deren Umsetzung in rechtliche Bestimmungen war daher dringender geboten, als die Neugestaltung bestehender, individualrechtlicher Strukturen, die durch die Reform des KP im Jahr 1996 erfolgte.

---

899 Darstellung der Hintergründe bei Stępińska - Krajewski, S. 7.
900 Salwa, Art. 16, 28.
901 Ebenso FS-Däubler - Wratny, 603.

Allerdings wurde das Tarifrecht nicht vorrangig reformiert, obschon es den Anforderungen der Marktwirtschaft und der demokratischen Wirtschaftsordnung nicht entsprach. Hintergrund war die Befürchtung, dass die sich erst am Beginn der Transformation befindende polnische Wirtschaft durch ein liberales Tarifrecht beeinträchtigt werden könnte und ausgewogene Tarifverhandlungen aufgrund der noch schwachen Arbeitgeberverbände nicht gewährleistet werden konnten[902].

Weitere Einzelgesetze, die in der ersten Transformationsphase erlassen wurden, standen in **unmittelbarem Zusammenhang mit der veränderten wirtschaftlichen Situation** des polnischen Staates nach dem Zusammenbruch der alten Staatsordnung. Innerhalb kürzester Zeit wurden viele Staatsbetriebe liquidiert. Im Rahmen der Restrukturierung und Privatisierung staatlicher Unternehmen entfiel eine große Zahl von Arbeitsplätzen. Daraus resultierte ein sprunghafter **Anstieg der Arbeitslosigkeit**[903], wie er auch in den ostdeutschen Bundesländern nach der Wende zu beobachten war. Der Gesetzgeber stand vor der Aufgabe, einerseits arbeitsrechtliche Grundlagen für die Umstrukturierung von Staatsbetrieben zu schaffen, um deren Wettbewerbsfähigkeit auf dem freien Markt zu gewährleisten, andererseits aber die sozialen Folgen für die von der Umstrukturierung betroffenen Arbeitnehmer aufzufangen. Letzterem Zweck diente beispielsweise das Gesetz zum Schutz der Arbeitnehmer bei Zahlungsunfähigkeit des Arbeitgebers[904].

Demnach regelte der Gesetzgeber vorrangig die dringendsten Auswirkungen auf die Arbeitsbedingungen in einem ehemals sozialistischen Staat nach dem Zusammenbruch der alten Staatsordnung zur raschen Überführung Polens in eine soziale Marktwirtschaft.

2. Zweite Transformationsphase (1994 - 1999)

Erst nach Regelung der vorrangigen Problembereiche erfolgte in der **zweiten Transformationsphase** die systematische Reform des polnischen Arbeitsrechts zu einer freiheitlichen, demokratischen Rechtsordnung durch Änderung der kollektivrechtlichen Bestimmungen durch Reform des KP im Jahr 1994 und des Individualrechts im KP im Jahr 1996. In der umfassenden Novellierung des KP ist die **grundlegende Neuordnung des polnischen Arbeitsrechts** zu sehen. Sie umfasste auch die Änderung der allgemeinen Grundsätze des polnischen Arbeitsrechts (erster Abschnitt des KP), also derjenigen Regelungen, die von zentraler Bedeutung für das System arbeitsrechtlicher Normen sind und die gesellschaftlichen und wirtschaftlichen Bedingungen widerspiegeln bzw. die politischen Grundideen für das arbeitsrechtliche System nach dem Willen des Gesetzgebers normieren[905]. Die Reform war

[902] FS-Däubler - Wratny, 603.

[903] Arbeitslosenquote: 1990: 6,5 %; 1991: 12,2 %; 1992: 14,9 %; 1993: 16,4 %; Online-Information des Ministeriums für Arbeit und Sozialpolitik.

[904] 29.12.1993, Dz. U. 1994, Nr. 1, Pos.1; Diese bezieht sich inhaltlich auf die Richtlinie 80/987/EWG des Rates bezieht.

[905] Salwa, vor Art. 10, 2. Abschnitt - Grundsätze des Arbeitsrechts. Die Bestimmungen des ersten und zweiten Abschnitts des KP beinhalten politische Grundentscheidungen, deren gesetzliche Normierung nicht nur Anspruchsgrundlagen und Verpflichtungen für die Arbeitsparteien schafft, son-

das Ergebnis der mehrjährigen Arbeit der Kommission zur Reform des Arbeitsrechts[906]. Obschon sich der Gesetzgeber zunächst dafür entschieden hatte, dass sozialistische KP in seiner Fassung vom 7. April 1989[907] anzupassen, ging man in dieser Transformationsphase davon aus, dass nach einer Übergangsphase von einigen Jahren ein gänzlich neues Arbeitsgesetzbuch geschaffen werde[908]. Es sollte den rechtlichen Rahmen für die bis dahin vollständig entwickelte Marktwirtschaft in Polen regeln[909].

3. Dritte Transformationsphase (2000 - 2005)

Dieses Vorhaben ist bis zum heutigen Zeitpunkt nicht umgesetzt. Vielmehr hat der polnische Gesetzgeber in der dritten Transformationsphase das ursprüngliche KP erneut mehrfach reformiert. Bedeutend waren Änderungen des Tarifrechts durch die Reform im Jahr 2000 sowie der individuell- und kollektivrechtlichen Bestimmungen durch die Reformen in den Jahren 2002 und 2003, welche zum einen der Flexibilisierung der Arbeitsverhältnisse durch eine Reihe von **Änderungen zu Gunsten der Arbeitgeber**[910] und zum anderen der Anpassung des polnischen Arbeitsrechts an die **Vorgaben der Europäischen Union** in Vorbereitung auf den Beitritt Polens in die EU und die erforderliche Übernahme des *Acquis Communautaire* dienen sollten.

Allerdings wurde durch die Verordnung des Ministerrates vom 20.08.2002 eine Kommission[911] zur grundlegenden Neufassung des polnischen Arbeitsrechts eingesetzt, die ursprünglich bis Ende 2004 die Grundlagen eines modernen Arbeitsrechts erarbeiten und Entwürfe zur Regelung des individuellen und kollektiven Arbeitsrechts in zwei getrennten Gesetzen vorlegen sollte[912]. Ein entsprechender Entwurf wurde im Oktober 2005 vorgestellt. Ob und, wenn ja, mit welchem Inhalt eine gesetzliche Umsetzung des Entwurfs erfolgen wird, ist vor dem Hintergrund des im September 2005 erfolgten Regierungswechsels unklar. Mit einer gesetzlichen Neufassung des Arbeitsrechts vor dem Jahr 2007 ist jedenfalls nicht zu rechnen.

III. Nachwirkungen des sozialistischen Arbeitsrechtssystems

Die Untersuchungen des Transformationsprozesses haben ferner ergeben, dass das heutige Arbeitsrecht nach wie vor vom **sozialistischen Arbeitsrechtssystems** geprägt ist.

---

dem auch den Auslegungsmaßstab für alle Regelungen des Arbeitsrechts allgemein. Außerdem geben sie die Wertung für weitere, legislative Arbeiten zum Arbeitsrecht sowie für einzelvertragliche Bestimmungen vor.

[906] Die Kommission wurde 1990 ins Leben gerufen und unterstand dem Ministerium für Arbeit und Sozialpolitik.

[907] Dz. U. 1989, Nr. 20, Pos. 107.

[908] Stępińska - Krajewski, S. 4.

[909] Stępińska - Krajewski, S. 4.

[910] Maschmann – Sobótka, NZA 2003, 206.

[911] Die Kommission wird von Prof. Dr. Zielinski geleitet.

[912] Pörnbacher, WiRO 2003, 99.

4. Kodifizierung des Arbeitsrechts

Dies trifft für die Kodifizierung des Arbeitsrechts zu. Beibehalten wurde das KP als zentrale Rechtsquelle des Arbeitsrechts, das neben den Grundsätzen des Arbeitsrechts, das Arbeitsvertragsrecht, Arbeitsschutz- und Arbeitssicherheitsbestimmungen, die Haftung von Arbeitgeber und Arbeitnehmer sowie einen wesentlichen Teil des kollektiven Arbeitsrechts regelt. Allerdings fügte der Gesetzgeber bei den Reformen des Gesetzbuchs die im Jahr 1991 ergangenen kollektivrechtlichen Einzelgesetze nicht in das KP ein. Vielmehr wurden 1994 im Rahmen der Kommission zur Reform des Arbeitsrechts und der Sozialversicherung Arbeiten zur Kodifizierung des kollektiven Arbeitsrechts in einem einheitlichen Gesetzbuch, das **Gesetz für kollektive Arbeitsverhältnisse** (*kodeks zbiorowych stosunków pracy*)[913], aufgenommen. Ziel einer solchen Kodifizierung war es, das Kollektivrecht zusammenzufassen und damit die kollektiven Arbeitsverhältnisse rechtlich zu systematisieren. Außerdem erhofften sich die Befürworter der Kodifizierung hierdurch eine verbesserte Anpassung des polnischen Arbeitsrechts an internationale Standards, insbesondere an das Gemeinschaftsrecht[914]. Tatsächlich ist der Versuch, das polnische Kollektivrecht in einem Gesetzbuch zusammenzufassen, bislang ebenso an widerstreitenden politischen Interessen gescheitert wie die Bemühungen, ein deutsches Arbeitsgesetzbuch zu schaffen. Stattdessen wurde mit der Reform des KP 1996 Art. 18 1 und 2 KP eingefügt, der auf die Gesetze über die Kollektivvertretungen von Arbeitnehmern und Arbeitgebern sowie auf die Bestimmung zur Mitbestimmung der Arbeitnehmer in Betrieben verweist, ohne diese in das KP einfügen zu müssen.

Dennoch hat der polnische Gesetzgeber grundsätzlich die **Kodifizierung der arbeitsrechtlichen Vorschriften** fortgesetzt. Aufgrund einer großen Anzahl von Einzelgesetzen und Durchführungsverordnungen, die seit der Wende erlassen wurden, und der Notwendigkeit zur Auslegung von allgemeiner Rechtsbegriffe durch die Rechtsprechung[915] ist das System arbeitsrechtlichen Vorschriften in Polen allerdings sehr komplex. Trotz dessen existiert mehr Transparenz als im deutschen Arbeitsrecht. Dies liegt zum einen in der Rolle des **KP als zentrale Regelungsquelle** begründet und zum anderen an der umfänglichen **Kodifizierung des kollektiven Arbeitsrechts**, wenn auch in mehreren Gesetzen. Eine Verbesserung der Situation wird durch den Vorschlag der Kommission zur Erarbeitung einer Neufassung eines individual- und eines kollektivrechtlichen Gesetzbuchs erwartet. Durch die Zusammenfassung in zwei Gesetzbüchern könnten Einzelgesetze in einem Werk zusammengefasst und auf einander abgestimmt werden. Für notwendig wird auch eine **Neuregelung der betrieblichen Arbeitnehmervertretung** erachtet[916]. Dem ist zuzustimmen, denn aufgrund der geringen Anzahl von Betrieben, in denen Gewerkschaften tätig sind, können – wie dargestellt – die Interessen der Arbeitnehmer in der deutlichen Mehrheit der Betriebe nicht in angemessener Weise wahrgenommen

---

[913] Lewandowski-Goździewicz, S. 94.
[914] Lewandowski-Goździewicz, S. 94.
[915] Zu denken ist hier z. B. an die Rechtsprechung zu Kündigungsgründen.
[916] Pörnbacher, WiRO 2003, 99; Towalski, Eironline 2005, Dok. PL0510105F.

werden. Darüber hinaus bedarf es einer Legitimierung und Wahl der Arbeitnehmervertreter auch in kollektiven Angelegenheiten durch alle Beschäftigten eines Betriebs und nicht nur durch die gewerkschaftlich organisierten Arbeitnehmer. Ein Vorschlag für die beiden Gesetzesbücher wurde im Oktober 2005 vorgestellt. Nach dem Regierungswechsel im September 2005 ist mit einer gesetzlichen Umsetzung von Kommissionsvorschlägen vor dem Jahr 2007 nicht zu rechnen.

Ein weiterer Vorteil der Kodifizierung des polnischen Arbeitsrechts ist, dass der polnische Gesetzgeber mit der Reform des KP gezwungen war, die **Grundsätze des Arbeitsrechts** festzulegen, welche als Auslegungsmaßstab für alle Regelungen des Arbeitsrechts zur Anwendung kommen[917]. Dies trifft auch auf den Arbeitnehmer- und den Arbeitgeberbegriff nach Art. 3 und 22 KP zu, die im polnischen Arbeitsrecht einheitlich anwendbar sind. Hierdurch werden grundsätzlich Rechtssicherheit und Transparenz gewährleistet. Diese positiven Aspekte werden derzeit aber noch von dem Transformationsprozess aufgewogen, der mit einer Vielzahl von Reformen z.B. der Vergütungssysteme oder der Vorschriften über den Arbeitsschutz und Arbeitssicherheit, auf Grundlage des in das polnische Recht umzusetzenden Gemeinschaftsrechts verbunden ist. Folge dessen ist, dass Rechts- und Planungssicherheit im polnischen Arbeitsrecht derzeit noch nicht gewährleistet sind, da Reformen des polnischen Arbeitsrechts - wie dargestellt - nach dem Regierungswechsel bevorstehen.

5. Sonstige Aspekte des sozialistischen Arbeitsrechts

Als weitere wichtige Gesetze, die bereits im Sozialismus in Kraft getreten sind, gelten beispielsweise auch das **Gewerkschaftsgesetz** und das **Gesetz über die staatliche Arbeitsinspektion** fort. Zu einem inhaltlichen Systemwechsel ist es auch in wesentlichen Bereichen des Arbeitsrechts nicht gekommen. Dies gilt z. B. für das Vertragsrecht, den Kündigungsschutz und die Pflichten des Arbeitgebers[918] sowie die individual-rechtlichen Beteiligungsrechte der Gewerkschaften. Allerdings wurde u.a. das Beteiligungsverfahren bei Kündigungen verkürzt und das Kündigungsrecht im Falle von betriebsbedingten - später „nicht in der Person des Arbeitnehmers liegenden" - Gründen erleichtert, um auf diese Weise auf die Notwendigkeit von Gruppenentlassungen im Zuge von Restrukturierungsmaßnahmen reagieren zu können.

Betriebsordnungen als eine Rechtsquelle des Arbeitsrechts existierten bereits im sozialistischen Arbeitsrecht (Arbeitsordnung, Art. 104 sozialistisches KP). Die Bedeutung dieses Rechtsinstitut hat der polnische Gesetzgeber mit der Reform des KP im Jahr 1996 deutlich vergrößert und z. B im Rahmen der Modernisierung der Vergütungs- und Prämienleistungen genutzt. Eine weitere Rechtsquelle, deren Ursprung

---

[917] Salwa, 2. Abschnitt des KP, Vorwort.

[918] Diese ergeben sie sich aus Art. 94 bis 99, 284 KP sowie den Bestimmungen zum Abschluss eines Arbeitsvertrages und seiner Beendigung, Art. 25 ff. KP. Das KP verfügt somit durchaus über eine systematische Auflistung der wesentlichen Pflichten (a.A. Egerer, AE 04/2000, 1).

aus dem Sozialismus stammt, sind Generalvereinbarungen. Vorläufer der Generalvereinbarungen waren die **Sozialvereinbarungen**, welche im Jahr 1981 zwischen der damaligen polnischen Regierung und den streikenden Werftarbeitern der Solidarność-Bewegung vereinbart wurden.

Die Einrichtung eines **betrieblichen Sozialfonds** ist auf die im Sozialismus bestehende, enge Verknüpfung zwischen Arbeits- und Sozialleistungen des Beschäftigungsbetriebs zurückzuführen, die nach der Wende die weitere Finanzierung einiger Sozialeinrichtungen durch den Arbeitgeber notwendig machte. Im Kollektivstreit- und Arbeitskampfrecht wurde das staatliche **Zwangsschlichtungsverfahren** im Wesentlichen beibehalten und auf die Einführung des **Aussperrungsrechts verzichtet**.

III. Freie Marktwirtschaft und sozialer Schutz

Von Beginn des Transformationsprozesses an bestand für den polnischen Gesetzgeber die Notwendigkeit, die arbeitsrechtlichen Bedingungen soweit zu reformieren, dass sie die freie Marktwirtschaft ermöglichten. Gleichzeitig musste der soziale Schutz der Arbeitnehmer mit diesen Regelungen in Einklang gebracht werden. Da das sozialistische KP bereits einen weit reichenden Schutz der Arbeitnehmerrechte vorsah, bedurfte es in erster Linie einer Erweiterung dieses Schutzes im Hinblick auf Arbeits- und Sozialbedingungen, die im Sozialismus ohne Bedeutung waren. Zu denken ist hier an das Phänomen der **Massenarbeitslosigkeit**[919] im Zuge von **Restrukturierung und Privatisierung der Staatsunternehmen**, den häufigeren **Wechsel des Arbeitsverhältnisses** und **alternativer Beschäftigungsformen**, wie befristete Arbeitsverhältnisse, Leiharbeit sowie der Regelung von Auslands- und Ausländerbeschäftigung.

Der polnische Gesetzgeber wurde seinem Schutzauftrag gerecht, in dem er **Mindestbedingungen** für die Arbeitsverhältnisse, wie auch die Mindestarbeitsvergütung, gesetzlich festgelegt hat. Diese waren für die zum damaligen Zeitpunkt üblichen Beschäftigungsverhältnisse dem Grundsatz nach zunächst auf einem relativ hohen Niveau. Gleiches gilt für die vereinbarten Bedingungen in Tarifverträgen und Sozialpaketen. Allerdings wurden die gesetzlichen Bedingungen für **betriebsbedingte Kündigungen** bei Gruppenentlassungen und Insolvenz bereits im Jahr 1991 **erleichtert**. Aufgrund der schlechten wirtschaftlichen Situation Polens seit dem Jahr 2000 wurden **Reformen zugunsten der Arbeitgeber** durchgesetzt, welche die Arbeitsvertragsverhältnisse flexibilisieren und die Arbeitskosten reduzieren sollten, um die Wettbewerbsfähigkeit der polnischen Wirtschaft zu steigern. Insbesondere ermöglicht das polnische Arbeitsrecht den **Eingriff in Tarifverträge, Betriebsordnungen und Arbeitsverträge durch Betriebsvereinbarung** unter Durchbrechung

---

[919] Im Zusammenhang mit Arbeitslosigkeit ist auch das Problem der Schwarzarbeit als Schattenwirtschaft zu erwähnen, der nach Schätzungen etwa 800.000 Polen nachgehen, vgl. Gardawski, Eironline 2004, Dok. PL0401104f.

des Rang- und Günstigkeitsprinzips, um flexible Arbeitsbedingungen auf Betriebsebene zu ermöglichen.

Allerdings schreibt das KP nach wie vor die Verantwortung des Arbeitgebers für die sozialen Bedürfnisse der Arbeitnehmer im Rahmen der betrieblichen Möglichkeiten fest (Art. 94 Nr. 8 KP). Nach dem Verständnis des polnischen Arbeitsrechts ist somit Träger der sozialen Verantwortung in der sozialen Marktwirtschaft nicht allein der Staat, sondern auch der Arbeitgeber. Dieser muss im Rahmen seiner Betätigung über die Verfolgung wirtschaftlicher Gesichtspunkte hinaus auch seiner sozialen Verantwortung gegenüber den Beschäftigten gerecht werden. Diesen Gedanken spiegelt auch die Verpflichtung der Arbeitgeber wieder, betriebliche Sozialfonds einzurichten[920]. Der Arbeitgeber wird somit trotz der grundsätzlich gewährleisteten Vertragsfreiheit im besonderen Kräfteverhältnis des Arbeitsverhältnisses durch die ihm gesetzlich übertragene Verantwortung für die Arbeitnehmer bei der Gestaltung und Ausübung der Arbeitsverhältnisse beschränkt.

Insgesamt wurden die Anforderungen an eine demokratischen, sozialen und rechtsstaatlichen Grundsätzen entsprechende Arbeitsrechtsordnung gewahrt. Neben den **verfassungsrechtlichen Garantien** sind an dieser Stelle die **Grundsätze des polnischen Arbeitsrechts** nach dem ersten Abschnitt des KP, die auch als Grundrechte der Arbeitnehmer zusammengefasst werden können, die **Koalitionsfreiheit**, aber auch die Verpflichtung des Staates zur **Förderung der Vollbeschäftigung** in Polen gem. Art. 10 Abs. 3 KP hervorzuheben. Die Kontrolle der gesetzlichen Bestimmungen wird durch die Arbeitsgerichte, das Verfassungsgericht, die staatliche und allgemeine Arbeitsinspektion und die Gewerkschaften gewährleistet. Ein einheitliches Mindestniveau der Arbeitsbedingungen ergibt sich darüber hinaus aus dem Gemeinschaftsrecht, zu dessen Einhaltung Polen seit dem Beitritt zur Europäischen Union verpflichtet ist.

E. Bewertung des Transformationsprozess in Polen und in den neuen Bundesländern

Das polnische Arbeitsrecht hat im Verlauf der dritten Transformationsphase auf nationaler Ebene eine Gestalt gefunden, die den demokratischen und freiheitlichen Prinzipien in einer sozialen Marktwirtschaft entspricht. Notwendig war hierfür ein **jahrelanger Reformprozess**, in dessen Rahmen die Arbeitsgesetze mehrfach neugestaltet und verbessert bzw. flexibilisiert werden mussten. Dies gilt beispielsweise für das Urlaubsrecht, Kündigungserleichterungen bei Gruppenentlassungen und die gesetzlichen Bestimmungen zur Beschäftigungsförderung. Nachteil dieser Vorgehensweise ist neben **Rechts- und Planungsunsicherheit** auch eine verzögerte Neugestaltung, da Rechtsänderungen teilweise erst Jahre nach der Wende erfolgten.

[920] Zu den Einzelheiten vgl. 3. Kapitel B. V. 4. a. (5) (e).

Dies gilt z. B. für das erst mit der Reform des KP 1994 neu organisierte Tarifrecht[921].

Demgegenüber galt in den **neuen Bundesländern**, abgesehen von einigen Übergangsfristen, bereits mit der Wiedervereinigung das bundesdeutsche Arbeitsrecht. Somit bestand nur kurze Zeit nach der Wende ein rechtsstaatliches System im Arbeitsrecht unter Einbeziehung der gemeinschaftsrechtlichen Vorgaben. Daraus resultierte das Problem, dass in kürzester Zeit die Arbeitsgerichte und die Rechtsprechung in den neuen Bundesländern etabliert werden mussten[922]. Die Rechtspflege musste vollständig neu organisiert und das bundesdeutsche Recht verinnerlicht werden. Bereits mit der Wiedervereinigung stand fest, dass Ideen aus dem **Arbeitsrecht der DDR** im Wege einer Reform des bundesdeutschen Arbeitsrechts ebenso **wenig Beachtung** finden würden, wie die erst mit dem Mauerfall begonnenen Reformen des sozialistischen Arbeits- und Gewerkschaftsrechts. Das Vorhaben, dem Kodifizierungsauftrag aus Art. 30 des Einigungsvertrages nachzukommen und ein Arbeitsvertragsgesetz zu erlassen, scheiterte.

Im **polnischen Arbeitsrecht** wurden **erhaltenswerte Aspekte** des sozialistischen Arbeitsrechts – wie dargestellt – **beibehalten**. Neben der Kodifizierung des Arbeitsrechts hat dies den Vorteil, dass die polnische Rechtspflege, das Gerichtssystem und die bisherige Rechtsprechung aus sich heraus reformiert werden konnten. Die Umwandlung des Staats- und Wirtschaftssystems führte dazu, dass alle Aspekte der bisherigen Rechtsordnung zumindest hinterfragt wurden. Folge dessen war, dass der polnische Gesetzgeber auch arbeitspolitische **Grundsatzfragen** im Rahmen der Diskussion um die Neugestaltung des Arbeitsrechts und der polnischen Verfassung entschied und **kodifizierte**, welche im deutschen Arbeitsrecht mangels politischer Einigungsfähigkeit den Arbeitsgerichten überlassen wurden. Die Änderungen des Arbeitsrechts im Jahr 2002 zugunsten einer Flexibilisierung der Arbeitsbedingungen sind als mutig zu bewerten. Dies gilt insbesondere für die Einführung weiterer Aussetzungsmöglichkeiten durch eine Betriebsvereinbarung. Die Einführung von tariflichen Regelungen im Rahmen von sog. **betrieblichen Bündnissen**, die den Betriebsparteien das Recht einräumen würden, auch zu Lasten der Mitarbeiter abzuweichen, ist in Deutschland äußerst umstritten. Nach der gegenwärtigen Rechtslage sind sie nur unter Mitwirkung der Gewerkschaften durch Vereinbarung von tarifvertraglichen Öffnungsklauseln oder Vereinbarung eines Haustarifvertrages - dann allerdings mit der zuständigen Gewerkschaft - zulässig. Ob durch die Übernahme entsprechender Regelungsmöglichkeiten in das deutsche Arbeitsrecht tatsächlich eine arbeitsplatzsichernde Wirkung erzielt werden könnte, kann nicht einheitlich beantwortet werden. Denn jedenfalls wurde in Polen das wichtigste Ziel der Einführung der Aussetzungsmöglichkeit, die Reduzierung der Arbeitslosigkeit, bislang nur in geringem Umfang erreicht. In wie weit hierzu Aussetzungsregelungen beigetragen haben, ist unklar.

Schlussendlich muss sich der polnische Gesetzgeber mittlerweile nicht mehr mit der Transformation des arbeitsrechtlichen Rechtssystems auseinandersetzen, son-

[921] FS-Däubler – Wratny, 603.

[922] Zu der Vorgehensweise vgl. Kissel, NZA 1992, 1.

dern mit den Problemen eines gemeinsame Wirtschaftsmarktes in der EU, der Globalisierung und der Umsetzung des Gemeinschaftsrechts. Insoweit ist er über 15 Jahre nach der Wende in einer vergleichbaren Situation wie der deutsche Gesetzgeber.

Viertes Kapitel: Gemeinschaftsrechtliche Transformation des Arbeitsrechts

Im Folgenden wird der Einfluss gemeinschaftsrechtlicher Vorgaben auf die Entwicklung des polnischen Arbeitsrechts seit der Wende aus dem deutschen Blickwinkel untersucht. Ziel ist eine Analyse der bereits eingetretenen und voraussichtlich künftig eintretenden Auswirkungen auf die Gewerkschaftsentwicklung in Polen. Hierzu wird zunächst im Überblick die Rechtslage in der ehemaligen DDR und in Polen im Hinblick auf die Übernahme der arbeitsrechtlichen Bestimmungen des primären und sekundären Gemeinschaftsrechts gegenüber gestellt, bevor konkret auf die Situation der polnischen Gewerkschaften eingegangen wird.

A. Übernahme des Gemeinschaftsrechts durch die DDR und die wiedervereinigte BRD

Nach dem politischen Umbruch in der DDR wurden rasch Rechtsbeziehungen mit der Europäischen Gemeinschaft (EG) aufgenommen. Bereits am 13.03.1990 vereinbarten die EG und die DDR ein Handels- und Kooperationsabkommen[923]. Dieses sah die **Liberalisierung des Handels zwischen der DDR und den damaligen Mitgliedstaaten der EG** mit Ausnahme der Bundesrepublik Deutschland[924] sowie den schrittweisen Abbau von Importquoten bis zum Jahr 1995 vor[925]. Hierzu sollte ähnlich wie in den zuvor mit Ungarn (1988)[926] und Polen (1989)[927] abgeschlossenen Handelsverträgen die Kooperation, z. B. durch Informationsaustausch, Herstellung eines günstigen Investitionsklimas sowie technische und personelle Beratung, intensiviert werden.

Dieses Abkommen wurde bereits mit der Wiedervereinigung der Bundesrepublik Deutschland und der fünf neuen Bundesländer am 03. Oktober 1990 obsolet. **Mit der Wiedervereinigung** nach Art. 23 S. 2 GG a. F. gilt gem. Art. 10 des Einigungsvertrages[928] das **Primär- und Sekundärrecht der EG** auch in den neuen Bundesländern. Durch die staatliche Vereinigung ist das Gebiet der ehemaligen DDR in die Europäische Gemeinschaft – und folglich später auch in die EU – eingegliedert worden, ohne dass es hierzu einer Anpassung der Römischen Verträge[929] bedurft hätte[930]. Denn nach dem Grundsatz der „beweglichen Vertragsgrenzen" wurde mit

---

923 Dieses wurde am 08.05.1990 unterzeichnet, vgl. Hailbronner, DTZ 1991, 321; Scherer, EuZW 1990, 241.

924 Zwischen der BRD und der DDR war der Handel bereits durch das Protokoll über den innerdeutschen Handel vom 25.03.1957 geregelt worden, BGBl. II 1957, 984.

925 Scherer, BB 1990, Beil. 16, 11

926 Art. 11 des Abkommens, Beschl. des Rates v. 21.11.1988, 88/595/EWG, ABl. L 327/1.

927 Art. 18 des Abkommens, Beschl. des Rates v. 30.10.1989, 89/593/EWG, ABl. L 339/1.

928 BGBl. II 1990, 889.

929 Vertrag über die Gründung der Europäischen Gemeinschaft für Kohle und Stahl v. 18.04.1951; Vertrag zur Gründung der Europäischen Atomgemeinschaft und Vertrag zur Gründung der Europäischen Wirtschaftsgemeinschaft v. 25.03.1957.

930 Europäischer Rat, Sondertagung in Dublin v. 28.04.1990, EA 1990, 284; ebenso Hailbronner, JZ 1990, 449; Rengeling, DVBl 1990, 1307; a.A. Rauschnig / Hach, EuZW 1990, 344.

der Wiedervereinigung nicht die rechtliche Identität der Bundesrepublik als Mitglied der Gemeinschaft tangiert, sondern es veränderte sich lediglich das Gebiet eines Mitgliedsstaates[931]. Die weitere Entwicklung des Europäischen Arbeitsrechts in diesen Bundesländern verläuft somit seit diesem Zeitpunkt **als gesamtdeutscher Prozess**.

Allerdings bestanden für wesentliche Teile des sekundären Gemeinschaftsrechts in den neuen Bundesländern **Übergangsvorschriften**, welche den Bedürfnissen im Rahmen der Umgestaltung der Verwaltung und des wirtschaftlichen Systemwechsels entsprachen[932]. Mit der Verordnung 90/2698/EWG vom 17.09.1990 wurden vor allem den Agrarmarkt betreffende Regelungen erlassen[933]. Darüber hinaus wurde die Bundesrepublik Deutschland von der Kommission und nach Art. 4 des Einigungsvertrages dazu ermächtigt, Gemeinschaftsrecht sowie aufgrund dessen ergangenes Bundesrecht im Gebiet der ehemaligen DDR zeitweise nicht anzuwenden bzw. durchzuführen[934]. Hiervon wurde durch Erlass der EG-Recht-Überleitungsverordnung[935] Gebrauch gemacht[936].

Im Bereich der **Arbeits- und Sozialpolitik** gilt das Gemeinschaftsrecht seit der Wiedervereinigung ebenfalls für die neuen Bundesländer. Ziel des europäischen Arbeitsrechts ist es, die nationalen Vorschriften zu harmonisieren und folglich vergleichbare Mindeststandards der Arbeitsbedingungen in der EU zu gewährleisten[937]. Allerdings bestand zunächst eine Ausnahmeregelung für die Anwendung der gemeinschaftsrechtlichen Bestimmungen über die Gefährdung der Arbeitnehmer durch chemische, physikalische und biologische Stoffe[938]. Denn die gemeinschaftsrechtlichen Anforderungen an Sicherheit und Gesundheitsschutz ließen sich in den Staatsbetrieben nicht ohne Übergangszeit erfüllen.

B. Gemeinschaftsrecht in der Republik Polen

I. Beitrittsprozess

Bereits während der politischen Wende wurden bilaterale Beziehungen zwischen der Europäischen Wirtschaftsgemeinschaft (EWG) und Polen aufgenommen, die am

[931] Hailbronner, DTZ 1991, 321.
[932] Diese betrafen Industrie, Handel, Gewerbe und Landwirtschaft, vgl. Europäischer Rat, Sondertagung in Dublin v. 28.04.1990, EA 1990, 284; Hailbronner, DTZ 1991, 321.
[933] ABl. EG 1990, L 267/90.
[934] Zu den Einzelheiten vgl. Hailbronner, DTZ 1991, 321.
[935] BGBl. II 1990, 2117. Die Verordnung ist am 31.12.1990 außer Kraft getreten.
[936] Wank, RdA 1991, 1.
[937] Florek/Zieliński, Rn. 58a.
[938] Richtlinie 659/90/EWG zu den Übergangsvorschriften auf dem Gebiet der Sicherheit und des Gesundheitsschutzes der Arbeitnehmer, ABlEG L 353/77.

19.09.1989 zur Unterzeichnung des **Abkommens** über **Handel und wirtschaftliche Zusammenarbeit** führten[939]. Am 16.12.1991 wurde als nächster Schritt der europäischen Annäherung das **Europa-Abkommen** zwischen Polen und der Europäischen Gemeinschaft (EG) über Polens Assoziierung mit den drei Europäischen Gemeinschaften und ihren Mitgliedsstaaten unterzeichnet[940]. Zweck des Europa-Abkommens war es, durch politische, wirtschaftliche und kulturelle Zusammenarbeit die Voraussetzung für die Mitgliedschaft Polen in der EG zu schaffen[941]. In Art. 68 des Europa-Abkommens verpflichtete sich der polnische Staat bereits dazu, neue Gesetze entsprechend den Vorgaben des Gemeinschaftsrechts zu erlassen[942]. Voraussetzungen für den Beitritt zur EU waren neben der Durchführung des förmlichen **Beitrittsverfahrens nach Art. 49 EU**[943] die im Juni 1993 auf dem Europäischen Rat von Kopenhagen formulierten Kriterien, die drei sog. **Kopenhagener Kriterien**[944]. Demnach bedarf es (1) institutioneller Stabilität als Garantie für eine demokratische und rechtsstaatliche Ordnung, für die Wahrung der Menschenrechte sowie die Achtung und den Schutz von Minderheiten, (2) einer funktionsfähigen Marktwirtschaft sowie die Fähigkeit, dem Wettbewerbsdruck und den Marktkräften innerhalb der EU standzuhalten sowie (3) der Übernahme des *Acquis Communautaire*[945], d.h. der sich aus einer Mitgliedschaft ergebenden Verpflichtungen sowie der Ziele der politischen Union und der Wirtschafts- und Währungsunion. Nachdem Polen bereits im April 1994 einen Antrag auf Beitritt zur EU gestellt hatte[946], beschlossen die Staats- und Regierungschefs der Mitgliedsstaaten der EU auf dem Europäischen Rat in Luxemburg am 12./13.12.1997 die **Aufnahme formeller Beitrittsverhandlungen** mit Polen[947]. Zur Übernahme des gemeinschaftsrechtlichen Besitzstandes erließ der Ministerrat Polens das Nationale Programm zur Vorbereitung auf die EU-Mitgliedschaft (*Narodowy Program Przygotowania do Członkostwa - NPPC*), das jährlich aktualisiert wurde. Darüber hinaus wacht das Amt des Komitees für die Europäische Integration (UKIE) über den Integrationsprozess und prüft u.a. Gesetzesentwürfe auf ihre Vereinbarkeit mit dem Gemeinschaftsrecht.

---

[939] ABl. EG 1989, L 339/ 2.

[940] BGBl. II 1993, 1473; Dieses trat zum 01.02.1994 in Kraft.

[941] Bull.EG 3/1994, 1.3.37; 7/8/1994, 1.3.26.

[942] Zu dem Prozess der Angleichung des polnischen Rechts an das Gemeinschaftsrecht noch vor Eröffnung des formellen Beitrittsverfahrens vgl. ausführlich Lewandowski – Florek, S. 235 ff.

[943] Vgl. zu dem Verfahrensablauf Dorau, EuR 1999, 736; Koenig / Haratsch, Rn. 859 ff.

[944] Bergmann, ZRP 2001, 18 f.; Husmann, ZIAS 1999, 419; Koenig/Haratsch, Rn. 862; Questionnaire Poland, S. 3.

[945] Der Acquis Communautaire besteht aus in 31 Kapiteln unterteilten Sachgebieten und ca. 14.000 Rechtsakten, vgl. Bergmann, ZRP 2001, 18.

[946] Bull.EG 3/1994, 1.3.18; Hanau / Steinmeyer / Wank-Wank, § 11 Rn. 108.

[947] Husmann, ZIAS 1999, 419; Daneben wurde beschlossen, auch mit Estland, Slowenien, Tschechien, Ungarn plus Zypern, der sog. Luxemburger Gruppe, die Beitrittsverhandlungen zu eröffnen. Im Frühjahr 2000 begannen formelle Beitrittsverhandlungen mit weiteren sechs Staaten, der sogenannten Helsinki-Gruppe (Bulgarien, Lettland, Litauen, Malta, Rumänien und der Slowakei)., vgl. Schübel, EuZW 2000, 641.

Bereits 1997 hatte die Kommission festgestellt, dass Polen die politischen Kriterien für einen Beitritt erfülle und über eine funktionierende Marktwirtschaft verfüge, die in der Lage sein dürfte, dem Wettbewerbsdruck und den Marktkräften in der EU mittelfristig standzuhalten[948]. Nachdem am 09.04.2003 das Europäische Parlament dem EU-Beitritt Polens und neun weiterer Bewerberstaaten zugestimmt hatte, wurde am 16.04.2003 der Beitrittsvertrag von den Mitgliedsstaaten und den 10 Bewerberstaaten in Athen unterzeichnet[949]. Dieser erhielt im Rahmen eines Referendums im Juni 2003 mit 77 % die Zustimmung der polnischen Bevölkerung[950]. Zum **01. Mai 2004** wurde der **Beitritt Polens in die EU** vollzogen.

II. Übernahme des Gemeinschaftsrechts

Grundsätzlich gilt seit dem Beitrittszeitpunkt das gesamte primäre und sekundäre Gemeinschaftsrecht auch in Polen. Allerdings wurden einige **Übergangsregelungen** vereinbart[951]. Von besonderer arbeitsrechtlicher Relevanz sind die im Hinblick auf die in Art. 39 EG garantierte **Arbeitnehmerfreizügigkeit**[952] vereinbarten Regelungen. Auf Antrag der Bundesrepublik Deutschland hatten sich die Vertragsparteien nach zähen Verhandlungen darauf geeinigt, die Arbeitnehmerfreizügigkeit zunächst für zwei Jahre zu suspendieren mit der Option einer Verlängerung um weitere drei und anschließend zwei Jahre[953]. Jede Verlängerung bedarf eines eigenen Antrags, auf den hin geprüft wird, ob es weiterhin der Einschränkung der Arbeitnehmerfreizügigkeit bedarf. Allerdings steht es jedem Mitgliedsstaat offen, zu entscheiden, ob er auf die Anwendung der Übergangsvorschriften verzichtet[954]. Außerdem muss auch in den Staaten, die von Übergangsfristen Gebrauch machen, Arbeitnehmern aus den neuen Mitgliedsstaaten Vorzug gegenüber Arbeitskräften aus Nicht-EU-Ländern gewährt werden[955].

---

[948] Bergmann, ZRP 2001, 18.

[949] Bundestag und Bundesrat stimmten dem Gesetz zu dem Vertrag vom 16.04.2003 im Juli 2003 nahezu einstimmig zu.

[950] Gardawski, Eironline 2004, Dok. PL0401104f; Die Beteiligung zum Volksentscheid hatte bei 58,85 % gelegen. Anschließend konnte der Vertrag im Juli 2003 ratifiziert werden.

[951] Übergangsfristen bzw. Einschränkungen des Gemeinschaftsrechts bestehen beispielsweise bzgl. des freien Warenverkehrs für manche Arzneimittel, bzgl. des freien Dienstleistungsverkehrs für Wertpapiere und Bankwesen sowie bzgl. des freien Kapitalverkehrs für den Erwerb von Grundstücken, vgl. hierzu Online-Information der Europäischen Kommission, www.europa.eu.int/comm/enlargement/.

[952] Vgl. zu der Problematik der EU-Erweiterung und Arbeitskräftemigration: Europäische Kommission, Information vom 06.03.2001; Bundesministerium für Arbeit und Sozialordnung, Forschungsbericht 286, S. 1; Becker, S. 1; Husmann, ZIAS 1999, 419; Mitrus, PiZS 2001, 9; Werding, NZA 2003, 194.

[953] Infobrief, wissenschaftliche Dienste des Deutschen Bundestages 8/2003, S. 7.

[954] Beispielsweise haben Dänemark, Großbritannien, Irland und Schweden bereits vor dem EU-Beitritt Polens auf Übergangsfristen in diesem Bereich ganz verzichtet.

[955] Infobrief, wissenschaftliche Dienste des Deutschen Bundestages 8/2003, S. 7.

Ergänzend hierzu gelten für den **freien Dienstleistungsverkehr** nach Art. 49 EG zwischen der Bundesrepublik Deutschland und Polen Einschränkungen und Übergangsfristen von ebenfalls maximal sieben Jahren für die vorübergehende grenzüberschreitende Tätigkeit von Dienstleistungsfirmen im Baugewerbe und verwandten Wirtschaftsbereichen sowie für Reinigungsdienstleistungen[956]. Grund hierfür ist die Gefahr, dass andernfalls die Übergangsvorschriften zu Art. 39 EG durch Scheinselbständigkeit von Arbeitnehmern umgangen werden könnten. Spätestens sieben Jahre nach dem Beitritt, also ab dem 01.05.2011, wird in allen Mitgliedsstaaten der EU die volle Freizügigkeit nach Art. 39 EG und der freie Dienstleistungsverkehr nach Art. 49 EG unterschiedslos gelten.

III. Gemeinschaftsrecht und Gewerkschaften

Es ist davon auszugehen, dass die Mitgliedschaft Polens in der EU erhebliche Auswirkungen auf die Entwicklungen der polnischen Gewerkschaften hat und noch haben wird. Dies ergibt sich aus den Rechten und Pflichten, welche das Gemeinschaftsrecht den Mitgliedsstaaten sowie der kollektiven Arbeitnehmervertretung überträgt. Dieses wird im Folgenden untersucht.

1. Rechtsgrundlagen

Das Gemeinschaftsrecht nimmt in verschiedener Hinsicht Einfluss auf Rechte und Pflichten der Gewerkschaften. Zu unterscheiden sind einerseits die **Beteiligung an der Entwicklung des Gemeinschaftsrechts**, einschließlich des Rechts zum Abschluss von Kollektivvereinbarungen, und andererseits die Rechte und Pflichten bei der **kollektiven Vertretung der Arbeitnehmer**. Letztere bestehen sowohl im grenzüberschreitenden Arbeitskontext als auch auf die einzelnen Mitgliedsstaaten beschränkt. Sie sind in einer Vielzahl von Richtlinien geregelt. Diese wurden aufgrund der Ermächtigungsgrundlagen des europäischen Primärrechts erlassen[957]. Zentrale Normen für die Schaffung gemeinschaftskonformer Regelungen zur Sozialpolitik sind die Art. 136 ff. EG. Diese dienen als Ermächtigungs- und Verpflichtungsgrundlage[958]. So sieht Art. 137 Abs. 1, 2 EG zur Verwirklichung der in Art. 136 EG beschriebenen Ziele zur Verbesserung und Angleichung der Lebens-

---

[956] Infobrief, wissenschaftliche Dienste des Deutschen Bundestages 8/2003, S. 7; Übergangsfristen im Hinblick auf den freien Dienstleistungsverkehr bestehen auch zwischen Polen und Österreich. Zu beachten ist aber, dass die permanente Erbringung von Dienstleistungen im Rahmen der Niederlassungsfreiheit nach Art. 43 EG bereits heute für alle Mitgliedsstaaten besteht.

[957] Vor Einführung der Rechtssetzungskompetenz für soziale Angelegenheiten in den EG dienten Art. 100, 117, 118, 235 EGV a.F. als Auffangnormen für den Erlass von arbeitsrechtlichen Richtlinien, vgl. Hanau/Steinmeyer/Wank – Hanau, § 19 Rn. 101; Lörcher, NZA 2003, 184.

[958] Fedtke/Fedtke, ZIAS 2005, 304; Die Regelungen zur Verbesserung und Angleichung der Arbeitsbedingungen der Arbeitnehmer in Art. 136 ff. EG gründen sich auf der Europäischen Sozialcharta vom 18.10.1961 und der Gemeinschaftscharta der sozialen Grundrechte der Arbeitnehmer von 1989, Sartorius II Nr. 115 und Nr. 190.

und Arbeitsbedingungen in der Gemeinschaft[959] unter anderem auch den Erlass von Richtlinien aufgrund von Mehrheitsentscheidungen nach Art. 251 EG zur **Unterrichtung und Anhörung der Arbeitnehmer** vor. Darüber hinaus können einstimmige Beschlüsse des Rates über die **Vertretung und kollektive Wahrnehmung der Arbeitnehmer- und Arbeitgeberinteressen** einschließlich der Mitbestimmung erfolgen, Art. 136 Abs. 3 EG. Allerdings besteht keine gemeinschaftsrechtliche Zuständigkeit für Regelungen nach Art. 136 EG zum Arbeitsentgelt, zum Koalitions- und Streikrecht sowie zur Aussperrung (Art. 136 Abs. 6 EG).

Das polnische Arbeitsrecht muss seit dem Beitritt die Bedingungen des Gemeinschaftsrechts zu kollektiven Gestaltungsrechten und zu einer effektiven Arbeitnehmervertretung gewährleisten. Im Folgenden ist zu untersuchen, ob das KP und das polnische Gewerkschaftsrecht die gemeinschaftsrechtlichen Vorgaben ausreichend umsetzen. Fraglich ist, ob die **Struktur der Arbeitnehmervertretung**, die im wesentlichen auf dem Gewerkschaftssystem als Tarifpartei und bedeutendstes Organ der Arbeitnehmervertretung beruht, den gemeinschaftsrechtlichen Vorgaben entspricht oder reformiert werden muss. Dies hätte wiederum unmittelbare Auswirkungen auf die Funktion sowie Rechte und Pflichten der polnischen Gewerkschaften. Zunächst wird aber untersucht, inwiefern die **polnischen Gewerkschaften** an der Entwicklung des europäischen Gemeinschaftsrechts beteiligt sind und wie dieses auf nationaler Ebene auf die Rechte und Pflichten der Gewerkschaften Einfluss nimmt.

2. Kollektivvereinbarungen aufgrund Gemeinschaftsrechts

a) Öffnungsklauseln in Richtlinien

Zahlreiche Richtlinien des Rates sehen sog. Öffnungsklauseln für Tarifverträge vor. Diese existieren in zwei Ausprägungen. Entweder gibt eine Richtlinie einen Rahmen vor, der durch tarifliche Bestimmungen konkretisiert werden kann, oder sie sieht explizit vor, dass von Bestimmungen der Richtlinie durch Tarifvertrag abgewichen werden kann. Beide Möglichkeiten bestehen beispielsweise im Rahmen der Arbeitszeitrichtlinien 93/104/EG und 2000/34/EG[960]. Die Regelungen wurden hauptsächlich durch die Reform des KP im Jahr 2003[961] in das polnische Arbeitsrecht umgesetzt. Das KP sieht nunmehr in Art. 139 § 3, 141 § 2, 145 § 2 die Ausgestaltung der Arbeitszeitbestimmungen durch Tarifvertrag und in Art. 150 § 1 durch Tarifvertrag oder Betriebsordnung vor. Nur wenn keine Gewerkschaft in dem Betrieb tätig ist, erfolgt die Ausgestaltung im Rahmen des Arbeitsvertrages. Auch das deutsche Arbeitszeitgesetz (ArbZG) wurde den Anforderungen des Gemeinschaftsrechts entsprechend mit Wirkung zum 01.01.2004 umfangreich geändert. § 7 ArbZG regelt

---

[959] Diese gehen auf die sozialen Grundrechte zurück, die in der Europäischen Sozialcharta vom 18.10.1961 und in der Gemeinschaftscharta der sozialen Grundrechte der Arbeitnehmer von 1989 festgelegt sind, Art. 136 EG.

[960] Vgl. zu den Einzelheiten Hanau/Steinmeyer/Wank – Hanau, § 19 Rn. 109 ff.

[961] Gesetz v. 14.11.2003, Dz. U. 2003, Nr. 213, Pos. 2081.

ein diffiziles System als Grundlage für abweichende Tarif- bzw. Betriebs- oder Dienstvereinbarungen zur Regelung der Arbeitszeit. Hiervon wird in einem wesentlichen Teil der bestehenden Tarifvereinbarungen sowie Betriebsvereinbarungen Gebrauch gemacht.

Demnach werden den Gewerkschaften durch Richtlinien Rechte und Pflichten gewährt. Allerdings ist zu beachten, dass Richtlinien ihrem Wesen nach nicht unmittelbare und zwingende Wirkung entfalten, sondern der **Umsetzung in nationales Recht** bedürfen (Art. 249 Abs. 3 EG), so dass sich die Rechte und Pflichten der Gewerkschaften nicht unmittelbar aus diesen, sondern aus den nationalen Gesetzen ergeben. Neben diesen können die Tarifparteien nach dem Günstigkeitsprinzip[962] auch für die Arbeitnehmer günstigere Tarifbestimmungen als solche vereinbaren, welche die Regelungen einer Richtlinie bzw. ihrer nationalen gesetzlichen Umsetzung vorsehen, solange die Richtlinienbestimmungen als Mindestvoraussetzungen eingehalten werden.

b) Kollektivvereinbarungen auf Gemeinschaftsebene

(1) Rechtsgrundlagen

Über die nationalen Ermächtigungsgrundlagen zum Abschluss von richtlinienergänzenden bzw. -konkretisierenden Tarifverträgen hinaus enthält Art. 139 EG die Ermächtigung zum Abschluss von grenzüberschreitenden Kollektivvereinbarungen[963]. Die Durchführung der **europäischen Kollektivvereinbarungen** setzt allerdings in den in Art. 137 EG genannten Bereichen den Beschluss des Rates voraus, Art. 139 Abs. 2 EG. Das bedeutet, dass der Rat auf Grundlage der Rahmenkollektivvereinbarung eine Richtlinie erlässt, die wiederum von den Mitgliedsstaaten in nationales Recht umgesetzt werden muss. Hingegen bedarf es der Beteiligung des Europäischen Parlaments bei dem Erlass einer Richtlinie nach Art. 139 Abs. 2, 137 EG nicht, da dem Demokratiebedürfnis für Kollektivvereinbarungen durch die Beteiligung der Arbeitnehmer- und der Arbeitgebervertreter entsprochen wird. Nach Auffassung des Europäischen Gerichts erster Instanz setzt dies aber voraus, dass die **Kollektivparteien repräsentativ** für die Arbeitnehmer und Arbeitgeberseite sind[964]. Berührt der Regelungsgegenstand der Kollektivvereinbarung Art. 137 EG nicht, erfolgt die Durchführung der Kollektivvereinbarung nach den Regelungen, welche die Sozialpartner und die Mitgliedsstaaten vorsehen.

(2) Parteien von Kollektivvereinbarungen / Sozialpartner

Parteien dieser Kollektivvereinbarungen sind die sog. **Sozialpartner**, also die europäischen Gewerkschafts- und Arbeitgeberbündnisse. Dies sind der **Europäische**

---

[962] Zum Günstigkeitsprinzip vgl. 3. Kapitel B. V. 4. a. (6) (e).

[963] Ursprung dieser Bestimmung sind das Abkommen und Protokoll über die Sozialpolitik, vgl. hierzu Schuster, EuZW 1992, 178.

[964] Beschl. v. 17.06.1998, Slg. 1998 II, 2335; vgl. Schwarze, RdA 2001, 208.

Gewerkschaftsbund (EGB = ETUC)[965], einschließlich der europäischen Branchengewerkschaftsverbände und die **europäischen Arbeitgeberverbände** UNICE und CEEP. Der EGB ist eine Dachorganisation, die von der EU als alleinige interprofessionelle Gewerkschaftsorganisation auf europäischer Ebene anerkannt ist. In den europäischen Gewerkschaftsverbänden, wie dem Europäischen Metallgewerkschaftsbund (EMF) oder dem Europäischen Gewerkschaftsverband für den öffentlichen Dienst (EGÖD/ EPSU), sind die nationalen Branchengewerkschaften organisiert.

Dem **EGB gehört** auch der größte polnische Gewerkschaftsbund, die **NSZZ Soldarność, an.** Auf diese Weise wirkt dieser mittelbar durch seine Delegierten in den Organen des EGB[966] an der Vereinbarung von Kollektivvereinbarungen auf Gemeinschaftsebene mit. Dies gilt ebenso für die weiteren Aufgaben, welche der EGB und seine Gewerkschaftsverbände wahrnehmen. Denn diese können in gleicher Weise wie die Vertreter der Arbeitgeberverbände durch regelmäßige Kontakte mit den Organen der EU ihre Ziele und Forderungen zur Geltung bringen und damit mittelbar Einfluss auf die Gestaltung des arbeits- und sozialrechtlichen Gemeinschaftsrechts nehmen. Dies erfolgt insbesondere durch **Beteiligung in** verschiedenen **beratenden Ausschüssen**, z.B. dem Wirtschafts- und Sozialausschuss und im Rahmen des sozialen Dialogs[967]. Die Europäischen Gewerkschaftsverbände sind Mitglied in den Ausschüssen für den branchenbezogenen Sozialdialog, die auf den Beschluss der Kommission 98/500/EG über die Einsetzung von Ausschüssen für den sektoralen Dialog zur Förderung der Zusammenarbeit zwischen den Sozialpartnern auf europäischer Ebene[968] zurückgehen. Angesichts der Tatsache, dass dem EGB derzeit 76 nationale Gewerkschaftsbünde angehören[969], dürfte die tatsächliche Einflussnahme des polnischen Gewerkschaftsbundes allerdings nur begrenzt sein.

(3) Entwicklung der europäischen Kollektivvereinbarungen

Basierend auf der Ermächtigungsgrundlage der Art. 139, 137 Abs. 3 EG wurden bislang mehrere **Richtlinien** erlassen, **die auf Rahmenvereinbarungen** zwischen dem EGB und UNICE und CEEP **fußen**[970]. Dies betrifft beispielsweise Vereinba-

---

[965] Der EGB kann als eine europäische Einheitsgewerkschaft bezeichnet werden, in der politisch und konfessionell unterschiedlich ausgerichtete nationale Gewerkschaftsbünde zusammengeschlossen sind; ausführlich hierzu Lörcher, NZA 2003, 184. Zum Selbstverständnis des EGB vgl. Online-Informationen auf der Homepage des EGB unter www.etuc.org.

[966] Vgl. zu der Organstruktur des EGB s. Online-Informationen auf der Homepage des EGB unter www.etuc.org.

[967] Zu der Entwicklung des sozialen Dialogs zwischen den Sozialpartnern und der Kommission vgl. Lörcher, NZA 2003, 184.

[968] ABl L 225 v. 12.08.1998.

[969] Online-Informationen auf der Homepage des EGB unter www.etuc.org.

[970] Allerdings kam es in zahlreichen Fällen mangels Einigung nicht zu einer Rahmenvereinbarung der Sozialpartner, so dass die Kommission eigene Richtlinienvorschläge in den Rechtssetzungsprozess einbringen musste. Dies gilt z. B. für die Richtlinien zum Europäischen Betriebsrat, zur Information und Konsultation der Arbeitnehmer oder zur Leiharbeit.

rungen über den Elternurlaub[971], Teilzeit[972] und Befristung[973]. Mit der Reform des KP im Jahr 2003 wurden die Regelungen zum Elternurlaub in Art. 186 – 189 1 KP[974] und das Diskriminierungsverbot für Teilzeitkräfte sowie die Bestimmungen zur Reduktion der Arbeitszeit in Art. 11 3, Art. 18 3a – 18 3e und Art. 29 2 KP[975] in das polnische Arbeitsrecht implementiert. Die Umsetzung der Befristungsrichtlinie erfolgte bereits mit der Reform des KP im Jahr 2002[976], sie trat aber erst mit dem Beitritt Polens zur EU am 01.05.2004 in Kraft[977]. Hintergrund dieser Entscheidung war, dass der Gesetzgeber im Hinblick auf die hohe Arbeitslosigkeit in Polen geringe Anforderungen als gemeinschaftsrechtliches Vorgehen an den Abschluss befristeter Arbeitsverhältnisse stellen wollte, um zur Flexibilisierung des Arbeitsmarktes beizutragen. Deshalb sollten die strengeren, gemeinschaftsrechtlichen Vorgaben so lange wie möglich nicht angewandt werden[978].

(4) Autonome Kollektivvereinbarungen

In den letzten Jahren schlossen die Sozialpartner ferner **Kollektivvereinbarungen**, deren Durchführung nach Art. 139 EG **ohne Beteiligung der EU-Organe** erfolgen kann und folglich auch keiner Umsetzung in eine Richtlinie bedarf. Vielmehr verpflichten sich die Parteien durch Kollektivvertrag zur Durchsetzung der europäischen Regelungen im innerstaatlichen Recht[979]. Diese stellen somit **autonome Tarifvereinbarungen** auf Grundlage der den Sozialpartnern durch das primäre Gemeinschaftsrecht eingeräumten Kollektivbefugnisse dar. Bei den bisher geschlossenen Rahmenvereinbarungen handelt es sich um die Vereinbarung der Sozialpartner zur Telearbeit[980] und die Vereinbarung über arbeitsbezogenen Stress[981]. Beide verweisen ausdrücklich auf die Ermächtigungsgrundlage in Art. 139 EG und die vertragliche Verpflichtung zur Durchführung der darin vereinbarten Bestimmungen[982].

---

971 Richtlinie 96/34/EG.

972 Richtlinie 97/81/EG.

973 Richtlinie 1999/70/EG.

974 Patulski – A. Patulski, Art. 186 KP Rn. 1.

975 Fijałkowski, Abschnitt II a; Gardawski, Eironline 2004, Dok. Pl0401104F; Patulski – Ciborski/A. Patulski/W. Patulski, Art. 11 3 KP, Rn. 1; Patulski – A. Patulski, Art. 29 2 KP, Rn. 1.

976 Dz. U. 2002 Nr. 135, Pos. 1146 m.w.Ä. durch die Reform des KP 2003, Dz. U. 2003 Pos. 213, Pos. 2081.

977 Zu der Übergangsproblematik von befristeten Arbeitsverhältnissen, die vor dem 01.05.2004 begründet wurden, vgl. Fijałkowski, Art. 25 1 KP, Rn. 74.

978 Patulski – A. Patulski, Art. 25 1 KP, Rn. 1.

979 Lörcher, NZA 2003, 184; Oetker/Preis - Preis/Gotthardt, B 1000, Rn. 99; a.A. Deinert, S. 436 ff.

980 Rahmenvereinbarung vom 16.07.2002; Zur Regelung und Verbreitung von Telearbeit in Polen vgl. Gardawski, Eironline 2004, Dok. Pl0401104F.

981 Rahmenvereinbarung vom 09.10.2004; Zu den polnischen Maßnahmen zur Vermeidung von arbeitsbezogenem Stress vgl. Gardawski, Eironline 2004, Dok. Pl0401104F.

982 Art. 12 der Rahmenvereinbarung zur Telearbeit, Art. 7 der Rahmenvereinbarung zum arbeitsbezogenen Stress.

Bei den bisher geschlossenen Rahmenvereinbarungen handelt es sich um „Pilotprojekte“[983] eines gemeinschaftsrechtlichen Kollektivrechts. Der Prozess einer gemeinsamen **europäischen Tarifpolitik** schreitet allerdings langsam voran. Grund hierfür ist die langsame Entwicklung entsprechender Rechtsgrundlagen auf europäischer Ebene. Zum anderen gehen mit der Erweiterung der EU neue Herausforderungen zur Koordination der **unterschiedlichen Tariftraditionen und -systeme** einher. Denn innerhalb der Gemeinschaft besteht eine Vielzahl national verwurzelter, unterschiedlicher Systeme der Kollektivvertretungen und der Tarifverhandlungen[984]. Eine Koordinierung der verschiedenen Systeme zur Durchsetzung gemeinsamer Ziele erweist sich deshalb als schwierig. Als Beispiel können die dargestellten Unterschiede in der Tarifpolitik und der Gewerkschaftsentwicklung in der Bundesrepublik Deutschland und in Polen dienen. Weiteres Erschwernis im Hinblick auf die polnische Tarifpolitik ist die Tatsache, dass bereits auf nationaler Ebene überbetriebliche Tarifverträge eine Seltenheit darstellen und insbesondere auf der Arbeitgeberseite auf die beschriebene Skepsis stoßen[985]. Entsprechende Bedenken bestehen gegenüber Branchen- und Flächentarifvereinbarungen, die auf Gemeinschaftsebene vereinbart werden.

3. Arbeitnehmermitwirkung und Arbeitnehmervertretung

Ein Schwerpunkt der gemeinschaftsrechtlichen Arbeitspolitik ist die Fortentwicklung gemeinschaftsrechtlicher Mindeststandards der Arbeitnehmermitwirkung und der damit verbunden Arbeitnehmervertretung. Hintergrund ist das sehr **unterschiedliche Niveau der Mitbestimmungsrechte von Arbeitnehmern in den Mitgliedstaaten der EU**[986]. Im Rahmen des sekundären Gemeinschaftsrechts wurden daher in den vergangenen Jahren eine größere Anzahl von Richtlinien erlassen, die Regelungen enthalten, welche die Beteiligung der Arbeitnehmer an den Betriebsabläufen durch entsprechende Information und Konsultationspflichten sicher stellen sollen. Zu diesen zählen die Richtlinien der EG über die Informations- und Konsultationspflichten der Arbeitgeber (2002/14/EG), über den Europäischen Betriebsrat (94/45/EG), über den Schutz von Arbeitnehmerrechten bei Insolvenz des Arbeitgebers (80/997/EWG)[987], über die Beteiligung der Arbeitnehmer in der Europäischen Gesellschaft (2001/86/EG)[988], zur Angleichung der Rechtsvorschriften der Mitglied-

[983] Lörcher, NZA 2003, 184.

[984] Lado, Eironline 2002, Dok. TN0207102f.

[985] Vgl. hierzu 3. Kapitel B. V. 4. a. (5) (e).

[986] Dieses wurde im Jahr 1997 im Rahmen einer rechtsvergleichenden Untersuchung des Istzustandes der Arbeitnehmermitwirkungsrechte in den damaligen EU-Mitgliedstaaten im sog. Davignon-Bericht festgestellt; Archiv Europäisches Parlament Strasbourg, -C4-0455/97; Fedtke/Fedtke, ZIAS 2005, 304.

[987] ABl. EG 1980 L 238/23; Zu der vollständigen Umsetzung der Richtlinie vgl. Lewandowski – Florek, S. 251; Matey -Tyrowicz, S. 229.

[988] ABl. EG 2001 L 294/ 22; Die Richtlinie wurde aktuell durch das Gesetz über die europäische Vereinigung der Wirtschaftsinteressen und die Europäische Gesellschaft vom 04.03.2005 umgesetzt. Der Gesetzestext ist unter ks.sejm.gov.pl/proc4/ustawy/3314_u.htm verfügbar.

staaten über Massenentlassungen (98/59/EG)[989] sowie zur Angleichung der Rechtsvorschriften der Mitgliedstaaten über die Wahrung von Ansprüchen der Arbeitnehmer beim Übergang von Unternehmen, Betrieben oder Unternehmens- und Betriebsteilen (2001/23/EG)[990]. Der polnische Gesetzgeber hatte sich verpflichtet, diese bis zum EU-Beitritt bzw. bis zum Ablauf der Umsetzungsfristen – sollten diese nach dem 01.05.2004 liegen – in nationales Recht umzusetzen. Im Folgenden wird anhand einiger ausgewählter Richtlinien untersucht, in welcher Form der polnische Gesetzgeber die Beteiligungsrechte der Arbeitnehmer gewährleistet bzw. ob die Wahrnehmung dieser Rechte einer Arbeitnehmervertretung übertragen wurden. Fraglich ist, inwieweit die polnischen Gewerkschaften als bedeutendstes Vertretungsorgan der Arbeitnehmer die Durchsetzung der Rechte und Pflichten aus den Richtlinien gewährleisten können und welche Rechtsfolgen sich aus den gemeinschaftsrechtlichen Beteiligungsrechten für die Rolle der Gewerkschaften in den Arbeitsverhältnissen ergeben.

a) Informations- und Konsultationsrichtlinie

(1) Inhaltliche Vorgaben

Mit der Richtlinie 2002/14/EG[991] wurde auf gemeinschaftsrechtlicher Ebene die Rechtsgrundlage für eine **allgemeine Pflicht** zur Information und Anhörung der Arbeitnehmervertretungen durch den Arbeitgeber geschaffen, die über die speziellen Regelungen, z. B. für den Fall eines Betriebsübergangs, hinausgeht[992]. Informations- und Konsultationspflichten bestehen demnach im Hinblick auf die Entwicklung und Situation der Tätigkeit des Betriebes bzw. des Unternehmens und der Beschäftigung in diesen. Wenn negative Auswirkungen auf die künftige Beschäftigungssituation zu befürchten sind, soll zwischen Arbeitgeber und Arbeitnehmervertretung eine Einigung über entgegensteuernde Maßnahmen sowie über wesentliche Veränderungen der Arbeitsorganisation und der Arbeitsverträge herbeigeführt werden. Die Pflichten aus dieser Richtlinie bestehen nur für **Unternehmen mit mindestens 50 Arbeitnehmern bzw. für Betriebe mit mindestens 20 Beschäftigten**[993].

Die Mitgliedstaaten sind nicht nur verpflichtet, die Richtlinie ordnungsgemäß umzusetzen[994], sondern auch die **prozessualen Voraussetzungen zur Durchsetzung** der darin gewährten Rechte und Pflichten zu schaffen. Dies schließt ein entsprechendes Verwaltungs- und Gerichtsverfahren sowie Rechtsbehelfe zur Durchsetzung der Verpflichtungen aus der Richtlinie ein. Ergänzend besteht die Pflicht, wirksame und angemessene Sanktionen für den Fall des Verstoßes gegen die Be-

---

989 Richtlinie v. 17.02.1998, ABl. 1998 L 48, 29.
990 Richtlinie v. 12.03.2001, ABl. 2001 L 82, 16.
991 Richtlinie v. 23.03.2002, ABl. 2002 L 80/29.
992 Lado, Eironline 2002, Dok. TN0207102f.
993 Hall, Eironline 2002, Dok. EU0204207f.
994 Diese hatte bis zum 23.03.2005 zu erfolgen.

stimmungen durch Arbeitgeber oder Arbeitnehmervertretung festzulegen und durchzusetzen[995].

Da der **deutsche Gesetzgeber** die Richtlinien nicht im Rahmen eines Einzelgesetzes umgesetzt hat, sondern - soweit aus seiner Sicht erforderlich - in die bereits bestehenden Beteiligungsrechte der Arbeitnehmermitbestimmung eingefügt hat, wird die ordnungsgemäße und vollständige Umsetzung der Richtlinie teilweise bezweifelt. Dies gilt bspw. im Hinblick auf das Beratungsrecht der Arbeitnehmervertretung gem. § 111 BetrVG, da das deutsche Recht lediglich die **Durchsetzung des Beratungsrechts** durch den Nachteilsausgleichsanspruch gem. § 113 BetrVG gewährleistet. Hiergegen wird eingewandt, dass nur durch einen Unterlassungsanspruch nach richtlinienkonformer Auslegung des deutschen Rechts eine entsprechende Durchsetzung des Beratungsrechts möglich ist[996]. Kritik wurde auch bezüglich weiterer Regelungen des deutschen Kollektivrechts im Hinblick auf den Inhalt der Richtlinie 2002/14/EG geäußert[997]. Dies betrifft z. B. die Ausnahmen für Tendenzbetriebe und Religionsgemeinschaften nach § 118 BetrVG[998] sowie die Regelung der Informationsrechte des Wirtschaftsausschuss nach § 106 BetrVG, die erst bei Unternehmen mit in der Regel mehr als 100 Arbeitnehmern gelten, obwohl die Richtlinie entsprechende Beteiligungsrechte bereits in Unternehmen mit mindestens 50 Arbeitnehmern vorsieht[999].

(2) Pflicht zur Errichtung einer Arbeitnehmervertretung?

Die Richtlinie geht davon aus, dass die **Informations- und Anhörungsrechte** nicht dem einzelnen Arbeitnehmer zustehen, sondern **der jeweiligen Arbeitnehmervertretung**. Eine Pflicht zur Errichtung einer Arbeitnehmervertretung ist den Regelungen unmittelbar nicht zu entnehmen[1000]. Allerdings hat das EuGH bereits in zwei Urteilen von Juni 1994[1001] entschieden, dass die Mitgliedsstaaten Mechanismen entwickeln und umsetzen müssen, welche die Information und Konsultation der Vertretung von Arbeitnehmern gewährleisten. Es ist streitig, ob auf Grundlage dieser Rechtsprechung eine rechtliche Pflicht zur Errichtung einer Arbeitnehmervertretung besteht, wenn eine solche bislang nicht existiert[1002]. Aus den verbindlichen Regelungen der Richtlinie und im Hinblick auf den *effet utile* nach Art. 10 EG, also die Pflicht zur möglichst wirksamen Durchsetzung des Gemeinschaftsrechts, ergibt sich

---

[995] Vgl. hierzu Hanau/Steinmeyer/Wank – Hanau, § 19 Rn. 132 ff.

[996] Vgl. hierzu Richardi - Annuß, § 111 BetrVG, Rn. 168.

[997] Allgemein zu den Mängeln in der Umsetzung der Richtlinie 2002/14/EG durch den deutschen Gesetzgeber vgl. Bonin, AuR 2004, 321; Riesenhuber, RdA 2004, 340.

[998] Zur Problematik vgl. Richardi - Thüsing, § 118 BetrVG, Rn. 169a; a.A. Reichold, NZA 2003, 289 unter Hinweis auf die in der Richtlinie ausdrücklich enthaltende Ausnahme für Tendenzbetriebe.

[999] Vgl. hierzu Richardi - Annuß, § 106 BetrVG, Rn. 11.

[1000] Hanau/Steinmeyer/Wank – Hanau, § 19 Rn. 130.

[1001] Az. C 382/ 92 und 383/92, Slg. 1994, 2483; Urteile gegen Großbritannien wegen fehlerhafter Umsetzung der Richtlinien zu Massenentlassungen und zum Betriebsübergang.

[1002] *Hanau* entnimmt der Richtlinie keine Rechtspflicht zur Errichtung von Arbeitnehmervertretungen, in Hanau/Steinmeyer/Wank, § 19 Rn. 130.

jedoch die faktische Verpflichtung, eine Form der Vertretung von Arbeitnehmern in den von der Richtlinie betroffenen Betrieben und Unternehmen zu gewährleisten, welche zumindest die Rechte aus der Richtlinie 2002/14/EG wahrnehmen kann[1003].

(3) Umsetzung in das polnische Arbeitsrecht

Verfahren

Der polnische Gesetzgeber hat mit dem Entwurf des Gesetzes über die Information und Konsultation der Arbeitnehmer einen Vorschlag zur Übernahme der Richtlinie in das polnische Arbeitsrecht vorgelegt[1004], der bis September 2005 noch nicht gesetzlich umgesetzt worden war. Er sieht vor, dass bei **Arbeitgebern, die mindestens 20 Arbeitnehmer** beschäftigen, ein **Vertreter der Beschäftigten bzw. ein Betriebsrat** zu wählen ist, Art. 1 Abs. 2 des Gesetzesentwurfs. Da das polnische Arbeitsrecht für die arbeitsrechtlichen Rechte und Pflichten an dem Arbeitgeberbegriff[1005] anknüpft und mit diesem sowohl der Betrieb als auch das Unternehmen gemeint sein kann, orientiert sich der Gesetzesentwurf an der kleineren Beschäftigtenzahl, die von der Richtlinie vorgegeben wird. Auf diese Weise soll die richtlinienkonforme nationale Umsetzung der Richtlinie gewährleistet werden[1006]. Nach dem Gesetzentwurf sind Betriebe, die in staatlichem Eigentum stehen, von der Verpflichtung zur Information und Konsultation ausgenommen. Denn in diesen besteht ein Betriebsrat nach den Vorschriften des SVwG[1007], der die Rechte aus der Richtlinie 2002/14/EG wahrnehmen kann. Es besteht folglich keine Notwendigkeit zur Einführung einer weiteren Arbeitnehmervertretung.

Der Gesetzgeber hat von der in Art. 10 der Richtlinie vorgesehenen Möglichkeit zur **schrittweisen Umsetzung** der Regelungen in die nationale Rechtsordnung[1008] Gebrauch gemacht, so dass sie bis zum 23.03.2007 nur für Arbeitgeber gilt, die mindestens 100 Arbeitnehmer beschäftigen, und bis zum 23.03.2008 für Betriebe mit mindestens 50 Beschäftigten (Art. 23 des Gesetzentwurfs). Erst nach diesem Zeitpunkt wird die Beschäftigungsgrenze des Art. 1 Abs. 2 des Gesetzesentwurfs in Kraft treten.

Nach dem Gesetzesentwurf aus dem Jahr 2004 sind die in der Richtlinie festgelegten Informationen dem vorgeschriebenen Vertretungsorgan so rechtzeitig zuzuleiten, dass er zu diesen Stellung nehmen und sie mit dem Arbeitgeber beraten kann, Art. 13 des Gesetzesentwurfs. Nach Kritik an der mangelnden Regelung des **Ver-**

[1003] Ebenso im Ergebnis Hall, Eironline 2002, Dok. EU0204207f.

[1004] Gesetzesentwurf der Regierung 2004, zugänglich über die Homepage des polnischen Sejm: ks.sejm.pl/proc4/projekty/3700_p.htm.

[1005] Für Einzelheiten zu diesem vgl. 3. Kapitel B. VII. 2.

[1006] Gesetzesbegründung zu Art. 1 des Gesetzesentwurfs der Regierung 2004, zugänglich über die Homepage des polnischen Sejm: ks.sejm.pl/proc4/projekty/3700_p.htm .

[1007] Vgl. zu den Grundzügen der Mitbestimmung in Staatsbetrieben 3. Kapitel B. VII. 5.

[1008] Die Übergangsvorschrift gilt für Staaten, die bislang kein System der Arbeitnehmeranhörung und -vertretung kennen, z. B. Irland und Großbritannien.

fahrens zur Wahl des Betriebsrates[1009], enthält der Gesetzentwurf nunmehr folgende, wesentliche Bestimmungen[1010]: Bei Arbeitgebern, die bis zu 100 Arbeitnehmer beschäftigen, ist eine Person als **Vertreter der Beschäftigten** zu wählen[1011]. Hingegen muss bei einer Belegschaftsgröße von mehr als 100 Arbeitnehmern ein **Betriebsrat** gewählt werden. Beschäftigt der Arbeitgeber maximal 300 Arbeitnehmer, werden drei Mitglieder, bei mehr als 300 Beschäftigten fünf Mitglieder des Betriebsrats gewählt[1012]. Die geheime Wahl der Vertreter der Beschäftigten bzw. die Mitglieder des Betriebsrats erfolgt alle zwei Jahre durch die Belegschaft. Wahlberechtigt ist jeder Arbeitnehmer. Wählbar sind hingegen nur Beschäftigte, die mindestens zwei Jahre dem Betrieb angehören, es sei denn, dass der Betrieb noch keine zwei Jahre besteht.

Den Arbeitnehmervertretern wird nach dem Gesetzesentwurf während ihrer Amtszeit sowie ein Jahr danach **besonderer Kündigungsschutz** gewährt. Das bedeutet, dass einem der Vertreter der Beschäftigten und einem Mitglied bzw. früheren Mitglied des Betriebsrats nur mit Zustimmung der zuständigen Betriebsgewerkschaft oder – wenn der Arbeitnehmer nicht von einer Betriebsgewerkschaft vertreten wird – mit der des regionalen Arbeitsinspektors gekündigt werden kann, Art. 11 des Gesetzesentwurfs. Ein besonderer Kündigungsschutz für die Wahlkandidaten - wie in § 15 Abs. 3 KSchG geregelt - ist hingegen in dem Gesetzesentwurf nicht vorgesehen.

Ferner enthält der Gesetzesentwurf Regelungen zur gerichtlichen Prüfung der Rechte und Pflichten aus diesem Gesetz sowie Strafvorschriften für den Fall der Verletzung der Informations- und Konsultationspflichten sowie des Geheimhaltungsgebots über die Informationen, die im Rahmen des Verfahrens dem Vertreter der Beschäftigten oder dem Betriebsrat zugänglich gemacht werden.

Beteiligung der Gewerkschaften

Die **repräsentativen Betriebsgewerkschaften** haben wesentlichen Anteil an der Wahl des Betriebsrats. Zum einen dürfen sie die **Kandidaten bestimmen**, die sich zur Wahl stellen, Art. 3 Abs. 4 des Gesetzesentwurfs. Das heißt, dass die Gewerkschaften in diesen Betrieben maßgeblichen Einfluss auf die Personen und somit mittelbar auch auf die Tätigkeit des Betriebsrats nehmen dürfen. Zum anderen erlassen der Arbeitgeber und die Gewerkschaften eine **Betriebsordnung**, welche die Wahldurchführung sowie die Zusammensetzung und Tätigkeit der Wahlkommission regelt, Art. 7 Abs. 2 des Gesetzesentwurfs[1013]. Der Gesetzgeber begründet die herausragenden Rechte der Gewerkschaften mit ihrer Bedeutung als Organ der Arbeit-

[1009] vgl. Hall, Eironline 2002, Dok. EU0204207f.

[1010] Das Wahlverfahren wird in den Art. 3 – 9 des Gesetzesentwurfs geregelt.

[1011] Die Beschäftigtenzahl wird aus der Zahl der durchschnittlich in den letzten sechs Monaten vor der Wahl beschäftigten Personen ermittelt, Art. 4 des Gesetzesentwurfs.

[1012] Außerdem sind stets zwei Ersatzmitglieder zu wählen.

[1013] In dem Fall, dass innerhalb von 30 Tagen keine Einigung erreicht werden kann, darf der Arbeitgeber eine entsprechende Betriebsordnung allerdings allein erlassen.

nehmervertretung, den vorhandenen organisatorischen Strukturen und der arbeitsrechtlichen Expertise[1014].

Wahl bei gewerkschaftslosen Betrieben

In Betrieben, in denen keine Gewerkschaften tätig sind, können Arbeitnehmer dann als Kandidaten für ein Betriebsratsmandat aufgestellt werden, wenn sie von mindestens zehn Beschäftigten unterstützt werden, Art 3 Abs. 5 des Gesetzesentwurfs. In der überwiegenden **Mehrheit der Betriebe** werden somit künftig Betriebsräte Informations- und Anhörungsrechte wahrnehmen, die in **keiner Verbindung zu den Gewerkschaften** stehen. Dies entspricht den tatsächlichen Gegebenheiten in der polnischen Betriebsstruktur. Denn - wie bereits im dritten Kapitel erörtert[1015] - der Anteil an Gewerkschaften, die in Betrieben tätig sind, ist gering. Hierin ist auch der wesentliche Grund zu sehen[1016], warum der polnische Gesetzgeber überhaupt ein neues Institut der Arbeitnehmervertretung etablierte, wenngleich dies durch die faktischen Gegebenheiten des umzusetzenden Gemeinschaftsrechts erzwungen ist.

(4) Bewertung

Die Entscheidung des Gesetzgebers, ein neues Vertretungsorgan zumindest für die von der Richtlinie vorgegebenen Sachverhalte zu schaffen, ist positiv zu bewerten. Ohnehin besteht aufgrund der geringen Gewerkschaftsdichte ein **Vertretungs- und Informationsdefizit der Belegschaft in gewerkschaftslosen Betrieben**[1017]. Der Gesetzesentwurf gewährleistet, dass die Beschäftigten zumindest zu den wesentlichen Entwicklungen des Arbeitgebers, insbesondere solchen, die Auswirkungen auf ihren Arbeitsplatz haben können, Informationen erhalten und zu diesen Stellung nehmen dürfen. Im Hinblick darauf, dass dem Arbeitnehmer im Sinne der Chancengleichheit der Arbeitsparteien Informationen über sein Arbeitsverhältnis und die künftige Entwicklung der Arbeitsbedingungen nur sehr schwer zugänglich sind, stellt die Umsetzung der Informations- und Konsultationsrichtlinie einen wichtigen Aspekt des Arbeitnehmerschutzes dar.

Die Einführung von Betriebsräten ist auch als ein wichtiger Schritt zur **Reorganisation der Arbeitnehmervertretung** in den polnischen Arbeitsverhältnissen zu bewerten. Mit der Einführung der **Vertreter der Belegschaft**[1018] als weitere Arbeitnehmervertretung zur Wahrnehmung von einzelnen, gesetzlich bestimmten Beteiligungsrechten für den Fall, dass eine Betriebsgewerkschaft nicht existiert, hat der Gesetzgeber in den letzten Jahren teilweise bereits dem Umstand Rechnung getragen, dass das System der gewerkschaftlichen Arbeitnehmervertretung den realen

---

[1014] Gesetzesbegründung zu Art. 3 des Gesetzesentwurfs der Regierung 2004, zugänglich über die Homepage des polnischen Sejm: ks.sejm.pl/proc4/projekty/3700_p.htm .

[1015] Vgl. 3. Kapitel B. V. 4. a. (5) (e).

[1016] Towalski, Eironline 2004, Dok. PL0409102f.

[1017] Vgl. hierzu auch Gardawski, Eironline 2002, Dok. PL0206102F. Allerdings ist dies ein Phänomen, dass auch in anderen ehemals sozialistischen Mitgliedsstaaten der EU zu beobachten ist. Zu einem ausführlichen Vergleich s. Lado, Eironline 2002, Dok. TN0207102f.

[1018] Zu den Einzelheiten vgl. 3. Kapitel B. VII. 4.

Verhältnissen in der Mehrzahl der Betrieb in Polen nicht entspricht. Tendenziell entfernt sich damit der polnische Gesetzgeber von dem monistischen System der einheitlich betrieblichen und gewerkschaftlichen Vertretung der Arbeitnehmerinteressen. Ein Indiz hierfür ist auch, dass entgegen Forderungen der Gewerkschaftsseite, die Informations- und Konsultationsrechte allein auf die Gewerkschaften zu übertragen, sofern diese im Betrieb tätig sind[1019], zur Umsetzung der Richtlinie 2002/14/EG ein **duales System** von eigenständigen Betriebsräten unter Einbeziehung der Gewerkschaften in dem Gesetzesentwurf vorgesehen ist. Mit dem Inhalt der Richtlinie wäre es m.E. durchaus vereinbar gewesen, die Informations- und Konsultationsrechte allein von den Betriebsgewerkschaften wahrnehmen zu lassen, wenn diese im Betrieb tätig sind. Hierdurch hätte die Stellung der Betriebsgewerkschaften gestärkt werden können. Aus diesem Grund kritisieren Gewerkschaftsvertreter den Gesetzesentwurf als Maßnahme zur Schwächung der Gewerkschaftsposition in den industriellen Beziehungen[1020].

Tatsächlich würde der Einfluss der Gewerkschaften in den Betrieben, in denen sie tätig sind, bei Umsetzung des Entwurfs aufgrund der Bestimmung der Wahlkandidaten nicht wesentlich beeinträchtigt. Die rechtliche Situation ist insofern mit derjenigen in einigen anderen Mitgliedsstaaten der EU vergleichbar, in denen die Gewerkschaften ebenfalls durch Bestimmung der Wahlkandidaten Einfluss auf die Tätigkeit des Betriebsrats nehmen können[1021]. Überdies hat die betriebliche Vertretung der Arbeitnehmer durch ein eigenständiges Organ den Vorteil, dass die **Zusammenarbeit mit Arbeitgebern**, die gegenüber Gewerkschaftsvertretern Vorbehalte hegen, **erleichtert** wird. Untersuchungen aus dem Jahr 2002[1022] haben ergeben, dass lediglich 10 % der Arbeitgeber die betriebliche Vertretung der Arbeitnehmer durch Gewerkschaften begrüßen. Hingegen würden rund 60 % einen Vertreter der Arbeitnehmer, der von diesen selbst gewählt wurde, akzeptieren. Gleichzeitig wird mit der Wahl der Vertreter durch die gesamte Belegschaft der **Repräsentativität** besser entsprochen als bei einer Vertretung durch Gewerkschaftsvertreter, auf deren Einsetzung lediglich die Mitglieder der jeweiligen Gewerkschaft Einfluss nehmen können. Schließlich ist hervorzuheben, dass die Rechte, welche der Betriebsrat nach dem Gesetzentwurf wird wahrnehmen können, nicht annähernd mit den Rechten, welche den Gewerkschaften im Arbeitsverhältnis eingeräumt werden, vergleichbar sind, so dass diese **nicht in Konkurrenz zu den Gewerkschaften** treten werden.

Unabhängig davon sind die Bedenken der Gewerkschaften im Hinblick auf Betriebe, in denen bislang Gewerkschaften nicht oder nicht mehr tätig sind, gerechtfertigt. Indem die Informations- und Konsultationsrechte in diesen Betrieben von einem Vertreter der Belegschaft oder dem Betriebsrat wahrgenommen werden, wird der **Anreiz zur Installierung einer Betriebsgewerkschaft** weiter **verringert**. Denn in diesen Betrieben können die Arbeitnehmer ihre Vertreter auch ohne Beteiligung

---

[1019] Vgl. Nachweise bei Towalski, Eironline 2004, Dok. PL0409102f.

[1020] Vgl. Nachweise bei Towalski, Eironline 2004, Dok. PL0409102f.

[1021] Dies ist z. B. in Frankreich, Spanien und den Niederlanden der Fall, vgl. Carley/Baradel/Welz, EIRO Thematic Features, S. 28.

[1022] Gardawski, Eironline 2002, Dok. PL0206102f.

der Gewerkschaften wählen. Die Wahrnehmung der Informations- und Anhörungsrechte bleibt auf diese Weise dennoch gewährleistet.

b) Sicherheit und Gesundheitsschutz

Neben der allgemeinen gemeinschaftsrechtlichen Verpflichtung zu Information und Konsultation der Arbeitnehmervertreter bestehen wesentliche Verpflichtungen zur **Information und Anhörung der Arbeitnehmer** oder ihrer Vertreter im Rahmen von Richtlinien der Gemeinschaft, die Vorschriften zur Sicherheit und zum Gesundheitsschutz enthalten. Dies betrifft zum einen die Unterrichtung der Arbeitnehmer oder ihrer Vertreter über Maßnahmen, die in diesem Bereich getroffen werden, und zum anderen die Verpflichtung, durch geeignete Maßnahmen den Zugang zu den notwendigen Informationen zu ermöglichen. Entsprechende Verpflichtung enthält z. B. die Rahmenrichtlinie 89/391/EG über die Verbesserung der Sicherheit und des Gesundheitsschutzes der Arbeitnehmer bei der Arbeit einschließlich der hierzu ergangenen Einzelrichtlinien und die Richtlinie 91/383/EG über die Sicherheit und den Gesundheitsschutz von Arbeitnehmern in befristetem Arbeitsverhältnis oder Leiharbeitnehmern[1023]. Der polnische Gesetzgeber hat die Informations- und Konsultationspflichten, die sich im Rahmen der **Arbeitssicherheit und des Gesundheitsschutzes** (BHP)[1024] ergeben, insbesondere in den Art. 237 11a bis 237 13a KP sowie in einer Vielzahl von Verordnungen umgesetzt[1025]. Nach den Vorschriften des KP ist der Arbeitgeber verpflichtet, die Arbeitnehmer oder deren Vertreter in Angelegenheiten des BHP zu informieren und diese anzuhören. Neben Initiativrechten besteht für diese zusätzlich die Möglichkeit, bei Gefahr für Leib oder Leben die staatliche Arbeitsinspektion um eine Überprüfung des Betriebs zu ersuchen. Die **Vertreter der Arbeitnehmer** und der nach den Voraussetzungen des Art. 237 12 KP einzurichtende „**Dienst des BHP**", der weitere Beratungs- und Kontrollfunktionen im Bereich des BHP ausübt, **werden von den Betriebsgewerkschaften bestimmt**. Diese gestalten folglich durch ihre Personalpolitik die Wahrnehmung der auf die Vorgaben des Gemeinschaftsrechts zurückzuführenden Rechte. Nur in gewerkschaftslosen Betrieben werden die Vertreter der Arbeitnehmer unmittelbar von der Belegschaft nach den jeweiligen betrieblichen Regelungen gewählt, Art. 237 13a KP.

c) Betriebsübergang

Weitere Informations- und Anhörungspflichten ergeben sich im Rahmen eines Betriebsübergangs aus der diesen Sachverhalt regelnden Richtlinie 2001/23/EG[1026].

1023 Hanau/Steinmeyer/Wank – Hanau, § 19 Rn. 123 f. mit weiteren Beispielen und Nachweisen.

1024 Allgemein zum BHP vgl. 3. Kapitel B. VI. 6. b.

1025 Änderungen des KP 2003, Dz. U. 2003, Nr. 213, Pos. 2081. Als Verordnung wurde z. B. das Gesetz über allgemeine Vorschriften des BHP vom 26.09.1997 in der Fassung von 2003 erlassen, Dz. U. 2003, Nr. 169, Pos. 1650.

1026 Richtlinie 77/187/EWG zur Angleichung der Rechtsvorschriften über die Wahrnehmung von Ansprüchen der Arbeitnehmer beim Übergang von Unternehmen, Betrieben und Betriebsteilen

(1) Entwicklung der polnischen Rechtslage

Für den polnischen Gesetzgeber bestand nicht erst mit der Verpflichtung zur Umsetzung der gemeinschaftsrechtlichen Bestimmungen die Notwendigkeit, die arbeitsrechtliche Situation der von der Betriebsumgestaltung betroffenen Beschäftigten zu klären[1027]. Denn nachdem im Jahr 1988 mit dem Gesetz über die wirtschaftliche Betätigung[1028] das Recht auf freien Handel eingeführt worden war, führte dies zu einem sprunghaften Anstieg von Betriebsübergängen, Unternehmensspaltung sowie Betriebszusammenschlüssen. Folge dieser Umstrukturierung der polnischen Wirtschaft war, dass Betriebe bzw. Betriebsteile auf neue Arbeitgeber übergingen und das Schicksal der Rechte und Pflichten aus dem Arbeitsverhältnis einer gesetzlichen Klärung bedurfte. Bereits im April 1989 wurden mit Art. 23 1 KP die **Rechtsfolgen** eines Betriebsübergangs gesetzlich geregelt[1029]. Die Regelung bedurfte mit dem Beitritt Polens zu der EU einer Anpassung an die einheitlichen Vorgaben der Richtlinie 2001/23/EG. Dies erfolgte mit der – nunmehr bereits dritten – Novellierung der Bestimmungen zum Betriebsübergang im KP im Jahr 2003[1030]. Ziel der Regelungen ist es, dem betroffenen Arbeitnehmern trotz Betriebsübergang die Weiterbeschäftigung zu unveränderten Arbeitsbedingungen zu sichern[1031].

(2) Systematik der Betriebsübergangsregelungen

Die Richtlinie wurde in das KP umgesetzt, das besondere Regelungen für das Schicksal des Arbeitsverhältnisses im Fall eines Betriebsübergangs trifft. Tatbestand und Rechtsfolgen eines Betriebsübergangs regelt im wesentlichen weiterhin Art. 23 1 KP. Diese Zentralnorm wird durch weitere Einzelregelungen, wie bspw. in Art. 36 § 1 1 KP für die Berechnung der Kündigungsfristen oder in Art. 241 8 KP für die Anwendbarkeit von Tarifvereinbarungen bei einem Betriebsübergang[1032], ergänzt. Im **deutschen Arbeitsrecht** ergeben sich hingegen sämtliche Folgen eines Betriebsübergangs aus § 613a BGB und der hierzu bestehenden Rechtsprechung des BAG und des EuGH. Art. 23 1 § 3 KP regelt die **Informationspflichten** gegenüber den Arbeitnehmern entsprechend der Vorgabe des Art. 6 der Richtlinie, wenn keine Betriebsgewerkschaft existiert[1033]. Andernfalls richten sich die Informations- und Konsultationspflichten nach Art. 26 1 GewerkG[1034]. Der veräußernde und der übernehmende Arbeitgeber müssen die relevanten Informationen vollständig und zutref-

---

geändert durch die Richtlinie 98/50/EG, neu verkündet durch die gleichnamige Richtlinie 2001/23/EG v. 12.03.2001. Zur Historie vgl. Hanau/Steinmeyer/Wank – Wank, § 18 Rn. 37 ff.

1027 Salwa, Art. 23 1, S. 40.

1028 Dz. U. 1988, Nr. 41, Pos. 324.

1029 Gesetz zur Änderung des KP vom 07.04.1989, Dz. U. 1989 Nr. 20, Pos. 107.

1030 Dz. U. 2003 Nr. 213, Pos. 2081.

1031 Lewandowski – Florek, S. 243.

1032 Zu den Einzelheiten vgl. Lewandowski – Florek, S. 244

1033 Diese Regelung wurde erst mit der Reform des KP 2001 eingefügt, nach dem in der Literatur auf die Unvereinbarkeit des polnischen Arbeitsrechts mit der Betriebsübergangsrichtlinie hingewiesen worden war, vgl. hierzu Matey - Tyrowicz, 204, 218.

1034 Eingeführt mit der Reform des GewerkG 2001, Dz. U. 2001, Nr. 128, Pos. 1405.

fend spätestens 30 Tage vor dem geplanten Übergang allen Gewerkschaften, die in dem Erwerber- und dem Veräußererbetrieb tätig sind, zuleiten. Sind mit dem Übergang Maßnahmen verbunden, welche die Arbeitsbedingungen der Arbeitnehmer betreffen, ist der Arbeitgeber, der diese plant, verpflichtet, in gleicher Frist Verhandlungen über diese mit den Betriebsgewerkschaften aufzunehmen, Art. 26 I Abs. 3 GewerkG. Allerdings kommt dem Arbeitgeber letztlich die Entscheidungsbefugnis über diese Maßnahmen zu, wenn eine Einigung mit den Gewerkschaften nicht erreicht werden kann[1035].

(3) Arbeitnehmerinformation

Der polnische Gesetzgeber hat sich bei der nationalen Umsetzung der Informations- und Konsultationspflichten der Richtlinie 2001/23/EG folglich – anders als es die deutsche Regelung in § 613a Abs. 5, 6 BGB vorsieht – für ein **zweigliedriges System der Arbeitnehmerinformation** entschieden. Darin wird ein **wesentlicher Unterschied zur deutschen** Umsetzung der Unterrichtungsregelung deutlich. Denn der deutsche Gesetzgeber hat die Informationspflicht in § 613a Abs. 5, 6 BGB als individual-rechtlichen Anspruch ausgestaltet[1036]. Grundsätzlich erfolgt das Informationsverfahren unmittelbar nur gegenüber dem Arbeitnehmervertretungsorgan, also der im Betrieb tätigen Gewerkschaften. Der Arbeitnehmer erhält die **Informationen** lediglich **indirekt von den Betriebsgewerkschaften**. Eine **unmittelbare Information** der Arbeitnehmer ist nur bei **gewerkschaftslosen Betrieben** vorgesehen. Bemerkenswert ist, dass sich der Gesetzgeber zur Wahrnehmung der Informationsrechte bei Betriebsübergängen nicht des Mittels einer alternativen Arbeitnehmervertretung für gewerkschaftslose Betriebe, wie z. B. der Vertreter der Belegschaft, bedient hat.

(4) Kritik

Gegenüber der dargestellten Regelung bestehen im Hinblick auf nichtorganisierte Arbeitnehmer, die in einem Betrieb tätig sind, in dem Gewerkschaften existieren, Bedenken. Denn in einem solchen Fall ist für diese der frühzeitige Informationsfluss i. S. d. Art. 6 der Richtlinie nicht gesichert. Zu erklären ist die Regelung allerdings im Hinblick auf Verhandlungen im Falle von Maßnahmen, welche die Arbeitsbedingung der Arbeitnehmer betreffen. Diese sind auf den Abschluss einer **kollektivrechtlichen Vereinbarung** zwischen Arbeitgeber und Gewerkschaft gerichtet. In kollektivrechtlichen Angelegenheiten besteht aber die Zuständigkeit der Gewerkschaften für alle Arbeitnehmer eines Betriebs[1037].

d) Gruppenentlassungen

Weitere wesentliche Pflichten zur Information und Anhörung der Arbeitnehmervertreter enthält die Richtlinie 98/59/EG zur Angleichung der Rechtsvorschriften der

---

[1035] Patulski – A. Patulski, Art. 23 I KP, Rn. 2.

[1036] Zu den Folgen fehlender, falscher oder unvollständiger Unterrichtung der Arbeitnehmer vgl. ErfK-Preis, § 613a BGB, Rn. 89 f.

[1037] Vgl. hierzu 3. Kapitel B. V. 4. a. (2) (a).

Mitgliedstaaten über Massenentlassungen[1038]. Die Anforderungen, die sich aus der Richtlinie ergeben, hat der polnische Gesetzgeber durch das Gesetz über die besonderen Grundlagen für die Beendigung von Arbeitsverhältnissen aus nicht personenbedingten Gründen vom 13. März 2003 in das nationale Recht umgesetzt[1039]. Wer Arbeitnehmervertreter ist, bestimmt sich gem. Art. 1 Abs. 1 b der Richtlinie nach den Rechtsvorschriften bzw. der Praxis der Mitgliedsstaaten. Der polnische Gesetzgeber hat die Rechte und Pflichten zur Arbeitnehmerbeteiligung den Betriebsgewerkschaften auferlegt. Somit stellt das gemeinschaftsrechtliche Beteiligungsverfahren einen wesentlichen Aspekt der Gewerkschaftstätigkeit dar. Darüber hinaus hat der Gesetzgeber mit diesem Gesetz nicht nur das Beteiligungsverfahren der Betriebsgewerkschaft im Falle von Entlassungen aus nicht personenbedingten Gründen, sondern auch die Bestimmungen zum **Kündigungsgrund** abweichend geregelt und einen **gesetzlichen Abfindungsanspruch** eingeführt. Hierdurch hat er die Umsetzung einer gemeinschaftsrechtlichen Richtlinie mit der Regelung weiterer, nationaler Sachverhalte verbunden. Wegen des Sachzusammenhangs sollen nachfolgend die gemeinschaftsrechtlichen Vorgaben und die darüber hinaus gehenden Regelungen und die Beteiligung der Gewerkschaften in ihren Auswirkungen auf die Arbeitsverhältnisse zusammen näher untersucht werden, auch wenn der Regelungsinhalt weit über die Vorgaben der Richtlinie 98/59/EG hinausgeht.

(1) Gesetzesentwicklung und Gesetzeszweck

Bereits zu Beginn des Transformationsprozesses **modifizierte** der Gesetzgeber mit dem Gesetz über die besonderen Grundlagen für die Beendigung von Arbeitsverhältnissen aus betriebsbedingten Gründen vom 28. Dezember 1989[1040] die **Kündigungsbestimmungen des KP**. Gleichzeitig wurde die rechtliche Grundlage für ein im polnischen Arbeitsrecht bislang unbekanntes Phänomen, die **Gruppenentlassungen**, geschaffen. Das Gesetz verfolgte den Zweck, bereits zu Beginn des Transformationsprozesses die betriebliche Restrukturierung zu ermöglichen, indem der Kündigungsschutz für Kündigungen aus betrieblich veranlassten Gründen, insbesondere für Gruppenentlassungen, vermindert wurde[1041]. Gleichzeitig sollte durch das Gesetz vom 28. Dezember 1989 der Schutz vor unberechtigten Kündigungen gewährleistet und den Arbeitnehmern kompensatorische Rechte eingeräumt werden, beispielsweise das Recht auf eine Abfindung[1042]. Das Gesetz sah zwingend **Informations- und Verhandlungspflichten** des Arbeitgebers mit den Betriebsgewerkschaften im Falle von dem Gesetz unterfallenden Kündigungen sowie eine **Änderung der Mitbestimmungsrechte der Betriebsgewerkschaften** vor[1043]. Bereits dieses Gesetz setzte weitgehend die Vorgaben der früheren Richtlinien

[1038] Richtlinie v. 17.02.1998, ABl. 1998 L 48, 29. Diese ersetzte die Massenentlassungsrichtlinie 75/129/EWG in der geänderten Fassung 92/56/EWG.

[1039] Dz. U. 2003, Nr. 90 Pos. 844 m. w. Ä.

[1040] Dz. U. 1990, Nr. 4, Pos. 19.

[1041] Florek/Zieliński, Rn. 134.

[1042] Florek/Zieliński, Rn. 134.

[1043] Lewandowski – Florek, S. 247.

75/129/EWG zur Massenentlassung in der geänderten Fassung der Richtlinie 92/56/EWG um[1044]. Mit der Neufassung der Richtlinie 98/59/EG vom 20.07.1998 zur Angleichung der Vorschriften der Mitgliedsstaaten zu Massenentlassungen bedurfte es auch einer Anpassung der nationalen Rechtslage, welche durch das Gesetz über die besonderen Grundlagen für die Beendigung von Arbeitsverhältnissen aus nicht personenbedingten Gründen vom 13. März 2003 erfolgte. Dieses regelt im Wesentlichen die gleichen Sachverhalte und enthält insbesondere auch weiterhin in Art. 3 (Art. 4 des Gesetzes vom 28. Dezember 1989) eine gesetzliche Ermächtigungsgrundlage zum Abschluss einer Betriebsvereinbarung[1045].

(2) Voraussetzungen

Das Gesetz vom 28. Dezember 1989 sah abweichend von den Regelungen des KP besondere Bestimmungen für das Kündigungsverfahren und den Kündigungsschutz vor, wenn die **Kündigung** des Arbeitnehmers **aus betriebsbedingten Gründen** erfolgte. Art. 1 des Gesetzes vom 28. Dezember 1989 definierte betriebsbedingte Gründe als wirtschaftliche, organisatorische, produktionsbezogene oder ökologische Gründe auf der Arbeitgeberseite, die diesen zur Kündigung von Arbeitnehmern veranlassen. Die Vorschriften des Gesetzes galten für betriebsbedingte Gruppenentlassungen. Das nachfolgende Gesetz vom 13. März 2003 stellt nicht auf betriebsbedingte Kündigungen ab, sondern allgemeiner auf Gruppenentlassungen oder die einvernehmliche Aufhebung von Arbeitsverhältnissen auf **Veranlassung des Arbeitgebers**, Art. 1 des Gesetzes vom 13. März 2003. Demnach umfasst es **alle Kündigungs- und Beendigungstatbestände, die nicht durch den Arbeitnehmer verursacht werden**[1046], so dass das Gesetz insoweit einen weiter gefassten, richtlinienkonformen[1047] Anwendungsbereich erhielt. Das Gesetz regelt somit alle Kündigungsfälle, die nicht auf das Verhalten des Arbeitnehmers und auf sein Verschulden zurückzuführen sind. Diese Unterscheidung trifft die die Massenentlassungsrichtlinie 98/59/EG ins **deutsche Arbeitsrecht** umsetzende Regelung des § 17 KSchG nicht. Die Regelung unterscheidet nach ihrem Wortlaut nicht nach den Gründen, die zur vom Arbeitgeber veranlassten Beendigung führen. Es fallen also nicht nur betriebs- und personenbedingte, sondern **auch auf verhaltensbedingte Gründe zurückgehende Beendigungstatbestände** unter den Regelungsbereich des §17 KSchG[1048]. Dem Wortlaut des Art. 1 Abs. 1a der Richtlinie 98/59/EG entspricht al-

---

[1044] Zu den wenigen, notwendigen Anpassungen an die damals geltende Richtlinie vgl. Lewandowski – Florek, S. 249 ff.; Matey - Tyrowicz, S. 191, 202. Hierzu gehörte insbesondere die Änderung der einschränkenden Definition der Gruppenentlassungen im polnischen Arbeitsrecht sowie der Zahlengrenzen für Gruppenentlassungen.

[1045] Allgemein zu Betriebsvereinbarungen und der notwendigen gesetzlichen Ermächtigungsgrundlage vgl. 3. Kapitel B. V. 4. b.

[1046] Florek/Zieliński, Rn. 135.

[1047] Auf die Notwendigkeit der Anpassung des Gesetzes bereits im Hinblick auf die frühere Massenentlassungsrichtlinie wurde in der Literatur frühzeitig hingewiesen, vgl. Matey - Tyrowicz, S. 202, hingewiesen.

[1048] BAG v. 13.03.1969, 2 AZR 157/68, BB 1969, 1298; v. Hoyningen-Huene/Linck, § 17 KSchG, Rn. 16; KR-Weigand, § 17 KSchG, Rn. 47; Bauer/Röder, NZA 1985, 201.

lerdings die vom polnischen Gesetzgeber erfolgte Umsetzung. Darin heißt es, dass unter Massenentlassungen Entlassungen zu verstehen sind, *„die ein Arbeitgeber aus einem oder mehreren Gründen, die nicht in der Person der Arbeitnehmer liegen"*, vornimmt.

Andererseits enthält die Neuregelung anders als das ursprüngliche Gesetz nunmehr entsprechend Art. 1 Abs. 1 der Richtlinie eine Begrenzung des Anwendungsbereichs auf diejenigen Arbeitgeber, die **mindestens 20 Arbeitnehmer** beschäftigen. Wird diese Mindestvoraussetzung nicht erreicht, gelten die allgemeinen Kündigungsregelungen des KP[1049], und zwar auch dann, wenn der Arbeitgeber alle Beschäftigten entlassen würde.

Unter dem Begriff „**Gruppenentlassung**" ist nicht die Entlassung einer bestimmten Berufsgruppe, Arbeitsgruppe innerhalb des Betriebs oder einer sonstigen Gruppe zu verstehen, sondern eine Mehrzahl von Arbeitnehmern eines Betriebs, mit denen das Arbeitsverhältnis innerhalb eines bestimmten Zeitraums aus einem Grund, der nicht in der Personen des Arbeitnehmers liegt, beendet wird (Art. 1 Abs. 1 des Gesetzes vom 13. März 2003). Der Begriff der Gruppenentlassung ist demnach mit dem der **Massenentlassung** nach deutschem Recht[1050] zu vergleichen. Um eine Gruppenentlassung i.S.d. Art. 1 Abs. 1 des Gesetzes vom 13. März 2003 handelt es sich, wenn der Arbeitgeber innerhalb eines Zeitraums von höchstens 30 Tagen das Arbeitsverhältnis mit einer Gruppe von Arbeitnehmern beendet, die mindestens 10 Personen zählt bei einer Belegschaft von unter 100 Arbeitnehmern, 10 % bei einer Betriebsbelegschaft von 100 bis 299 Arbeitnehmern bzw. mindestens 30 Personen bei einer Belegschaft von mindestens 300 Arbeitnehmern, Art. 1 Abs. 1 des Gesetzes vom 13. März 2003. Konkret bedeutet dies, dass das Verfahren zur Massenentlassung bereits dann einzuhalten ist, wenn in einem kleineren Betrieb zehn Mitarbeiter entlassen werden sollen. Hingegen gelten die **Besonderheiten bei der Kündigung** selbst erst für Beschäftigungsverhältnisse mit **Arbeitgebern, die mindestens 20 Arbeitnehmer beschäftigen**. Diese Mindestgrenze ist im Hinblick auf die gemeinschaftsrechtlichen Vorgaben zulässig, da diese Besonderheiten durch die Richtlinie 98/59/EG nicht geregelt werden.

Wie der EuGH mit Urteil vom 27.01.2005[1051] klargestellt hat, ist der Begriff der Entlassung gemeinschaftsrechtlich einheitlich auszulegen. Gemeint ist nicht der **Zeitpunkt** der Beendigung des Arbeitsverhältnisses, sondern der **des Kündigungsausspruchs** bzw. der **Vereinbarung eines Aufhebungsvertrages**[1052]. In diesem Zeitpunkt müssen somit die dargestellten Zahlengrößen erreicht werden, damit von einer Gruppenentlassung ausgegangen werden kann.

[1049] Florek/Zieliński, Rn. 134.

[1050] Vgl. hierzu MüHdB ArbR - Berkowsky, § 155, Rn. 2.

[1051] Az. C 188/03 Junk ./. Kühnel, NZA 2005, 213.

[1052] Im Hinblick auf die Entscheidung vom 27.01.2005 hat auch das BAG zwischenzeitlich seine langjährige Rechtsprechung aufgegeben und sich der Entscheidung des EuGH angeschlossen: BAG v. 23.03.2006, 2 AZR 343/05, Pressemitteilung Nr. 18/06.

(3) Verfahrensablauf bei Gruppenentlassungen

Allgemeines

Entlässt der Arbeitgeber Arbeitnehmer in Art. 1 Abs. 1 des Gesetzes vom 13. März 2003 entsprechenden Umfang, berechtigt ihn dies zu einem **vereinfachten Beteiligungsverfahren** der Betriebsgewerkschaften[1053]. Andererseits kommen den Betriebsgewerkschaften **umfangreiche Informations- und Konsultationsansprüche** zu, die sich aus Art. 2 der Richtlinie 98/59/EG ergeben. Wenn ein Betrieb von Gruppenentlassungen betroffen ist, in dem keine Betriebsgewerkschaft existiert, stehen diese Rechte den **Vertretern der Belegschaft**[1054] zu, welche nach den jeweiligen betrieblich vorgesehenen Auswahlverfahren bestimmt werden (Art. 2 Abs. 7, 3 Abs. 5, 4 Abs. 3 des Gesetzes vom 13. März 2003).

Grundsätzlich muss der Arbeitgeber - wie auch in § 102 BetrVG im deutschen Arbeitsrecht geregelt - im Falle einer beabsichtigten Entlassung eines Arbeitnehmers vor deren Ausspruch die für den betroffenen Arbeitnehmer zuständige Betriebsgewerkschaft hierüber schriftlich und unter Angabe des Kündigungsgrundes (Art. 30 § 4, 45 KP) informieren und anhören (Art. 23 2, 38 KP). Bei einer beabsichtigten Gruppenentlassung muss der Arbeitgeber zunächst über die geplanten Gruppenentlassungen mit den Betriebsgewerkschaften verhandeln. Die Verfahrensschritte sind in Art. 2 – 4 des Gesetzes vom 18. März 2003 geregelt. Die **Verhandlungspflicht** betrifft insbesondere die Möglichkeiten zur Vermeidung von Gruppenentlassungen oder deren Verringerung sowie Schulungs-, Weiterbildungsmaßnahmen und Weiterbeschäftigungsmaßnahmen für die betroffenen Arbeitnehmer. Diese Regelung soll es den Gewerkschaften ermöglichen, auf die Entscheidungsfindung des Arbeitgebers Einfluss zu nehmen, um beabsichtigte Entlassung zu vermeiden bzw. deren Zahl zu reduzieren und die negativen Folgen für die Beschäftigten abzumildern[1055]. Damit die Gewerkschaften für diese Verhandlung mit den Gewerkschaften über die notwendigen Informationen verfügen, hat der Arbeitgeber sie frühzeitig und umfassend über die beabsichtigten Maßnahmen zu informieren, insbesondere über die Beschäftigungssituation, die Gründe für die Gruppenentlassungen, die betroffenen Arbeitnehmergruppen, die Auswahlkriterien sowie über die beabsichtigten Abfindungen. Bis auf letztere hat der Arbeitgeber diese Informationen auch der zuständigen Kreisbehörde mitzuteilen (Art. 4 des Gesetzes vom 18.03.2003, und zwar - wie der EuGH in dem bereits zitierten Urteil vom 27.01.2005 klarstellt[1056] - bevor er die Kündigung gegenüber dem Arbeitnehmer ausspricht. Dies sieht auch die nationale Rechtslage ausdrücklich in Art. 6 Abs. 1 des Gesetzes vom 18.03.2003 vor.

[1053] Eine detaillierte Übersicht zum Verfahren bei Gruppenentlassungen allerdings noch ohne die Änderungen, die das Gesetz vom 13. März 2003 beinhaltet, enthält Sieg/Prujszczyk, S. 108.

[1054] Zu den Einzelheiten dieser Art der Arbeitnehmervertretung vgl. 3. Kapitel B. VII. 4.

[1055] Matey – Salwa, S. 72.

[1056] Urteilserwägung 41, NZA 2005, 213.

Anders als bei dem Verfahren für Massenentlassungen nach deutschem Recht[1057] findet **kein individuelles Beteiligungsverfahren** der Gewerkschaften zu den beabsichtigten Kündigungen mehr statt (Art. 5 Abs. 1 des Gesetzes vom 13. März 2003). Vielmehr sollen Arbeitgeber und Betriebsgewerkschaften innerhalb von 20 Tagen nach Zuleitung der notwendigen Informationen über die beabsichtigten Gruppenentlassungen gem. Art. 3 Abs. 1 des Gesetzes vom 13. März 2003 eine **Durchführungsvereinbarung** über die Grundsätze der Gruppenentlassung treffen, die auch die sonstigen arbeitsrechtlichen Folgen der Entlassungen regelt. Diese Vereinbarung wird in der polnischen Arbeitsrechtslehre als **Betriebsvereinbarung** bezeichnet[1058]. Sie kann, soweit eine Einigung mit allen Betriebsgewerkschaften nicht zustande kommt, auch nur **mit denjenigen Betriebsgewerkschaften** vereinbart werden, die als **repräsentativ** i. S. d. Art. 241 25a KP[1059] gelten.

Rechtliche Einordnung von Durchführungsvereinbarungen

Fraglich ist aber, inwieweit eine solche Vereinbarung vergleichbar ist mit Betriebsvereinbarungen im Sinne des deutschen Arbeitsrechts. Ihrem Inhalt nach regelt eine solche Durchführungsvereinbarung keine konkreten, individuellen Maßnahmen, da in ihnen die Arbeitnehmer, die gekündigt werden sollen, nicht namentlich benannt werden, sondern lediglich die Auswahlkriterien[1060]. Aus dieser Vereinbarung ergeben sich aber **unmittelbar und zwingend Rechte und Pflichten der Arbeitnehmer**, so dass einer solchen Vereinbarung normativer Charakter zukommt. Der Regelungsgehalt der Durchführungsvereinbarungen stimmt hingegen mit demjenigen der §§ 87, 88 BetrVG nicht überein. Eine Vergleichbarkeit besteht ebenso wenig mit einem Sozialplan i.S.d. § 112 Abs. 1 S. 2 BetrVG, denn eine Durchführungsverordnung dient nicht dazu, wirtschaftliche Nachteile der betroffenen Arbeitnehmer auszugleichen bzw. abzumildern. Diesen Zweck erfüllen bereits die im Falle einer betriebsbedingten Beendigung gesetzlich vorgesehenen Abfindungsansprüche geregelt, Art. 8 des Gesetzes vom 13. März 2003, Art. 36 1 § 1 KP[1061].

Eine Durchführungsverordnung könnte aber mit einem **Interessenausgleich** vergleichbar sein. Gegenstand eines Interessenausgleichs nach § 112 Abs. 1 BetrVG ist ebenfalls eine Vereinbarung, ob, wann und in welcher Form die von der Arbeitgeberseite geplante Betriebsänderung i. S. d. § 111 BetrVG durchgeführt werden soll[1062]. Aus § 112 a Abs. 1 S. 1 BetrVG folgt, dass der Fall einer Betriebsänderung, der zur Einschränkung oder Stilllegung eines Betriebs oder von wesentlichen Betriebsteilen führt, auch allein in der Entlassung von Arbeitnehmern bestehen kann.

1057 Im deutschen Arbeitsrecht besteht neben der Anzeigepflicht der beabsichtigten Massenentlassung an den Betriebsrat aus § 17 Abs. 2 KSchG die Pflicht zur Beteiligung des Betriebsrats nach § 102 BetrVG für jeden einzelnen Kündigungsfall; BAG v. 16.09.1993, AP § 102 BetrVG Nr. 62; Däubler/Kittner/Klebe, § 102, Rn. 98; Tschöpe - Seitz, 3 J, Rn. 72.

1058 Florek/Zieliński, Rn. 52; Goździewicz, S. 101; Salwa, Art. 9, S. 18.

1059 Zu den Voraussetzungen der Repräsentativität vgl. 3. Kapitel B. V. 4. a. (3) (a).

1060 Goździewicz, S. 102.

1061 Vgl. Sieg/Prujszczyk, Rn. 197 ff.

1062 BAG v. 27.10.1987, NZA 1988, 203; Neef, NZA 1997, 65.

Wie bei einem Interessenausgleich handelt es sich bei der Durchführungsverordnung um eine kollektivrechtliche Vereinbarung zwischen Arbeitgeber und betrieblicher Vertretung der Beschäftigten[1063], nach polnischem Recht den Betriebsgewerkschaften. Die Arbeitgebervertretungen können den Abschluss eines Interessenausgleichs[1064] bzw. einer Vereinbarung[1065] grundsätzlich nicht erzwingen. Jedoch treffen den Arbeitgeber **finanzielle Folgen**, wenn er eine Vereinbarung mit der Arbeitnehmervertretung gar nicht oder unzureichend versucht. Nach deutschem Recht ist der Arbeitgeber dann zum Nachteilsausgleich gemäß § 113 BetrVG verpflichtet. Die polnische Rechtsprechung wendet in diesem Fall Art. 45 KP an mit der Folge, dass den betroffenen Arbeitnehmern ein Wiedereinstellungsanspruch bzw. ein Entschädigungsanspruch zusteht[1066].

Ein wesentlicher Unterschied zu einer Durchführungsvereinbarung liegt aber darin, dass ein Interessenausgleich nach der herrschenden Auffassung in der Literatur keine unmittelbare und zwingende Wirkung entfaltet und daher keine Betriebsvereinbarung, sondern eine kollektivrechtliche Vereinbarung eigener Art darstellt[1067]. Darüber hinaus kommt bei einem Interessenausgleich nach deutschem Recht unter Umständen auch eine Namensnennung betroffener Arbeitnehmer in Betracht (§§ 323 Abs. 2 UmwG, 125 InsO). Insgesamt **verbindet** somit **eine Durchführungsvereinbarung** nach Art. 3 Abs. 1 des Gesetzes vom 13. März 2003 **Elemente verschiedener kollektivrechtlicher Rechtsinstitute des deutschen Arbeitsrechts**, ohne einem solchen tatsächlich vergleichbar zu sein.

Vorgehensweise bei fehlender Durchführungsvereinbarung

In dem Fall, dass sich die Kollektivparteien nicht auf eine Durchführungsvereinbarung einigen können, ist der Arbeitgeber verpflichtet, einseitig eine **Kündigungsordnung** zu erlassen, in der aber - soweit möglich - Vorschläge der Betriebsgewerkschaften zu berücksichtigen sind (Art. 3 Abs. 4 des Gesetzes vom 13. März 2003), da für diesen Fall der Verzicht auf ein individuelles Verfahren nicht gilt. Darüber hinaus muss vor jeder Kündigung das **individuelle Beteiligungsverfahren** der zuständigen Betriebsgewerkschaft durchgeführt werden (Art. 5 Abs. 2 des Gesetzes vom 13. März 2003). Kommt der Arbeitgeber seinen Verpflichtungen im Hinblick auf den Erlass einer Kündigungsordnung nicht nach, stellt sich die Kündigung im Rahmen einer arbeitsgerichtlichen Überprüfung nach Art. 45 KP als unwirksam dar[1068].

1063 Lewandowski - Goździewicz, S. 101.

1064 Tschöpe – Ders., 4 A, Rn. 861.

1065 Florek/Zieliński, Rn. 137.

1066 SN v. 23.01.1991, I PR 450/90, OSP 3/1992, Pos. 57.

1067 ErfK - Kania, §§ 112, 112a BetrVG Rn. 9; GK - Fabricius/Oetker, § 112 Rn. 48; MüHdB ArbR - Matthes, § 361 Rn. 28.

1068 SN v. 23.01.1991, I PR 450/90, OSP 3/1992, Pos. 57.

Weiteres Verfahren

Nach Abschluss einer Durchführungsvereinbarung bzw. Erlass einer Kündigungsordnung hat der Arbeitgeber ihre Einzelheiten an die zuständige Kreisbehörde sowie an die Betriebsgewerkschaften weiterzuleiten, die hierzu eine Stellungnahme an die Behörde abgegeben können. Die Kündigungen dürfen grundsätzlich nicht vor Ablauf von 30 Tagen, nachdem die Kreisbehörde informiert wurde, ausgesprochen werden (Art. 6 Abs. 2 i. V. m. Art. 4 Abs. 1 des Gesetzes vom 13. März 2003). Demzufolge entspricht die polnische Umsetzung der Richtlinie 98/59/EG den Voraussetzungen, welche das Urteil des EuGH 27.01.2005 für die deutsche Umsetzung im KSchG klarstellen musste[1069]. Das Verfahren selbst wurde in den §§ 17 ff. KSchG ähnlich geregelt.

(4) Rechtsfolgen von Gruppenentlassungen

Neben dem eingeschränkten Beteiligungsverfahren der Betriebsgewerkschaften erfolgt eine **wesentliche Einschränkung des Kündigungsschutzes** nach dem Gesetz vom 13. März 2003 dadurch, dass bei Gruppenentlassungen der besondere Kündigungsschutz vollständig entfällt bzw. für einige Arbeitnehmergruppen, wie bspw. Schwangere und Arbeitnehmer in Elternzeit eingeschränkt wird (Art. 5 des Gesetzes vom 13. März 2003). Entsprechende Erleichterung bei dem Ausspruch von Massenentlassungen ist dem **deutschen** Arbeitsrecht fremd. Insbesondere sind Einschränkungen des zwingend geltenden besonderen Kündigungsschutzes auch im Falle von betriebsbedingten Massenentlassungen nicht möglich. Der polnische Gesetzgeber kompensiert die Einschnitte in die Arbeitnehmerrechte, indem er betroffenen Arbeitnehmern einen Anspruch auf **Ausgleichzahlungen** im Fall von Änderungskündigungen bzw. einen **Abfindungsanspruch** bei Beendigung des Arbeitsverhältnisses (Art. 8 des Gesetzes vom 13. März 2003) garantiert. Dieser umfasst je nach der Betriebszugehörigkeit[1070] ein bis drei Monatsgehälter, maximal jedoch das 15-fache des gesetzlichen Mindestverdienstes[1071]. Darüber hinaus steht einem Arbeitnehmer, dessen Arbeitsverhältnis im Rahmen von Gruppenentlassungen beendet wurde, auf dessen Antrag ein **Wiedereinstellungsanspruch** für den Zeitraum von 15 Monaten seit Beendigung gegen den Arbeitgeber zu, wenn ein entsprechender frei gewordener oder neu geschaffener Arbeitsplatz besetzt werden soll (Art. 9 des Gesetzes vom 13. März 2003).

[1069] Zu den Auswirkungen des EuGH-Entscheidung für das deutsche Arbeitsrecht vgl. ArbG Krefeld Urt. v. 14.04.2005, DB 2005, 892; Bauer/Krieger/Powietzka, DB 2005, 445, 1570; Nicolai, NZA 2005, 206; Wolter, AuR 2005, 135.

[1070] Hinzuzurechnen sind jegliche Vorbeschäftigungszeiten bei dem selben Arbeitgeber, auch wenn längere Unterbrechungen zwischen den Beschäftigungsverhältnissen bestanden (SN v. 15.01.2003, III PZP 20/02, OSNAP 3/03), sowie Beschäftigungszeiten bei einem früheren Arbeitgeber im Falle eines Betriebsübergangs (Art. 23 ı KP) oder der Rechtsnachfolge (Art. 36 § 1 ı KP i. V. m. Art. 8 Abs. 2 des Gesetzes vom 13. März 2003).

[1071] Der gesetzliche monatliche Monatsverdienst lag 2004 bei 824,- Zloty. Gesetz vom 10.10.2002, Dz. U. 2002, Nr. 200 Pos. 1670, Verordnung des Ministerrates vom 09.09.2003 für das Jahr 2004, Dz. U. 2003, Nr. 167 Pos. 1623.

(5) Andere Entlassungstatbestände

Ebenso ersetzten Art. 10 i. V. m. Art. 5 Abs. 3 – 7, Art. 8 des Gesetzes vom 13.03.2003 den Kündigungsschutz bei **Beendigungstatbeständen, die nicht vom Arbeitnehmer verursacht werden**, bei denen aber die Mindestzahl der beendeten Arbeitsverhältnisse des Art. 1 Abs. 1 des Gesetzes vom 13.03.2003 nicht erreicht wird. Voraussetzung ist aber wiederum, dass der betroffene Arbeitgeber **mindestens 20 Arbeitnehmer** beschäftigt. Ferner gilt auch für diese Beendigungstatbestände, dass ausschließlich die Gründe, die nicht in der Person des Arbeitnehmers liegen, eine Kündigung rechtfertigen können. Das SN hat hierzu aber festgestellt, dass - neben den nach damaligen Gesetzesstand noch betriebsbedingten Gründen - auch andere Ursachen für die Kündigung vorliegen dürfen, und zwar dann, wenn diese für sich allein keinen die Kündigung rechtfertigenden Sachverhalt darstellen[1072]. Arbeitnehmern, deren Arbeitsverhältnis auf Grundlage des Art. 10 des Gesetzes vom 13.03.2003 aus Gründen, die nicht personenbedingt sind, beendet oder geändert wird, stehen ebenfalls Ansprüche auf Ausgleichszahlungen, Abfindungen und Wiedereinstellung nach Art. 8 des Gesetzes vom 13.03.2003 zu. Ebenso muss der Arbeitgeber, die zuständige Betriebsgewerkschaft im Rahmen jedes Kündigungsfalls beteiligen, da Art. 10 Abs. 1 nicht auf Art. 5 Abs. 1 des Gesetzes vom 13.03.2003 verweist. Folglich kann in einem solchen Fall **keine Durchführungsvereinbarung** geschlossen werden. Außerdem besteht der besondere Kündigungsschutz für Arbeitnehmergruppen nach dem KP fort, es sei denn, dass die für den betreffenden Arbeitnehmer zuständige Betriebsgewerkschaft einer Kündigung nicht im Laufe von 14 Tagen nach Mitteilung der beabsichtigten Kündigung widerspricht.

Darüber hinaus gelten noch weitere Einschränkungen des Kündigungsschutzes bei Gruppenentlassungen aufgrund von Insolvenz oder Liquidation eines Betriebs.

(6) Kündigungsauswahl

Die Beschränkungen des Kündigungsschutzes befreien den Arbeitgeber nicht von der **Pflicht zur rechtmäßigen Auswahl der zu kündigenden Arbeitnehmer**. Die Kriterien, nach denen die Rechtmäßigkeit zu beurteilen ist, ergeben sich nicht aus dem Gesetz, sondern werden von der Rechtsprechung entwickelt. Zu diesen gehören in der Regel u. a.[1073]:

- Nutzen des Arbeitnehmers für den Arbeitgeber,
- Verletzung arbeitsvertraglicher Pflichten,
- Betriebszugehörigkeit,
- Chancen des Arbeitnehmers auf einen neuen Arbeitsplatz,
- Persönliche und familiäre Verhältnisse des Arbeitnehmers (z.B. Lebensalter, Unterhaltsverpflichtungen).

Allerdings besteht beim Abschluss der Durchführungsverordnung für die Gewerkschaften die Möglichkeit, mit dem Arbeitgeber im Rahmen des rechtlich Zulässigen auszuhandeln, nach welchen Kriterien die Auswahl der zu kündigenden Arbeitneh-

---

[1072] Urt. v. 10.10.1990, I PR 319/90, OSNCP 11/1992, Pos. 204.

[1073] Florek/Zieliński, Rn. 135.

mer erfolgen soll[1074]. Das polnische Arbeitsrecht kennt demnach im Rahmen der rechtmäßigen Auswahl der zu kündigenden Arbeitnehmer neben sozialen Gesichtspunkten auch das **Leistungsträgerprinzip**. Anders als dies nach deutschem Recht bis zur Novelle des Kündigungsschutzgesetzes zum 01.01.2004 der Fall war, das in § 1 Abs. 3 S. 2 KSchG a. F. nur im Ausnahmefall einzelne Arbeitnehmer aufgrund „betriebstechnischer, wirtschaftlicher oder sonstiger berechtigter betrieblicher Bedürfnisse" aus der Sozialauswahl herausnahm[1075], sind Kenntnisse, Fähigkeiten und Leistungen der Arbeitnehmer neben ihrer sozialen Schutzbedürftigkeit bei der Auswahl grundsätzlich zu berücksichtigen. Dies hat sich mit der neuen Fassung des § 1 Abs. 3 S. 2 KSchG auch im deutschen Recht graduell gewandelt, indem nunmehr Arbeitnehmer nicht in die Sozialauswahl einbezogen werden müssen, wenn deren Weiterbeschäftigung insbesondere wegen der Kenntnisse, Fähigkeiten und Leistung oder zur Sicherung einer ausgewogenen Personalstruktur des Betriebs im berechtigten betrieblichen Interesse liegt[1076]. Abgesehen von dem Leistungsprinzip erfolgt die Sozialauswahl auf Grunlage einer betriebsbedingten Kündigung allerdings nach dem ausdrücklichen Wortlaut des § 1 Abs. 3 Satz 2 KSchG allein nach den Kriterien der Betriebszugehörigkeit, Lebensalter, Unterhaltspflichten und Schwerbehinderung.

(7) Beurteilung

Systematische Zuordnung

Systematisch ist die Regelung der Beendigung eines Arbeitsverhältnisses aus Gründen, die nicht in der Person des Arbeitnehmers liegen, in einem eigenständigen Gesetz verfehlt. Bereits das KP enthält im 2. Abschnitt in den Unterabschnitten zwei bis sieben die allgemeinen und besonderen Bestimmungen zur Beendigung eines Arbeitsverhältnisses durch Kündigung, Entlassung, Erlöschen und Aufhebungsvereinbarung. Es regelt Verfahren, Kündigungsgründe einschließlich solcher, die nicht vom Arbeitnehmer verschuldet sind, sowie Ansprüche und Gegenrechte der Arbeitnehmer bei rechtswidriger Kündigung oder Entlassung. Ergänzungen und Modifikationen, die sich, wie im Gesetz vom 13. März 2003, auf alle Beendigungstatbestände beziehen, sollten daher im KP enthalten sein.

Auch die Regelung von Gruppenentlassungen rechtfertigt den systematischen Bruch durch ein eigenständiges Gesetz nicht. Im Ergebnis modifiziert sie die Bestimmungen des KP im Hinblick auf alle nicht vom Arbeitnehmer verursachten Beendigungen - wenn der Arbeitgeber mehr als 20 Arbeitnehmer beschäftigt - gleich, ob sie auf einen Entschluss des Arbeitgebers mit kollektiven oder individuellen Bezug zurückgehen. Die Rechtsfolgen einer solchen Beendigung, insbesondere der Abfindungsanspruch, sind teils im Gesetz vom 13. März 2003, teils im KP geregelt.

1074 Florek/Zieliński, Rn. 137.

1075 MüHdB ArbR - Berkowsky, § 155, Rn. 63.

1076 Eine dieser Modifizierung im Wesentlichen entsprechende Regelung galt allerdings bereits bis 31.12.1998; vgl. v. Hoyningen-Huene/Linck, 12. Aufl., § 1 KSchG, Rn. 476.

Gleiches gilt für die arbeitsrechtlichen Auswirkungen von Insolvenz und Liquidation.

Historisch ergibt sich die Regulierung zunächst betriebsbedingter, nunmehr nicht personenbedingter Beendigungen in einem Einzelgesetz aus dem Bedarf nach einem Regelungsrahmen für die möglichst rasch zu beginnende Restrukturierung polnischer Betriebe nach der Wende[1077]. Spätestens mit der ersten großen Reform des KP 1996[1078], mit der auch Änderungen des Gesetzes vom 28. Dezember 1989 einhergingen, hätte es aber einer Einbeziehung dieser Bestimmungen in den zweiten Abschnitt des KP bedurft. Dies fand allerdings weder bei der Reform des KP im Jahr 1996 noch bei der Neugestaltung des Gesetzes vom 13. März 2003 zur Anpassung an die gemeinschaftsrechtlichen Vorgaben Berücksichtigung. (b) Zeitliche Aspekte

Bemerkenswert ist allerdings die Tatsache, dass der Gesetzgeber bereits Ende 1989, wenige Monate nach der politischen Wende, die aus ihr künftig resultierenden Auswirkungen auf die Betriebsstrukturen und die Beschäftigungsverhältnisse in einem rechtlichen Rahmen erfasste und eine normative Grundlage für den notwendig werdenden Arbeitsplatzabbau schuf. Ergänzend hat er zu einem frühen Zeitpunkt gemeinschaftsrechtliche Vorgaben zur Massenentlassung in nationales Recht umgesetzt, wenngleich das Gesetz noch späterer Anpassung an die Richtlinie 98/59/EG bedurfte. Zunächst vorhandene Regelungslücken des Gesetzes sowie Abweichungen von der zu dem Zeitpunkt geltenden Massenentlassungsrichtlinie sind zum Teil auf das beschleunigte Legislativverfahren zurückzuführen. Insbesondere waren Konkretisierungen für Kündigungen bei Insolvenz bzw. Liquidation notwendig. Diese wurden mit den Ergänzungen zum Gesetz vom 28. Dezember 1989 vorgenommen[1079]. Unklarheiten bestanden auch im Hinblick auf die Definition einer Gruppenentlassung. Nach Art. 1 Abs. 1 des Gesetzes vom 28. Dezember 1989 mussten mindestens 10 % der Beschäftigten betroffen sein. Mangels Angabe einer Untergrenze für Belegschaftsgröße, bedeutet dies, dass im Extremfall Verfahren und weitgehende Einschränkungen des Kündigungsschutzes bei Gruppenentlassungen bereits dann galten, wenn ein Arbeitgeber in einem Betrieb mit 20 Beschäftigten den einheitlichen Entschluss fasste, zwei Arbeitnehmern betriebsbedingt zu kündigen. Dieser Missstand wurde schließlich in dem Regierungsentwurf vom 19.03.2002 durch den neu eingefügten Art. 4a des Gesetzes vom 28. Dezember 1989 beseitigt, der eine Untergrenze von 20 zu kündigenden Arbeitnehmern vorsah, und entsprechend auch in das nachfolgende Gesetz vom 18. März 2003 übertragen wurde. Positiv anzumerken ist ebenso, dass das neue Gesetz auch eine **Umgehungsform** von Kündigungen, die nicht vom Arbeitnehmer verschuldet sind, also den Abschluss von Aufhebungsvereinbarungen auf Initiative des Arbeitgebers, dem **Anwendungsbereich der Gruppenentlassungsvorschriften unterwirft** (Art. 1 Abs. 2 des Gesetzes vom 13. März 2003) und somit die Voraussetzungen der Richtlinie 98/59/EG umsetzt.

[1077] Florek/Zieliński, Rn. 134.

[1078] Gesetz zur Änderung des KP vom 20.02.1996, Dz. U. 1996, Nr. 24 Pos. 110.

[1079] Ergänzung zum Gesetz über die besonderen Grundlagen für die Auflösung von Arbeitsverhältnissen aus betriebsbedingten Gründen vom 24.08.1991, Dz. U. 1991, Nr. 83, Pos. 372 und vom 15.02.1992, Dz. U. 1992, Nr. 83, Pos. 84.

Modifizierung des Kündigungsrechts

Inhaltlich ist das Verfahren für betriebsbedingte Kündigungen als besonders arbeitgeberfreundlich zu bewerten. Zwar muss der Arbeitgeber Massenentlassungen frühzeitig planen, um sowohl seinen Konsultations-, als auch den Anzeigepflichten vor Ausspruch einer Kündigung nachkommen zu können. Dies kann auch bedeuten, dass der Arbeitgeber das Verfahren zur Gruppenentlassung durchführen muss, weil er zunächst Kündigungen in einem Umfang plant, der dieses notwendig macht, aufgrund eines späteren Entschlusses aber weniger Arbeitnehmern kündigt. Diesem organisatorischen Aufwand stehen aber verkürzte Kündigungsfristen bei ohnehin kurzen gesetzlichen Fristen von höchstens drei Monaten (§ 36 KP)[1080], einem weitestgehend relativierten besonderen Kündigungsschutz und dem vereinfachten Beteiligungsverfahren der Betriebsgewerkschaften gegenüber. Der gesetzliche Abfindungsanspruch der Arbeitnehmer wird seiner Höhe nach begrenzt[1081].

Abfindung und Auflösung

Besonders zu beachten ist die gesetzliche Ausgestaltung des Abfindungsanspruchs im Falle von Gruppenentlassungen dem Grunde und der Höhe nach. Nach **deutschem Recht** sind die Kollektivparteien im Falle einer Betriebsänderung und damit einhergehenden Entlassungen lediglich dazu verpflichtet, die wirtschaftlichen Nachteile für die Arbeitnehmer **im Rahmen eines Sozialplans** auszugleichen bzw. abzumildern, § 112 Abs. 1 S. 2 BetrVG. Dies erfolgt in der Regel durch Abfindungszahlungen, ohne dass hierzu - von dem Nachteilsausgleichsanspruch gem. § 113 BetrVG einmal abgesehen - eine gesetzliche Pflicht oder Vorgaben zu dessen Umfang bestünden. Gesetzliche Abfindungsansprüche des Arbeitnehmers für jeden Fall einer Kündigung des Arbeitsverhältnisses sieht das polnische Arbeitsrecht dem Grundsatz nach ebenfalls nicht vor. Allerdings gibt es von diesem Grundsatz wichtige Ausnahmen: Im Falle einer gerichtlich festgestellten Rechtswidrigkeit der Arbeitgeberkündigung steht dem Arbeitnehmer – anders als im deutschen Arbeitsrecht - ein **Wahlrecht** zu, ob er eine Abfindung oder aber die Weiterbeschäftigung geltend macht, Art. 45 KP[1082]. Ein gesetzlicher Abfindungsanspruch bei betriebsbedingter Kündigung für den Fall der unterlassenen Kündigungsschutzklage nach § 1a KSchG, existiert im polnischen Arbeitsrecht hingegen nicht.

[1080] Nach dem novellierten KP greifen allerdings die längeren Kündigungsfristen bereits früher, als dies im sozialistischen KP der Fall war. Die Gesetzesänderung wirkt sich aber nur in den ersten Beschäftigungsverhältnissen von Arbeitnehmern aus, da Beschäftigungszeiten bei früheren Arbeitgebern ausgenommen bei einem Betriebsübergang oder einer gesetzlichen Rechtsnachfolge nicht mehr bei der Bestimmung der Kündigungsfristen eingerechnet werden, Art. 36 § 1 und § 1 1 KP. Hierdurch sollen die Arbeitsverhältnisse von Vorbeschäftigungszeiten abgekoppelt werden, um neue Beschäftigungsanreize für Unternehmen zu schaffen, vgl. Stępińska - Krajewski, S. 12.

[1081] Bei einer Betriebszugehörigkeit von unter 10 Jahren beträgt die Abfindung ein Monatsgehalt, bei unter 20 Jahren zwei sowie ab 20 Jahren drei Monatsgehälter, jedoch nicht mehr als das fünfzehnfache des gesetzlichen Mindestlohns. Nach dem Willen des Ministerrates sollen die Zeiträume, nach denen sich die Abfindung von einem auf bis zu drei Monatsgehälter erhöht, erheblich verkürzt werden, Art. 8 Pkt. 2 des Regierungsentwurfs vom 19.03.2002.

[1082] Florek/Zieliński, Rn. 128.

Außerdem kann das Gericht einem Arbeitnehmer lediglich eine **Abfindung**[1083] für den Verlust des Arbeitsplatzes zusprechen, auch wenn die Kündigung rechtswidrig erfolgte. Voraussetzung ist, dass zum Zeitpunkt der gerichtlichen Entscheidung[1084] eine Fortsetzung des Arbeitsverhältnisses unmöglich oder nicht zielführend wäre, Art. 45 § 2 KP. Anders als in der vergleichbaren Regelung in §§ 9, 10 KSchG ist das Recht zur gerichtlichen Auflösung trotz Unwirksamkeit der ordentlichen Kündigung **nicht als Antragsrecht ausgestaltet**. Vielmehr kann das Arbeitsgericht von Amts wegen feststellen, dass eine Fortsetzung des Arbeitsverhältnisses unmöglich oder nicht zielführend wäre. Wann dies der Fall sein soll, bleibt der Rechtsprechung überlassen. Nach den Vorschriften des sozialistischen KP war die Möglichkeit der **Auflösung eines Arbeitsverhältnisses** durch gerichtliches Urteil trotz unwirksamer Kündigung nur bei Insolvenz, Liquidation oder bei organisatorischen Umgestaltungen bzw. Produktionsänderungen zulässig.

Bei einer rechtswidrigen **Kündigung während** der **Probezeit** oder eines **befristeten Arbeitsverhältnisses** besteht die Besonderheit, dass in einem solchen Fall **nur eine Abfindung** und keine Fortsetzung des Arbeitsverhältnisses verlangt werden kann, Art. 50 § 1 und 3 KP. Bei einer Klage gegen eine unwirksame, fristlose Kündigung besteht - anders als in § 13 Abs. 1 S. 3 - 5 KSchG - für das Gericht auch entgegen dem Wunsch des Arbeitnehmers die Möglichkeit, dass Arbeitsverhältnis von Amts wegen gegen eine Entschädigung[1085] aufzulösen (Art. 56 § 2 KP). Der Entschädigung kommt dreierlei Funktionen zu: Zum einen wird der Arbeitnehmer entschädigt für den unverschuldeten Verlust seines Arbeitsplatzes. Gleichzeitig hat die Entschädigung **vergütungsrechtlichen Charakter**, da sie das Gehalt für den Zeitraum bis zum Ablauf der ordentlichen Kündigungsfristen ersetzt. Schließlich kommt ihr auch **Sanktionsfunktion** zu, da der Arbeitgeber aufgrund seiner Pflichtenverletzung nicht nur den plötzlichen Verlust der Arbeitskraft des Gekündigten ersetzen muss, sondern diesem trotz Nichtleistung zum Vergütungsausgleich verpflichtet ist. Insgesamt stellt sich somit der Kündigungsschutz der Arbeitnehmer in diesen Fällen als deutlich geringer dar, als dieses nach deutschem Recht der Fall ist. Denn dem Arbeitgeber drohen zwar u.U. finanzielle Folgen im Falle einer unwirksamen Kündigung. Entgegen der deutschen Rechtslage kann er aber jedenfalls die Beendigung eines befristeten Arbeitsverhältnisses bzw. eines Arbeitsverhältnisses mit Probezeit durchsetzen.

Beseitigt wurden in dem Gesetz vom 13. März 2003 hingegenzahlreiche Ausnahmen, in denen der Abfindungsanspruch entfallen sollte[1086]. Dies war in dem Gesetz vom 28. Dezember 1989 beispielsweise für Teilzeitarbeitnehmer sowie Arbeit-

---

[1083] Die Grenzen der Abfindung werden der Höhe nach durch Art. 47 ı KP auf die Höhe der Vergütung für zwei Wochen bis drei Monate festgelegt. Sie darf die Vergütung für den Zeitraum der Kündigungsfrist nicht unterschreiten.

[1084] SN v. 25.01.2001, I PKN 206/00, Fijałkowski, Art. 45 Fn. 144.

[1085] Zum Rechtscharakter der Entschädigung vgl. SN v. 17.11.1981, I PR 91/81.

[1086] Diese Ausnahmen waren ursprünglich nicht in dem Gesetz vom 28.12.1989 enthalten, sondern wurden erst durch die Gesetzesänderung vom 15.02.1992 eingefügt (Dz. U. 1992, Nr. 21, Pos. 84). Weitere Einschränkungen sah der Regierungsentwurf vom 19.03.2002 vor, die aber nicht in das Gesetz vom 13.03.2003 übernommen wurden.

nehmer der Fall, die eine eigene gewerbliche Tätigkeit ausübten oder einer Folgebeschäftigung bei dem den Arbeitgeberbetrieb übernehmenden Betrieb erhielten.

Beteiligung der Betriebsgewerkschaft

Herauszustellen ist auch die **Modifizierung der Beteiligungsrechte der Betriebsgewerkschaften** gegenüber den allgemeinen Bestimmungen des KP. Im Rahmen der Verhandlungen zum Abschluss einer Durchführungsvereinbarung löste der polnische Gesetzgeber das grundsätzliche Problem der Meinungsvielfalt der Betriebsgewerkschaften und des damit verbundenen schwierigen Einigungsprozesses wiederum durch das Mittel der **Beschränkung der Verhandlungspflicht auf repräsentative Betriebsgewerkschaften**, wenn eine Einigung mit allen Betriebsgewerkschaften nicht möglich ist.
Ein wesentlicher Unterschied besteht nach polnischem und nach deutschem Recht in der **Verhandlungsführung** zwischen Arbeitgeber- und Arbeitnehmervertretung. Zu Verhandlungen kommt es nach der deutschen Rechtslage in der Regel allerdings nicht im Zusammenhang mit der Anzeige einer geplanten Massenentlassung, sondern bezüglich eines Interessenausgleichs bzw. eines Sozialplans. Zwar sind im deutschen Arbeitsrecht das Beteiligungs- und Konsultationsverfahren bei Massenentlassungen nach den §§ 17 ff. KSchG von den Verhandlungen über einen Interessenausgleich und Sozialplan bei einer Betriebsänderung zu trennen. In der Praxis wird jedoch zumindest häufig auch ein Fall der Betriebsänderung nach § 112a BetrVG vorliegen. Bei Verhandlungen mit der Arbeitnehmervertretung nach polnischem Recht liegt die **Entscheidungsgewalt** über den Fortgang von Gruppenentlassungen sowie die Auswahl der zu Kündigenden schlussendlich **beim Arbeitgeber**, der dies im Rahmen der Kündigungsordnung bestimmen kann, wenn sich die Kollektivparteien über den Inhalt einer Durchführungsvereinbarung nicht einigen können. Hierdurch ist die Verhandlungsposition der Gewerkschaften zum Abschluss einer Durchführungsvereinbarung, um eine einseitige Kündigungsordnung zu verhindern, gegenüber derjenigen des Arbeitgebers geschwächt. Zwar muss der Arbeitgeber auch beim Erlass einer Kündigungsordnung die Vorschläge der Gewerkschaften beachten, dies aber nur „nach Möglichkeit“. Auch die Pflicht zur Kenntnisnahme der zuständigen Kreisbehörde hat mangels entsprechender Regelung im Gesetz nicht zur Folge, dass Einfluss auf den Inhalt der Kündigungsordnung genommen werden könnte. Allerdings kann das Gericht im Rahmen eines individuellen Kündigungsschutzverfahrens nach Art. 45 KP überprüfen, ob die von der Rechtsprechung entwickelten Grundsätze zur rechtmäßigen Auswahl der gekündigten Arbeitnehmer beachtet wurden. Nach **deutschem Betriebsverfassungsrecht** können die Gewerkschaften zwar die Betriebsänderung als solche nicht verhindern und auch den Abschluss eines Interessenausgleichs nicht erzwingen. Hingegen kann aber der Abschluss eines für den Arbeitgeber mit erheblichen wirtschaftlichen Folgen verbundenen Sozialplans notfalls durch Entscheidung einer **Einigungsstelle** durchgesetzt werden, §§ 112, 112a BetrVG.

Im Ergebnis erleichtert das Gesetz vom 13. März 2003 den Abbau des Personalbestandes erheblich. Dies wurde durch eine weitest gehend **restrukturierungsfreundliche Politik der Betriebsgewerkschaften** zumindest in den ersten Jahren der Transformation der polnischen Wirtschaft unterstützt[1087]. Insbesondere zu Beginn der Transformationsphase zogen sich die Betriebsgewerkschaften darauf zurück, lediglich strikt die ihnen im KP und dem Gesetz über Gruppenentlassungen zugewiesenen Aufgaben wahrzunehmen. Die Konfliktbereitschaft der Betriebsgewerkschaften wurde zunächst als sehr niedrig eingestuft[1088], wobei aber je nach Branche auch größere Streiks gegen den Arbeitsplatzabbau und weitere Restrukturierungsmaßnahmen erfolgten[1089]. Tendenziell wurde der möglichst raschen Stabilisierung der wirtschaftlichen und finanziellen Verhältnisse der Betriebe und dem Schutz der Arbeitsplätze, die nach den Gruppenentlassungen bestehen blieben, Priorität eingeräumt [1090]. Dabei wurden die negativen sozialen Folgen für die Arbeitnehmer zu Gunsten von Flexibilität und Wirtschaftlichkeit bei der Restrukturierung und Privatisierung von Staatsbetrieben hingenommen.

Ausblick

In zeitlicher Hinsicht ist anzumerken, dass das verminderte Schutzniveau bei der Beendigung von Arbeitsverhältnissen nach dem Gesetz vom 28. Dezember 1989, lediglich für einen Übergangszeitraum Anwendung finden sollte. Tatsächlich besteht es bis zum jetzigen Zeitpunkt mit im Wesentlichen unveränderten Voraussetzungen nach dem Gesetz vom 13. März 2003 fort. Aufgrund der schwierigen wirtschaftlichen Situation Polens[1091] und den ökonomischen Vorteilen, die mit einem arbeitgeberfreundlichen Kündigungsrecht, z. B. im Vergleich zum deutschen Recht, und der damit verbundenen flexibleren Personalgestaltung, verbunden ist, ist davon auszugehen, dass sich das Schutzniveau für Arbeitnehmer auch in den folgenden Jahren nicht entscheidend verbessern wird.

Keine Änderungen sind auch im Hinblick auf die umgesetzten Regelungen der Richtlinie 98/59/EG zur Information- und Konsultation der Gewerkschaften zu erwarten. Deren Rechte sind zwar durch die gemeinschaftsrechtliche Verpflichtung zur Information und Konsultation gewährleistet. Gleichzeitig entfällt aber das individuelle Beteiligungsverfahren bei Kündigungen, die im Rahmen einer Gruppenentlassung erfolgen, als eine Beteiligungsform an den Arbeitsverhältnissen.

Darüber hinaus trägt die Umsetzung der Massenentlassungsrichtlinie weiter zu der **Etablierung von alternativen Arbeitnehmervertretungsformen** bei. Denn der polnische Gesetzgeber hat im Rahmen der Übernahme der Richtlinie 98/59/EG gewährleistet, dass die Informations- und Konsultationspflichten bei Gruppenentlassungen von der Vertretung der Belegschaft wahrgenommen werden, wenn in einem Betrieb keine Gewerkschaft tätig ist. Langfristig kann die faktische Notwendigkeit einer alternativen Arbeitnehmervertretung zur Wahrnehmung von durch Gemein-

---

[1087] Gardawski/Gąciarz/Mokryszewski/Pańków - Pańków, S. 172 f.

[1088] Gardawski/Towalski/Czarzasty, Eironline 2003, Dok. PL0301104f.

[1089] Zu den Einzelheiten je nach Branche vgl. 3. Kapitel B. VI. 4. c.

[1090] Gardawski/Gąciarz/Mokryszewski/Pańków - Pańków, S. 172 f.

[1091] Nachdem die Arbeitslosigkeit in Polen in den Jahren 1997 und 1998 auf etwa 10 % gesunken war, stieg sie seit Ende 1998 wieder erheblich an und lag 2004 im Jahresdurchschnitt bei 18,9 %, vgl. Eurostat, Pressemitteilung 130/2004 v. 04.11.2004.

schaftsrecht vorgeschriebenen Rechten und Pflichten dazu führen, dass sich neben Betriebsgewerkschaften eine weitere, permanente Arbeitnehmervertretung, sei es die Vertretung der Belegschaft, ein Betriebsrat oder eine neue Form der Arbeitnehmervertretung, auf Betriebsebene herausbilden wird. Zwei Aspekte könnten eine solche Entwicklung beschleunigen: ein fortschreitendes Absinkens der Zahl gewerkschaftlich organisierter Arbeitnehmer und weitere gemeinschaftsrechtliche Vorgaben zur Beteiligung der Arbeitnehmervertretung an den betrieblichen Prozessen.

Eine ähnliche Gefahr besteht für das **System der deutschen Arbeitnehmervertretung** jedenfalls **auf Betriebsebene** nicht. Zum einen setzt der deutsche Gesetzgeber die gemeinschaftsrechtlich vorgegebenen Beteiligungs- und Mitwirkungsrechte der Arbeitnehmer entweder durch Gewährleistung von Individualansprüchen der Arbeitnehmer oder aber durch Beteiligungs- und Mitwirkungsrechte des Betriebsrats oder Wirtschaftsausschusses, also in die bestehenden Strukturen der Arbeitnehmervertretung, um. Demzufolge begünstigt die Umsetzung von Gemeinschaftsrecht nicht zusätzliche neue Formen der Arbeitnehmervertretung. Allerdings hat der deutsche Gesetzgeber in § 3 Abs. 1 Nr. 1-5 BetrVG selbst die **gesetzlichen Grundlagen für zusätzliche Arbeitnehmervertretungsstrukturen** geschaffen. Diese gesetzliche Gestaltungsmöglichkeiten zur Erweiterung bzw. zur Ersetzung von Betriebsratsstrukturen steht allerdings unter **Tarifvorbehalt**. Mit anderen Worten, eine autonome Entwicklung paralleler Arbeitnehmervertretungsstrukturen auf Betriebsebene, welche den Betriebsrat als solchen ersetzen würde, ist im Hinblick auf die Regelung in § 3 Abs. 2 BetrVG von der Entscheidung der Tarifparteien abhängig. Der Gesetzgeber begründet diese Befugnis der Tarifparteien damit, dass angesichts der Vielgestaltigkeit der zu regelnden Sachverhalte die Vertragsparteien vor Ort die Sachgerechtigkeit von unternehmensspezifischen Arbeitnehmervertretungsstrukturen besser beurteilen können als staatliche Stellen[1092]. In dem der Gesetzgeber die Regelungsbefugnis allerdings prinzipiell den Tarifvertragsparteien und nicht den Betriebsparteien zuordnet, wird hierdurch der Gesetzeszweck, also die Regelung durch die Vertragsparteien vor Ort, gerade nicht erreicht[1093]. Im Übrigen ist von diesem alternativen Gestaltungsmittel bislang nur in geringem Umfang Gebraucht gemacht worden.

[1092] Richardi - Richardi, § 3 BetrVG, Rn. 5 mit dem Hinweis auf die Begründung des Regierungsentwurfs zum Betriebsverfassungsreformgesetz, BT-Drucks. 14/5741, 33; Kania/Klemm, RdA 2006, 22.

[1093] Kania/Klemm, RdA 2006, 22; Richardi - Richardi, § 3 BetrVG, Rn. 5.

e) Europäischer Betriebsrat

(1) Umsetzung der gemeinschaftsrechtlichen Vorgaben

Die Richtlinie 94/45/EG[1094] über die Einsetzung eines Europäischen Betriebsrats[1095] wurde - wie in der Bundesrepublik Deutschland mit dem Gesetz vom 28.10.1996[1096] - in ein Einzelgesetz umgesetzt. Dies erfolgte durch das Gesetz über Europäische Betriebsräte (EBRG PL) vom 05.04.2002[1097]. Dieses trat aber erst mit dem EU-Beitritt Polens in Kraft, Art. 10 EBRG PL. Das EBRG PL regelt Gründung und Aufgaben der Europäischen Betriebsräte (*Europejskie Rady Zakładowe*) sowie das **Verfahren zur Information und Konsultation der Arbeitnehmer** in gemeinschaftsweit tätigen Unternehmen und Unternehmensgruppen in Polen[1098]. Im Jahr 2004 waren in Polen bereits in etwa 80 multinationalen Unternehmen Europäische Betriebsräte installiert[1099]. In der gesamten EU lag die Zahl der multinationalen Unternehmen, in denen Europäische Betriebsräte bestehen, im Jahr 2004 bei 737[1100]. Ihnen kommt das Recht auf Information und Konsultation über Sachverhalte zu, welche das Unternehmen oder die Unternehmensgruppe insgesamt oder mindestens zwei Betriebe oder Unternehmen, die in unterschiedlichen EU-Mitgliedsstaaten ansässig sind, betreffen, Art. 28 EBRG PL. Bei diesen Sachverhalten kann es sich insbesondere um die Struktur, die wirtschaftliche und finanzielle Situation und Entwicklung sowie Situation und Entwicklung der Arbeitnehmer des Unternehmens / der Unternehmensgruppe, die Einführung grundlegender Änderungen der Organisation, neuer Arbeitsmethoden und von Produktionsprozessen handeln. Darüber hinaus beziehen sich die Informations- und Konsultationspflichten auf die Verlegung eines Betriebs-teils oder Unternehmensteils, die Änderung eines Produktionsstandorts, Verschmelzungen und Spaltungen, Einschränkungen und Stilllegungen von Betrieben / Unternehmen oder wesentlicher Teile dieser sowie auf kollektive Entlassungen. Die Unternehmensleitung hat die zentrale Leitung des Europäischen Betriebsrats mindestens einmal im Jahr über die Entwicklung der Geschäftslage und

---

1094 ABl. EG 1994, L 254/64.

1095 Die vollständige Bezeichnung der Richtlinie lautet „über die Einsetzung eines Europäischen Betriebsrats oder die Schaffung eines Verfahrens zur Unterrichtung und Anhörung der Arbeitnehmer in gemeinschaftsweit operierenden Unternehmen und Unternehmensgruppen" vom 22.09.1994.

1096 BGBl. 1996 I, 1548, 2022.

1097 Dz. U. 2002, Nr, 62, Pos. 556.

1098 Art. 1 Abs. 2 EBRG PL PL regelt, für welche Unternehmen, Unternehmensgruppen und Niederlassungen mit Bezug zu Polen bzw. zu polnischen Unternehmen das polnische EBRG PL PL Anwendung findet. Zu den Einzelheiten der Regelungen des EBRG PL PL vgl. Patulski – Ciborski/A. Patulski/W. Patulski, Art. 18 2 KP, Rn. 5; Sroka, Eiroline 2004, Dok. PL0407105f; Allgemein zu Europäischen Betriebsräten und den neuen Mitgliedsstaaten der EU vgl. Franzen, BB 2004, 938.

1099 Schätzung von A. Malta, NSZZ Solidarność, in Sroka, Eiroline 2004, Dok. PL0407105F; Andere Schätzungen von 2004 gehen von 60 solcher Europäischer Betriebsräte aus, vgl. Gardawski, Eironline 2004, Dok. PL0401104f.

1100 Hall/Marginson, Eironline 2004, Dok. TN0411101s.

die Perspektiven des Unternehmens / der Unternehmensgruppe zu unterrichten und ihn hierzu anzuhören. Bei besonderen Umständen, welche die aufgezählten Sachverhalte betreffen, muss die Unternehmensleitung über diese auch außerhalb des Jahrestreffens unverzüglich unterrichten und den Europäischen Betriebsrat hierzu anhören. Diese Voraussetzungen wurden auch in der deutschen Umsetzung der Richtlinie in §§ 31 bis 33 EBRG umgesetzt.

(2) Beteiligung der Gewerkschaften

Wenn ein gemeinschaftsweit tätiges Unternehmen nur einen Betrieb in Polen unterhält, werden die **Mitglieder** des sog. besonderen Verhandlungsgremiums (BVG) und des Europäischen Betriebsrats (Art. 10, 23 EBRG PL), welche die polnischen Arbeitnehmer vertreten, **grundsätzlich von der repräsentativen Betriebsgewerkschaft** i. S. d. Art. 241 25a KP **bestimmt**, Art. 8 Abs. 1 EBRG PL. Denn nach der Systematik des polnischen Arbeitsrechts, obliegt es den Gewerkschaften, die kollektiven und individuellen Rechte und Interessen gegenüber dem Arbeitgeber zu vertreten, Art. 1 ff. GewerkG i. V. m. Art. 238, 241 17, 241 25a KP[1101]. Demgegenüber erfolgt nach **deutschem Recht** die **Bestellung** inländischer Arbeitnehmervertreter **durch Konzern-, Gesamt- oder Einzelbetriebsrat**, § 11 EBRG. Aufgabe des BVG ist es, eine Vereinbarung mit der Unternehmensleitung über die Gründung eines Europäischen Betriebsrats oder alternativ über ein Verfahren zur Information und Konsultation der Arbeitnehmer zu schließen, Art. 6 Abs. 1, Art. 17 ff. EBRG PL, ebenso § 8 EBRG. Sind mehrere repräsentative Gewerkschaften in dem Betrieb tätig, ernennen diese einvernehmlich maximal drei Mitglieder des BVG bzw. des Europäischen Betriebsrats, welche die polnischen Arbeitnehmer vertreten. Ist eine Einigung nicht möglich, wählen die Arbeitnehmer aus den Kandidaten der Gewerkschaften die Mitglieder, Art. 8 Abs. 3 EBRG PL. Die **repräsentativen Betriebsgewerkschaften** sind nach dem polnischen Umsetzungsgesetz somit wesentlich an der Gründung und der Tätigkeit eines Europäischen Betriebsrats beteiligt. In **gewerkschaftslosen Betrieben** werden die Mitglieder hingegen unmittelbar **von den Beschäftigten gewählt**[1102]. Eine entsprechende Regelung für betriebsratslose Betriebe/Unternehmen in der deutschen Umsetzung der Richtliniewäre sinnlos, da in diesen ohnehin keine betriebsverfassungsrechtlichen Strukturen etabliert sind, so dass es auch einer Vertretung auf Gemeinschaftsebene nicht bedarf.

Das dargestellten Wahlverfahren ist gem. Art. 9 EBRG PL auch dann anzuwenden, wenn ein gemeinschaftsweit tätiges Unternehmen **mehrere Betriebe in Polen** unterhält. Die auf diese Weise von den Betriebsgewerkschaften bestimmten bzw. von den Arbeitnehmern gewählten Vertreter wählen aus ihrer Mitte die Mitglieder des BVG, welche die polnischen Arbeitnehmer repräsentieren (Art. 9 Abs. 5 EBRG PL).

Für die Mitglieder des BVG und des Europäischen Betriebsrats, welche die polnischen Arbeitnehmer vertreten, gilt der **besondere Kündigungsschutz** des Art. 37 Abs. 1 und 2 EBRG PL. Demnach können Beendigungs- und Änderungskündigun-

[1101] Patulski – Ciborski/A. Patulski/W. Patulski, Art. 18 2 KP, Rn. 5.

[1102] Die weiteren Wahlvorschriften regelt Art. 8 Abs. 4 – 10.

gen während der Amtszeit und ein Jahr nach deren Ende nur mit Zustimmung der zuständigen Betriebsgewerkschaft, nicht aber des Europäischen Betriebsrats[1103], erfolgen. Wenn der betroffene Arbeitnehmer nicht gewerkschaftlich vertreten wird, bedarf es der Zustimmung des regionalen Arbeitsinspektors. Während der Zeit, welche er für Tätigkeiten im Rahmen seines Amtes wahrnimmt, ist der Arbeitnehmer von seinen Arbeitspflichten freigestellt. Bzgl. der Vergütung für diese Zeit gelten die Vorschriften für die Leitung der Betriebsgewerkschaft entsprechend[1104]. Ebenso sichert § 40 EBRG **deutschen Arbeitnehmervertretern Sonderkündigungsschutz** zu und verweist auf die entsprechenden Regelungen für Arbeitnehmervertreter im BetrVG. Die Kosten der Betriebsratstätigkeit trägt die zentrale Unternehmensleitung, § 30 EBRG.

(3) Folgen für die polnischen Gewerkschaften

Die Bestimmungen des EBRG PL erleichtern den **Zugang** der Arbeitnehmervertreter zu unternehmens- und unternehmensgruppenweiten **Informationen** und ermöglichen es diesen, über die nationalen Grenzen hinaus Einfluss auf die Unternehmenspolitik zu nehmen. Relevant wird dies besonders bei einer geplanten Anpassung von Personalkapazitäten und Produktionsverlagerungen innerhalb eines Unternehmens oder Konzerns. Dennoch wird momentan der **Wirkungsbereich der Europäischen Betriebsräte** noch als **gering** bewertet, da insbesondere die grundsätzlich nur einmal im Kalenderjahr stattfindenden Treffen mit der Unternehmensleitung keine permanente Beobachtung der Unternehmensentwicklung durch den Europäischen Betriebsrat ermöglichen[1105]. Aus diesem Grund führt derzeit die Kommission Verhandlungen mit den Sozialpartnern über Maßnahmen, welche die Effektivität der Europäischen Betriebsräte erhöhen sollen[1106].

Darüber hinaus hat die **Erweiterung der Europäischen Union** Konsequenzen für die Entwicklung der Europäischen Betriebsräte: Indem nunmehr auch die Beschäftigten in multinationalen Unternehmen in den zehn neu beigetretenen Staaten im Rahmen der Schwellengrenzen zur Einrichtung eines Europäischen Betriebsrats hinzuzählen sind, ist die Zahl der Unternehmen, die den nationalen Umsetzungsgesetzen der Richtlinie 94/45/EG unterliegen, deutlich gestiegen. Darüber hinaus werden sich durch die hinzukommenden Repräsentanten der Betriebe / Unternehmen aus Polen und den weiteren Beitrittsstaaten die Gremien der Europäischen Betriebsräte vergrößern[1107].

[1103] Patulski – Ciborski/A. Patulski/W. Patulski, Art. 18 2 KP, Rn. 5.

[1104] Hierzu vgl. 3. Kapitel B. V. 3. d.

[1105] Hall/Marginson, Eironline 2004, Dok. TN0411101s.

[1106] Ein Argumentationspapier, dass auch eine Änderung der geltenden Richtlinie 94/45/EG beinhaltet, hat die Kommission im April 2004 vorgelegt. Dieses ist über die Homepage der Kommission zugänglich:
europa.eu.int/comm/employment_social/news/2004/apr/ewc_consultation_en.pdf

[1107] Ein Argumentationspapier der Kommission, April 2004.
europa.eu.int/comm/employment_social/news/2004/apr/ewc_consultation_en.pdf.

Die gemeinschaftsrechtlichen Informations- und Konsultationsrechte erweitern jedenfalls die Rechte der Betriebsgewerkschaften in multinationalen Unternehmen über die Grenzen Polens hinaus, vorausgesetzt diese erreichen die Belegschaftsgröße, welche Art. 2 EBRG PL für die Anwendbarkeit des EBRG PL vorschreibt. Hierdurch wird der **Internationalisierung der Arbeits- und Industrieverhältnisse** auch im Hinblick auf die Arbeitnehmervertretung entsprochen. Tatsächlich zeigt sich aber auch im Rahmen des EBRG PL die **Schwäche der Arbeitnehmervertretung durch Betriebsgewerkschaften** und die Problematik mehrerer im Betrieb tätiger Gewerkschaften. Zum einen konnte der Gesetzgeber aufgrund der geringen Organisationsdichte im Falle der Richtlinie 94/45/EG **kein einheitliches System der Mitgliederbestimmung** für das BVG und den Europäischen Betriebsrat, welche die polnischen Arbeitnehmer vertreten, festlegen. Vielmehr wird die Mehrzahl der polnischen Arbeitnehmer in multinationalen Unternehmen mangels Betriebsgewerkschaft durch Mitglieder vertreten, die diese selbst gewählt haben. Zum anderen bedurfte es einer Regelung zum Ausgleich widerstreitender Interessen, wenn mehrere repräsentative Betriebsgewerkschaften keine Einigung über die Benennung der Mitglieder für das BVG oder den Europäischen Betriebsrat herbeiführen konnten.

Für Beschäftigte in einem polnischen, gewerkschaftslosen Betrieb oder Unternehmen, dass zu einem multinationalen Unternehmen / Unternehmensgruppe gehört, beinhaltet das EBRG PL einen weiteren Aspekt zur Verbesserung des Arbeitnehmerschutzes[1108]. Denn durch die Entsendung von gewählten Vertretern in den Europäischen Betriebsrat wird das mangels etablierter Strukturen außerhalb des Gewerkschaftssystems bestehende **Vertretungs- und Informationsdefizit** in diesen Betrieben bzw. Unternehmen verkleinert.

IV. Auswirkungen des Gemeinschaftsrechts auf die polnischen Gewerkschaften

Das primäre und das sekundäre Gemeinschaftsrecht gewähren den Gewerkschaften unmittelbar oder durch nationale Umsetzung über das nationale Recht hinausgehende Rechte und Pflichten. Aus den vorangegangenen Untersuchungen sind Rückschlüsse auf die bereits eingetretenen und zukünftigen Auswirkungen für die Rolle der Gewerkschaften als kollektive Parteien der Arbeitsverhältnisse in Polen zu ziehen.

1. Beteiligung an der Entwicklung des Gemeinschaftsrechts

Das Gemeinschaftsrecht ermöglicht es den polnischen Gewerkschaften, Anteil an der **Entwicklung des Gemeinschaftsrechts** in arbeits- und sozialrechtlichen Angelegenheiten zu nehmen. Soweit in Richtlinien vorgesehen, können sie auf nationaler Ebene die gemeinschaftsrechtlichen Vorgaben durch Vereinbarung von **Tarifverträgen** mit der Arbeitgeberseite konkretisieren bzw. von diesen abweichen. Hier-

[1108] Ebenso Sroka, Eironline 2004, PL0407105F.

durch besteht zwar nicht das Recht zur Änderung der wesentlichen Grundsätze der Richtlinie, wohl aber zur Anpassung an nationale bzw. regionale Strukturen und Branchenbedürfnisse, sofern die von der Richtlinie vorgegebenen Mindeststandards eingehalten werden.

Hingegen ist der tatsächliche Einfluss von polnischen Gewerkschaften beim Abschlusses von **grenzüberschreitenden Kollektivvereinbarungen** aufgrund der Vielzahl von Gewerkschaftsinteressen und -nationalitäten im Europäischen Gewerkschaftsbund und den europäischen Branchengewerkschaftsverbänden begrenzt. Darüber hinaus ist zweifelhaft, ob die polnischen Gewerkschaftsverbände größere Impulse zum Abschluss von gemeinschaftsweit wirkenden Tarifverträgen werden geben können. Die geringe Anzahl von überbetrieblichen, nationalen Tarifverträgen und die nachhaltige Skepsis der polnischen Arbeitgeber gegenüber dem Nutzen dieser Art von Tarifverträgen sprechen gegen eine solche Annahme.

2. Arbeitnehmervertretungsorgan

Die Gewerkschaften stellen auch im Rahmen der Umsetzung von Richtlinien zum Arbeitnehmerschutz das wesentliche Organ der Arbeitnehmervertretung in Polen dar. Anders als im nationalen Arbeitsrecht folgt der Gesetzgeber hierbei allerdings **keiner einheitlichen Systematik**:

a) Beteiligungsformen

Die Informations- und Konsultationsrechte bei einem Betriebsübergang sowie bei Gruppenentlassungen obliegen den Gewerkschaften. Zu unterscheiden ist aber die Rechtssituation bei gewerkschaftslosen Betrieben. Während bei einem Betriebsübergang jeder Arbeitnehmer die Rechte selbst wahrnimmt, werden im Falle von Gruppenentlassungen die Beteiligungsrechte der Gewerkschaften durch die Vertretung der Arbeitnehmer ausgeübt.

Im Rahmen des BHP, der allgemeinen Information- und Konsultation nach dem Gesetzesentwurf zur Umsetzung der Richtlinie 2002/14/EG und des EBRG PL existieren Organe, welchen die Wahrnehmung der gemeinschaftsrechtlichen Beteiligungsrechte zukommt. In diesen Fällen äußert sich der Einfluss der Gewerkschaften durch die Bestimmung ihrer Mitglieder oder der von den Arbeitnehmern zu wählenden Kandidaten. Aber auch bei diesen existiert eine graduelle Abstufung des gewerkschaftlichen Einflusses: Während beim BHP die Gewerkschaften die Organmitglieder bestimmen, können sie dies im Falle der nach dem EBRG PL bestehenden Organe nur bei einheitlicher Vorgehensweise aller im Betrieb tätigen, repräsentativen Gewerkschaften. Andernfalls können die Gewerkschaften nur Bewerber vorschlagen, aus denen dann die Beschäftigten ihre Vertreter wählen. Letztere Konstellation ist wiederum die Standardsituation bei der Wahl des Vertreters der Beschäftigten bzw. eines Betriebsrats nach dem Gesetzesentwurf zur Umsetzung der Richtlinie 2002/14/EG. Für Arbeitgeber, bei denen keine Betriebsgewerkschaften existieren, werden die Bewerber für die Vertretungsorgane hingegen einheitlich von den Arbeitnehmern aufgestellt und gewählt.

Aus der Analyse der fünf Beispiele der nationalen Umsetzung von Richtlinien zum Arbeitnehmerschutz folgt, dass den **Betriebsgewerkschaften** stets eine bedeutende Rolle bei der Wahrnehmung der in den Umsetzungsgesetzen gewährten Rechte zukommt. Der **Beteiligungsgrad variiert** hingegen deutlich.

b) Folgen für Arbeitnehmer

Für die Arbeitnehmer ergibt sich aus der Umsetzung der untersuchten Richtlinien jedenfalls eine deutliche Verbesserung des **Arbeitnehmerschutzes** durch die Installierung von Informations- und Anhörungsverfahren. Dies gilt insbesondere für Beschäftigte in privaten und privatisierten Betrieben und Unternehmen, in denen keine Gewerkschaften tätig sind. Denn in der Mehrzahl der polnischen Betriebe und Unternehmen bestehen für die Beschäftigten – einmal abgesehen von der punktuellen Zuständigkeit der Vertreter der Belegschaft – nach nationalem Recht weder Vertretungsstrukturen noch Zugang zu wesentlichen kollektiven Informationen[1109] über die Beschäftigungsverhältnisse. Aber auch in den Fällen, in denen Betriebsgewerkschaften Beteiligungsrechte wahrnehmen, wird der Arbeitnehmerschutz durch die Erweiterung ihres Rechte aufgrund von Umsetzungsgesetzen verbessert. Das EBRG PL erweitert die Beteiligungsrechte sogar über die nationalen Grenzen hinaus und trägt damit der **Europäisierung der Arbeitsverhältnisse** Rechnung.

3. Neues Organ der Arbeitnehmervertretung ?

Der polnische Gesetzgeber hat mit den nationalen Umsetzungsgesetzen Strukturen eingeführt, im Rahmen derer die durch Richtlinien vorgeschriebenen Beteiligungsrechte gewährleistet werden. Im Hinblick auf die unterschiedlichen Beteiligungsformen[1110] liegt die Frage nahe, ob es nicht sinnvoller wäre, die gesetzliche Grundlage für eine **einheitliche Arbeitnehmervertretung auf Betriebsebene** zu schaffen, die neben bzw. in gewerkschaftslosen Betrieben an Stelle von Gewerkschaften treten würde.

a) Vorteile einer einheitlichen Arbeitnehmervertretung auf Betriebsebene

Es liegt auf der Hand, dass die Vereinheitlichung der unterschiedlichen Systeme nicht nur der **Transparenz und Rechtssicherheit** dienen, sondern auch das zur Zeit bestehende, wenig durchsichtige System der Arbeitnehmervertretung durch Betriebsgewerkschaften, Vertreter der Belegschaften, dem Vertreter der Beschäftigten und dem Betriebsrat nach dem Gesetzesentwurf zur Umsetzung der Richtlinie 2002/14/EG auflösen würde. **Funktionierende Vertretungsstrukturen anstatt von inselartigen Einzellösungen** würden es dem Gesetzgeber erleichtern, künftige Richtlinien zum Arbeitnehmerschutz, die eine Arbeitnehmervertretung voraussetzen, ins nationale Arbeitsrecht umzusetzen. Darüber hinaus würde durch die einma-

---

[1109] Hingegen ist der individuelle Informationsanspruch des Arbeitnehmers über die Bedingungen seines Arbeitsverhältnisses durch die Umsetzung der Richtlinie 91/533/EG in Art. 29 KP gewährleistet.

[1110] Vgl. hierzu 4. Kapitel B. IV. 2. a.

lige Wahl eines Vertretungsorgans in festen Zyklen der administrative Aufwand zur Installierung bzw. Wiederwahl der Arbeitnehmervertretung deutlich verringert werden. Dieser ist nach der zur Zeit geltenden Rechtslage durch die Bestimmung bzw. Wahl der verschiedenen Organe für unterschiedliche Amtszeiten und dem notwendigen, hierzu festzulegenden Verfahren beträchtlich. Für den Arbeitgeber hat das bestehende System auch den Nachteil, dass er einer größeren Zahl von Arbeitnehmern, die ein Amt in den Vertretungsorganen bekleiden, besonderen Kündigungsschutz gewähren muss. Des Weiteren ist das Unterhalten mehrerer Arbeitnehmervertretungsorgane auf Grund diverser Sach- und Personalkosten mit einem größeren **Verwaltungs- und Kostenapparat** verbunden, die der Arbeitgeber zu tragen hat[1111]. Ferner werden die Rechte der Arbeitnehmer durch das **lückenhafte System** der Arbeitnehmervertretung **in gewerkschaftslosen Betrieben** tangiert. Auch diese ließe sich durch eine Betriebsvertretung der Arbeitnehmer in gewerkschaftslosen Betrieben verbessern.

b) Argumente gegen eine einheitliche Arbeitnehmervertregung auf Betriebsebene

(1) Allgemeine Überlegungen

Trotz der Vielzahl von positiven Folgen, die mit der Einführung einer einheitlichen Arbeitnehmervertretung auf Betriebsebene verbunden wären, bestehen Gründe, welche der Einrichtung einer solchen entgegenstehen. Diese werden nachfolgend untersucht und hinterfragt:

Als wichtigstes Gegenargument wird die **gewachsene Stellung der Gewerkschaften** als allgemeines Vertretungsorgan der Arbeitnehmer vorgebracht[1112], die sich auch in der Systematik des polnischen Arbeitsrechts widerspiegelt (Art. 1 ff. GewerkG i. V. m. Art. 238, 241 17, 241 25a KP) [1113]. Gesetzlich wurde dieser Grundsatz allerdings bereits mit der Einführung der Vertreter der Belegschaft und anschließend mit der dargestellten Umsetzung der Richtlinien zum Arbeitnehmerschutz durchbrochen. Auch der gesetzliche Auftrag an die Gewerkschaften in Art. 1 GewerkG, die Rechte und Interessen der Arbeitnehmer zu vertreten, steht einer alternativen Arbeitnehmervertretung auf Betriebsebene ebenso wenig entgegen wie die Verfassungsnormen. Denn diese gewährleisten den Gewerkschaften keine ausschließliche Befugnis, die Rechte und Interessen der Arbeitnehmer zu vertreten, und schließen somit zusätzliche Vertretungsstrukturen nicht aus. Dies gilt erst recht für Betriebe und Unternehmen, in denen keine Gewerkschaften tätig sind. Entscheidend ist allein, dass die Koalitionsfreiheit und die Institution der Gewerkschaften nicht gefährdet werden. Folglich steht einem Systemwandel nicht die Gesetzessystematik, wohl aber der **faktische Widerstand der Gewerkschaften** entgegen. Diese müssen befürchten, dass ihre Bedeutung auf Betriebsebene ebenso wie die Mitgliedschaftszahlen weiter absinken würden. Denn durch die Wahrnehmung von Arbeitnehmer-

---

[1111] Fedtke/Fedtke, ZIAS 2005, 304 ff.

[1112] Lado, Eironline 2002, Dok. TN0207102f.

[1113] Patulski – Ciborski/A. Patulski/W. Patulski, Art. 18 2 KP, Rn. 5.

interessen durch ein alternatives Vertretungsorgan dürfte sich der in Polen ohnehin geringe Anreiz zum Eintritt in eine Gewerkschaft noch weiter verringern. Folge hiervon wäre aber ein genereller Machtverlust als arbeitspolitische Partei.

(2) Arbeitgeberinteressen

Ebenso ist auf der **Arbeitgeberseite** mit Widerstand gegen eine alternative, betriebliche Arbeitnehmervertretung zu rechnen. Zwar ist ihre Akzeptanz bei den Arbeitgebern – wie dargestellt[1114] – deutlich höher als die einer im Betrieb wirkenden Gewerkschaft. Dennoch wird jegliche Art der Arbeitnehmervertretung zur Mitwirkung im Betrieb von einem Großteil der Arbeitgeber weiterhin als Hindernis bei der Anpassung der Arbeitsverhältnisse an die sich verändernde wirtschaftliche Lage und für eine Verbesserung der Arbeitsplatzsituation in Polen gesehen. Dies gilt insbesondere im Hinblick auf ausländische Direktinvestoren, die **geringe Mitbestimmungsrechte als Standortvorteil** und somit als **Investitionsanreiz** ansehen. Eine faktisch nur in sehr geringem Umfang bestehende Mitwirkung der Arbeitnehmer in Betrieben, in denen keine Gewerkschaften tätig sind, stellt demnach ein Entscheidungskriterium zur Neugründung von Gesellschaften in Polen bzw. Verlagerung bereits bestehender Betriebe aus dem Ausland dar. Die Einführung eines flächendeckenden Mitwirkungssystems durch eine alternative Arbeitnehmervertretung unabhängig von der Gewerkschaftsmitgliedschaft würde nach Auffassung der Arbeitgeber einen wesentlichen Standortvorteil Polens beenden[1115]. Weitreichende Mitwirkungsrechte der Arbeitnehmer und etablierte Arbeitnehmervertretungsapparate werden daher als Gefährdung für den Wirtschaftsstandort Polen abgelehnt.

Diese Auffassung greift allerdings zu kurz. Zum einen ist Polen verpflichtet und hat diese Verpflichtung bereits in wesentlichen Teilen erfüllt, die zitierten, auf Richtlinien basierenden Mitwirkungsrechte der Arbeitnehmer gesetzlich einzuführen und Mechanismen zur Durchsetzung dieser Rechte zu schaffen. Solange zumindest diese Mindestrechte, die nunmehr gemeinschaftsweit gelten, umgesetzt werden, entsteht zumindest **im europäischen Raum kein Standortnachteil** für Polen. Eine in diesem faktischen Wettbewerb der einzelstaatlichen Arbeitsbedingungen und Betriebsverfassungen transparente betriebliche Organisationsverfassung und praktikable Arbeitnehmerbeteiligungsformen, die durch eine einheitliche Arbeitnehmerverfassung geschaffen würden, gewähren administrative und kostenmäßige Vorteile. Es wäre demnach im Interesse des polnischen Staates sowie der Arbeitgeber, für ausländische Investoren nachvollziehbare, verlässliche, transparente und - nach Möglichkeit - schlanke Regelungen zu treffen, wenn - wie dargestellt - „das Übel in Form gemeinschaftsrechtlicher Mindeststandards“ ohnehin umgesetzt werden muss.

Unrealistisch wäre hingegen die Hoffnung, durch eine Fortentwicklung der Mitwirkungsrechte auf Gemeinschaftsebene könne in Zukunft ein dem deutschen, flächendeckenden Mitwirkungssystem entsprechendes Niveau der Mitwirkungsrechte

[1114] Vgl. 4. Kapitel B. III. 3. a. (4).

[1115] Vgl. Lado, Eironline 2002, Dok. TN0207102f.; allgemein zu befürchteten Wettbewerbsnachteilen der Arbeitnehmermitbestimmung und Arbeitnehmervertretung: Fedtke/Fedtke, ZIAS 2004, 304.

der Arbeitnehmer sowie deren Arbeitnehmervertretung in Polen erreicht werden. Denn bereits zum heutigen Zeitpunkt verlegen viele deutsche Unternehmen ebenso wie ausländische Investoren ihre Unternehmen und Betriebe in Wirtschaftszonen, die mitbestimmungsfrei sind bzw. einen geringen Mitbestimmungs- und Arbeitnehmervertretungsgrad haben, als dies in mitwirkungsstarken Staaten wie der Bundesrepublik Deutschland der Fall ist. Es steht eher zu befürchten, dass eine flächendeckende Mitwirkung von Arbeitnehmern durch verschiedene Formen der Arbeitnehmervertretung an Bedeutung verlieren wird, weil andernfalls Investitionen ausbleiben und der Anschluss an die globalisierten Industriebeziehungen verpasst würde[1116].

(3) Vorbehalte der Arbeitnehmer

Bei den **Arbeitnehmern** bestehen die bereits im dritten Kapitel dargestellten **Vorbehalte** gegen eine Gewerkschaftsmitgliedschaft, die sich zum Teil auch auf eine alternative Arbeitnehmervertretung übertragen lassen. Außerdem ist der Begriff des Betriebsrats nach wie vor durch das gleichnamige Vertretungsorgan zur Arbeitnehmermitbestimmung beeinträchtigt, da dieses Organ lediglich formal den Arbeitnehmerinteressen diente, tatsächlich jedoch Teil des sozialistischen Machtapparates war[1117].

Vor diesem Hintergrund ist m. E. weder kurz- noch mittelfristig damit zu rechnen, dass die Installierung einer alternativen Arbeitnehmervertretung auf Betriebsebene in Polen politisch realisiert werden kann.

C. Gemeinschaftsrecht in Polen und in den neuen Bundesländern

Wie auf der nationalen Ebene beobachtet, unterscheiden sich die Entwicklungen zur Übernahme des Gemeinschaftsrechts in den neuen Bundesländern und der Republik Polen durch die vollständige Übernahme eines Rechtssystems durch die neuen Bundesländer im Jahr 1990 und den Übernahmeprozess in Polen.

In den ostdeutschen Bundesländern fand das Gemeinschaftsrecht seit der Wiedervereinigung Anwendung, da die hierfür notwendigen nationalen Strukturen im bundesdeutschen Recht bereits vorhanden waren. Erst mit dem Beitritt Polens in die EU am 01.05.2004 bestehen grundsätzlich die gleichen Verpflichtungen zur Übernahme des Gemeinschaftsrechts, wenn man einmal von den Beschränkungen der Arbeitnehmerfreizügigkeit und der Dienstleistungsfreiheit absieht. Diese wurden von der Bundesrepublik Deutschland gerade deshalb gefordert, um die angespannte Beschäftigungssituation in den ostdeutschen Bundesländern nicht durch polnische Arbeitskräfte, die auf den deutschen Markt drängen könnten, noch zu verschlim-

---

[1116] Vgl. hierzu auch die Ergebnisse von Fedtke/Fedtke, ZIAS 2005, 304.

[1117] Vgl. 2. Kapitel B. II. 5. b.

mern. Es bedurfte der Transformation des polnischen Arbeitsrechtssystems, um die Voraussetzungen des acquis communautaire erfüllen zu können.

Die **Voraussetzungen für die Beteiligung deutscher und polnischer Gewerkschaften** am Gesetzgebungsprozess durch ihre Mitwirkung in Ausschüssen sowie als Mitglied des Europäischen Gewerkschaftsbundes und der Branchengewerkschaftsverbände sind **identisch**. Ein wesentlicher Unterschied zeigt sich jedoch bei der Umsetzung von Richtlinien-Vorgaben im Hinblick auf die Arbeitnehmervertretung. Während im deutschen Arbeitsrecht durch die bestehende Betriebsverfassung eine Umsetzung des Gemeinschaftsrechts in die Betriebsstrukturen ohne Weiteres möglich ist, verfolgt der polnische Gesetzgeber eine inselartige Lösung: Im Wesentlichen werden die Beteiligungsrechte durch die Betriebsgewerkschaften wahrgenommen. Da aber in der Mehrzahl der polnischen Betriebe und Unternehmen solche nicht tätig sind, muss gesetzlich sicher gestellt werden, dass auch in diesen die Beteiligungsrechte der Beschäftigten gewährt werden. Der Gesetzgeber hat sich bislang bei der **Umsetzung jeder Richtlinie einer individuellen Lösung** bedient, die aber zu einer uneinheitlichen und nicht abgestimmten Struktur der Arbeitnehmervertretung geführt hat.

Fünftes Kapitel: Zusammenfassung der Ergebnisse

A. Zusammenfassung

Die vorangegangenen Untersuchungen haben ergeben, dass durch die erfolgreiche **Transformation des polnischen Arbeitsrechts** die erforderlichen Strukturen für ein demokratisches, rechtsstaatliches und gemeinschaftsrechtskonformes Arbeitsrecht geschaffen wurden. Trotz in den letzten Jahren durchgeführten Maßnahmen zur Flexibilisierung der Arbeitsbedingungen durch Abbau von Arbeitnehmerschutzbestimmungen und der Möglichkeit zur Aussetzung von Tarifverträgen sowie von untergesetzlichen und arbeitsvertraglichen Bestimmungen durch Betriebsvereinbarungen konnte hierdurch das derzeit größte arbeitspolitische Problem, die hohe Arbeitslosigkeit in Polen, allerdings nicht wirkungsvoll gelöst werden.

Die **Rolle der Gewerkschaften** im polnischen Arbeitsrecht ist differenziert zu beurteilen. Während sie auf nationaler Ebene auch nach der Beendigung einer aktiven politischen Beteiligung Einfluss auf die Gestaltung des Arbeitsrechts, bspw. durch das Recht zur Stellungsnahme zu Gesetzesentwürfen und Initiativrechte sowie durch die Beteiligung an der Dreiparteienkommission, nehmen können, sind ihre Einwirkungsmöglichkeiten auf die Beschäftigungsbedingungen der Arbeitnehmer rechtlich weitgehender als die der deutschen Gewerkschaften, faktisch aber sowohl überbetrieblich als auch auf Betriebsebene begrenzt. Grund hierfür ist die Organisationsdichte der Arbeitnehmer in Polen, welche die geringste aller Arbeitnehmer in den Mitgliedsstaaten der EU ist. Dies erfordert zur Sicherstellung der wesentlichen Beteiligungsrechte der Arbeitnehmer, insbesondere aufgrund von gemeinschaftsrechtlichen Vorgaben, alternative Formen der Arbeitnehmervertretung auf betrieblicher Ebene. Den polnischen Gewerkschaften ist es trotz ihrer herausragenden politischen Stellung, die zum Umsturz des sozialistischen Systems in Polen geführt hat, nur teilweise gelungen, auf die rechtliche Neugestaltung des polnischen Arbeitsrechts Einfluss zu nehmen. Obwohl sie zur Zeit die einzige bedeutende Form der Arbeitnehmervertretung darstellen, ist davon auszugehen, dass in zunehmenden Maße alternative Vertretungsformen Bedeutung gewinnen werden.

B. Podsumowanie

Z wcześniejszych wywodów wynika, iż dzięki udanej **transformacji polskiego prawa pracy** stworzone zostały struktury konieczne dla istnienia prawa pracy, odpowiadającego duchowi demokracji, praworządności i prawu Wspólnoty. Mimo podjętych w ostatnich latach kroków w celu uelastycznienia warunków pracy, co miało nastąpić poprzez redukcję stopnia ochrony pracowników, nie udało się skutecznie rozwiązać największego problemu z dziedziny polityki pracy, mianowicie wysokiego bezrobocia.

Rolę związków zawodowych należy oceniać z różnych punktów widzenia. Podczas gdy na szczeblu krajowym związki zawodowe, po zakończeniu ich aktywnej roli na płaszczyźnie politycznej, mają wpływ na kształtowanie prawa pracy, naprzykład przez prawo do opiniowania projektów ustawowych oraz prawo inicjatywy ustawodawczej, jak również poprzez udział w Komisji Trójstronnej, ich możliwości kształtowania warunków pracy są pod względem prawnym o wiele większe niż uprawnienia niemieckich związków zawodowych. Niemniej jednak te możliwości są w praktyce ograniczone do płaszczyzny zakładowej i ponadzakładowej. Przyczyną tego stanu rzeczy jest najniższy spośród krajów UE stopień zrzeszenia pracowników w związkach zawodowych w Polsce. Dla rozwiązania tej sytuacji i zapewnienia pracownikom podstawowych praw udziałowych, w szczególności zgodnie z wytycznymi prawa wspólnotowego, konieczne było stworzenie alternatywnych form reprezentacji pracowników na płaszczyźnie zakładowej. Mimo ich aktywnej postawy politycznej, która doprowadziła do obalenia systemu socjalistycznego w Polsce, polskim związkom zawodowym jedynie częściowo udało się wpłynąć na nową treść prawa pracy. Chociaż związki zawodowe są aktualnie jedyną znaczącą reprezentacją pracowników, można wyjść z założenia, że inne formy reprezentacji pracowników zyskiwać będą na znaczeniu.

C. Summary

From the previous research it can be concluded that the Polish employment and labour law has been successfully transformed creating the required structures for democracy, constitutional state and compliance with Community law. Although measures were initiated to flexibilize conditions of work, cutting back employee protection and permission to stance collective bargaining agreements as well as other acts and contractual regulations by shop agreements, the presently biggest problem of employment policy, the high employment rate in Poland, could not effectively be solved.

The function of trade unions within the system of Polish employment and labour law cannot be judged unitarily. On a national level they can influence the shape of employment and labour law by using their right to comment on draft law and to initiate new regulations and by taking part in the tri-party commissions, though trade unions have ceased to play an active political role as political party. On the other hand, their ability to act on conditions of work are legally greater than those of German trade unions, but factual limited. This is caused by the lowest level of organization in Poland compared to all other Member States of the EU. To comply with Community law standards and to ensure material speculations of employee participation, alternative forms of workers' representation have to develop on a company level. Although Polish trade unions have played a fundamental role to dispose socialism in Poland, they managed only to some extent to take influence on the legal transformation of Polish employment and labour law. Still trade unions are the only matering form of workers' representation. Nevertheless, one can act on the assumption that alternative forms of representation will gain in importance in the future.

Schriften zum Deutschen und Europäischen Arbeits- und Sozialrecht

Herausgegeben von Ulrich Preis

Band 1 Ulrich Preis / Felipe Temming: Die Urlaubs- und Lohnausgleichskasse im Kontext des Gemeinschaftsrechts. 2006.

Band 2 Einiko B. Franz: Der Abschluss eines Aufhebungsvertrags. Schutz des Arbeitnehmer-Verbrauchers und seine Grenzen. Insbesondere das Widerrufsrecht gem. §§ 312, 355 BGB. 2006.

Band 3 Klaus Tenbrock: Die betriebliche Altersversorgung im Betriebsübergang bei konkurrierenden Versorgungszusagen. 2006.

Band 4 Christoph Nießen: Fehlerhafte Betriebsratswahlen. Eine am Gang des Wahlverfahrens orientierte Untersuchung der Folgen von Rechtsverstößen bei der Betriebsratswahl unter besonderer Berücksichtigung deren Relevanz für die Gewährung von einstweiligem Rechtsschutz zur Verhinderung einer fehlerhaften Betriebsratswahl. 2006.

Band 5 Klaus Linde: Übertragung von Aufgaben des Betriebsrats auf Arbeitsgruppen gemäß § 28a BetrVG. 2006.

Band 6 Petra M. Knorr: Der Vergleich der Invaliditätsrenten in Deutschland und den Niederlanden. 2006.

Band 7 Jan Botterweck: Gewerkschaftspluralismus im Betrieb. 2007.

Band 8 Patrizia Chwalisz: Die Transformation des polnischen Arbeitsrechts und die Gewerkschaften. Eine Analyse aus dem Blickwinkel des Arbeitsrechts der ehemaligen Deutschen Demokratischen Republik und der Bundesrepublik Deutschland. 2007.

www.peterlang.de

FSC
www.fsc.org
MIX
Papier | Fördert
gute Waldnutzung
FSC® C083411

Kolibri 360 GmbH
Ferdinand-Jühlke-Straße 7
99095 Erfurt, Deutschland
produktsicherheit@kolibri360.de

Druck:
CPI Druckdienstleistungen GmbH
im Auftrag der
Kolibri 360 GmbH
Ferdinand-Jühlke-Str. 7
99095 Erfurt